岳阳楼区年鉴

（2017）

岳阳市岳阳楼区政府 主办
岳阳市岳阳楼区史志档案局 主编

方志出版社
Publishing House of Local Records

图书在版编目（CIP）数据

岳阳楼区年鉴.2017/岳阳市岳阳楼区史志档案局编.--北京：方志出版社，2018.3
ISBN 978-7-5144-3011-0

Ⅰ.①岳··· Ⅱ.①岳··· Ⅲ.①区（城市）－岳阳－2017－年鉴 Ⅳ.①Z526.44

中国版本图书馆CIP数据核字(2018)第043404号

岳阳楼区年鉴（2017）

编　　者： 岳阳市岳阳楼区史志档案局
责任编辑： 齐　笑
出 版 人： 冀祥德
出 版 者： 方志出版社
地址　北京市朝阳区潘家园东里9号（国家方志馆4层）
邮编　100021
网址　http://www.fzph.org
发　　行： 方志出版社图书经销中心
电话（010）67110500
经　　销： 各地新华书店
印　　刷： 湖南省新创印务有限公司
开　　本： 889×1194　　1/16
印　　张： 21.75
字　　数： 479千字
版　　次： 2018年3月第1版　　2018年3月第1次印刷
印　　数： 0001～1200册
ISBN 978-7-5144-3011-0　　**定价：** 220.00元

编辑说明

本年鉴以马克思列宁主义、马泽东思想、邓小平理论，“三个代表”重要思想、科学发展观、习近平新时代中国特色社会主义思想为指导，坚持辩证唯物主义和历史唯物主义的主场观点和方法。

一、主要记载了2016年度岳阳楼区政治、经济、文化及社会各项事业的基本情况，并收录了若干文献和统计资料。

二、本年鉴采用类目、分目、条目编辑法，按照先宏观后微观，先政治后经济、文化的原则排列。全卷共24个类目，141个分目，727个条目。

三、本年鉴所列领导人名单只收录2016年度，区和区属单位以区委组织部提供的当年12月份干部名册为准，垂直管理部门以单位提供为准。区级收录在职正、副处级实职领导，正科级机构收录单位领导成员，副科级单位、部门所属独立法人资格二级机构以及社区、行政村只收录正职。

四、本卷“人物”部类，区级领导只收录2016年8月换届后新任区委常委。

五、本年鉴所载稿件，均由全区各部门、单位、各乡、街道办事处、区直和市垂直管理单位以及少数辖区单位提供，并经单位领导审核。统计数据，以区统计局公布的为准；统计局未公布的，以单位（部门）提供的为准。

六、本年鉴组稿人名单，按姓氏笔画排列。

七、本年鉴内容中的“区”指“岳阳楼区”，所有机构前面均省去“岳阳市”，少数条目内容中出现的城区包含岳阳经济技术开发区、南湖风景区。

八、本年鉴的编辑出版，得到全区各部门、单位及部分驻区单位的大力支持，在此深表谢意。鉴于我们编辑水平有限，难免出现疏漏，不妥之处，恳请读者批评指正。

《岳阳楼区年鉴·2017》编纂委员会

委　　员：汪小中　中共岳阳市岳阳楼区委办副主任、区直机关党委委员
吴　珂　岳阳市岳阳楼区人大党组成员、办公室主任
吴曙光　岳阳市岳阳楼区政协党组成员、办公室主任、秘书长
罗立兵　中共岳阳市岳阳楼区委组织部常务副部长
李崇民　中共岳阳市岳阳楼区委宣传部副部长
吴作文　中共岳阳市岳阳楼区政法委副书记
杨志华　中共岳阳市岳阳楼区纪委副书记、监察局局长
胡　立　岳阳市岳阳楼区政府经济研究中心主任
杨大明　岳阳市岳阳楼区财政局党组书记、局长
邱　岗　岳阳市岳阳楼区教育局党组书记、局长
刘玉平　岳阳市岳阳楼区民政局党组书记、局长
杨晓明　岳阳市岳阳楼区卫生和计划生育局党组书记、局长
毛联新　服务城陵矶新港区工作组党组副书记、第一副组长
向　彪　岳阳市岳阳楼区郭镇乡党委副书记、乡长
任鸿初　岳阳市岳阳楼区枫桥湖街道办事处工委副书记、主任
蔡华坤　岳阳市岳阳楼区奇家岭街道办事处工委副书记、主任
李立邦　岳阳市岳阳楼区洛王街道办事处工委副书记、主任
刘卫华　岳阳市岳阳楼区洞庭街道办事处工委副书记、主任
周智勇　岳阳市岳阳楼区金鹗山街道办事处工委副书记、主任
万雁飞　岳阳市岳阳楼区岳阳楼街道办事处工委副书记、主任
林　海　岳阳市岳阳楼区东茅岭街道办事处工委副书记、主任
兰寒松　岳阳市岳阳楼区城陵矶街道办事处工委副书记、主任
肖　永　岳阳市岳阳楼区望岳路街道办事处工委副书记、主任
刘　勇　岳阳市岳阳楼区吕仙亭街道办事处工委副书记、主任
何文辉　岳阳市岳阳楼区三眼桥街道办事处工委副书记、主任
袁　丹　岳阳市岳阳楼区五里牌街道办事处工委副书记、主任
余小华　岳阳市岳阳楼区站前路街道办事处工委副书记、主任
杨霞霞　岳阳市岳阳楼区王家河街道办事处工委副书记、主任

《岳阳楼区年鉴·2017》编辑部

总　编：李　峰　唐露尧

副总编：李　熊

主　编：李　星

副主编：胡里根　王丽萍　易三军　谭馥莲

编　辑：邓茂玲　冯　凡

《岳阳楼区年鉴·2017》组稿人

（按姓氏笔画排序）

丁　凤	丁官文	丁　勇	万　威	马　锐	王志红
王　芳	王佳倩	王洪田	方拥军	邓　胜	古　恋
龙　舟	卢百恩	叶青松	叶湘奇	史魏巍	白　晓
白殿举	冯　凡	冯远相如	吕　慧	任义军	刘　林
刘　玲	刘廉明	刘　潮	江　俊	许小宇	许国香
严文浩	严定伟	李天乐	李文霞	李建立	李　荣
李美奎	李跃军	李　寅	杨　建	杨　春	何海星
余志华	余　翔	宋晶卓	张芝兰	张　志	张志宏
陈大志	陈飞燕	陈长耀	陈　成	陈志明	陈罗刚
陈建军	陈瑾瑜	欧小庆	易　军	罗　伦	周　丹
周　妍	周林松	周　彦	周　维	周　翔	屈　鹏
赵迎春	赵　竞	赵　静	胡　叶	胡　立	胡立军
胡　鹏	柳　霞	钟广宇	段雅丽	胥岳军	骆亚平
夏　洋	晏杰芳	倪慧玲	徐　进	徐志鑫	郭　芸
郭　杰	黄立交	黄　伊	黄　勇	黄　海	黄雪飞
梅　耀	隋颁材	童富民	曾楚凡	谢春霞	路　壹
赫　桓	漆　阳	熊新星	潘　锋		

目 录

● 中共岳阳楼区委员会 ●

● 岳阳楼区人民代表大会 ●

● 岳阳楼区人民政府 ●

● 政协岳阳楼区委员会 ●

● 民主党派 ●

● 社会团体 ●

● 法 治 ●

● 军　事 ●

● 经济管理与监督 ●

● 财政、税收、金融 ●

● 工 业 ●

● 商 贸 ●

● 交通·邮电 ●

● 教育·文化·体育 ●

● 卫生和计划生育 ●

● 乡、街道、工作组概况 ●

● 人 物 ●

● 统计资料 ●

● 附录 ●

● 索引 ●

中国共产党岳阳市岳阳楼区第五次代表大会

▲ 岳阳楼区委书记陈阁辉（左一）作题为《抢抓战略机遇，勇担时代使命，全面建成转型发展、创新创业的核心引领区》的工作报告

▲ 2016 年 8 月 27 日，中国共产党岳阳市岳阳楼区第五次代表大会第一次大会召开

▲ 岳阳楼区委副书记、区长黄建文（前排居中）主持党代会

▲ 第五届区委常委（左起）：白铭科、王智勇、徐平、李峰、廖星辉、陈阁辉、黄建文、朱彦翼、周岳雄、黄良武、黎建新

（区委办 新闻中心 供稿）

岳阳市岳阳楼区第五届人民代表大会

▲ 2016 年 11 月 28 日，岳阳市岳阳楼区第五届人民代表大会第一次会议召开

▲ 岳阳楼区人大四届常委会主任贺景福（前排居中）作人大工作报告

▲ 漆胜（前排居中）当选岳阳楼区人大五届常委会主任

△ 岳阳楼区人大五届一次会议全体人大代表合影

（楼区人大 新闻中心 供稿）

中国人民政治协商会议岳阳市岳阳楼区第五届委员会

▲ 2016年11月27日，中国人民政治协商会议岳阳市岳阳楼区第五届委员会第一次会议召开

▲ 岳阳楼区政协第四届委员会主席王梦华（前排居中）作常务委员会工作报告

▲ 彭端生（前排居中）新当选为岳阳楼区政协第五届委员会主席

▲ 岳阳楼区政协五届一次会议全体政协委员合影

（楼区政协 新闻中心 供稿）

纪念岳阳楼区建区20周年系列活动

▲ 纪念岳阳楼区建区 20 周年感动楼区人物颁奖会

▲ 纪念岳阳楼区建区二十周年文艺晚会

▲ 纪念岳阳楼区建区 20 周年老干部座谈会

▲ 纪念岳阳楼区建区 20 周年演讲比赛合影

（文体新局 新闻中心 供稿）

特 载

抢抓战略机遇 勇担时代使命
全面建成转型发展、创新创业的核心引领区
——在中国共产党岳阳市岳阳楼区第五次代表大会上的报告

总结五年奋斗历程 收获珍贵成果和经验

中共岳阳楼区区委书记 陈阁辉（2016年8月27日）

五年来，我们在市委、市政府的坚强领导下，紧紧围绕建设宜居宜业宜游、民生殷实安康、生态文明秀美的现代美丽幸福城区，团结一心，发奋图强，全面完成了区第四次党代会确定的各项任务，成功跻身全省第一批全面建成小康社会达标县区。

着力推动转型升级，区域经济跨越发展。2015年实现地区生产总值521.5亿元、财政收入21.2亿元，分别为2010年的4倍、3倍；固定资产投资、社会消费品零售总额等主要经济指标均实现翻番，跨入“全省经济快进县”行列，综合实力稳居全市第一方阵。实施“退二进三”“优二强三”，科学调整产业布局，重点打造“五圈一带”，多家品牌企业进驻我区，金融服务、文化休闲、现代物流、电子商务等业态的规模和品质显著提升，一、二、三产业比例调整为1∶22.6∶76.4。深入开展项目建设“四赛”活动，强力推动九大棚户（旧城）区改造和土地依法征收行动，共腾地1

万多公顷，实施中央、省市区重大项目300多个。不断优化经济发展环境，实施“联手帮扶企业、产业发展升级”行动，强化生产要素保障，建立商业纠纷预防调处服务联动机制，实行商事制度改革，新增市场主体2.5万户。

着力强化城市建管，人居环境持续改善。完善市政基础设施，先后建成赶山路、洛王路等城市干道20多条，提质背街小巷400多条，改造低洼渍水地段15处，城市承载功能进一步增强。创新实施“大城管”模式，推进环卫保洁提质，建立了职责明晰、协作紧密、高效运行的精细化管理机制。保持禁拆治违高压态势，共拆除违法建设35.8万平方米。开展城乡环境“同治、同建、同享”行动，推进大气污染防治、水环境综合治理和农村环境整治，马壕水质净化中心、环南湖截污管网等环保项目竣工运行，“十二五”减排任务全部完成，绿化覆盖率达41%，空气质量达标率达90%。岳阳楼区作为城市建设管理的主力军，为岳阳荣膺全国文明城市、全国百强宜居城市作出了重要贡献。

着力办好民生实事，生活水平全面提高。民生支出占财政总支出的比重达到78%，省市实事全部完成。力推“大众创业、万众创新”，新增就业5万人，城镇登记失业率控制在4%以内，“零就业”家庭保持动态清零。社会保障提标扩面，“五大保险”参保人数达到40多万。推行社会救助“阳光工程”，实现低保救助动态管理，“五保”“三无”人员供养均超过省定标准。加强社区建设，被确定为“全国社区治理和服务创新实验区”。实施安居工程，建成各类保障房4800多套。开展“精准扶贫三年攻坚行动”，完成脱贫1743人。实施教育强区战略，高标准建成郭兴小学，提质改造学校16所，被评为“全国义务教育发展基本均衡县(区)”“全省教育强县（区）”。发展社区卫生服务，基层医疗机构增加到270家。加强人口计生服务，连续三年被评为全省先进。加大公共文化建设投入，打造了“社区文化艺术节”等一批文化阵地，“洞庭渔歌”入选第四批国家级非物质文化遗产名录。

着力推进民主法治，社会大局和谐稳定。认真贯彻执行民主集中制，制定了《区委工作规则》等规范性文件，健全了“三重一大”事项集体决策等机制，通过区委常委（扩大）会、区四大家联席会、民主党派座谈会等形式，做到了大事共商、难事共担。支持人大、政府、政协和法检两院依法履职，统筹推进工会、共青团、妇联等工作，积极抓好党管武装、国防动员和后备力量建设，形成了干事创业的强大合力。加快政府职能转变，顺利完成了机构改革和乡镇区划调整。加强法制宣传，圆满完成了“六五”普法任务。贯彻落实《信访条例》，实行“三调联动”、信访代理等系列举措，信访总量、集体上访量和非正常上访量均逐年下降。加强社会治安综合治理，全天候、全覆盖开展巡逻防控，强化特殊人员帮教管理，依法打击各类违法犯罪行为，广大居民群众安全感不断增强，被评为“全省社会治安综合治理先进单位”。严格监管生产安全、消防安全、食药安全，全区未发生较大以上安全责任事故。

着力加强党的建设，政治生态风清气正。抓实党委（党组）中心组学习，加强党员干部教育，高标准高质量开展创先争优活动、党的群众路线教育实践活动、“三严三实”专题教育和“两学一做”学习教育，开展“知足感恩、爱岗敬业”干部健康心态教育、新年宣誓等主题活动，党员干部素质能力不断提高。认真落实市委“三个办法”，一批德才兼备、勇于担当、群众公认的基层干部受到表彰、得到重用。强化基层党建工作责任，完善基层党建阵地，开展了“基层组织建设年”“巴陵先锋先行”“学亮比做”等党建活动，形成了一批党建服务品牌，基层组织服务群众能力明显增强，被评为“全省创先争优活动先进县市区党委”。坚定不移地推进党风廉政建设和反腐败工作，落实“两个责任”，强化廉政教育，深化源头治理，从严正风肃纪，党风政风持续好转。

这些成绩的取得，得益于市委、市政府的坚强领导，得益于全区各级党组织、全体党员和广大干部群众的共同奋斗，得益于区四大家班子的精诚团结，得益于各民主党派、工商联、无党派人士和社会各界的大力支持，得益于历届区委班子打下的坚实基础，得益于全区离退休老同志的热忱帮助。在此，我谨代表四届区委，向所有关心、支持、参与岳阳楼区建设发展的同志们、朋友们表示衷心的感谢，致以崇高的敬意！

奋斗的历程充满艰辛，积累的经验弥足珍贵。回顾五年的实践，我们深深地体会到：必须保持定力，坚守目标。只有始终围绕中央、省委市委的决策部署，紧密结合区情实际，不动摇、不懈怠、不折腾，才能坚持一张蓝图绘到底，保持发展的稳定性、连续性。必须解放思想，改革创新。只有坚持以新思维拓展发展路径，以新方式化解发展难题，才能打破传统观念束缚，找准制约瓶颈，补齐工作短板，提升绩效、创先争优。必须勇担责任，攻坚克难。只有切实强化责任意识，引导鼓励广大干部主动作为、努力作为，才能成功应对各种挑战，胜利完成工作任务。必须牢记宗旨，真心为民。只有坚持发展为了人民、发展依靠人民、发展成果由人民共享，才能实现发展更有温度、幸福更有质感，赢得广大群众的拥护和支持。

成绩代表过去，发展任重道远。我们清醒地认识到，当前全区建设发展还面临不少困难和问题，主要表现在：一是产业转型升级需要进一步加快。经济结构性矛盾较为突出，骨干型、成长型企业不多，房地产业“一家独大”，产业层次不高，经济增长动能不足，新的经济增长点有待加快培育。二是人才引进培养需要进一步加强。经济工作、城市建设、城市管理等方面的人才不足，专业型、实用型人才引进培养的方法不多，机制不优。三是公共服务能力需要进一步提升。民生改善和社会建设任务仍然艰巨，教育、医疗、文化等方面的优质资源还不够丰富，分配还不够均衡。四是从严管党治党需要进一步努力。少数基层党组织抓党建的主业意识不强、能力不足，少数党员干部精神不振、作风不实，不能适应新形势的需要。对此，我们将高度重视，努力解决。

抢抓重大战略机遇 明确努力方向和目标

当前，岳阳楼区发展面临着千载难逢的战略机遇。机遇源于市委、市政府对我区的全新定位：市委、市政府指出，岳阳楼区是全市的政治、经济、文化中心，是建设“一极三宜”江湖名城的主战场，代表岳阳城市的整体形象，要带头推进转型发展和创新创业，在做精做美做优城市上下功夫，着力提升吸引力和竞争力，扩大知名度和美誉度，提升市民的获得感、认同感和幸福感，打造成岳阳的一张“靓丽名片”，建设成全市转型发展、创新创业的核心引领区。这是市委、市政府对岳阳楼区发展的新定位、新要求，赋予了我们前所未有的历史重任；这更是我区发展的长远愿景和现实需要，承载着全区人民的共同追求和殷切期望。机遇源于我区正在腾出宝贵的发展空间：当前强力推进的九大棚户（旧城）区改造、土地依法征收行动、九华山区域整体开发等，计划投入征拆资金200亿元以上，将在城市建成区腾出十分宝贵的土地资源10000多公顷，将为我区重新实施产业布局、整体推动产业升级和完善基础设施、优化城市形象、改善居民生活提供关键载体，建设投资预计超过1000亿元，建设规模之大、投资额度之多、带动能力之强前所未有，将实现改造一片旧城、兴旺一片产业、美化一片区域，全面推动城市有机更新。机遇源于我区建设发展的大好形势：今年是岳阳楼区建区20周年，通过20年的不懈努力，我区经济总量达到了一定规模，经济质量达到了较高水平，城市主体框架和主要设施基本建成，城市管理、社会治理、社会事业发展等方面形成了良好的机制，多项工作走在全市、全省乃至全国前列；新常态下，区委发展经济的意识十分强烈、愿望十分迫切，全区上下团结一致、心和气顺，干部群众精神焕发、斗志昂扬，率先发展、强势崛起其势已成，其时已至。只要我们牢牢把握发展机遇，顺势而为，乘势而上，就一定能够充分掌握发展主动权，就一定能够开创出岳阳楼区经济社会发展的崭新局面！

今后五年工作的指导思想是：高举中国特色社会主义伟大旗帜，深入贯彻习近平总书记系列重要讲话精神，按照“五位一体”总体布局和“四个全面”战略布局，坚持“创新、协调、绿色、开放、共享”发展理念，落实省委“三量齐升”“五化同步”要求，围绕市委“一极三宜”江湖名城建设发展战略，努力壮大区域经济、提升城市品质、增进民生福祉、加强党的建设，全面建成转型发展、创新创业的核心引领区，率先迈向基本现代化。

今后五年的发展目标是：到2020年，力争地区生产总值突破800亿元，年均增长9.5%；社会消费品零售总额突破700亿元，年均增长13%；财政收入突破30亿元，年均增长8%；第三产业占GDP比重达到80%；城镇、农村居民人均可支配收入分别达到4.3万元、2.6万元，年均增长9%、12%。城镇登记失业率控制在4%以内，居民平均受教育年限保持在12年以上，基本公共卫生服务项目100%达标，人均拥有公共文化体育设施面积4平方米以上，万人刑事犯罪率、安全事故死亡率均低于省定标准。单位GDP能耗下降10%，城镇污水处理率达到95%，绿化覆盖率达到46%，空气质量达标率达到95%。

全面建成转型发展、创新创业的核心引领区，要始终围绕“核心引领区”这个战略目标，全力打造全市第三产业的核心增长极，确保经济实力始终处于全市第一方阵；在城市管理、社会治理、公共服务、文化建设、生态文明等方面均处于全市领先地位，具有先进的城市工作理念、流畅的运行机制，形成便于借鉴、易于推广的工作经验，真正发挥出示范引领的作用。

全面建成转型发展、创新创业的核心引领区，要始终围绕“转型发展、创新创业”这个行动路径，用优质的经济环境吸引人流、吸引资金，充分释放各类市场主体创新创业活力，用调整产业布局、加快产业升级来推动转型发展，构建结构合理、链条完整、品质优良的产业体系。

全面建成转型发展、创新创业的核心引领区，要始终围绕“城市工作”这个最大的区情，牢牢抓住城市经济、城市保障、城市管理、城市服务四个着力点，将发展城市经济作为第一要务，将保障城市安全、管理城市秩序、优化城市服务作为第一责任，形成相互作用、相互促进的“四位一体”城市工作体系，使岳阳楼区的城市优势得到最充分的彰显、城市特质得到最全面的展示，使“靓丽名片”名副其实、“核心引领区”实至名归。

遵循城市发展规律，把握工作重点和举措

今后五年，全区各级党组织和广大党员干部要紧紧围绕全面建成“转型发展、创新创业的核心引领区”这个奋斗目标，树立更先进的发展理念、实施更有力的发展举措、创造更优秀的发展业绩。

一、力推经济发展，打造走势强劲的三产核心区。我区最根本的任务，就是集中精力开展经济建设，努力为各项事业发展提供坚实的物质基础。

1、提升经济工作能力。进一步加强和改进区委对经济工作的领导，牢牢把握经济发展主动权，全面提高谋划全局、提出战略、制定政策、推进建设的能力，为区域经济发展定好向、掌好舵。完善推动经济发展的机制，深入开展经济调研，动态监测经济运行，定期分析经济形势，确保经济工作有序推进。建设区域经济发展智库，加强与高等院校、科研机构合作，实现向专家学者问计问策制度化、常态化。把学好用好经济知识作为广大党员干部的一门必修课、一项基本功，整体提升经济工作意识和实践能力。

2、明确经济发展思路。根据现代城市理念和区情实际，以优良的安全保障、优美的市容环境、优质的公共服务作为城市经济发展的“软实力”“硬支撑”，用强大的软实力吸引人流、聚集消费，用强大的消费市场吸引优质企业投资落户、做精做优消费服务，从而充分满足本地居民就地就近消费需要，有力吸纳周边区域消费人群，努力建设辐射面积5000平方千米、辐射人口500万的区域性商贸消费中心。同时，用经济发展的成果来推动城市建设、民生改善和公共服务提升，形成经济发展与区域建设良性互动的工作模式。

3、把准经济建设重心。将第三产业作为最主要、最关键的产业来抓，推动生产性服务业向专业化和价值链高端延伸、生活性服务业向精细和高品质转变，实现“三产大区”向“三产强区”的历史跨越。将棚户（旧城）区改造作为调整产业布局、推进产业升级的

关键载体，将优质三产项目落实到现有片区建设中，再根据产业规划确定新一轮棚改区域，实现土地有序开发、项目分批落地。重点发展商贸、现代物流、金融保险、房地产、旅游、文化创意、商务服务、健康服务等优势业态，加快建设东茅岭核心商贸区、天伦城—四化建—花板桥新兴商业带、南部临湖商业带、洞庭3517文旅新城、梅溪物流区、南湖大道金融中心、麻布山城市后花园等重点商区，形成布局合理、多点发力的产业高地。突出发展楼宇经济，努力提高单位面积产出。依托七里山绿色工业片区，大力发展生产性服务业，支持片区工业企业提档升级。

4、强化经济服务举措。加强顶层设计，选择专业水平高、实践经验足、区情掌握准的团队，在全市总体规划框架下，研究制定前瞻性、科学性、可行性的产业发展规划。加快精准招商，大力推介我区资源优势、环境优势和发展优势，争取更多品牌影响大、发展后劲足、带动能力强的企业前来投资兴业。加速项目落地，建立重大产业项目专门服务班子、全程跟踪服务的工作机制，确保企业进得来、留得住。依法打击强行阻工、强买强卖、强揽工程等行为，创造优良的项目建设和市场经营环境。通过设立产业发展基金、实施品牌战略、表彰奖励优秀企业等系列措施，支持企业发展壮大。

二、全面深化改革，打造活力迸发的创新领航区。面对经济社会建设重任，面对发展中的制约瓶颈，我们必须大力解放思想，让改革创新成为全区上下的思想自觉和行动自觉，充分激发干事创业的热情、汇聚推动发展的力量。

1、坚持向改革实践要动力。自觉站在全局高度认识和理解改革、谋划和推动改革，做改革的促进派、实干家，防止改革落实过程中的缺位、空转、低效问题。坚持运用改革思维和改革办法，统筹推进经济、农村、生态文明、行政、民主法制、文化、司法和社会、党的建设、党的纪律检查等九大领域改革，认真执行上级确定的改革任务，积极推进化解发展难题的改革任务，全面落实关系群众切身利益的改革任务，确保改革精准对接发展所需、民心所向。强化各级党组织书记的第一责任人职责，完善督察落实、考评激励、责任追究等工作机制，抓住问题要害，督促真抓真改，确保改革最大程度地促进经济社会发展、促进社会公平正义、增加人民群众的获得感。

2、坚持向机制创新要动力。认真完成好市委、市政府明确的城市建设管理和公共服务任务，切实担负起“为城服务”工作职责。加强与市直部门的沟通衔接，保障其各项工作在我区顺利落实。加强与同城各区的协调协作，形成相互支持、共同进步的格局。加大向上衔接力度，争取上级更多的资金和项目投放我区。全面推行制度化、规范化、标准化管理，用制度促进责任落实、提升工作水准。明确部门单位法定职责，充分保障履职所需资源，尽力压减非法定职责事项，坚决杜绝不必要的支出，最大程度地发挥财政资金的效益。加强国有资产收益监管，规范行政事业单位资产处置，全面实行财政收支同步统筹。严格控制政府债务规模，完善“借、用、还”统一的管理机制，切实防范政府性债务风险。加强机构人事编制管理，坚持“在编人员只减不增、财政供养人员只减不增”的原则，实行机构设置随事走、人员编制随事走，确保每名编制都用在“刀刃上”。

3、坚持向人才资源要动力。落实党管人才责任，推进人才强区战略，丰富人才资源，防范人才断层。在党政人才方面，实行自主培养和外部引进并重，制定人才成长计划，选择一批知识基础好、培养潜力大、学习积极性高的干部进行脱产学习，培育经济建设、城市建设、社会治理等方面的专业人才；持续实施“素质提升工程”，通过集中培训、企业挂职、一线锻炼等方式，培育一批实用型人才；开辟绿色通道，吸纳一批政治过硬、业务精通的优秀人才。健全社会人才服务管理机制，制定引进、培养、评价、激励系列制度，培育一批创新创业人才、高技能人才、青年英才、名师名医、文艺人才等，形成群英荟萃、创新泉涌的生动局面。

三、强化依法治理，打造和谐有序的文明示范区。我们既要重视法律的规范作用，又要重视道德的教化作用，实现法治和德治相辅相成、相得益彰，坚决保障城市有序运转，努力增进社会文明和谐。

1、全面推进依法治区。实行法律顾问制度，区四大家班子、部门单位、街道（乡）全部聘用法律顾问。规范自由裁量权，提升执法规范化水平。强化权力制约和监督，促进法律监督、民主监督、社会监督等有机结合。深入推进司法规范化建设，全面实行司法责任制，严格落实领导干部干预司法活动插手具体案件责任追究制度、司法机关内部人员违法过问案件责任追究制度、司法人员接触交往行为规定，确保司法公平正义。坚持法制教育和法治实践相结合，以社会治安、经济活动、婚姻家庭等法律法规为重点内容，全面实施“七五”普法，健全法律援助机制，不断提升全社会的法治意识和法治水平，推动形成办事依法、遇事找法、解决问题用法、化解矛盾靠法的法治环境。

2、全面维护社会稳定。坚持系统治理、依法治理、综合治理、源头治理，完善党委领导、政府主导、社会协同、公众参与、法治保障的社会治理体制，提高现代化治理能力，全面营造安全稳定的社会环境。深化“平安楼区”建设，构建立体化社会治安防控体系，严密防范和依法惩治侵财、涉毒、黑恶势力等各类违法犯罪行为，进一步增强人民群众的安全感。依法依规开展信访工作，坚决执行诉访分离、分级受理、依法逐级走访、信访事项依法终结等制度，确保群众诉求反映有渠道、合法权益有保障。落实安全生产责任制，坚持党政同责、一岗双责、失职追责，加强重点行业、重点部位、重点环节的安全监管，坚决遏制重特大安全责任事故发生。强化应急管理，提高公共安全和防灾救灾减灾能力。建立来源可追、去向可查、责任可究的食品药品全程监管制度，确保居民饮食用药安全。

3、全面深化文明创建。以培育和践行社会主义核心价值观为主线，引导居民增强国家意识、法治意识、社会责任意识和诚信意识，让核心价值观成为凝聚社会共识的“最大公约数”。加强城市文化建设、社会风尚建设和未成年人思想道德建设，加大公益广告宣传力度，推动学雷锋志愿服务制度化，定期评选表彰道德模范，增强居民的城市主人翁意识，引导形成文明和谐的社会氛围。巩固扩大全国文明城市创建成果，丰富活动载体，使创建更接地气、更顺民意，推动创建工作深度延伸、全面拓展，让文明新风为岳阳楼区的形象增色添彩。

四、精心建设管理，打造环境秀美的宜居首善区。我们要按照中央城市工作会议提出的“一个尊重、五个统筹”，坚持城市建设与管理“两手抓、两手硬”，推动管理提质、品位提升，让城市成为宜居家园。

1、优化城市基础设施。对国家、省市落户我区的基础设施项目，不论投资建设主体，一律上前一步、主动服务。对区级投资项目，健全统筹管理、手续代办、质量监管等制度，以“工匠”精神建成一批“精品项目”。加快城区道路建设和改造，优化路网结构，推进微循环工程，增加停车设施，整体缓解交通压力。完善水电气、通信、环卫、消防、路灯等基础设施，建好村组道路、农田水利等农村设施，全面完成街道社区便民服务用房建设任务，更好地满足城乡居民生产生活需要。积极推动“海绵城市”建设，加大低洼渍水地段整治力度，统筹实施建筑物立面改造和地下综合管廊建设，让城市“里子”更实、“面子”更靓。

2、优化城市管理机制。完善“大城管”模式，力争率先在全市、全省出成果、出经验。将管理对象精细到每一个部件、每一个时段，将管理职责明确到每一个单位、每一个人员，严格考核奖惩，确保市容秩序问题“快速发现、精确定责、集中执法、妥善处置”。实施环卫作业标准化管理，提升机械作业水平，增加清扫频率，延长保洁时限，对窗口区域、重点地段实施全天候动态保洁。强化教育引导，培养居民良好的卫生习惯，巩固提升国家卫生城市创建成果。持续推进禁拆治违工作，严格落实巡查防控机制，强力开展拆违行动，确保新增违法建设零增长、存量违法建设负增长，坚决维护城市规划的严肃性和权威性。

3、优化城市生态环境。坚决杜绝高耗能、高污染、资源性项目，严格执行企业清洁生产标准，加快淘汰落后产能，全面完成主要污染物总量减排任务。落实水资源管理制度，做好南湖、王家河、芭蕉湖、吉家湖、东风湖等水域的保护工作，强力整治城市黑臭水体。规范殡葬行为，倡导绿色祭祀，保持城区烟花鞭炮禁产、禁售、禁燃。开展“身边增绿”行动，加快建设绿地、绿廊、绿道，努力建成一年常绿、四季花开的城市景观。开展“秀美村庄”建设行动，持续美化农村生态环境。用最严格的生态环境保护措施，努力建设天蓝地绿水清、可以惬意深呼吸的水墨丹青城市。

五、致力改善民生，打造全民共享的小康先行区。我们必须从群众最关心、最直接、最现实的利益问题入手，认真办好民生实事，统筹发展社会事业，让人民群众生活得更有尊严、更加幸福。

1、健全社会保障体系。优化就业创业服务机制，努力扩大就业规模、改善就业结构、提高就业质量，重点做好高校毕业生、农村转移劳动力、城镇困难人员、退役军人的就业创业工作。严格执行社会保险征缴政策，加强劳动监察和劳动仲裁，切实维护劳动者的合法权益。坚决兜住民生底线，稳步提高城乡低保水平，加强重特大疾病医疗救助，全面实施临时救助制度，保障困难群众基本生活。认真做好优抚工作，落实抚恤和生活补助各项政策。支持慈善事业发展，广泛动员社会力量开展社会救济和社会互助。实行开发式扶贫，以麻布山省级森林公园为载体，统筹推进精准扶贫、新农村建设和乡村健身旅游项目建设，坚决打赢脱贫攻坚战。

2、健全公共服务体系。加大教育投入，持续实施合格学校建设工程，合理调整学校布局，优化配置教育资源，整体提升师资素质，全面实行阳光招生，实现“一公里就近入学”。推进“健康城区”建设，加快发展社区卫生服务，落实梯度服务理念，完善分级诊疗和双向转诊模式，建强全科医生团队，落实国家基本药物制度，提高基本医疗、卫生保健、健康教育和疾病防控水平，实现“一公里就近诊疗”。建设文化强区，深入推进文体惠民工程，支持群众文艺团体发展，新增一批文化阵地，推动行政事业单位文体设施向社会开放，扎实开展全民健身运动，实现“一公里就近文体活动”。认真做好科学普及、人口计生、史志档案、红十字会、老龄事业等各项工作，推动社会事业协调发展。

3、健全社区治理体系。积极探索“互联网 + 政务服务”，建好社区公共服务、网格管理、居民自治“三合一”工程，走出一条顺应发展趋势、富有地方特色的社区治理服务新路子。全面实行公共服务事项社区办理或社区代办，让居民办事“跑一次路、进一道门、找一个人、一次性办成”，畅通服务群众的“最后一公里”。动态更新人口、房屋等基础数据，强化网格员巡查和服务职责，协助做好网格内社会治安、城市管理、环境保护、文明创建等工作，实现社情民意全掌握、便民服务全方位。加强社区协商共治，积极培育社会组织，促进居民自我管理、自我教育、自我服务，实现社区建设人人参与、社会责任共同担当。

坚持从严管党治党 凝聚前进信心和力量

全面建成转型发展、创新创业的核心引领区，关键在党，关键在队伍。我们务必强化“围绕发展抓党建、抓好党建促发展”的理念，创新思路、方式和机制，使党的建设始终紧扣发展、服务发展，以发展成果检验党建成效，努力把党的政治优势和组织优势转化为推动经济社会发展的强大动力。

加强思想政治建设。深化和巩固党的群众路线教育实践活动、“三严三实”专题教育和“两学一做”学习教育成果，引导广大党员增强政治意识、大局意识、核心意识、看齐意识，促进广大党员始终站稳政治立场，保持政治定力，自觉在思想上、政治上、行动上与党中央保持高度一致。坚持用中国特色社会主义理论体系武装头脑，突出理论联系实际，把理论成果转化为谋划发展的思路、领导发展的本领、推动发展的能力，促使广大党员以坚定的政治信念、过硬的政治素养履职尽责、建功立业。严肃党内政治生活，落实“三会一课”、组织生活会、民主评议党员等制度，拓宽党员参与党内政治生活的途径。

加强干部队伍建设。贯彻执行党的干部路线方针政策，坚持正确的用人导向，落实市委“三个办法”，突出“五个看重”“两个倾斜”，打造一支信念坚定、为民服务、勤政务实、敢于担当、清正廉洁的干部队伍。完善干部评价体系，用忠诚、担当、业绩考量干部，让想干事的有机会、能干事的有舞台、干成事的有地位，让不忠诚的没市场、不努力的受鞭策、不成事的腾位置。拓宽选人用人渠道，优化干部队伍结构，统筹选拔年轻干部、女干部和党外干部，增强队伍的生机与活力。倡导干部“静心学习、舒心工作、开心生活”，引导形成乐观进取的健康心态。保障干部按规定享有的正常福利待遇，落实干部带薪休假等制度。认真做好老干部工作，保障离退休干部的政治生活待遇。

*加强基层组织建设。*强化基层党建主责主业意识，推进“三大三强”行动，加强社区（村）、机关、学校和企事业单位的党组织建设与活动阵地建设，加大非公有制经济组织和新社会组织党建工作力度，选优配强基层党组织书记，严格落实监督问效机制，促进党的组织、党的工作和党员作用发挥“三个全覆盖”。持续开展“巴陵先锋先行”主题实践活动，引导党员立足岗位当先锋。创新开展“党建+经济建设”“党建+社会治理”“党建+城市管理”“党建+民生改善”等系列工程，严格实行基层党建绩效考核，促使基层党组织在经济社会建设的具体工作中、在为民服务的具体事项中积极发挥作用，全面提升基层党建科学化水平。

*加强党风廉政建设。*严格落实党委主体责任和纪委监督责任，切实履行“一岗双责”，把责任记在心里、扛在肩上、抓在手中、落到实处。加强纪律教育，严明纪律规矩，促使党员干部筑牢拒腐防变的思想防线。深化作风建设，围绕整治“四风”的重点领域、关键环节和新情况新问题，坚持常抓不懈，确保中央、省、市关于作风建设的系列规定精神落地生根。加大纪律审查力度，把查处侵害群众利益的不正之风和腐败问题作为主要工作任务，保持惩治腐败的高压态势。贯彻落实《中国共产党问责条例》，敢于较真碰硬、层层传导压力，让失责必问、问责必严成为常态，全面唤醒责任意识，充分激发担当精神。

*加强领导能力建设。*充分发挥区委总揽全局、协调各方的领导核心作用，支持区人大及其常委会依法行使职权、积极开展工作，支持区政府依法行政、全面履职，支持区政协开展政治协商、民主监督、参政议政，支持法院、检察院依法独立行使审判权、检察权，形成区委牵头抓总、全区步调一致的工作局面。贯彻落实民主集中制，完善常委会、全委会工作制度，严格执行议事规则和决策程序，健全重大事项决策意见征询、专家论证等制度，依法决策、审慎决策、科学决策，坚决杜绝形象工程、面子工程。强化党管意识形态主体责任，始终掌握意识形态工作的领导权和话语权。坚持党管武装原则，加快国防后备力量建设，扎实推进双拥共建。巩固和发展新时期爱国统一战线，支持民主党派加强自身建设，认真做好党的民族、宗教、侨务和新社会阶层人士等工作，充分发挥工会、共青团、妇联等人民团体的桥梁纽带作用，广泛调动事业发展的一切积极因素。

时代赋予我们神圣的使命，人民寄予我们殷切的期望，让我们高举中国特色社会主义伟大旗帜，紧密团结在以习近平同志为总书记的党中央周围，在市委、市政府的坚强领导下，团结带领全区广大干部群众，为全面建成转型发展、创新创业的核心引领区而努力奋斗！

岳阳市岳阳楼区人民政府工作报告

——在岳阳楼区第五届人民代表大会第一次会议上

过去四年工作回顾

岳阳楼区区委副书记、人民政府代区长 黄建文（2016 年 11 月 28 日）

四年来，我们在市委、市政府和区委的坚强领导下，在区人大和区政协的监督支持下，团结一心，开拓奋进，全面完成了各项目标任务，先后获得“全国和谐社区建设示范城区”“全国义务教育发展基本均衡县区”“全国基层中医药工作先进单位”“全省经济快进县区”“全省教育强区”等国家、省级荣誉 180 多项，被确定为全省全面建成小康社会一类达标县区。

区域经济跨越发展。地区生产总值从 2012 年的 383 亿元增长到 2016 年的 574 亿元（预计数），固定资产投资从 79 亿元增长到 195 亿元（预计数），社会消费品零售总额从 268 亿元增长到 430 亿元（预计数），财政收入从 15.8 亿元增长到 22.02 亿元（预计数）、税收收入占比提高到 80% 以上，经济质量稳居全市前列。推行商事制度改革，市场主体增加到 6.2 万户。持续开展联手帮扶企业和产业发展升级行动，规模以上企业达497家，完成工业企业技改项目89个。实施品牌战略，新增中国驰名商标6个、湖南省著名商标11个。引进股份制银行4家、保险公司5家、证券公司8家，支持了岳阳农村商业银行组建。

城乡面貌持续改善。建成洛王路、天伦路等城市道路20多条，建设村组道路30多条，提质小街巷400多条，整治低洼渍水地段15处，新增街巷路灯1万盏。在全省县区中首创“大城管”模式，建立了部门协作、联合执法、现场办结的高效运转机制，市容秩序实现了常态化、长效化管理。开展“精细管理、美丽楼区”环卫提质行动，垃圾屋增至1058座，环卫设施完好率达98%以上。保持禁拆治违高压态势，拆除各类违法建设35.8万平方米，新增违法建设发生率基本为零。推行“生态融城”“绿化进城”，创建生态社区（村）20个，绿化覆盖率达41%。完成环南湖截污管网、马壕水质净化中心等重点环保项目42个，主要污染物减排任务全部完成，空气质量达标率达90%。深入开展文明创建，为岳阳荣膺全国文明城市作出了重要贡献。

民生保障坚实有力。民生支出占财政总支出的比重达78%，优质完成省市实事82项。新增就业4万人、创业主体1.4万家，城镇登记失业率控制在4%以内，“零就业”家庭保持动态清零。发行社会保障卡13万张，征缴“五大保险”基金10亿元，参保人数达45万，基金规范运转率和安全完整率均达100%。创新实施社会救助“三线工作法”，推行阳光救助、动态管理，城乡低保补差、“五保”和“三无”人员供养均高于省定标准。发放残疾人生活补贴2000万元，抢救性康复残疾儿童316人。建成保障性住房4800套，发放廉租房补贴2300万元。开展“精准扶贫三年攻坚行动”，完成脱贫1743人。发放移民直补资金2000万元，落实后扶项目建设资金3500万元。筹集3600万元，解决了7.4万人的安全饮水问题。动员社会力量投入4000万元，提质改造农贸市场30家。

社会事业协调进步。新建了郭兴小学，完成了16所学校提质改造，适龄儿童入学率、义务教育巩固率均保持100%。积极创建国家公共文化服务体系示范区，街道（乡）综合文化站、社区（村）文化活动室、社区（农家）书屋实现全覆盖，新建小广场小游园105处、健身路径141条，群众文艺团体发展到219支，创造了“社区文化艺术节”等文化品牌。深化医卫体制改革，推进45项基本公共卫生服务均等化，公立医院药品实现零差率销售；发展社区卫生服务，构建了基层医疗卫生服务网络，建立居民电子健康档案43万份；优化人口计生服务，连续三年被评为全省先进。积极支持了工会、共青团、妇联、工商联、科协等事业发展，人民武装、国防动员、人民防空、双拥共建、厂地协作、史志档案、民宗侨务、红十字、老龄事业、机关事务、服务城陵矶新港区、服务洞庭新城、公积金、联络接待等各项工作都取得了新进步。

社会大局平安稳定。建立了公安巡逻、干部巡逻、居民义务巡逻“三位一体”防控网络，巡逻防控覆盖到每一条街巷、每一个时段。持续开展“利剑”“铁拳”“五打五整治”“禁毒百日会战”等专项行动，严厉打击“两抢一盗”、黄赌毒、涉黑涉恶等违法犯罪活动，治安形势总体良好。收治涉毒重症人员590人次，社区矫正520人。强化信访源头治理，建立了“三调联动”、信访代理、网上信访等系列制度，信访工作步入良性轨道。严格落实安全生产责任制，检查生产经营单位1.5万家，排查整改隐患2000多处，扑救火灾1000多起，全区未发生一起较大以上安全责任事故。建立食品药品安全风险预警机制，完善监管信息平台，整改餐饮门店1650家，关停非法诊所282家，有力保障了居民群众的饮食用药安全。

自身建设全面加强。出台《依法行政工作要点》，严格执行规范性文件审查备案制度，办理行政复议和行政应诉215件。加强法制宣传，全面完成“六五”普法任务。自觉接受区人大的法律监督、工作监督和区政协的民主监督，办理人大代表建议251件、政协委员提案416件，办复率达100%。积极回应群众诉求，办理12345热线工单4万件，办复率达98%。推进政府机构改革，政府工作部门精简为19个。编制政府权力清单、责任清单、服务清单，减少权力事项362项，明确责任事项1898项、服务事项72项。完成行政审批流程再造，减少行政许可78项。开展“三超两乱”专项治理，在编人员全部实行实名制管理。实施实用人才素质提升工程，脱产培训265人。公用经费、专项经费、公务接待费、公务用车费全部实现“零增长”。强化财政审计，评审项目672个、审减金额4200万元。

今年来，我们紧紧围绕“一极三宜”江湖名城战略，致力于打基础利长远、全方位促发展惠民生，在发展城市经济、保障城市安全、管理城市秩序、优化城市服务上狠下功夫，较好完成了区四届人大四次会议确定的工作任务。

推动经济发展有新力度。新建续建产业项目38个，到位资金16亿元，万象瑞城国际金融港、天伦金街等一批产业项目顺利开工。开展土地依法征收攻坚行动，临湖公路岳阳楼区段提前完成征拆，海吉星项目按时交地，成功出让4宗土地、成交额2.3亿元。强力推动九大棚户（旧城）区改造，完成签约8189户、征收房屋115万平方米，其中市七中南侧、琵琶王东南角、洛王等片区完成签约。高标准编制产业发展规划，已确定设计单位，完成了前期调查摸底。全面落实“营改增”、结构性减税等政策，为企业减负1.5亿元。加强政府性债务管控，收回政府投资1.3亿元。积极向上争项争资，争取上级支持8.8亿元。

人居环境品质有新提升。集中整治了站前路、菜园坡路、新桥巷等路段的马路市场，有效改善了南环路、奇家岭、雷锋山等农集贸市场环境。开展禁拆治违升级行动，拆除违法建设482处、面积7.3万平方米。加强南湖水环境综合治理，周边企业、居民区污水全部进入截污管网，羊角山垃圾场封场项目完成拆迁，环湖1000米内畜禽养殖场所全部取缔。

办理惠民实事有新成效。推进社区治理和服务创新“三合一”工程，111项公共服务事项下沉社区，办理民生业务18万件；划分社区网格652个，实行“一格一员”，及时发现、处置民生问题2.6万件；通过政府购买服务、实行项目补贴、部门对口帮扶等措施，发展社会组织460家。发放低保、医疗救助资金6500万元，临时救助资金2000万元。整合资金1.03亿元，统筹实施麻布山区域精准扶贫、新农村建设、健身乡村旅游建设，进山主道、上山步道基本建成，配套建设产业基地3处。投入5000万元，新建改建了王家河、东茅岭、金鹗山等街道和岳阳楼、德胜等社区的便民服务用房31处。枫桥湖社区卫生服务中心跻身“全国百强”。

维护公共安全有新举措。出台《关于进一步加强岳阳楼区信访工作的实施办法》，全方位防范和化解矛盾纠纷，信访总量下降50%。开展常态化巡逻，提高街面见警率，建成区级社区矫正中心，社会治安环境进一步好转。严格执行《安全生产法》和食品药品监管法律法规，全年未发生较大以上安全生产事故和食品药品安全事故。依法打击非法融资活动，处置民间非法借贷案件16起，追回资金7519万元。

政府工作所取得的成绩，得益于市委、市政府的坚强领导，得益于区委的科学决策，得益于区人大区政协的大力支持，得益于老领导老同志的真诚帮助，是全区干部群众共同奋斗的结果。在此，我谨代表区人民政府，向所有关心支持岳阳楼区建设发展的同志们、朋友们，表示衷心的感谢和崇高的敬意！

同时，我们也清醒地认识到，前进道路上还存在不少困难和问题，主要表现在：一是产业层级不高，优质品牌企业不多，创新创业氛围还不浓，经济增长动能还不足，需要积极培育新的经济增长点，全力扩大区域经济规模、提升经济发展质量。二是优质公共资源总量和均衡度与居民群众的需求还有差距，需要主动向上争取、发动社会参与和加大财政投入同时发力，更多更好地建设民生实事项目。三是社会治理水平、城市管理水平还要进一步提升，需要构建更加完备、更加精细、更加高效的工作机制，切实增强广大居民的安全感、舒适感。四是政府性债务已经达到一定规模，需要严格控制新增债务，切实防范区级财政风险。五是政务服务的维度、标准与时代发展的要求还有差距，需要进一步转变政府职能、提升队伍素质，全面优化工作作风、增强行政绩效。对这些问题，我们将认真研究，努力解决。

今后五年的总体思路和主要任务

区第五次党代会确定的全面建成“转型发展、创新创业的核心引领区”战略目标，代表着全区人民的共同愿望，今后五年，区政府将认真贯彻落实区第五次党代会精神，抢抓发展新机遇，沉着应对新挑战，推动建设发展全面转型、整体升级。

今后五年工作的指导思想是：高举中国特色社会主义伟大旗帜，深入贯彻以习近平同志为核心的党中央治国理政新理念新思想新战略，按照“五位一体”总体布局和“四个全面”战略布局，坚持“五大发展理念”，根据“一极三宜”江湖名城战略，围绕“全面建成转型发展、创新创业的核心引领区”总体目标，将发展城市经济作为第一要务，将保障城市安全、管理城市秩序、优化城市服务作为第一责任，全力打造走势强劲的三产核心区、活力迸发的创新领航区、和谐有序的文明示范区、环境秀美的宜居首善区、全民共享的小康先行区。

*今后五年发展的主要目标是：*地区生产总值年均增长9.5%，财政收入年均增长8%，固定资产投资年均增长15%，社会消费品零售总额年均增长13%，第三产业占GDP比重达80%，城镇、农村居民人均可支配收入年均增长分别为9%、12%，完成节能减排任务，单位GDP能耗下降10%，绿化覆盖率达到46%，城镇登记失业率控制在4%以内，居民平均受教育年限保持在12年以上，基本公共卫生服务项目100%达标，人均拥有公共文化体育设施面积4平方米以上，万人刑事犯罪率、安全事故死亡率均低于省控标准。

一、发展理念转型，推动综合实力持续升级。深刻认识和主动适应、把握、引领经济发展新常态，以供给侧改革的思维、主动作为的姿态、精明增长的方式发展经济，努力建设全市第三产业核心增长极。

*产业布局与产业培育统筹实施。*精心编制产业规划，确保符合全市总体规划、区域发展实际和产业发展规律，具有前瞻性、科学性、可行性。加快建设东茅岭核心商贸区、天伦城—四化建—花板桥新兴商业带、南部临湖商业带、洞庭3517文旅新城、梅溪物流区、南湖大道金融中心、麻布山城市后花园等重点商区，实现产业布局合理、结构科学。重点发展商贸服务业，分区域建设商业综合体、产业聚集区、特色商业街，形成人气活跃、市场兴旺的大商贸格局。综合运用政府、市场、社会力量丰富旅游资源，“吃住行游购娱”全链条发力，开发培育“商养学闲情奇”新旅游产品，推动景区旅游向街区旅游转变，建成全域旅游目的地。推动房地产业由传统住宅型向商业地产、金融地产、教育地产、健康地产等复合型、多元化发展，最大限度发挥土地资源效益。大力发展文化创意产业，引进培育一批动漫、表演、会展、设计、广告装潢等品牌企业。发挥交通区位优势，建设综合市场、大型仓储集群，推进物流企业提档升级。加速发展金融产业，吸引银行、证券、保险等金融机构入驻。积极发展楼宇经济，引进优质资源，推动商务楼宇高端化、特色化。认真研究新常态下的城市产业，发展电子商务、智慧产业、生活物流、健康养老等新兴业态。

*项目引进与项目建设同步推进。*用同等力度开展招商引资和项目建设，保障产业项目进得来、建得快、发展得好。围绕产业规划建设招商项目库，精心开展项目策划、包装，建立专职招商队伍，创新招商方式，积极寻求与世界500强、国内500强、央企、大型民企的战略合作，力争引进一批高成长性、带动性强的龙头项目。完善依法征拆机制，将快速办理手续、提前禁拆治违、公产单位带头、全程司法介入等工作经验制度化。建立重大项目全程服务机制，完善领导联系、快速反应、上门服务、绿色通道等工作制度。建立政府定期调度机制，对区域内所有产业项目实行统筹管理。建立产业项目后续跟踪服务机制，及时掌握已投产项目的动态信息，支持企业开拓市场、创造品牌。

*发展要素与发展环境整体优化。*根据产业发展要求和项目建设需要，科学确定新的棚户（旧城）改造区域，保障土地供给。深化政银企合作，引导金融机构支持实体经济发展，鼓励企业拓展融资渠道，

保障企业发展资金需求。积极协调供电、供水、供气等部门，保障企业发展能源需求。深入推进简政放权、放管结合、优化服务，动态清理行政审批项目，优化项目联合审批流程，构建“零障碍”政务环境。设立产业扶持发展基金，定期表彰奖励优秀企业，支持企业发展壮大。鼓励企业管理人员学习深造，培育一批优秀企业家。健全企业诚信评价体系，落实守信联合激励和失信联合惩戒制度，推行红黑名单制度，提高企业社会信用水平。加强与新经济组织、新社会组织的沟通交流，支持基层商会组织建设，引导行业内部优势互补、合作共赢。完善工商、质监、行业协会、消费者协会联动机制，坚决打击假冒伪劣、价格欺诈等违法行为，营造公平竞争的市场环境。

二、建设方式转型，推动宜居水平稳步升级。以创造优良人居环境为中心目标，用“天人合一”理念实施城市建设管理，强化内外兼修，努力把城市建设成为人与人、人与自然和谐共处的美丽家园，让城市更加宜居、宜业、宜游、宜学、宜文。

*以增强承载功能提高城市品质。*始终秉持规划先行、系统建设的理念，统筹安排市政基础设施、公共服务设施建设。对国家、省市落户我区的基础设施项目，一律上前一步、主动服务。优化城市路网布局，推动干线道路升级改造，加大背街小巷建设维护力度，完善过街天桥、人行通道等道路微循环系统，增加公共自行车网点密度，提高交通的通达性。完善农村道路网络，加大养护力度，保障优质运行。发展地下和立体停车设施，鼓励单位内部停车场对外开放，缓解停车难问题。持续开展低洼渍水地段整治，加快排水防涝设施建设，推进“海绵城市”、地下综合管廊建设，切实解决城市内涝问题。合理布局教育、医疗、文化、社区服务、农集贸市场、便民菜店等公共服务设施，完善消防、人防及防灾避险场所等应急设施，稳步推进机关事业单位便民服务设施建设和改造，努力满足社会需求。完善城乡一体化的生活垃圾收集、中转、运输网络，加快垃圾屋、转运站和无害化处理设施建设。开展“森林进城”“身边增绿”行动和全民义务植树活动，实施沿水、沿路、沿城市周边绿化工程，见缝植绿、有隙栽花，创建一批园林式单位和生态社区（村）。深入开展南湖、王家河、东风湖、吉家湖等水域综合治理，加强城市污水处理设施建设，实施农村饮水安全巩固提升工程，改善水环境，保障水安全。完善城乡结合部的道路、市政、公共服务等基础设施，加快洛王、梅溪、奇家岭、城陵矶、郭镇片区融城步伐。

*以优化管理秩序升华城市品位。*健全“大城管”工作机制，建立更加全面、更加严格的城市管理工作体系，推行全天候管理，实现工作时间与节假日的管理同等标准；推行全区域管理，实现中心城区与城乡结合部的管理同等标准；推行全行业管理，实现农集贸市场、沿街门店、综合市场的管理同等标准。维护城市规划的严肃性和权威性，始终保持禁拆治违高压态势，健全禁违信息网络，构建覆盖全面、反应快速的监控体系，实现违法建设即时发现、快速拆除。强化生态环保考核和生态环境损害责任追究，严格落实大气污染防治责任，严查严治超标排放、

偷排偷放等行为，严控高污染、高耗能、资源性项目进驻，坚决淘汰落后产能。加强社会治安综合治理，深入推进“平安楼区”建设，建立部门单位共同担责、综合施策、独立考核的治安防控体系，坚决惩处各类违法犯罪行为，保障社会环境安全。依法规范信访行为和秩序，加强各类风险排查、预警和处置，引导居民合法合理表达诉求，督促部门依法依规解决问题。坚持预防为主、防治结合，健全隐患排查治理、危险源监控和重大隐患挂牌督办机制，严防安全生产事故发生。

*以厚植地域文化彰显城市品格。*培育践行社会主义核心价值观，巩固拓展全国文明城市创建成果，不断提升市民文明素质和城市文明程度。深度挖掘岳阳楼文化内涵，全面弘扬岳阳楼精神，让“岳阳楼精神”根植于岳阳楼区每一个人心中，形成鲜明的岳阳城市文化品质。严格执行《岳阳市历史文化名城保护规划》，全面加强文物保护，精心收集整理名人典故、民间传说、民俗风情等，让历史文化得到广泛传播。打造特色文化街区，复原街区历史印记，丰富城市文化节点，构建“全域文化”，重现“迁客骚人、多会于此”的情境。注重城市建筑整体设计，推进建筑风貌统一工程，形成风格一致、独具魅力的湖湘建筑格调。实施文化惠民工程，实现基层文体服务阵地全覆盖，促进基本公共文化服务均等化。引导支持文化企业开发公共文化产品和服务，推进文化产业与文化事业共同发展。鼓励群众自办文化，支持各类文艺团体成长壮大，吸引更多游客和市民参与文化活动，让城市充满浓郁的人文气息。

三、公共供给转型，推动幸福指数全面升级。坚守为人民服务宗旨，将人民群众对美好生活的向往作为奋斗目标，守住民生底线，认真解决群众最关心最直接最现实的利益问题，发展优质公共资源，充分满足居民日益增长的各类需求。

*营造浓郁的大众创业氛围。*坚持就业优先战略，实施更加积极的就业政策，劳动者自主就业、市场调节就业、政府促进就业相结合，鼓励以创业带动就业，着力解决劳动力供需矛盾，实现更高质量的就业。实施“高校毕业生创业引领计划”，做好农村转移劳动力、城镇困难人员、军队退役人员的就业工作。构建覆盖城乡全体劳动者的职业培训制度，全方位提升劳动者的就业创业能力。推进“巴陵人才”工程，实施人才发展战略五年规划，建立健全人才引进、培养、使用、评价、激励系列制度，培育一批创新创业人才、高技能人才、青年英才、名师名医和文艺人才，造就结构合理、素质优良、富有创新精神的人才队伍。

*构筑良好的全民共享格局。*全面建设健康城区，使全区人民共同享有优质的预防、治疗、康复、健康促进等服务。开展全民健身运动，提高群众身体素质。完善基层首诊、双向转诊、急慢分治、上下联动的分级诊疗模式，提高居民家庭医生签约率。深入开展爱国卫生运动，推动无烟环境建设。构建全方位食品药品监督管理体系，保障人民群众“舌尖上的安全”。持续建设教育强区，优化教育资源布局，实施标准化学校建设，坚持“阳光招生”，促进义务教育优质均衡发展。鼓励社会力量兴办幼儿园，促进学前教育公益普惠发展。深化教育领域综合改革，打造一

批特色品牌学校。优化升级社区治理和服务创新“三合一”工程，推进便民服务零距离、精细管理全覆盖、社会事务齐参与，实现政府治理和社会自我调节、居民自治的良性互动，形成可推广可复制的工作经验。建立公共服务、便民服务、志愿服务有机衔接的社区服务体系，让社区生活更加便捷、舒适。

织造牢固的社会保障网络。实施“全民参保登记计划”，做好中小微企业、灵活就业人员、农民工等重点群体的参保工作。落实城乡居民基本养老保险制度，完善城乡居民基本医疗保险经办运行机制，实行失业保险援企稳岗政策，促进商业保险与社会保险相衔接，构筑多层次的保障体系。优化低保审批程序，实行低保对象动态管理。完善特困人员供养制度，加大“五保”“三无”人员救助力度。保障残疾人基本生活，提升残疾人服务水平。实施重特大疾病医疗救助，防止因病致贫、因病返贫。高效实施临时救助，确保困难群众求助有门、受助及时、急难可救。支持慈善事业、慈善组织发展，动员社会力量开展救济帮扶。

四、政府职能转型，推动治理能力整体升级。以合法、规范、责任、效率、透明为标准，全面推进政府工作精细化、流程化、信息化，建设符合时代发展要求的现代政府，为发展现代经济、建设现代社会提供优质服务和坚强保障。

法治思维落实到政府工作的所有领域。自觉用法治思维和法治方式履行职责，把政府工作全面纳入法治轨道。严格执行公众参与、专家论证、风险评估、合法性审查和集体讨论的决策程序，确保决策合法、科学。实行政府法律顾问制度，建立以政府法制机构人员为主体、法律专家和律师为补充的顾问队伍。实施“七五”普法，抓好公务员队伍学法用法工作，强化依法履职意识，提升依法履职能力。自觉接受区人大及其常委会的法律监督、工作监督和区政协的民主监督，定期向人大报告工作、向政协通报情况，认真办理人大议案、建议、批评和意见，认真办理政协提案。

量化管理落实到政府工作的各个环节。细化改革发展稳定各项工作，明确责任单位、责任人员、时效要求、质量标准。健全政府工作考核评价体系，完善政府督查、考核、通报、奖惩系列制度，做到有职责就有考核、有部署就有考核。建立重点工作专项考评制度，独立设置考评机构，定期开展工作讲评，及时研究解决困难问题。全面实行公务员绩效管理，让忠诚履职、业绩突出者得表彰、得奖励，让懒政懈怠、服务态度恶劣者受教育、受惩处。

纪律规矩落实到政府工作的全部过程。巩固党的群众路线教育实践活动、“三严三实”专题教育、“两学一做”学习教育活动成果，深化作风建设，管严管实工作队伍。深入学习廉洁自律各项规定，坚决筑牢防腐拒变的思想防线。落实党风廉政建设责任，切实履行“一岗双责”。突出抓好工程招投标、公共资源交易、政府采购等重点领域的制度建设，有效防控廉政风险。严格执行财经纪律，强化预算管理，完善厉行节约长效机制，尽力压缩“三公”经费支出。加大重点领域、重点部门、重点资金的审计力度，强化领导干部经济责任审计。依法依规公开政务信息，主动接受社会各界监督。坚决反对腐败，严肃查处违纪违法行为，努力建设廉洁政府、法治政府、人民满意的政府。

2017 年工作重点

2017 年的经济社会发展目标是：地区生产总值达到 625 亿元，增长 9%；财政收入达到 23.8 亿元，增长 8%；固定资产投资达到 224 亿元，增长 15%；社会消费品零售总额达到 485 亿元，增长 13%；各项事业协调发展，社会大局平安稳定。

一、突出项目建设，加快发展步伐

开展精准招商。根据产业发展规划，确定招商主攻方向和主要目标。科学制定投资优惠政策，增强投资吸引力。建立专职招商工作队伍，编制若干工作小组，派往发达地区驻点招商，通过上门招商、跟踪招商、以商招商等方式，选择引进一批优质项目。积极参加国家、省市招商活动，全方位宣传推介我区资源优势、发展优势。实行招商引资绩效考核，督促责任落到实处。

推动项目建设。实施新一轮棚户（旧城）区改造，扎实推进九华山片区二期、杨树塘片区二期等征收拆迁。支持屈大附中、向阳水岸、中南科伦、国际大厦等旧城改造项目建设。加速推进步行街南辅道商业综合体、东茅岭步步高商业广场等产业项目，推动新泰和绿色菜园网等信息产业发展，支持恒大南湖半岛、天伦城三期、长虹小区二期、长岭嘉园等房地产项目建设，服务海吉星农产品物流园建设。

完善市政设施。推进蒙华铁路、杭瑞高速金凤桥路连接线、G240、学院路、赶山东路、奇康路等道路建设。启动 15 条小街巷油化提质，完成 2000 盏路灯改造。建设枫桥湖、郭镇垃圾中转站。实施郭镇乡自来水管网延伸项目，启动马安村、麻布村、磨刀村、建中村、枣树村水改工程。更新改造城陵矶莲花塘机埠。标准化改造 3 家农贸市场。

二、突出精心精细，提升管理水平

规范市容秩序。强化部门联动管理，提高综合执法效能。集中整治马路市场、出店经营、乱搭棚亭、油烟扰民等违规行为，提升环卫保洁水平，鼓励市民参与城市管理，确保城市整洁有序。铁腕禁拆治违，将新增违法建设制止在萌芽状态、查处在建设初期，推进“存量清零”行动，强力拆除影响项目实施、影响居民生活的违法建设。严格规范村民建房，确保制度公平公正。

保护生态环境。加强环境监管综合执法，实行污染源“双随机”抽查机制，严惩重罚各类环境违法行为。推进洞庭湖水环境综合整治“五大专项行动”，积极参与七里山水域整治工作。开展农村环境综合治理，建设建中村排污系统整治二期工程，实施 12 个沟渠塘坝清淤整治项目。启动三年绿化行动，建设 10 个生态示范社区（村），创建 20 个园林式单位。

依法监管安全。推进“三实”信息采集和重点人口在控管理，加大巡逻防控力度，安装公共安全视频监控 1000 个，切实防范违法犯罪行为。持续实施“五打五整治”系列行动，做到命案必破、黑恶必除。加强信访源头治理，努力解决合理诉求，依法处理涉访违法行为。建设法律服务中心，加大法律援助力度。实行企业安全生产标准化建设，加强重点领域、重点行业、重点场所专项整治，遏制重特大事故发生。加强食品药品质量监管，提高检查频次，扩大抽检范围，坚决打击制假售假行为。

三、突出实事办理，增进民生福祉

劳动就业方面。落实就业再就业扶持政策，完善职业技能培训机制，拓宽就业渠道，新增就业9000人以上。全面推行社保“一卡通”，拓展社会保障卡应用范围。严格执行最低工资标准，健全工资保障机制，坚决打击恶意欠薪。

教育文化方面。完成花板桥学校、梅溪中学、学院路中学、郭镇中学提质改造，新建白杨坡小学，增加学位1600个。建成示范性街道综合文化站5个、社区文化活动室5个，建设“文化巴陵”网络平台，探索建立文化产业孵化园。

医疗卫生方面。改造区疾控中心业务楼，完成区妇保院改扩建和王家河、洛王、东茅岭3家社区卫生服务中心建设，深化公立医院改革，策划实施奇家岭健康产业园项目，加快推进上海复星岳阳医院建设。

帮扶救助方面。推进精准扶贫、新农村建设、健身乡村旅游建设“三合一”工程，基本完成麻布山森林公园基础建设任务，实现建档立卡贫困人口和贫困村如期整体脱贫。建好海棠社区老年人日间照料中心。实施残疾儿童抢救性康复工程，完成区残疾人康复和托养服务中心建设。

四、突出从严治政，提升行政绩效

加强经济服务。定期召开经济形势分析会，加强对经济运行的研判、调度。实行企业特派员、服务联席会、“挂号销号”等制度，努力为企业排忧解难。深化商事制度改革，最大程度地方便市场主体投资创业。实施品牌战略，培育名牌名品。服务驻区大型企业，做好“三供一业”承接工作。依法打击“三堵”“三强”行为，为经济发展保驾护航。开展“满意消费在楼区”活动，切实维护消费者合法权益。继续实施干部素质提升工程，选送年轻干部参加脱产培训，提高服务发展的能力。

促进财政增收。加强财税征管力度，强化协税护税责任，实施“阳光办税”，探索国税地税联合办公。认真研究国家、省市发展投资方向，加强与国家部委、省市部门的对接力度，积极争资立项。进一步调整政府性债务结构，全力回收政府投资，确保政府债务逐年减少。

规范行政行为。加强编制管理，确保机构编制只减不增、行政事业人员只减不增、财政供养人员只减不增。新进社区工作人员一律实行公开招聘。完善事业单位登记管理，健全事业单位法人治理和绩效考核机制，推进事业单位法人离任审计。实行预决算公开，增强财政资金透明度。深入推进廉洁建设，严防严处侵害群众利益的不法行为。

各位代表，使命在肩，唯有奋力担当；蓝图绘就，定当百倍努力。让我们紧密团结在以习近平同志为核心的党中央周围，在市委市、政府和区委的坚强领导下，在区人大区政协的监督支持下，锐意进取，砥砺前行，为全面建成转型发展、创新创业的核心引领区而努力奋斗！

岳阳市岳阳楼区人民代表大会常务委员会工作报告

——在岳阳楼区五届人民代表大会常务委员会第一次会议上

岳阳楼区人大常委会主任 贺景福（2016 年 11 月 29 日）

根据省委有关文件精神，岳阳楼区 2012 年 11 月选举产生的第四届人大常委会，于 2016 年 11 月提前一年换届。四年来，在中共岳阳楼区委的坚强领导下，人大常委会紧紧围绕区委决策部署和全区工作大局，忠实履行宪法和法律赋予的各项职责，充分发挥自身优势，圆满完成各项任务，为推进岳阳楼区经济社会持续健康发展做出了积极贡献。

一、坚持依法依规，稳健履行人大职权

依法召开会议，保证人民当家作主。区四届人大任期内，共组织召开人民代表大会会议 4 次。通过做好会前筹备和会中服务工作，保障了区人民代表大会依法履行职能，顺利完成各项会议任务。召开人大常委会会议 32 次，审议议题 76 项，开展视察、检查、调查活动 85 次，作出决定决议 22 项，有效行使了监督权、重大事项决定权和人事任免权，集中表达了民意民愿，调动了全区人民建设楼区、发展楼区的积极性和主动性。

依法进行人事任免和讨论决定重大事项。本届来，人大常委会依法任免国家机关工作人员298人次，任命人民陪审员185人次。坚持实行任前调查了解、法律知识考试、任前表态发言、颁发任命书以及举行宪法宣誓仪式等制度，增强被任命人员依法办事、执政为民的责任意识。通过开展工作评议、对相关部门工作进行满意度测评等形式，继续做好对人大任命人员的任后监督。讨论决定重大事项方面，人大常委会围绕全区改革发展稳定工作大局，依法对年度财政预决算、行政区划调整等工作行使好审议监督权。针对区政府提出的重大城建项目投融资议案，在多次实地调研和反复分析论证的基础上，人大常委会先后4次批准融资计划共计10.8亿元，并对投融资资金监管、还贷方式等提出建议，坚持从实际出发支持政府工作。

依法完成人大代表换届选举工作。根据《选举法》的规定和省委相关文件精神，在区委的领导下，从2016年8月至10月，进行了区乡两级人大代表的换届选举工作。人大常委会和各选举工作机构严格按照法定程序，认真做好宣传发动、选民登记、选区划分、投票选举等阶段的工作。成立多个换届选举工作督查指导组，在各个重要时间节点深入各选区进行督查指导，推动工作落实。配合区委组织部、统战部做好代表候选人推荐提名工作，经过公安、司法、卫计、工商等多个职能部门的联合审查，严把了代表的“入口关”。10月26至28日，依法选举产生岳阳楼区第五届人大代表260名，新一届乡镇人大代表164名。

二、强化监督实效，着力推进依法治区

助力经济社会平稳健康运行。人大常委会对全区经济社会运行态势保持密切关注，及时向相关部门提出相应的建议意见。针对近年民间借贷在全国迅速升温、“跑路”等恶性社会事件时有发生等情况，2013年至2014年，人大常委会多次组织专题调研活动、专题听取金融工作情况报告，督促区政府及相关部门加强对民间借贷中介机构的监管，提高金融风险防范能力，为岳阳楼区的民间金融管控敲响警钟。区政府高度重视人大常委会意见，在摸底排查、打击虚假宣传等方面做了大量工作，对防范民间金融风险起到了积极作用。2013年，正值全区安置房上项目的高峰期。当年6月，区人大常委会组织对胥家桥、洛王、九华山、老垅坡、蔡家、白杨山等8个主要的安置房建设项目进行专题视察调研。针对视察中发现的情况，客观、理性地指出相关问题的严肃性，要求区政府在安置房项目建设责任主体上更加规范、在项目评估中更加严谨、在质量监管上更加严格，切实规避财政风险和社会风险。

加强对法律法规执行情况的检查监督。先后组织了对《食品安全法》、《禁毒法》、《义务教育法》、《土地管理法》、《治安管理处罚法》等十多部法律法规在中心城区实施情况的执法检查活动。在对《食品安全法》的执法检查中，调研组深入大型超市、农贸市场、餐饮门店等场所，实地了解情况。结合区四届人大一次会议提出的《加强岳阳楼区食品安全管理》议案的办理工作，人大常委会多次组织召开议案办理工作推进会，督促区政府及有关部门加大经费投入、升级检测能力、完善工作机制。在2015年6月26日国际禁毒日这天，专题听取和审议区政府

贯彻《禁毒法》工作情况报告。区委主要领导高度重视禁毒工作，要求各乡街党（工）委书记、禁毒委成员单位一并参会。区人大常委会的审议意见提出后，区政府行动迅速，提升了区禁毒机构的领导层级，强化了工作措施，开展了专题整治行动，取得较好效果。

*加强对财政预决算的审查监督。*预算审查是人大监督工作的关键环节。人大常委会综合运用多种监督方式，推动公共财政更加规范、透明。其一是强化了预算审查监督。按照党的十八大精神以及新《预算法》的规定，逐步将社会保障预算、政府性基金预算、国有资本经营预算等纳入预算管理，在全口径预算监督方面迈出了坚实步伐。其二是强化了预算审计监督。在评议部门工作和审议财政决算时，充分运用审计力量，对政府财政开展监督。2013 年 6 月国家审计署组织对县级债务情况进行交叉审计，人大常委会及时关注审计进展，调研政府债务时及时运用这一成果，取得较好效果。其三是强化了预算公开监督。按照中央关于推进政府信息公开的要求，督促区政府及财政部门公开全区部门预算，不断细化公开内容，促进民主理财、依法理财。

*加强对司法工作的监督。*听取和审议了区法院关于刑事审判、执行，区检察院关于民事行政检察、查处和预防职务犯罪等工作情况的报告。针对工作中存在的具体问题，要求法检两院贯彻新《民事诉讼法》、《行政诉讼法》，落实诉讼指导服务、立案登记等规定动作；做好案件文书上网、法检开放日等工作，以公开促公正；加强对征地拆迁、食品安全等领域刑事犯罪和职务犯罪案件的查办，以法律的手段维护民生民利。根据区人大常委会意见，区法院进一步加大了裁判文书上网力度，完善了诉讼服务中心规范化建设；区检察院加大了对辖区案件的查办力度，定期组织“检察官社区行”活动，法检部门服务发展、保障发展的能力明显提升。

三、勇于探索创新，激发人大工作活力

*开展代表履职评议“讲、评、创”活动，“晒”出代表履职激情。*2012 年，我们在全国首创人大代表向原选区选民报告履职情况并接受选民评议的活动。这一工作于法有据——依据《代表法》的规定和要求；内容丰富——依法履职、道德正义、社会公益都详列其中；影响广泛——牵动全区所有乡街人大机构以及十多个职能部门。根据《岳阳楼区人大代表和驻区市人大代表履职监督办法》的要求，本届以来，各乡街多次组织代表履职评议活动，通过代表讲、选民评、联手创等环节的推进，拉近了代表与选民的距离，提升了代表良好的社会形象。湖南省人大向全国人大推介我区人大这一工作经验，湖南卫视、经视等媒体都给予了推介、点赞。首创人大代表“讲、评、创”活动并强化制度保障，是对人大工作制度化、方向性建设的一次有益探索。

*创建基层“人大代表之家”，“亮”出代表靓丽名片。*通过采取与社区（村）共建、单独设工作室等多种模式，在中心城区高标准建设“人大代表之家”21 个。代表之家建设过程中，全区 300 多名各级人大代表热情参与，积极提供资金或场地支持，展现了人大代表良好的凝聚力和战斗力。“人大代表之家”的建立，使基层

人大和人大代表开展工作有了自己的场所，能够开展工作交流，接待选民来访，倾听民生诉求，整合工作力量服务选民和选区经济社会发展。天津、内蒙、陕西、湖南长沙以及岳阳市的兄弟人大单位，都先后来我区学习观摩“人大代表之家”建设成果。

开展代表听取“一府两院”相关人员工作情况报告活动，拓展人大代表监督新形式。根据党的十八届三中全会关于“要进一步健全‘一府两院’由人大产生、对人大负责、受人大监督的制度”的要求，2014年和2015年，区人大常委会先后两次组织代表听取“一府两院”相关人员工作情况报告。在会议现场，区政府部分副区长，区法院副院长、部分庭长，区检察院副检察长、部分科（局）负责人分别向参会的市、区人大代表报告工作，并接受工作满意度测评。经过“一府两院”工作人员报告履职情况、代表发言、现场提问、满意度测评等环节，人大代表对“一府两院”的工作有了更为全面、更为深刻的认知，对相关部门依法行政、公正司法以及人大代表支持“一府两院”工作都起到了相辅相成的作用。

四、完善服务保障，充分发挥代表作用

注重代表学习培训。组织开展了“遵纪守法当表率、我为代表添光彩”为主题的集中学习培训活动，全体区人大代表和驻区市人大代表积极参加。通过自查自纠和培训辅导，全区代表形成了维护法律尊严的政治自觉、思想自觉、行动自觉。2012年10月，区四届人大代表选举产生后，人大常委会组织全体代表培训学习；今年11月21日至23日，人大常委会组织区五届人大全体代表培训学习，通过封闭式、系统性履职学习，提高了代表对自身地位、权利、义务和作用的认识。

保障代表依法履行职务。区人大代表在履职中展现出强烈的社会责任感和担当意识，对社区建设、幼儿园校车监管、自来水水质、社区矫正等民生问题保持高度关注。人大常委会注重对代表履职积极性的维护，加强联系对接，依法督促相关部门改进工作。注重坚持和完善人大常委会组成人员联系走访代表制度，面对面听取代表们的意见建议，帮助解决实际问题。注重发挥代表的专业优势，在组织对安置房建设、司法等工作的调研活动中，分别邀请建筑设计、律师等方面的代表参加，取得较好效果。

提升代表议案建议办理效果。本届来，代表们提出议案建议共354件，在“一府两院”的配合下，通过人大常委会领导联系督办、政府领导负责领办、职能部门具体承办等形式，扎实推动了议案建议的办理工作。针对代表提出的三眼桥街道海关附近一处下水道堵塞严重影响居民生活、望岳路街道一条道路年久失修严重影响居民出行等建议案，人大常委会多次组织现场督办，一批群众反映强烈、代表关注度高的民生问题得到有效解决。为了争取市政府及相关部门对我区社区建设更多支持，区人大常委会组织辖区市人大代表在市七届人大二次会议上提出建设“美好社区、温馨家园”议案，被市人大会议立案。市委、市政府出台《关于创建“美好社区、温馨家园”的实施意见》，细化社区创建目标，实施九大惠民工程；市人大主任会议成员多次带队深入我区督办议案，加快了我区社区建设提质升级的步伐。

五、加强自身建设，不断提高履职水平

注重政治理论和业务知识学习。党的十八大及各次全会召开后，人大常委会组织了系列学习活动，切实领会精神，把握党对人大工作的总体要求。在区委的高度关心下，组织人大常委会组成人员、人大系统工作人员、部分市区两级人大代表到清华大学、北京大学、全国人大北京培训中心和深圳培训中心等地进行集中学习，系统学习人大业务知识，熟练掌握人大工作程序，提升依法履职水平。

注重工作规范化建设。通过共同努力，在人大常委会及机关树立起“敬畏法律、敬畏人民”理念，养成了“服从多数、尊重少数、容允歧见”行权处事的风尚，创新建立了人大代表履职评议“讲、评、创”工作格局，新订了《岳阳楼区人大代表和驻区市人大代表履职监督办法》，形成了《人大代表之家工作职责》等工作制度，完善了《区人大常委会议事规则》、《主任会议议事规则》，确保区人大常委会各项工作运行规范、有序。

注重工作作风“接地气”。认真贯彻落实关于改进作风的规定，着力改进会风文风，规范公务接待、外出学习考察等工作，不断优化人大常委会及机关作风。人大常委会党组成员参与了临湖公路项目建设、磨子山保障房建设、巴陵大桥市场秩序整治、琵琶王立交桥东南角旧城改造等工作，坚持在一线开展协调、化解矛盾，全力推动区委决策部署的落实到位。

几年来的工作体会

成绩来之不易，经验弥足珍贵。回顾本届人大工作的实践和探索，我们有以下深切体会：

必须始终坚持党的领导，保持正确方向。中国共产党是中国特色社会主义事业的领导核心。坚持党的领导是我们做好各项工作的根本保证，也是必须严格遵循的一项重大政治原则。本届任期内，我们始终把人大工作置于党的领导之下，在依法行使法定职权过程中，无论是审议重大问题、作出决议决定，还是组织开展重要的执法检查等，都坚持向党委请示汇报。本届人大常委会在代表工作、监督工作等方面取得一系列具有创新性的丰硕成果，与区委对人大工作加强领导和重视支持是分不开的，也是人大常委会始终坚持和依靠党的领导的结果。

必须围绕中心力促发展，履行法定职责。本届来，我们坚持把人大工作放在全区改革发展稳定大局中来谋划，无论是听取和审议“一府两院”专项工作报告，还是组织人大代表开展专题视察调研，总目标是努力推进区委提出的“现代美丽幸福中心城区”和“核心引领区”蓝图的实施。履行人大职责，推动工作落实，人大常委会在加强自身建设、尽心尽力履职的同时，还需要凝聚各方的智慧和力量。一是需要凝聚全体代表的力量；二是需要处理好对“一府两院”监督与支持的关系，寓支持于监督之中；三是需要发挥全区人大组织机构的作用。

必须努力维护群众利益，推进民生改善。本届人大常委会坚持密切联系群众，倾听群众呼声，坚持将维护群众根本利益作为各项工作的出发点和落脚点。为了推动区委“议教”、“议卫”工作会议精神的落实，

2014年区人大常委会组织部分市、区人大代表开展对学校和基层卫生服务机构的专题视察活动。围绕加快项目建设、促进教育均衡发展等问题，代表们强烈呼吁区政府进一步立足长远制定规划，促进我区教育、卫生事业的可持续发展。

*必须探索创新与时俱进，善谋履职之策。*人大工作既要严格依法按程序办事，也要解放思想、与时俱进，顺应新形势的发展要求和人民的期望，充分体现时代精神和时代特征。近年，人大常委会创造性地开展了代表履职评议“讲、评、创”活动、创建“人大代表之家”、听取“一府两院”相关人员工作情况报告等系列工作，展现全区人大工作活力。2014年6月，全国人大召开中南五省县乡人大建设座谈会，湖南共报送2个县级材料上会，岳阳楼区人大就是其中一个。当年11月，我省召开人大代表履职平台建设经验交流及工作推进会，我区作为全市唯一县级单位参会，并在会上作了经验介绍。审时度势，与时代发展合拍，人大工作才会有生命力。

各位代表，四年来，本届人大常委会恪尽职守，锐意进取、开拓创新，较好地完成了历史赋予的使命，取得了一定的成绩。这些成绩的取得，得益于区委的正确领导，得益于全体人大常委会组成人员和全体人大代表团结一致、辛勤工作，得益于“一府两院”积极配合、各乡镇人大共同参与和社会各界的关心支持。在此，我谨代表区人大常委会向大家表示衷心的感谢！

在总结以往的同时，我们也清醒地认识到，人大工作离宪法和法律的要求、离党和人民群众的期望还有一定差距，主要是：监督工作实效有待进一步增强，审议意见落实情况的跟踪督查有待进一步强化；代表履职渠道有待进一步拓宽；自身建设还有待进一步加强等。在新一届人大及其常委会的努力下，这些问题一定会得到较好的改进。

今后五年工作的建议

各位代表，本次会议即将选举产生新一届人大常委会。岳阳楼区全面建成转型发展、创新创业的核心引领区其时已至，其势已成。面对新形势、新任务，我们必须知责思为，勇于担当，以更加扎实的工作、更加有效的作为，进一步坚持和完善人民代表大会制度，更好地发挥人大及其常委会的职能作用。

第一，增强核心意识，始终坚持党的领导

我国的人民代表大会制度是在党的领导下建立的，坚持党的领导，是人民代表大会制度不断发展和完善的基本前提。区人大及其常委会要坚持维护区委总揽全局、协调各方的领导核心地位，始终跟党委同心同向、同步同行，要找准发挥人大职能作用与党委中心工作的结合点，突出重点，抓住关键，在党委的领导下依法履职。

第二，增强大局意识，全力推动转型发展、创新创业

壮大区域经济、提升城市品质、增进民生福祉，全面建成转型发展、创新创业的核心引领区，这是我区今后五年的战略目标，也是我区的工作大局。区人大及其常委会要在区委的坚强领导下，积极为推动经济社会转型发展贡献力量。要在推动“一府两院”工作上有新作为，把准人大监督工作的切入点，落实好监督与支持相统一的原则。对棚户（旧城）

区改造、三产业发展、网格化社会管理创新、“平安楼区”创建等进行深入调研，提出可行性建议意见，用实际行动贯彻区委决策，支持政府工作。继续做好人大常委会组成人员联系代表、代表联系选民的“双联”工作，引导全区各级人大代表遵守法律法规，遵循政策引领，带头创新创业，在全面建成“核心引领区”的宏伟征程中点亮自己的人生精彩。

第三，增强法治意识，积极履行人大职责

作为人大工作者，理当带头学法用法、严格依法履职，弘扬社会主义法治精神。要加强对法律法规实施情况的监督检查，坚决纠正有法不依、执法不严、违法不究现象，确保宪法和法律法规得到正确实施。要综合运用各种监督形式，切实增强针对性和实效性，推动经济社会发展在法制的范围内有序运行，促使各类矛盾纠纷在法律的框架内有序解决，维护宪法法律尊严，实现社会公平正义。

第四，增强责任意识，努力维护民生民利

区人大及其常委会要把实现好、维护好、发展好最广大人民的根本利益作为人大工作的出发点和落脚点，倾听民声，反映民意，维护民权，实现民利。要抓住群众普遍关心、事关和谐稳定的突出问题，充分发挥执法检查、预算审查等职权，推动公共财政进一步向民生倾斜，保障党和政府各项惠民政策落到实处。要进一步关注社会保障、教育、医疗、环保、食品安全、网格化公共服务管理等民生工作，推动民生难题的破解和实事工程的顺利实施。

第五，增强进取意识，不断提升履职能力

坚持和完善人民代表大会制度，助力经济社会发展，必须始终保持良好的精神状态，不断增强责任感和使命感。要着力提升素质，加强学习培训，提高人大常委会组成人员和人大机关工作人员政治理论素养和业务水平，准确把握人大工作特点和规律，准确把握客观形势和全区工作大局，不断提高服务发展的自觉性。加强人大机关干部队伍建设，重视人大干部的培养、交流和使用。要不断改进作风，围绕常委会审议议题、开展执法检查和代表建议督办等重大问题，认真开展调查研究，不断增强调研工作的针对性和实效性。同时，进一步强化人大宣传和理论研究；加强对乡街人大的联系和指导；做好与外地人大的工作交流，推动我区人大各项工作再上新台阶。

各位代表，岳阳楼区的发展又站在了新的历史起点上，蓝图催人奋进，使命重于泰山。让我们在区委的坚强领导下，牢记全区人民的重托，忠实履行职责，为加快建成转型发展、创新创业的核心引领区而努力奋斗！

中国人民政治协商会议 岳阳市岳阳楼区常务委员会工作报告

——在政协岳阳市岳阳楼区第五届委员会第一次会议上

四届区政协工作回顾

岳阳楼区政协主席　王梦华（2016 年 11 月 27 日）

政协岳阳市岳阳楼区第四届委员会任期的四年，是我区区域经济实现跨越发展、人居环境持续改善、人民生活水平全面提高、社会大局和谐稳定、政治生态风清气正的四年，也是我区人民政协事业开拓创新、蓬勃发展的四年。四年来，四届区政协常务委员会在区委的坚强领导下，在区人大、区政府和社会各界的大力支持下，在全体政协委员的共同努力下，以党的十八大、十八届三中、四中、五中、六中全会精神为指导，认真履行政治协商、民主监督、参政议政职能，切实发挥协调关系、汇聚力量、建言献策、服务大局的作用，为推进我区经济社会又好又快发展，全面完成“十二五”规划目标任务和实现“十三五”良好开局作出了积极贡献。

一、政治协商服务大局，协商民主呈现新亮点

四届一次会议以来，我们坚持以政协全会、主席会议、常委会议和专委会会议为载体，广泛开展民主协商，逐步形成了“党委主导、政府支持、政协主动”的政治协商格局。四年来，共召开4次全体会议、16次常委会议、38次主席会议和23次专题协商会议，大会发言64人次（篇），形成专题调研报告54篇，常委会建议案10件，为区委、区政府科学决策提供了依据。

协商程序更加规范。在区委的高度重视下，做到了重大问题协商在党委决策之前、人大通过之前、政府实施之前；制定经济和社会发展的中长期规划做到先协商后决策，对重要人事安排和关系人民群众切身利益的重要问题做到了先征求政协意见，并把这些意见作为区委、区政府的决策依据，有效保证了政治协商制度的权威性。

协商氛围更加浓厚。起届以来，区委领导多次带队到区政协调研指导工作，征求对区委工作的意见建议，解决区政协存在的困难和问题。区政协主席会议成员应邀参加区“四大家”联席会，参与研究讨论事关楼区经济社会发展的重要事务，保障了政协在重大问题上的知情权和参与权。区政协在开展民主评议、提案办理、调研视察等工作中，也主动邀请区委区政府有关领导参与，征求意见和建议。区政协与区委区政府形成了良性互动的协商工作格局，协商的氛围越来越浓厚，协商的效果进一步显现。

协商方式更加丰富。在原有协商形式的基础上我们积极探索推进基层政协联络工委协商模式，把政协协商民主的触角向基层政协组织延伸，以基层政协联络工委为协商主体，让委员成为协商的主角。采取在乡、街道政协联络工委设立委员联络室，在基层社区（村）设立委员工作室等有效形式，建立委员联系接待群众制度等办法，使协商民主与基层社区（村）的民主选举、民主管理、民主决策、民主监督相互融合，使政治协商的方式更加丰富多彩，更加富有成效。

二、创新监督工作形式，民主监督取得新实效

四年来，我们注重加强民主监督工作，不断拓宽监督领域，畅通监督渠道，通过政协提案办理、民主评议、特派监督小组等形式，增强民主监督效果。

切实加强提案督办。四届政协期间，共收到委员提案739 件，经审查立案518件，办复率为100%。为了提升提案办理质量，区政协提案委积极探索，大胆创新，不断加大提案督办力度。每年确定10件重点提案，由区委、区政府、区政协领导联合领衔督办；确定10件反映热点难点问题的提案，会同区委办、区政府办联合协商督办；对区领导阅批的重点提案，区政协分管副主席带领提案委登门督办；对一般提案，则都由区政协常委牵头督办。与此同时，我们还创新了一个重要举措，即组织委员到现场验收提案办理情况，让委员成为提案督办的主体、提案办理的验收员，使委员提案真正从“纸上”落到了“地上”。这一做法使委员从提案撰写者变成提案督办者，从提案办理的观望者变成提案办理的参与者，有利于催生优秀提案，增强基层政协工作的活力。省政协《湘声报》和《岳阳日报》等媒体对委员现场验收提案办理进行了专题报道，受到好评。

扎实开展民主评议。四年来，经区委同意，先后对区交通建设局、区民政局、区文

体新局、区教育局、区财政局等单位进行了民主评议。每次评议活动都历时近半年时间。评议活动不仅规模大，而且影响广泛，从评议后的反馈结果来看，真正发挥了民主监督应有的作用，促进了被评议部门进一步转变工作作风，提升管理水平和服务质量。如我们在对区民政局进行民主评议过程中，指出其在社会救助、殡葬管理、养老服务和退伍安置等方面存在着一些有待改进的问题，并提出了4条有针对性的建议。区民政局在评议会后立即召开了班子成员会议，研究制定整改方案，明确责任人，规定整改时限。特别是针对老百姓反映强烈的“吃低保”的问题，区民政局及时出台四项举措对低保工作进行动态管理，效果十分明显，到当年的8月份为止，共清退不符合条件的人员4144人，增补困难群众1437人，全区“吃低保”人数减少2707人，真正做到了应保尽保，惠及于民。

着力强化特派监督。特派监督工作是我区政协的一项特色工作，曾多次被新闻媒体和兄弟政协所宣传和借鉴。起届以来，我们进一步加大了工作力度，扩充了特派监督员队伍，在每年的年初，精心挑选出110名政治素质高、综合能力强的政协委员担任特派监督员，组成15个特派监督小组，按照委员专业特长与被监督部门职能相对应的原则，将他们派驻到28个职能部门担任特派监督员。四年来，特派监督员认真履职，深入所派驻单位，详细了解情况，面对面反映群众的呼声，对加强上下沟通，促进单位工作起到了较好的作用。

三、关注民生服务发展，参政议政实现新突破

四年来，区政协常委会坚持“人民政协为人民”的理念，始终把人民群众普遍关注的热点、难点问题作为参政议政的重要内容，时刻把民生问题挂在心上，抓在手上，落实在行动上，促进了一些热点、焦点和难点问题的解决，体现了情为民所系、利为民所谋、言为民所建、策为民所献的履职要求。

专题调研选择难点。专题调研是政协履行职能的基础环节，是委员参政议政的有效形式，是委员履行职责的重要途径。我们以委员为主体，以课题为纽带，以专委会为依托，在乡街政协联络工委的配合下，每年都会选择具有综合性、全局性、前瞻性的热点难点课题，深入调查研究，积极建言献策。四年来，撰写了《关于岳阳楼区民生建房问题的调研报告》、《关于我市历史文化名城保护与规划建设情况的调研报告》、《岳阳楼区城乡一体化情况的调研报告》、《关于我区现代服务业发展情况的调研报告》、《关于我区被征地农民社会保障情况的调查报告》等具有针对性、可操作性意见和建议的调研报告60多篇，为区委、区政府制定有关政策措施提供了参考。

视察议政把握重点。四年来，围绕全区中心工作和群众普遍关心的热点问题，我们组织部分常委、委员分别就移民、农林畜牧水产、计生、水政工程、保障房建设、社会保障、拆迁安置和市、区重点项目工程的进展情况等民生工作，组织各种形式的视察活动20多次，形成专题视察报告20余篇，从优化单位职能、服务群众措施、开展民生实事等多个方面，向区委、区政府建言献策。

社情民意聚焦热点。四年

来，共收集各类信息528条，向省、市政协及相关职能部门报送229条。《农村学校教师人才流失现状堪忧》、《解决城市近郊及“城中村”居民饮水难问题迫在眉睫》等多篇信息被市政协《社情民意》采用，引起有关部门的高度重视。区党政主要领导对社情民意信息十分重视，如道路年久失修、小街巷路灯安装维修、治理“牛皮癣”、疏通下水道、小区路灯较少、车辆无序停放、菜地受渍等居民关注的热点问题，通过社情民意信息及时送达政府有关部门，经党政领导批示后，都及时得到了较好的解决，《岳阳日报》等多家媒体进行了报道。

四、紧扣主题发挥优势，促进和谐展示新作为

四年来，我们紧紧围绕团结民主两大主题，充分发挥政协地位超脱、人才荟萃的独特优势，千方百计凝聚各界人士的力量，为维护我区社会和谐稳定作出了贡献。

充分发挥委员主体作用。四年来，组织开展了“建设全面小康，认真履行委员职责”，“办实事、惠民生、促发展”等一系列主题活动，广大政协委员积极参与，取得了较好的效果。一是有促进经济发展的标兵，如经济界委员，按照中心城区“退二进三”的要求，大力发展第三产业，为壮大区域经济做出了积极贡献。据不完全统计，有47名经济界委员增加投资43.8亿多元，扩厂扩店，生产规模不断扩大，产值逐年翻番，上交税收也大幅增加。二是有文明和谐的使者，17个政协联络工委都将所属政协委员分别派驻到各社区（村）联点联户，并引导和鼓励委员积极参与各项工作。尤其是在全国文明城市创建工作中，很多政协委员都上门走访居民群众，为群众办实事，解难题，为文明创建工作作出了积极贡献。三是有奉献社会的模范，广大委员热心社会公益活动，为困难群众送去了物质资助和精神关爱。据不完全统计，四年来，政协委员走访居（村）民1021户4318人，收集各类意见和建议3337条；慰问孤老残弱1127户，“一对一”帮扶贫困学生179人，爱心送考4368人次，捐赠钱物累计300多万元。省政协《湘声报》、《岳阳日报》等15家报刊多次进行了专题报道。

注重加强对外联系与交往。四届政协期间，我们成功举办了湘鄂赣毗邻县市区第43次政协理论工作研讨会；成功举办了全市政协系统老年人门球赛；先后接待兄弟县区政协50多批次。通过这些联谊活动，较好地宣传了楼区区情，介绍我区改革开放的成就，积极推介我区特色产业和优势项目，努力寻找和拓展我区对外开放合作的新领域，为进一步拓展我区对外发展空间起到了一定的作用。

五、固本强基树立形象，自身建设迈上新台阶

本届政协十分注重加强政协自身建设。一是加强学习教育。以创建学习型政协组织为载体，深入开展“三严三实”与“两学一做”主题教育，认真学习党的十八大和十八届三中、四中、五中和六中全会精神，认真学习习近平总书记一系列讲话精神，不断提高履职能力和履职水平，先后在《湘声报》、《岳阳日报》等报刊杂志上发表理论文章30多篇。二是加强制度建设。起届以后，我们进一步完善了各项规章制度，特别是新建了《岳阳楼区政协联络处百分制考核管理办法》和《岳阳楼区政协委员履职考核办法》等制度，对政协联络工委的工作实行量化考核，奖优罚劣；对政协委员实行“全员述职、民主测评、综合排名、末位淘汰”的全新考核办法，淘汰了一批不作为委员和“挂名委员”。这一做法，得到了省、市政协和区委领导的充分肯定，岳阳电视台等多家媒体进行了报道。三是加强机关建设。本届以来我们重视机关建设，机关面貌发生了全新变化，首先，是着力改善机关办公条件，筹措经费对机关会议室和办公室进行升级改造；更新办公室设备设施，建立了与省市政协互联互通、信息共享的履职平台；启动了各乡街政协委员活动室的建设。特别是我们重视和加强老干部工作，安排专职、专人、专项经费支持离退休老同志定期集中学习、开展体育活动；积极组织力量参与区史区志编写工作，编写了《岳阳老街道》、《艰难的探索》等文史资料。其次，是进一步加强政协机关的思想、组织、作风和廉政建设，明确了“讲政治、勤工作、会服务、守规矩”的工作要求，通过开展创建“学习型、创新型、责任型、和谐型”四型政协机关等活动，机关“办事、办会、办文”的能力进一步增强，服务质量和工作水平进一步提高。

回顾过去的四年，我们勤奋努力，不负重托；我们锐意进取，无愧于使命。可以说，四届政协的四年，是在继承中发展，在开拓中前进，在实践中提高的四年；是不断推进政治协商、民主监督、参政议政制度化、规范化、程序化建设，使政协工作务实创新、积极作为、稳步推进的四年；是服从和服务于全区大局，为我区经济社会又好又快发展作出重要贡献的四年。我们深知，这些成绩的取得，离不开区委的正确领导，离不开区人大、区政府及社会各界人士的大力支持，离不开四届全体政协委员和各政协联络工委的团结进取，离不开历届政协老领导、老同志的热忱关心。在此，我代表四届区政协常委会，向区委、区人大、区政府，向四届全体政协委员，向为我区政协工作作出重要贡献的历届政协的老领导、老同志，向一直关心和支持我区政协事业发展的同志们和朋友们，表示衷心的感谢！

回顾四年来的工作，我们的体会主要有三点：一是坚持党的领导，是发展政协事业的根本保证。四年的实践告诉我们，只有自觉地把政协工作作为党的工作的一部分，紧紧围绕全区的中心工作，把服务中心服务大局作为政协工作的首要任务，切实把区委的要求体现到政协工作中去，才能确保政协工作沿着正确的政治方向前进，确保政协工作与党政目标同向、思想同心、行动同步，才能取得履职实效。二是不断探索创新，是发挥政协作用的不竭动力。在工作中，我们深感政协工作只有坚持不断探寻新规律、新思路，总结新经验，谋求新进展，拓展新领域，丰富新载体，才能使政协工作充满生机和活力。三是加强自身建设，是做好政协工作的重要保障。四年来，我们深刻地体会到，只有大力加强政协机关建设，发挥委员的主体作用，不断提高政协队伍整体素质，才能使政协工作一年迈上一个新台阶。

在肯定工成绩的同时，我们也深知差距和不足，主要表现在：政治协商的力度还不够强，政治协商的制度建设有待进一步加强；民主监督的手段和方法还不够多，民主监督的机制有待进一步完善；参政议政的质量还不够高，参政议政的水平有待进一步提高等等。所有这些，都需要我们在今后的工作中认真研究、努力加以改进。

对五届区政协工作建议

今后五年，是我区全面建成转型发展、创新创业核心引领区的重要时期，也是人民政协事业实现新发展的关键时期。我们要以习近平总书记系列重要讲话精神和党的十八大、十八届三中、四中、五中、六中全会精神为指针，围绕区五次党代会提出的奋斗目标，聚焦“四个全面”战略布局，坚持“五大理念”引领，主动适应和服务经济发展新常态，在区委的坚强领导下，充分发挥协调关系、汇聚力量、建言献策、服务大局的重要作用，为推动我区经济社会跨越发展作出新的更大贡献。为此，我们向五届区政协提出如下建议：

一、加强学习，不断增进思想共识

学习是人民政协的优良传统和首要任务。要认真学习十八大以来中共中央重大方针政策和习近平总书记系列重要讲话、区第五次党代会精神。要通过学习，努力掌握和运用新思想、新知识、新经验，不断提高理论水平、领导水平和工作科学化水平。要按照习近平总书记提出的“懂政协、会协商、善议政”的要求，组织开展形式多样、务实有效的学习活动，进一步提升政协队伍的整体素质，明确政协工作的前进方向，不断开创政协工作的新局面。

二、围绕中心，助推发展献计出力

当前，是岳阳楼区发展面临着千载难逢的战略机遇的关键时期。要充分发挥人民政协的人才智力优势，紧紧围绕区委提出的“转型发展、创新创业”的新目标，组织委员运用提案、调研视察、社情民意等多种形式，努力建诤言、献良策；始终聚焦社会热点难点问题，在服务民生上有新作为；要不断创新民主监督机制，积极探索民主评议工作的新领域、新形式、新举措，加强上下联系，促进工作发展。

三、关注民生，服务群众努力作为

要充分发挥人民政协广泛联系社会各界的优势，进一步拓宽联系群众渠道，建立和完善“让政协走进群众，让群众走入政协”的联系机制。要加强社情民意信息工作，围绕人民群众关注的社会事业一体化管理、城市建设与智能化管理、特殊困难群众的社会保障、思想道德与社会诚信建设等民生课题开展专题调研视察，及时反映民情民意民声，为提升群众“幸福指数”做出应有的努力。

四、促进和谐，发挥优势贡献力量

要牢牢把握团结和民主两大主题，切实做好加强团结和发扬民主的工作。要广泛团结工商联、各民主党派、无党派等政协各参加单位和全体政协委员以及社会各界人士共谋发展大计；要充分发挥人民政协密切联系群众的特殊优势，积极主动地做好化解矛盾、理顺情绪、沟通思想、团结鼓劲的工作，不断巩固和发展团结、和谐、稳定的政治局面。

五、与时俱进，全面提升履职水平

要适应形势发展，坚持不断创新，与时俱进，进一步加强政协自身的思想建设、队伍建设和制度建设；进一步发挥委员的主体作用。积极探索政协专门委员会和乡街政协联络工委工作的新思路新方式，切实增强政协工作活力和履职成效，以促进政协工作再创佳绩，再上台阶。

四届区政协已经圆满完成了历史使命，新一届政协即将扬帆启程。让我们在中共岳阳楼区委的坚强领导下，倍加顾全大局，倍加珍视团结，倍加维护稳定，最大限度地调动社会各界的积极性和创造性，最大程度地凝聚全区人民的智慧和力量，为早日实现我区经济社会跨越发展、为把我区早日建设成为转型发展、创新创业的核心引领区而努力奋斗！

大事记

1月

6日　区委常委班子召开"三严三实"专题民主生活会，市委书记盛荣华到会指导。市纪委副书记、监察局长陈光荣，市委组织部副部长张赟出席，区委书记秩励主持，区领导陈阁辉、尤庆学、贺景福、彭端生、杨林彬、钟辉、李峰、周岳雄、徐平、黄良武参加。

7日　市委组织部常务副部长赵岳平带领市委考核组对岳阳楼区市管领导班子和领导干部进行年度考核测评，区委副书记、区长陈阁辉主持考核述职会，全区在职市管干部、区直单位主要负责人及街道（乡）党政正职等参加。

8日　岳阳楼区召开2016年驻区大厂高校经济协作座谈会，区领导秩励、陈阁辉、尤庆学、王梦华、漆胜、杨林彬、李峰、周岳雄、徐平、徐利、白铭科等出席，区人民法院院长夏常凯等相关区直单位及街道（乡）主要负责人参加。

19日　岳阳楼区召开2015年度街道（乡）党（工）委书记履行基层党建工作责任述职评议会，区领导秩励、陈阁辉、贺景福、王梦华、漆胜、彭端生、杨林彬、钟辉、李峰、周岳雄、徐平、黄良武出席，会议由区委副书记尤庆学主持，市委组织部基层办主任蔡吉伟到会指导。

21日　区委四届九次全体（扩大）会议暨2016年经济工作会议召开，区领导秩励、尤庆学、贺景福、王梦华、漆胜、杨林彬、钟辉、李峰、周岳雄、徐平、黄良武出席，区委副书记、区长陈阁辉主持，全体区委委员、候补委员，不是区委委员、候补委员的区级领导，常委部门副职，区直单位和垂直管理单位负责人，区人大、政协内设委室主任，街道（乡）党政负责人等参加。

26日　2015年度岳阳楼区文明委全体会议召开，区领导秩励、杨林彬、钟辉、卢红升、徐利、吴怡红出席，区委副书记、区文明委副主任尤庆学主持，区文明委成员单位主要负责人参加。

2月

1日　岳阳楼区举行2016年区级老同志迎新春座谈会，全区离休干部、副处以上退休干部，区领导秩励、陈阁辉、贺景福、王梦华、漆胜、彭端生出席，区委副书记尤庆学主持座谈会。

14日　春节假期后上班首日，区委书记秩励，区委副书记、区长陈阁辉带领400多名机关干部参加升国旗仪式。

市委常委、组织部部长、统战部部长王瑰曙到区民政局婚姻登记中心，看望共产党员示范岗工作人员，调研“巴陵先锋先行”主题实践活动开展情况。市委组织部副部长张赟，区委书记秧励，区委常委、组织部部长、统战部部长彭端生等陪同。

15日 由市国有土地房屋征收管理处主办、区征收安置工作局承办的岳阳市征收拆迁工作人员务实操作培训班在东方红小学开班。市政协副主席欧江平，区领导秧励、陈阁辉、贺景福、王梦华出席开班仪式。区级领导尤庆学、漆胜、杨林彬、徐平、李建国、施敏、李青松、黎建欣、白铭科、袁公平、张雪梅、孟森秋、熊小丰等与相关区直单位、街道（乡）、项目部以及市直、其他县（市）区工作人员共计486人参加培训。

22日 由区委、区政府主办，区委宣传部、区文体新局承办的“我们的节日——元宵”暨“第五届社区文化艺术节”颁奖典礼活动在东方红小学演播厅上演。区领导秧励、杨林彬、钟辉、卢红升、吴怡红等出席并颁奖。

23日 区委书记秧励主持召开信访维稳和安全生产工作专题会，陈阁辉、尤庆学、贺景福、漆胜、彭端生、杨林彬、钟辉、周岳雄、徐平、黄良武、周幺龙、徐利、夏常凯等区级领导出席，相关区直单位、各街道（乡）负责人参加。

3月

1日 岳阳楼区三级干部大会在市会展中心召开，全区在家区领导，街道（乡）党政负责同志及区直部门主要负责人，社区（村）负责同志参加。

3日 区第四届纪律检查委员会第九次全体会议在区机关八楼会议室召开，全体在家区级领导，区纪委常委、委员，各街道（乡）、区直单位主要负责人参加会议。

7日 岳阳楼区庆祝“三八”妇女节女干部座谈会在南湖宾馆召开，区领导秧励、尤庆学、贺景福、王梦华、彭端生、李峰、施敏、高鸽子、张雪梅、吴怡红等出席座谈会。

9日 区委书记秧励主持召开2016年社区治理和服务创新工作专题会，区“四大家”领导班子成员，法检“两长”，以及区政府办、区委政研室、区委政法委主要负责人，街道（乡）、服务城陵矶新港区工作组负责人参加会议。

25日 区委书记秧励主持召开区委常委会议。区委常委会成员，区政府办、区委督查室、区委政研室、区工商联等单位负责人参加会议。区委书记秧励主持召开财经领导小组会议，听取审议岳阳楼区《2016年财政预算编制方案》。区领导陈阁辉、尤庆学、贺景福、王梦华、漆胜、周岳雄、罗加粮、袁公平，以及区财政局班子成员参加。

30日 湖南省旅游发展大会在长沙湖南宾馆召开，区委书记秧励，区商务旅游局负责人参加会议。

4月

1日 全区组织、统战工作会议召开。区领导秧励、尤庆学、彭端生、李峰出席，区委组织部、区委统战部相关负责同志，以及街道（乡）党（工）委书记，分管党群副书记，区直单位分管党群副职等参会。

6日 区禁违拆违治违和土地依法征收工作推进会在区机

关八楼会议室召开，全体在家区级领导，相关部门负责人，街道（乡）、服务城陵矶新港区工作组主要负责人、“禁违”中队长、社区负责人，区“禁违”办公室班子成员参加会议。

14日 区委政法工作暨“三项行动”推进会在区机关一楼会议室召开，区领导秧励、尤庆学、徐平、李建国、徐利、白铭科、高鸽子、张雪梅，法检“两长”，常委部门第一副职，区直及垂直管理部门“一把手”，政法委班子成员，“公检法司”班子成员，街道（乡）、服务城陵矶新港区工作组党（工）委书记参加会议。

15日 区委举行中心组学习活动。全体在家区级领导，“两办”主任、副主任，常委部门副职，区直单位和垂直管理部门负责人，街道（乡）、服务城陵矶新港区工作组党（工）委书记参加会议。会议由秧励书记主持，省委党校戴军教授作题为《供给侧结构性改革》主题报告。

19日 全省“两学一做”学习教育活动视频会召开，全体在家区级领导，街道（乡）、服务城陵矶新港区工作组党（工）委书记，区直单位主要负责人在岳阳楼区分会场参加会议。

26日 纪念岳阳楼区建区20周年老干部座谈会召开，会议由区委书记秧励主持。曾在岳阳楼区工作过的高碧云、张治雄、白尊贤、陈国荣、李志成、苗富林、刘应凯等22位离退休老同志受邀出席座谈会，区领导尤庆学、王梦华、彭端生、李峰、周幺龙参加会议。

29日 岳阳楼区建区20周年20位感动人物颁奖仪式在市会展中心举行，会议由区委副书记、区长陈阁辉主持，区委书记秧励致辞。

5月

3日 区委书记秧励到郭镇乡建中村调研指导精准扶贫工作，区扶贫办、郭镇乡负责人陪同。

4日 由团区委、区社会治理与服务创新办公室联合承办的“社区小网格，人生大舞台”社区青年网格员演讲比赛活动圆满落幕。区领导秧励、彭端生、钟辉、李峰出席并为获奖选手颁奖，区社区治理和服务创新领导小组成员单位负责人、乡街分管负责人、团(工)委书记、社区主任和社区网格员代表参加。

6日 由区委宣传部、区委老干局联合主办，区老科技工作者协会承办的“欢乐潇湘·舞动岳阳”建区20周年广场舞大赛初赛在巴陵广场举行，原市委副书记、市科协名誉会长罗传根，原市人大副主席、市老科协会长彭泽霖，市老科协秘书长李建陆，区领导秧励、漆胜、钟辉，区人大副主任卢红升，区政协副主席吴怡红出席并为获奖队伍颁奖。

12日 市委书记盛荣华深入岳阳楼区，走访慰问正在接受康复训练的脑瘫儿童和结对帮扶贫困残疾人家庭，为他们送去党和政府的问候。市领导樊进军、余炳锐、李可波，区领导陈阁辉、李峰等一同慰问。

17日 岳阳楼区召开区委书记讲党课暨“两学一做”学习教育培训会，区委书记秧励以《在“两学一做”学习教育中争当表率》为题，讲“两学一做”学习教育党课，区委副书记、区长陈阁辉主持，全体在家的区级领导，街道（乡）、服务城陵矶新港区工作组、区直及垂直管理单位、区四大家办公室负责人，常委部门全体班子成员，区人大、区政协内设委室负责人，区委办党支部全体党员和区委组织部党建办全体工作人员参加学习。

18日 市委副书记、市长刘和生来岳阳楼区调研九大棚户（旧城）区改造和社区管理创新工作。市政协副主席欧江平、市政府秘书长谈正红及市直相关部门负责人参加，区领导秧励、陈阁辉、杨林彬、徐平、李青松等先后陪同。

21日 全国首届“万步有约”职业人群健走激励大赛岳阳楼赛区启动仪式在千公顷湖畔举行。湖南省赛区组委会主任朱国平、技术总监马波，市人大常委会副主任陈光荣、市政协副主席李可波，区领导贺景福、彭端生、卢红升、李青松、白铭科出席。

25日 岳阳楼区召开“雁过拔毛”式腐败问题和“纠‘四风’、治陋习”专项整治工作推进会，区领导秧励、漆胜、周岳雄出席，街道（乡）、服务城陵矶新港区工作组党（工）委书记、纪（工）委书记，区纪委监察局班子成员及内设机构负责人，两项专项整治工作领导小组及其办公室成员参加。

28日 国家科学育儿试点项目推进仪式和“健康365工程”启动仪式在岳阳楼区举行。省卫计委家庭发展处处长李凡奇，副市长李为，市计生协会会长白尊贤，市卫计委主任彭纲要，区委书记秧励，副区长白铭科，中国初级卫生保健基金会、北京健和公益基金会及各街道（乡）负责人参加。

6月

1日 市委书记盛荣华到岳阳楼区郭兴小学，给孩子们和教育工作者送上节日的祝福和慰问，并通过他们向全市的儿童致以节日问候。市领导樊进军、陈光荣、李为、李平等参加，区领导秧励、陈阁辉、李峰等陪同。

2日 省信访局党组成员、副局长夏玄英带领省信访局办公室支部党员，岳阳楼区调研指导信访工作。市政府副秘书长、市信访局党组书记、局长廖星辉，区委书记秧励，区委常委、常务副区长漆胜及区信访局相关负责人陪同。

6日 “欢乐潇湘·幸福岳阳·美丽楼区”暨“我们的节日——端午”群众文艺晚会隆重举行，市委常委、宣传部长徐新启，副市长李为，市委宣传部副部长徐远杰，市文广新局局长黄建文，市文联党组副书记刘子华，市文广新局副局长范泽容，全体在家区级领导、区直单位，街道（乡）、服务城陵矶新港区工作组主要负责人，以及1000余名预备役官兵、企业职工代表、居民群众代表一同观看，共庆佳节。

7日 岳阳楼区召开防汛抗灾工作会议，区领导秧励、陈阁辉、李青松、黎建欣出席，区人武部、区财政局、区交通局、区农林水利局等相关部门单位及街道（乡）、服务城陵矶新港区工作组负责人参加。

15日 省住建厅厅长蒋益民、副厅长宁艳芳一行到岳阳楼区就棚改项目进行调研。市委常委、常务副市长唐道明，市政协副主席欧江平，区领导陈阁辉、徐利、蒋琳等陪同。

16日 由区总工会主办，洞庭街道办事处承办的“中国梦·劳动美‘月月好职工’”农民工专场颁奖仪式在杭瑞高速洞庭大桥建设工地举行，省总工会党组副书记、副主席钟小汨，省总工会生产部副部长杨平，市人大常委会副主任、市总工会主席彭先政，市总工会党组书记、副主席谭志兰，市总工会党组副书记、副主席彭慕侬，区领导秩励、彭端生、蒋琳，以及湖南路桥集团相关领导出席。

23日 省政府副秘书长、省信访局局长许忠建一行到岳阳楼区调研指导信访维稳工作。市政府副秘书长、市信访局局长廖星辉，市信访局党组副书记、副局长向阳春，区领导秩励、陈阁辉、尤庆学、漆胜、李峰、徐平等陪同，区信访局、东茅岭街道办事处、城陵矶街道办事处、骆家坡社区相关负责人参加座谈会。

28日 市委书记盛荣华深入岳阳楼区杨树塘社区，走访慰问优秀基层党员代表，在社区党支部作题为“践行‘四讲四有’标准，争做新时期合格党员”专题党课辅导。市委常委、市委秘书长樊进军，市委常委、组织部部长、统战部部长王瑰曙，市委组织部副部长张赟参加，区领导秩励、陈阁辉陪同慰问。

29日 岳阳楼区召开庆祝中国共产党成立95周年大会，区委副书记、区长陈阁辉主持。全体区级领导、老同志代表，“四大办”负责人，常委部门第一副职，组织部部务会成员，街道（乡）、服务城陵矶新港区工作组党（工）委书记、组织委员，区直部门单位党委（党组）书记及有关负责人，部分受表彰的先进集体和优秀个人，全体新发展党员参加。

7月

1日 岳阳市举行重大项目集中开工仪式，市委书记盛荣华出席学院路综合提质改造暨岳望高速岳阳连接线工程动员誓师大会和开工仪式，并宣布项目开工，市领导李湘岳、唐道明、樊进军，区领导秩励、陈阁辉、徐平、徐利等出席。

市委副书记、市长刘和生出席岳阳海吉星国际农产品物流产业园项目开工仪式，并宣布项目开工。市委副书记李志坚主持，市人大副主任李永丰，市政府秘书长谈正红，区领导陈阁辉、徐平、徐利出席。

4日 岳阳楼区召开防汛救灾维稳工作紧急会议，安排部署防汛救灾工作，区领导秩励、陈阁辉、李峰、黄良武、李青松、黎建欣出席，区农林水务局、区城管局、区交建局、区人武部及相关街道（乡）负责人参加。

6日 区委书记秩励在郭镇乡建中村督查指导精准扶贫工作，区领导李峰、李青松，及区扶贫办、区农林水务局、区人社局、区教育局、区环保分局等单位及郭镇乡负责人参加。

13日 区委书记秩励带领区政府办、区财政局、区民政局等部门单位负责人一行前往华容县，代表区委、区政府向华容县捐赠50万元救灾资金，以支援该县抗洪救灾工作。区领导陈阁辉、李峰陪同。

15日 区委中心组（扩大）集中学习习近平总书记“七一”重要讲话精神，市委讲师团主任戴文慧应邀讲课，区委书记秩励主持，全体在家区级领导，及区直各单位、街道（乡）、服务城陵矶新港区工作组负责人参加学习。

18日 区委书记秩励带队检查安全生产工作，区委常委、副区长杨林彬，及区安监局、区教育局、区消防大队和三眼桥街道办事处负责人参加。

20日 区委书记秩励调研指导九华山棚改片区项目征拆工作，副区长白铭科及该项目4个片区负责人参加。

21日 岳阳楼区召开半年

度党建工作讲评会，区领导秧励、彭端生、李峰出席，区委副书记尤庆学主持，街道（乡）、服务城陵矶新港区工作组党（工）委书记，部分区直单位“一把手”，以及区纪委、区委办、区委组织部相关负责人参会。

23日 秧励在郭镇乡黄洋水库检查指导防汛工作，并看望慰问防汛值班人员。

28日 区领导秧励、陈阁辉、李峰、李建国、李青松、吴怡红等一行前往岳阳楼区驻军单位，亲切慰问人民子弟兵，区民政局相关负责人参加。

8月

1日 区委书记秧励亲切看望慰问海军某舰载航空兵部队一级飞行员张超烈士家属，副区长李青松及区民政局负责人参加。

2日 省委组织部副巡视员张宏益、省委组织部机关党委专职副书记高湘桃、省委组织部党员管理处副处长江业成一行到岳阳楼区督查指导“两学一做”学习教育开展情况，市委组织部副部长张赟，区领导秧励、尤庆学、彭端生、李峰、周岳雄等陪同或参加汇报。

3日 市委副秘书长、市小康办主任丁源源带领督查工作组，到岳阳楼区督查指导全面建成小康社会推进工作。区领导秧励、漆胜、李峰出席座谈会，楼区、经开区、南湖新区小康办负责人，以及区小康推进工作主要部门单位负责人参会。

7日 区委书记秧励带队督查指导文明城市建设工作，区委常委、副区长杨林彬，以及区卫计局、区食药监局、三眼桥街道办事处、站前路街道办事处等负责人参加。

8日 岳阳楼区换届风气专项巡察见面会召开，市委换届风气岳阳楼区专项巡察组组长彭岳武、副组长曹红斌，区领导秧励、尤庆学、贺景福、王梦华、彭端生、周岳雄出席，区委副书记、区长陈阁辉主持，市委换届风气岳阳楼区专项巡察组、区换届风气监督工作领导小组相关人员参加会议。

9日 区委书记秧励主持召开区第五次党代会报告征求老同志意见座谈会，李志成、李国镇、吴庆吉、李水泉、于其化、李少怡、刘应凯、毛绍继、张欣喜等曾在岳阳楼区任区委副书记以上职务的老同志及区领导彭端生、李峰、李青松出席，区委老干局、区委政研室、区政府经研室相关负责人参加。

10日 岳阳楼区召开深化全国文明城市建设工作推进会，全体在家区级领导出席，区委副书记、区长陈阁辉主持，区常委部门第一副职，区城管局、区环卫局、区教育局、区文体新局等区直单位，街道（乡）、服务城陵矶新港区工作组及社区（村）负责人，区属各中小学校长、各卫生服务中心主任参加会议。

13日 全区党政负责干部大会召开，市委常委、常务副市长唐道明出席并作重要讲话，市委组织部副部长、市人社局局长罗忠勇宣布省委、市委任命文件。全体在职区级领导，曾经担任区委副书记以上领导职务的离退休老同志，街道（乡）、服务城陵矶新港区工作组、区直部门主要负责人，区人大、区政协内设委室主任、区纪委常委参加会议。

16日 岳阳楼区召开新任领导干部见面会，市委组织部常务副部长赵岳平出席，区委书记陈阁辉主持会议，区四大家全体在家班子成员，区人民法院、区人民检察院主要负责人以及新提拔的提名对象等参会。

19 日 全区党政负责干部会议召开，区领导陈阁辉、廖星辉、贺景福、王梦华、漆胜、彭端生、朱彦翼、李峰、周岳雄、徐平、黄良武、王智勇出席，区委副书记、代区长黄建文主持，四大办及常委部门班子成员，人大、政协内设委室、区直及垂直管理单位，街道（乡）、服务城陵矶新港区工作组负责人参加。

23 日 友阿商业城市综合体项目工作座谈会在南湖宾馆召开，市委常委、常务副市长唐道明出席并会见湖南友阿集团公司董事长胡子敬，市规划局局长曲安江、市国土局局长胡辉、市住建局局长罗黑皮，区领导陈阁辉、黄建文、徐平参加。

26 日 区委四届十次全体会议召开，会议通过第五次党代会工作报告（征求意见稿）和区纪委工作报告（征求意见稿）。区领导陈阁辉、廖星辉、贺景福、王梦华、漆胜、彭端生、朱彦翼、李峰、周岳雄、徐平、黄良武、王智勇出席，区委副书记、代区长黄建文主持，全体区委委员、候补委员、区纪委委员参加。

27 日 ~28 日 中国共产党岳阳市岳阳楼区第五次代表大会第一次大会隆重召开。区委书记陈阁辉代表中国共产党岳阳市岳阳楼区第四届委员会向大会作题为《抢抓战略机遇，勇担时代使命，全面建成转型发展、创新创业的核心引领区》的工作报告，区委副书记、代区长黄建文主持。311 名党代表及 80 名列席人员参会。

上午，区第五次党代会召开第二次主席团会议，区委书记陈阁辉主持，区领导黄建文、廖星辉、贺景福、王梦华、漆胜、彭端生、朱彦翼、李峰、周岳雄、徐平、黄良武、王智勇等主席团全体成员参加会议。

下午，中国共产党岳阳市岳阳楼区第五次代表大会第二次大会召开。区领导陈阁辉、黄建文、贺景福、王梦华、漆胜、彭端生、李峰、周岳雄、徐平、黄良武、王智勇等主席团全体成员在主席台就座，区委副书记廖星辉主持，全体党代表参加会议。

28 日中国共产党岳阳市岳阳楼区第五次代表大会第三次大会召开，在圆满完成各项议程后，中国共产党岳阳市岳阳楼区第五次代表大会胜利闭幕。区委书记陈阁辉主持，区委副书记、代区长黄建文致闭幕词。

下午，区委五届一次全体会议召开，大会选举产生新一届区委常委、书记、副书记。全体区委委员、候补委员、区纪委委员参加。

9月

5 日 区委第五届第 1 次常委扩大会议召开，区委书记陈阁辉主持，全体区委常委、区人大主任、区政协主席、区政府副区长出席，相关单位及街道（乡）、服务城陵矶新港区工作组负责人参加。

7 日 岳阳楼区召开“科学谋划经济发展布局，全面推动二次产业升级”座谈会，区领导陈阁辉、黄建文、李峰、高鸽子出席，区委常委、区委办主任李峰主持，区委办、区贸促会、区商务粮食局等相关部门负责人参加。

8 日 岳阳楼区全面小康、脱贫攻坚、麻布山公园建设工作推进会在郭镇乡麻布村召开，区领导陈阁辉、黄建文、廖星辉、贺景福、李峰出席，副区长方正春主持，相关部门及郭镇乡负责人参加。

12日 区委书记陈阁辉主持召开区委第五届第2次常委会议，研究审议代表委员推荐提名工作，区委常委会组成人员出席，区人大办、区政府办、区政协办、区委组织部负责人及其他部门负责人列席会议。

13日 全省信访基层基础工作现场会在岳阳召开，省委常委、省委政法委书记、省人民政府副省长、省信访工作联席会议召集人黄关春，省人大常委会副主任、省信访工作联席会议召集人陈君文及省信访工作联席会议各专项小组牵头单位信访工作分管领导、信访处长，省联席办负责人，全省各市州信访工作联席会议召集人、信访局长，全省30个重点县(市、区)信访工作分管领导，全省128个县（市、区）信访局局长近200人到岳阳楼区参观，市长刘和生，市委常委、政法委书记向伟雄陪同参观。

13日 岳阳农村商业银行股份有限公司举行挂牌仪式，省联社领导张志军、徐达华，市领导盛荣华、樊进军、陈志莲、宋爱华、李为，区领导陈阁辉、黄建文及相关部门主要负责人出席活动。

21日 区委书记陈阁辉调研街道社区办公服务用房建设暨“三合一”工作，区领导李峰、徐平、黎建欣、余昕、方正春，及全区街道（乡）、服务城陵矶新港区工作组、部分区直单位负责人陪同或参加座谈会。

区委中心组举行扩大会议，集中学习城市经济专业知识。省政协常委、经科委主任，中南大学商学院教授吴金明应邀讲课，区委书记陈阁辉主持，全体在家的区级领导，街道（乡）、服务城陵矶新港区工作组及区直和垂直管理单位负责人参加学习。

22日 全区综治民调工作推进会在会展中心召开，区领导陈阁辉、廖星辉、李峰、黎建欣、漆胜、李建国、余昕、张雪梅，区人民法院院长夏常凯，区人民检察院代检察长许建华出席，区委副书记、代区长黄建文主持，各区直单位、街道（乡）、服务城陵矶新港区工作组主要负责人参加。

10月

7日 岳阳楼区产业发展规划评审工作会议在南湖宾馆召开，区领导陈阁辉、黄建文、廖星辉、李峰、徐平、黎建欣、高鸽子及区政府办、贸促会、财政局、监察局、审计局等单位负责人参加。

8日 区委第五届第二次常委扩大会议召开，区委书记陈阁辉传达市第七次党代会精神，以及市委书记盛荣华参加岳阳楼区代表团讨论时的讲话精神，要求全区要认真学习、深刻领会市、区党代会精神，在学习中统一思想、坚定信心，在贯彻中抢抓机遇、加快发展，不断开创岳阳楼区经济社会发展的新局面。区委副书记、代区长黄建文主持，全体区级领导、区直单位主要负责人、街道(乡)党政负责人参加。

9日 市委副书记、市长刘和生率队调研岳阳楼区棚户(旧城)区改造工作。市委常委、常务副市长唐道明，市政协副主席欧江平一同调研，区领导陈阁辉、黄建文、廖星辉、李峰、徐平、王智勇、黎建欣、白铭科及市、区有关部门负责人陪同调研。

10日 市人大常委会主任李湘岳率督查组来岳阳楼区督查调研“建设美好社区、温馨家园”议案办理工作，区领导陈阁辉、贺景福、李峰、徐平、周幺龙、方正春陪同。督查调研中，李湘岳一行深入东升社区、大桥湖社区、新城社区、万家坡社区、岳阳楼社区与社区负责人交谈，了解社区建设及社区网格化管理情况等。

是日　岳阳楼区召开宣传思想工作座谈会，区委常委、宣传部长王智勇出席，区委宣传部班子成员，各街道(乡)、服务城陵矶新港区工作组宣传战线工作人员参加。会议组织学习区委书记陈阁辉来宣传部调研讲话精神，听取各单位工作情况汇报，并就后段宣传工作进行安排部署。

12日　市委副书记、市长刘和生实地调研南辅道旧城改造项目、学院路综合提质改造暨岳望高速岳阳连接线项目。市委常委、常务副市长唐道明，市直相关单位负责人及区领导陈阁辉、黄建文、李峰、徐平参加。

14日　国家公安部警务督察局、湖南省公安厅一行30余人到岳阳楼街道调研社会治理与服务创新工作，副市长唐文发、区委书记陈阁辉陪同。检查组一行参观岳阳楼街道一门受理、社会救助平台、“12345”公众服务热线平台等便民服务阵地，听取岳阳楼社区负责人详细汇报网格化服务平台工作，观看社会治理服务创新专题宣传片。

16日　岳阳楼区党政干部城市经济管理培训班，在上海复旦大学管理学院干部教育培训中心开班。开学典礼上，复旦大学管理学院干部教育培训中心主任黄莹出席并致辞。区委书记陈阁辉讲话。

19日　区委书记陈阁辉主持召开区网格化和信访工作会议，区领导廖星辉、李峰、徐平、王智勇、黎建欣、余昕、方正春出席，相关单位负责人参加。会议听取网格化管理工作进展情况、王家河街道便民服务中心建设情况，与会人员就网格化管理及信访工作发言。

25日　全区政法综治暨社会稳定工作会议召开，区领导陈阁辉、廖星辉、王梦华、黎建欣出席，区委副书记、代区长黄建文主持，相关区级领导、区直及垂直管理单位主要负责人、各街道(乡)党政负责人及分管政法的副职等参加。

26日　岳阳楼区第五届人大代表换届选举投票日。全区144个选区和乡级72个选区秩序井然、组织规范，52万余名选民凭选民证领取选票，并认真填写，郑重投下自己神圣的一票。选举将产生新一届区级人大代表261名、乡级人大代表165名。

26日　省政府法制办主任陈雪楚来岳阳楼区调研指导法治政府建设工作情况，市政府法制办党组书记、主任何季如出席，区委副书记、代区长黄建文主持座谈会，区人大常委会党组副书记、常务副区长漆胜，市政府法制办及编办，区政府办、编办、法制办、国土、工商、质监、信访等部门单位负责人参加。

28日　岳阳市2016年第三批重大项目集中开工岳阳楼区分会场暨岳阳市天正“金海岸”经适房项目开工仪式在望岳路街道栖凤亭社区举行，区领导陈阁辉、黄建文、徐平、余昕出席并为项目奠基。

11月

1日　国家发改委社会发展司副司长郝福庆。国家体育总局经济司副司长陈恩堂、中国足协规划法务部副主任母连军一行到岳阳楼区花板桥学校调研校园足球特色学校建设工作。省发改委副主任童民让，岳阳市政府党组成员、副厅级干部张益民，市教育体育局局长王德华，区委副书记、代区长黄建文，副区长唐露尧及区政府办负责人陪同。

5日 公安部在岳阳市召开全国公安机关规范基层警务工作暨110接处警工作会议，中央纪委驻公安部纪检组组长、公安部党委委员、督察长邓卫平出席并讲话。省委常委、省委政法委书记、副省长、公安厅长黄关春，市委书记盛荣华，市委副书记、市长刘和生，市领导王小中、谈正红、唐文发、罗青等出席。

13日 省民政厅党组书记、副厅长唐白玉一行到岳阳楼区调研婚姻文化进社区及婚姻登记工作，市民政局局长刘树平，区委副书记、代区长黄建文，副区长方正春及区民政局相关负责人陪同。

14日 岳阳楼区召开城市管理、社区治理和服务创新工作讲评会。区领导黄建文、徐平、施敏、余昕、方正春、张雪梅出席，区人大常委会党组副书记、常务副区长漆胜主持。

21日 区“关工委”联合市关工委、区委老干局、区教育局在朝阳小学开展第三届“关爱明天、普法先行”青少年普法教育活动。市“关工委”主任方贵吾，市委老干局副局长、市“关工委”副主任胡向荣，副区长唐露尧出席，区委组织部、区“关工委”、教育局等单位负责人参加。

26日—29日 政协岳阳市岳阳楼区第五届委员会第一次会议召开。全体新当选的242名区政协委员出席会议。我区全体区级领导和市经开区、临港新区、南湖新区有关领导以及担任我区四大家正职的在岳离退休老同志应邀出席会议，区直各单位、各垂直管理部门和各乡（街道）主要负责人共190人列席会议。

27日—30日 岳阳楼区第五届人民代表大会第一次会议在岳阳会展中心召开。30日上午大会选举，256名代表参加投票。区人大常委会主任、区人民政府区长满票当选。区人大常委会副主任、委员，区人民政府副区长，区法、检两长都高票当选。会议还选举产生了驻区的市八届人大代表62名。

12月

7日 国家卫计委流动人口司蔡建华一行到岳阳楼区调研流动人口社会融合、动态监测等工作，省卫计委流动人口处处长李志源，市卫计委党组成员、副主任周立标，副区长高鸽子陪同。

10日 省委副书记乌兰深入岳阳县、岳阳市城区等地调研经济社会发展。她强调，要深入贯彻省第十一次党代会精神，充分发挥产业和区位优势，大力实施创新引领开放崛起战略，不断开创经济社会发展新局面。

15日 岳阳楼区举行党代会、人大会、政协会会务工作总结表彰，区领导廖星辉、李峰、周幺龙、吴怡红出席，区“四办”主任及常委部门分管副职、街道(乡)办公室主任和123名表彰对象参加。

16日 区委书记陈阁辉主持召开重点棚户(旧城)区改造工作调度会，王智勇、白铭科、余昕、严石龙、夏常凯等项目联点领导及项目部主任、相关单位负责人参加。

22日 市委书记胡忠雄深

入岳阳楼区调研，市委副书记李爱武，市委常委、市委秘书长谈正红参加调研。市委副秘书长杨志军、寻健，区领导陈阁辉、黄建文、廖星辉、漆胜、彭端生、朱彦翼、李峰、周岳雄、徐平、黄良武、王智勇、白铭科、余昕、高鸽子、唐露尧、蒋琳、方正春、邓建华等陪同或参加会议。

22 日　区委副书记、区长黄建文调研区环保分局，市环保局局长王文选，副区长蒋琳参加调研。

30 日　区委书记陈阁辉主持召开区委第五届第 8 次常委会议，区领导黄建文、廖星辉、彭端生、朱彦翼、李峰、黄良武、王智勇、黎建欣、白铭科出席，相关部门主要负责人列席。会议听取区武装工作情况汇报，审议通过《关于进一步加强街道(乡)工作的实施意见(试行)》、《关于加快岳阳楼区产业发展的实施意见》、《创建“平安岳阳楼区”行动方案》。

综述

概况

【地理位置】 岳阳楼区地处北纬29°13′40″～29°27′00″，东经113°03′45″～113°15′05″。位于岳阳市西北部，洞庭湖与长江汇合处。其北面为云溪区；东面为临湘市；西部临洞庭湖，与君山区隔水相望；西北隔长江与湖北省监利县相望；南面与岳阳县接壤，总面积171.04平方千米。属丘陵低山地形。境内地质构造复杂，为地壳运动褶皱上升部分，地势东高西低，呈阶梯状向洞庭湖倾斜。地貌以岗丘地貌为主，间与平原、湖泊犬牙交错。山丘呈波状，海拔多在50～150米间，最高点麻布大山海拔358.8米，南湖、枫桥湖、东风湖、吉家湖、长江镶嵌于城区周围，水资源丰富。地处城中心的金鹗山，主峰海拔97米，为城区最高点。中华人民共和国成立以来，随着城市建设的不断发展，许多岗丘被推平，建成工厂区与住宅区，改变了原来的自然环境。

【历史沿革】 岳阳城区历史悠久，源远流长。距今6000多年前，洞庭湖两岸便有新石器时代的村落。夏、商时，境内所属区域属荆州之域，为三苗之地，古越族在此繁衍、生息。商周时，城陵矶即筑有“大彭城”。春秋时，属楚国。楚灭汉水流域的麇子国后，公元前505年，楚昭王谴王孙熊由于在梅子市（今梅溪乡梅子市村）筑东麇城，迁其遗民于此。后又在岳阳楼一带筑城，驻军监视，称西麇城，为岳阳建城之始。东汉建安十五年（公元210年），孙权派鲁肃镇守巴丘邸阁，筑巴丘城，岳阳正式建城。（西）晋太康元年（280年）建巴陵县，属巴陵郡管辖，城区始称巴陵城。隋开皇九年（589年），废郡为州，巴陵郡改为巴州。十一年（591年），改巴州为岳州，仍设巴陵县，巴陵城改称岳州城。元至正二十四年（1364年），吴王朱元璋攻占岳州，定名为岳州路。明洪武二年（1369年），改岳州路为岳州府。

民国2年（1913年）9月，民国政府废府存县，巴陵县改称岳阳县，辖东南西北中五区，县城设城厢镇。基层设团，团下设街。民国19年（1930年）4月，全县划为9个自治区，区下辖团、街。民国21年（1932年）4月，县政府以镇的区域过大，将其它镇撤销，仅保留城厢镇。民国22年（1933年）2月，又将全县108团改为84个乡镇，城厢镇仍属一区管辖，同时取消团、街，编组闾、邻，作为地方自治之基层组织。

中华人民共和国成立后，县人民政府将全县调整为5区16乡，城厢镇改为城厢区，下设8个保。总人口2.4万多人，面积2.2平方千米。1950年6月7日，设立城厢区城市工作委员会后，取消保甲制度，设立居民委员会。1953年10月，城厢区改为城厢镇。1956年6月，城厢镇水上居民委员会改为水上乡，脱离城厢镇。1957年底，将水上乡重新划归城厢镇管辖。1958年10月，城厢镇与城陵矶镇合并成立岳州人民公社。1960年1月2日，成立岳阳市，属县辖市，将城厢镇、岳州公社。划分为南、北、城陵矶3个区和郊区、梅溪、洞庭3个分社。1962年10月20日，撤销岳阳市，恢复岳阳县城关镇，全镇面积15平方千米，其中城区面积7平方千米，62532人。1975年12月29日，城关镇恢复岳阳市并升格（县级），属岳阳地区管辖。所辖行政区域除原城关镇外，划入岳阳县的五七渔场、湖滨园艺场、君山茶场、君山芦苇场及郭镇、康王2个公社各1个大队，梅溪公社7个大队，并将岳阳县梅溪区的冷水铺设为冷水铺区。全市总面积135.7平方千米，总人口167654人。1981年10月12日，撤销岳阳县，其行政区域全部划归岳阳市。总面积3656平方千米，总人口967848人。1982年1月，岳阳市设立城郊区，辖五里、北港、洞庭、城郊4个公社。1983年7月13日，恢复岳阳县。岳阳市辖5个城市区，总面积88.3平方千米，总人口385529人。

1984年4月，以原岳阳市南区、北区、东区、城陵矶区、冷水铺区组成新的岳阳市南区。辖吕仙亭、解放路、洞庭路、东茅岭、金鹗山、五里牌、城陵矶、冷水铺8个街道办事处，下辖57个居民委员会，面积23.5平方千米，人口160571人。以原城郊区的五里、北港、洞庭、及原岳阳县的郭镇、梅溪两乡和北港园艺场、大湾芦苇场、蔬菜研究所组成新的岳阳市郊区。1985年7月，君山芦苇渔业综合场由岳阳市君山管理处划归郊区管辖。1986年7月，蔬菜研究所划归市蔬菜办公室管辖。1995年8月，君山芦苇渔业综合场划归市建委管辖。

1996年4月30日，经国务院批准，将原岳阳市南区与郊区合并成立岳阳楼区。大湾芦苇场划归君山区管辖。新区共辖6个乡场、8个街道办事处，总面积175平方千米，人口42万，流动人口15万。1996年4月，知青场的大桥村、洛王养殖场、茶场，北港乡的北港村、八字门村及梅溪乡白石岭村的白石组划归岳阳（城陵矶）经济技术开发区。1997年8月，岳阳楼区东茅岭街道办事处的得胜、站前两个居民委员会划入开发区。1998年1月和12月，郭镇乡郭镇村的曾家、中桥、果园组，五里乡铁炉村的王家组及金鹗村划入南湖旅游度假区。

2001年5月18日，冷水铺街道办事处的11个社区居委会调整为7个；7月18日，五里牌街道办事处成立岳磁社区居委会，岳阳楼街道办事处成立风桥湖社区居委会；9月13日进行全区性区划调整。撤销解放路街道办事处，其辖区并入吕仙亭街道办事处；新设三眼桥街道办事处，下辖6个社区居委会。将原8个街道办事处的75个居委会合并为54个社区居委会。2002年7月18日，撤销五里、北港、洞庭3个乡和知青场，设立新路口、北港、洛王、洞庭四个街道办事处，分别设5个、6个、4个、3个居民委员会。2004年9月、2005年12月吕仙亭街道办事处增设龟山、岳港两个社区居委会；2005年7月，金鹗山街道办事处增设新桥巷社区居委会。2005年7月区环保局由市收编后更名为岳阳楼区环保分局。

2006年3月，将梅溪乡的砎石、分水垅、白石岭、金凤桥、监申桥、梅子市等6个行政村划归经济技术开发区管辖。将岳阳经济技术开发区的站前路街道办事处整体划入岳阳楼区，设德胜、铁路、西瓜山、望城岭、新站等5个社区居委会。另有5个街道办事处分别增设1个社区居委会，其中岳阳楼街道办事处增设北门居委会，三眼桥街道办事处增设尚书山居委会，洛王街道办事处增设雷锋山居委会、冷水铺街道办事处增设长动社区居委会。居委会增加到87个，行政村减至15个。12月18日，将区住房公积金管理中心并入市住房公积金管理中心，收归市管。

2007年7月，进行自建区以来规模最大的一次区划调整，涉及到全区所有的乡、街道办事处。新增街道办事处1个，更名街道办事处3个。区划调整后，城陵矶街道办事辖6个社区、1个行政村；梅溪乡辖5个行政村、4个社区；冷水铺街道办事处更名为望岳路街道办事处，辖5个社区；洞庭街道办事处辖5个社区；岳阳楼街道办事处辖7个社区；吕仙亭街道办事处辖8个社区；东茅岭街道办事处辖6个社区；金鹗山街道办事处辖10个社区；新路口街道办事处更名为枫桥湖街道办事处，辖6个社区；站前路街道办事处辖区5个社区；五里牌街道办事处辖7个社区；三眼桥街道办事处辖7个社区；洛王街道办事处辖6个社区；新成立的王家河街道办事处辖5个社区；北港街道办事处更名为奇家岭街道办事处，辖5个社区、1个行政村；郭镇乡调整后辖8个行政村。街道办事处由2006年的13个增至14个。社区居委会由2006年的87个增至93个，行政乡和行政村数量未变。

2008年，全区共有行政乡2个、街道办事处14个；行政村15个、居委会93个。

2009年，增加4个副科级行政支持类事业单位，其中升格2个、新设2个；更名1个正科级行政支持类事业单位。4月，原岳阳楼区新型农村合作医疗管理办公室由正股级升格为副科级；7月，原岳阳楼区城市居民个最低生活保障中心由正股级升格为副科级，并更名为岳阳楼区社会救助管理局；8月，正是发文成立岳阳楼区控建拆违工作办公室；11月，成立岳阳楼区市容环境卫生管理局。7月，原岳阳楼区农村经营管理中心更名为岳阳楼区经营管理局。3月，新成立吕仙亭街道办事处三角线社区。至年底，全区行政乡、街道办事处和行政村数量未变，社区居委会增加到94个。

2010年6月，成立岳阳楼区城市建设投资管理中心，加挂岳阳楼区城市建设投资责任有限公司牌子，为正科级行政支持类事业单位。5月和8月，先后成立金鹗山街道办事处重湖社区、五里牌街道办事处运通街社区。至年底，全区社区居委会由原来的94个增加到96个，行政乡、街道办事处和行政村数量未变 。

【行政区划】2015年，根据《岳阳市人民政府办公室关于印发南湖新城区管辖范围调整实施方案的通知》（岳政办函〔2015〕14号），合计从岳阳楼区6个街道（乡）、12个社区（村）调出总面积16.494平方千米、总人口35886人到南湖新城区，具体为：郭镇乡郭镇村、畈中村、双塘村全部范围；奇家岭街道畔湖湾社区、蔡家社区长嘴组与檀树组全部范围及仓田村兴旺组部分区域；三眼桥街道麦子港社区、尚书山社区、鲤鱼嘴社区部分区域；金鹗山街道南湖社区全部范围；吕仙亭街道龟山社区全部范围；洞庭街道捕捞社区部分区域。

2015年，按照均衡布局、合理调整、依法依规、稳步推进的原则，区政府成立社区布局调整工作领导小组，在深入调查研究、充分酝酿、反复论证的基础上出台了《岳阳楼区2015年社区布局调整方案》(岳楼政办函〔2015〕16号）。根据文件精神，将寓园社区并入金鹗山街道办事处重湖社区；将三眼桥街道办事处麦子港社区（除划入南湖新区部分）并入三眼桥街道办事处尚书山社区；将湘都社区并入金鹗山街道办事处鹗西路社区；将奇家岭街道办事处岳磁社区并入奇家岭街道办事处学院路社区；将吕仙亭街道办事处三角线社区并入吕仙亭街道办事处吕仙亭社区；将洞庭街道办事处沿湖社区与洞庭街道办事处西瓜山社区合并，更名为洞庭社区；将岳阳楼街道办事处北门社区（原市制药一厂改制）并入岳阳楼街道办事处九华山社区；将奇家岭街道办事处奇家社区划为奇家和奇西两个社区；将吕仙亭街道办事处岳港社区并入吕仙亭街道办事处观音阁社区；将枫桥湖街道办事处岳城社区划为甘塘坡社区和大屋湾社区两个社区；将枫桥湖街道办事处新胜社区划为新胜社区和青年堤社区两个社区；将望岳路街道办事处望岳社区和老垅坡社区调整为望岳社区、栖凤亭社区、长虹路社区三个社区；新设立春华社区，隶属梅溪乡。

2015年和2016年两年，湖南省组织开展乡镇区划调整改革工作，岳阳楼区认真按照上级关于乡镇区划调整改革工作会议精神和有关文件要求，将梅溪乡、洛王街道成建制合并设立洛王街道，办事处驻洛王社区（原洛王街道办事处驻地），2015年12月更名为岳阳楼区服务城陵矶新港区工作组。合乡工作于2015年12月30日全部完成；将洛王街道办事处所辖4个建制村进行调整，冷水铺村并入冷水铺社区，名称仍使用冷水铺社区，办公地点设原冷水铺村委会办公楼；滨湖村并入小湖湾社区，名称仍使用小湖湾社区，办公地点设原滨湖村委会办公楼；花果畈村并入春华社区，名称仍使用春华社区，办公地点设原花果畈村委会办公楼；胥家桥村并入芭蕉湖社区，名称仍使用芭蕉湖社区，办公地点设原胥家桥村委会办公楼。延寿寺村保持原状不变。并村工作于2016年5月20日全部完成。调整后洛王街道辖12个社区居委会、1个建制村，总面积37.31平方千米，总人口9.2万人。其他14个乡、街道未调整。

【地质地貌】 岳阳楼区地处江南古陆，地层发育不全。仅出露有前震旦系、震旦系、寒武系和第四系。由老至新分述如下：

前震旦系冷家溪群 (Ptin)：主要分布于郭镇以北地区。为一套复理式特征明显的海相碎屑岩建造。地层呈北西向展布，倾向北东，倾角500°～800°。主要岩性为粉砂质板岩，泥质板岩，斑点状板岩等。整套岩石颜色呈灰绿色，岩性较软，易于风化。局部形成质地细腻，色泽鲜艳的紫砂陶土矿体，呈夹层产于粉砂质板岩中，厚度一般5～10米，最厚可达25米。地层厚度不详。

震旦系（Z）：主要分布于郭镇、麻布一带。不整合于前震旦系冷家溪群之上，为新开塘——郭镇向斜两翼组成部分。北翼地层南倾，南翼地层北倾。倾角一般在300°～500°间变化。其主要岩性为泥质、粉砂质板状页岩，长石石英砂岩、冰碛砾泥岩、黑色炭硅质页岩、薄层状硅质岩、含硅质白云岩、条纹状硅质岩等。局部见铁锰矿层和铀矿化。厚度692.25米。

寒武系下统（$\in_1$）：主要分布于郭镇、双塘等地。不整合于震旦系之上，为新开塘郭镇向斜的核部地层。地层呈北向西展布，由于受强烈的挤压作用影响，岩层产状变化大，常形成形态复杂的紧闭型次级褶皱。主要岩性为中薄层状炭质泥岩，含炭硅质泥岩，含磷结核炭硅质泥岩，含黄铁矿炭硅质泥岩、斑点状炭质页岩，灰黑色泥质粉砂岩，中细粒砂岩。夹石煤和含钒石煤层，局部见铀矿化。厚约300米。

第四系（Q）：该地层分布广泛，由半胶洁、松散的砾石层、砂砾石层、粉砂、湖积网纹状粘上、粉砂质粘土、残坡积物及腐植土构成。不整合于老地层之上。厚度>100米。

区内老地层出露范围大，岩浆岩不发育，热活动极其微弱，但在漫长的地质发展过程中，经历了多次强烈构造变动的影响，各期次构造形迹相互重叠交错，形态复杂，在小区域内，难以区分其先后，只能将区内主要的褶皱和断裂构造的基本特点描述如下：

褶皱构造，呈北西向，近东西向展布。规模较大的有新开塘—郭镇北西向船型复式向斜。该向斜由震旦系和寒武系地层构成，呈北西向展布，长16千米，宽3～5千米，两翼岩石刚性强，倾角平缓，核部地层较软，常形成紧闭线状次级褶皱。

断裂构造，以北西向层间挤压破碎带为主，其次为北东向和近东西向。北西向断裂多产于震旦系和前震旦系地层中，一般出露长度数千米，破碎带宽度5～10米，由泥质、构造角砾岩，糜棱岩和碎裂岩充填。该组断裂对铀矿化及铁锰矿体起控制作用。

【气候】受超强厄尔尼诺影响，2016年境内气温偏高，寒冷与高温同现；降水量正常却雨日多，时空差异明显，强降水过程频繁，极端气候事件高发。尤其是“4·16”“7·3”和“7·19”等强降水过程，局部暴雨强度大，致洪涝、堤垸溃口、城乡积涝明显，境内多个乡镇均有不同程度受灾。从总体来看，2016年境内局部的灾害损失比较重，农业经济及家庭财产损失大，根据气候对国民经济影响评价，2016年度气候年景属偏差年景。

气温。在全球气候变暖的背景下，2016年境内气温偏高，年内寒冷与高温同现，气温阶段性变化明显、冷暖起伏大，年初遭遇最低温，岁末温高刷新值。入季时间春提前夏推后，春季比往年长。冬季未现严寒期，春温偏高有五月低温，夏有高温热浪，秋季阴雨寡照多。

年降水量正常但雨日多，降水时空不均匀，春夏频现强降水，出现多段雨水集中期。梅雨刚“下线”，高温就“接棒”，无霜期较往年长。年日照时数偏少，仍续三年“寡照”主题词。

降水。境内年平均降水量为1576.5毫米，降水量距平为137.4毫米，降水量距平百分率为10%，属正常，比上年偏少120.4毫米。境内平均年雨日（日降水量≥0.1毫米）为162天，雨日距平为18天，比上年偏多6天。

日照。冬季境内平均日照时数为269.4小时，日照时数距平为6.3小时，日照距平百分率为2%，属正常。与上年同期相比，偏少47.6小时。春季境内平均日照时数为329.1小时，日照时数距平为–27.9小时，日照距平百分率为–8%，属偏少。与上年同期相比，偏多21.4小时。夏季境内平均日照时数为512.2小时，日照时数距平为–12.0小时，日照距平百分率为–2%，属偏少。与上年同期相比，偏多29.4小时。秋季境内平均日照时数为293.7小时，日照时数距平为–128.3小时，日照距平百分率为–30%，属偏少。与上年同期相比，偏少75.4小时。

【天气气候事件】 超强厄尔尼诺事件对境内2016年的气候带来了明显的影响，2016年境内气温偏高，寒冷与高温同现，1月出现了21世纪以来极端最低气温，也经历了1951年以来最暖12月。年内强降水过程频繁，时空差异明显，极端气候事件高发，引发城市内涝、山体滑坡、泥石流等次生灾害，致灾程度与上年相比，造成的农业经济及家庭财产损失大，致使暴雨洪涝灾害偏重。夏季出现的高温热浪给农作物生长以及电力方面带来不利影响。阴雨寡照对农作物生长不利。全年气象干旱影响不明显，没有出现大范围、持续时间长的严重干旱，旱情较常年偏轻。低温冷冻害影响偏轻，雾霾日给境内交通运输及人体健康等造成了一定的影响。综合评定，2016年岳阳楼楼区气象灾害发生为正常偏重年景。

低温雨雪。年内境内出现了3次低温雨雪天气过程：1月23～25日受强冷空气影响出现大幅降温，自北向南出现了一次雨雪天气过程，各站出现1～3天的积雪。1月31日～2月3日受冷空气影响，各站出现了1～3天的积雪。11月23～24日受强寒潮影响，部分地区出现了雨雪冰冻天气，最大电线覆冰厚度均为27毫米，达到轻度冰冻标准。

阴雨寡照。2016年日照总时数与常年同期相比偏少11%，雨日偏多18日，年内共出现3段持续的阴雨寡照天气，其中冬季出现1段，秋季出现2段。

暴雨洪涝。年内境内共遭受14轮暴雨及以上的天气过程，共出现暴雨（≧50毫米）23站次，大暴雨（≧100毫米）6站次，特大暴雨（≧200毫米）1站次。入汛时间偏早，降雨过程频繁，强降雨多发，多地出现极端情况，致使出现洪涝灾害严重。

极端降水事件。极端降水事件监测结果表明，年内境内有9站次出现极端降水事件，共出现极端降水事件29件。7月1～5日期间，岳阳楼区最大连续2～4天降水量均达到极端降水事件标准，所有站点的最大连续5天以及过程降水量均达到极端降水事件标准。

雾与霾。年内境内平均雾日数为38天，较常年平均偏多18天。年内境内平均霾日数为22天，较常年偏多15天。霾日数为35天。境内雾霾天气主要集中在1月上旬、2月上中旬、11月中旬以及12月中下旬，频发的雾霾天气导致能见度下降，持续时间较长的霾天气对人民的交通出行和人体健康造成不利影响。

大风。年内共出现4站次大风，较常年偏少2站次。4月16日境内出现了强对流天气过程，有3站次出现了大风，极大风速分别为17.7米/秒。5月15日境内出现了强对流天气过程，极大风速为17.2米/秒。

高温热浪与极端高温事件。夏季境内平均高温日数(日最高气温≥35℃)为27天，较常年偏多5天，共出现2段高温热浪天气。7月21日~8月2日境内出现持续高温天气，8月11~20日出现第二轮高温热浪天气，达到轻度高温热浪天气过程标准(35℃以上高温持续时间达5~10天)。

农业“寒露风”。9月末境内自北向南出现明显降温，出现了连续3天日平均气温小于等于22℃的低温阴雨天气，达到杂交稻受害的“寒露风”标准，但未达到“寒露风”天气标准(连续3天日平均气温≤20℃)。此次过程对局地还处于抽穗扬花期的晚稻有不利影响。

【土地资源】 岳阳楼区位于北纬29°13′40~29°27′00″东经113°03′45″~113°15′05″。地处岳阳市西部临洞庭湖，与君山区隔水相望；西北隔长江与湖北省监利县相望；北面为云溪区。辖区东西最大距离15.1千米，南北最大距离23.7千米，总面积171.04平方千米。楼区属丘陵低山地形，地势东高西低，呈阶梯状向洞庭湖倾斜。地貌以岗丘地貌为主。境内最高峰麻布大山海拔358.8米，最低点海拔32米，位于吉家湖附近。

【矿产资源】岳阳楼区矿产资源主要有钒、石煤、铀、金、硅质岩、砂岩、砂砾石、紫砂陶土、砖瓦粘土、地下水等。全区矿产资源潜在总价值为23.64亿元，每平方千米可达0.137亿元。人均潜在资源价值为5400元。主要矿产资源如下：

1.金属矿产：区内金属矿产有砂金，铁锰以及钒。具有工业意义的只有钒一种。

区内钒资源分布于郭镇至湖滨一带，赋存于下寒武统水井沱组中。含矿岩石为一套海相炭硅泥岩建造，层位稳定，钒与石煤共生。沿横向钒含量波动幅度小，但在垂向上，各石煤层中钒含量变化较大，最低0.1%，一般0.5%~1%，局部可达1.5%以上。区内钒资源丰富，但未做大范围勘探工作。1987年，为满足郭镇钒冶厂的生产需要，在0.27平方千米范围内，地下50米以上的空间内，求得V_2O_5工业储量10705吨。本区含钒地层出露长约6千米，宽1~2千米，总面积近10平方千米，估算V_2O_5地质储量在10万吨左右。

2.放射性矿产：产于郭镇千镜山一带，铀矿化赋存于震旦系陡山沱组中，含铀岩性为含硅含炭泥岩，含黄铁矿炭质泥岩，含磷结核炭质泥岩等。铀矿化受岩性和断裂构造双重控制，属同生加淋积复合成矿成因。现已探明工业储量数十吨，为一小型铀矿点。

3.非金属矿产：区内非金属矿分布范围广，主要有石煤、硅质岩、砂岩、砂砾石、紫砂陶土、砖瓦粘土等。分类简述如下：

石煤：主要分布于郭镇乡境内，产于下寒武统水井沱组中，并伴生有钒。含矿岩系出露面积约10平方千米。石煤呈夹层产出，其岩性为含硅炭质页岩，硬度较大，发热量一般为900 ~ 1600大卡/公斤，最高可达2190大卡/公斤，地质储量上亿吨。

砂石类：区内郭镇地区的硅质类、砂岩、及东洞庭湖的砂砾石资源比较丰富，易于开采。广泛用于基建护砌和道路工程。

紫砂陶土：主要分布于梅溪境内，赋存于前震旦系冷家溪群中，该地层为一套海相碎屑岩建造。紫砂陶土呈夹层产出，颜色呈鲜艳的紫红色，质地细腻，镜下鉴定为高岭石粘土岩，其化学成分与福建沙县、宁化县的紫砂陶土相近似。

砖瓦黏土：分布比较广泛，按成因可分为三种：一是河湖相沉积型，为紫红色粉砂质黏土，杂色网纹状黏土，含砂砾等杂质，和易性差，塑性指数小；二是风化残积型，多由板岩、页岩风化而成，颜色较杂、和易性好，塑性指数中等；三是现代湖积淤泥，为灰色、灰黑色，和易性极好，塑性指数大，可制做瓦片。可供开发利用的砖瓦黏土地质储量在8000万吨左右。

【水资源】 岳阳楼区位于岳阳市城区中心，西北滨临洞庭湖与长江，东南分别与临湘市、岳阳县接壤。总面积230平方千米，内湖面积2133.44平方千米，辖区内自南向北有月形湖、南津港、东风湖、吉家湖、芭蕉湖等五个内湖堤垸。小一型水库1座：郭镇乡麻布村黄洋水库，库容196.5万立方米。小二型水库5座：郭镇乡马安村白鹤垅水库，库容50万立方米；郭镇乡枣树村公平水库，库容20万立方米；郭镇乡建中村建中水库，库容30万立方米；郭镇乡磨刀村芭蕉水库，库容18万立方米；北港办事处蔡家居委会黄肆垅水库，库容24.5万立方米；水库库容总量：339万立方米。

【野生动植物资源】 岳阳楼区处于洞庭湖东岸，包括东洞庭湖国家级湿地自然保护区的一部分，野生动物资源十分丰富。全区有野生动物30目69科110种。属国家一级保护的有白鹤、白头鹤等11种，列为国家二级保护动物的有26种，省级保护的有53种。

【人口】 2016年底，全区户籍人口540254，出生人口6784，死亡人口2826，人口自然增长率7.39‰，出生率12.37‰、死亡率5.28‰。

【民族宗教】 2016年，岳阳楼区有回族、维族、藏族、苗族、土家族等少数民族成份50个。其中，常住少数民族人口3000多人，外来从事经商、旅游的少数民族流动人口年均在4000人左右，流动少数民族以回族、维吾尔族和藏族为主。目前有西北回族开的拉面馆34家，有回族近500人。维吾尔族和藏族人约400人。有佛教、道教、伊斯兰教、基督教、天主教五大教派，有教职人员38人，合法登记的宗教活动场所11处，信教群众约40000余人，其中：天主教约500人，基督教约10000人，佛教约10000人，道教约2000人，伊斯兰教约2000人。有归侨7人（均属老归侨），侨眷约78人，侨属约1000多人。

国民经济和社会发展

【概况】 全区完成地区生产总值566.05亿元，同比增长9.3%。其中第一产业5.48亿元，增长3.1%；第二产业106.21亿元，增长3.0%；第三产业454.36亿元，增长11.0%。一、二、三次产业分别拉动GDP增长0、0.6、8.7个百分点，三次产业对GDP增长的贡献率分别为0.3%、6.5%、93.2%，三次产业结构为1∶18.76∶80.24，与上年比较，第一产业所占比重持平，第二产业比重下降3.84个百分点，第三产业比重上升3.84个百分点。

全区实现财政总收入22.77亿元，增长7.5%，收入总量稳步扩张。其中：地方公共财政预算收入完成11.18亿元，增长11.1%。

【农业和农村经济】 全区完成农林牧渔业总产值8.8亿元，同比增长3.44%。其中，农业产值3.26亿元，增长0.2%；林业产值0.31亿元，增长6.34%；牧业产值2.65亿元，增长6.78%；渔业产值2.19亿元，增长3.06%；农林牧渔服务业产值0.39亿元，增长10%。年末，全区实有耕地面积1.34千公顷，下降1.2%；全年粮食播种面积1.7千公顷，增长2.4%；粮食产量6031.45吨，下降2.2%；全年蔬菜播种面积2.6千公顷，增长0.71%；蔬菜产量8.1万吨，增长7.32%；茶叶产量50吨，增长6.38%；水果产量14308吨。全年出栏肉猪16.14万头，下降3%；出栏牛0.08万头；出栏羊0.54万头。

【工业和建筑业】 全区现有31家规模工业企业，全年完成规模工业总产值142.69亿元，同比增长8.6%。其中：农副食品加工业产值57.56亿元，增长5.3%，食品制造业产值1.58亿元，增长10.3%；精制茶制造业产值1.07亿元，增长8%；纺织业产值3.91亿元，增长5.8%；木材加工业产值3.18亿元，增长7.5%；造纸和纸制品业产值0.12亿元，增长8.4%；化学原料和化学制品制造业产值7.77亿元，增长12.1%；非金属矿物制品业产值6.33亿元，增长11.4%；黑色金属压延加工业产值0.47亿元，下降14.4%；有色金属压延加工业产值1.9亿元，下降2.1%；汽车零部件制造业产值3.61亿元，增长16.1%；电气机械和器材制造业产值0.39亿元，增长8.8%；水的生产和供应业产值2.11亿元，增长21.5%；电力供应业产值52.69亿元，增长11.6%。

在规模以上工业产值中，国有企业完成51.27亿元，占比36.7%，增长5.8%，；股份制企业完成47.76亿元，占34.2%，增长8.2%；外商及港、澳、台投资企业完成40.5亿元，占29.1%，增长4.7%。

全区规模以上建筑企业85家，完成建筑业总产值141亿元，增长10.8%。建筑房屋竣工面积315.6万平方米。

【固定资产投资】 全年完成固定资产投资205.72亿元，同比增长18.3%。其中：项目投资152.17亿元，增长37.7%，5000万以上项目完成100.3亿元，5000万以下项目完成51.86亿元。在投资总额中，房地产投资53.55亿元，同比下降15.51%。全年房屋施工面积626.8万平方米，增长13.61%，房屋竣工面积90.57万平方米，增长17.39%，商品房销售面积172.81万平方米，增长19.15%。新建续建产业项目38个，到位资金16亿元，万象瑞城国际金融港、天伦金街等一批产业项目顺利开工。开展土地依法征收攻坚行动，临湖公路岳阳楼区段提前完成征拆，海吉星项目按时交地，成功出让4宗土地、成交额2.3亿元。强力推动九大棚户（旧城）区改造，完成签约8189户、征收房屋115万平方米，其中市七中南侧、琵琶王东南角一期、洛王等片区完成签约。

【商贸旅游业】 全区实现社会消费品零售总额395.7亿元，同比增长12%。其中：城镇零售额347.7万元，增长12.1%；乡村零售额48亿元，增长1.8%。在全部社会消费品零售总额中，按行业划分，批发业完成74.4亿元，增长7.3%；零售业完成201亿元，增长13.3%；住宿业完成74.1亿元，增长3.9%；餐饮业完成46.2亿元，增长4.2%。

全年完成外贸进出口总额1307万美元，同比增长28.9%，其中进口额289万美元，同比增长32.3%，出口总额1018万美元，同比增长28.0%。

【科教文卫事业】完成16所学校提质改造，适龄儿童入学率、义务教育巩固率均保持100%。积极创建国家公共文化服务体系示范区，街道（乡）综合文化站、社区（村）文化活动室、社区（农家）书屋实现全覆盖，新建小广场小游园105处、健身路径141条，群众文艺团体发展到219支，创造了“社区文化艺术节”等工作品牌。深化医卫体制改革，推进45项基本公共卫生服务均等化，公立医院药品实现零差率销售；发展社区卫生服务，构建了基层医疗卫生服务网络，建立居民电子健康档案43万份；人口计生工作连续三年被评为全省先进。

【人民生活和社会保障】 农村居民人均可支配收入16542元，增长7.9%，城镇居民人均可支配收入30386元，增长9.0%。新增就业4万人、创业主体1.4万家，城镇登记失业率控制在4%以内，“零就业”家庭保持动态清零。发行社会保障卡13万张，征缴“五大保险”基金10亿元，参保人数达45万，基金规范运转率和安全完整率均达100%。创新实施社会救助“三线工作法”，推行阳光救助、动态管理，城乡低保补差、“五保”和“三无”人员供养均高于省定标准。发放残疾人生活补贴2000万元，抢救性康复残疾儿童316人。建成保障性住房4800套，发放廉租房补贴2300万元。开展“精准扶贫三年攻坚行动”，脱贫1743人。发放移民直补资金2000万元，落实后扶项目资金3500万元。筹集3600万元解决了7.4万人的安全饮水问题。动员社会力量投入4000万元，提质改造农贸市场30家。

【全国第三次农业普查】 接到“三农普”工作任务后，区政府高度重视，成立了“三农普”工作领导小组，制定了工作计划，与相关乡街签订了责任书，明确了部门责任分工。落实了经费，统一采购了100台干部及其他工作设备。从大学生村官、退休村干部、社区志愿者中选聘了50名普查员和指导员，保证了村和社区配备1至2名普查员，指导员由乡（街道）农业普查办公室干部担任。制作了100条宣传横幅，保证每个社区至少悬挂3条，各社区村再张贴大量宣传标语。工作开展后，每半月进行一次调度，还将各单位进展情况进行通报并作为考评依据。目前，已完成了摸底调查和培训工作，从12月31日起，全体普查员正式走村入户开展调查。

精神文明建设

【社会主义核心价值观宣传教育】 积极培育和践行社会主义核心价值观载体，着力将社会主义核心价值观融入群众日常生活。一是着力抓好公益广告刊播维护。每个乡、街道、社区、村都设立了善行义举榜，各类公益广告面积达20000余平方米，社区文明三块牌达15000余块。每个乡街设立一个公益广告示范社区，对公益广告刊播和维护开展了两次次专项督查，对全区围墙围挡公益广告、市民公约、遵德守礼牌、温馨提示牌文明三块牌进行普查，对破损的公益广告进行了维护，维护面积达3000余平方米。二是不断拓宽道德讲堂辐射范围。将道德讲堂延伸到机关、企业、学校、街道、社区、军营，共开展道德讲堂240余场次，参与活动群众达万余人。三是逐步优化社区教育服务。以区——街道——社区三级社区教育网络为依托，以社区为服务单元，组织开展系列社区教育活动，2016年开设讲座、市民学校480余场，超过20万人次参加。

【道德实践活动】 广泛开展公民道德教育和公民道德实践活动，把公民道德建设不断引向深入，推动形成文明道德风尚。一是选树宣传先进典型。下发了《“建区20周年20位感动岳阳楼区人物”评选活动方案》，通过宣传发动、选送推荐、走访考察、评审公示后，最终评选出20位感动岳阳楼区人物并进行表彰。开展了志愿服务先进典型评选活动，通过考察走访，征求意见后，推选出6个最美志愿服务社区、8个最佳志愿服务项目、10个最佳志愿服务组织、50个最美志愿者。做好“好人365”——“我推荐、我评议身边好人”活动，共推荐身边好人线索4000余条，抓好中国好人、“湖南好人”的推荐报送工作，共推荐“湖南好人”5名，上榜5名，推荐中国好人1名，上榜1名，上榜率100%。二是传承弘扬传统文化。以“我们的节日”为主题，开展了“我的中国梦·文化进万家暨文化志愿者在行动”“汴河街春节庙会”“我们的节日·元宵”“欢乐潇湘·幸福岳阳·美丽楼区”暨第六届社区文化艺术节等各类文化活动500余场。开展2016年“阳光心态·活力楼区，千名干部，万米同行”活动，全区81个单位共1100余人参加。三是不断健全诚信建设制度化。开展食品药品“四小”整治、“四查”等专项整治行动，全区食品药品经营门店信息录入率达98%以上，对楼区管辖的经营户年均上门10次以上，实现监管全覆盖。定期公布“红黑榜”，将全部企业和个体工商户的办照、年报、处罚等相关信息全部录入“全国企业信用信息公示系统（湖南）”，吊销长期停业未经营企业523户，系统公示行政处罚信息案件715件。先后举办3·15消费者权益保护日、食品安全宣传月、科技宣传周等大型宣传活动，取得良好效果。

【群众性精神文明建设】 全

力抓好全国文明城市复查迎检工作。8月16日至17日，全国文明城市测评检查组对岳阳市全国文明城市创建工作进行了复查，岳阳楼区作为中心城区，顺利通过了复查迎检，并连续两次在全市公共文明指数模拟测评中取得第一名的好成绩。逐步完善文明单位管理。完成省、市、区文明单位的申报工作，共申报省级文明单位1家，市级文明单位4家，区级文明单位5家。目前，已进入评选表彰阶段。不断提升未成年人思想道德建设水平。以“中国梦”为主线，通过文艺演出、经典诵读、体育比赛、红歌传唱等形式，丰富开展学雷锋活动和六一主题队日活动。

【学雷锋志愿服务】 全区设立学雷锋志愿服务岗230余个，分领域开展志愿服务活动，在机关事业单位开展“学习雷锋敬业奉献”活动，在社区和农村开展学雷锋“邻里守望”志愿服务活动，在企业和商场集市开展“学习雷锋诚信经营”活动，在窗口单位开展“学习雷锋优质服务”活动，在学校开展“学习雷锋爱国报国”活动，在党员干部中开展“志愿服务先锋行”活动；分时段开展志愿服务活动，以“三关爱”为主题，运用重要时间节点开展“红红火火过大年”、“共享社会关爱阳光——岳阳楼区‘12·3’国际残疾人日”、“旧衣回收，绿色环保”、“义务献血，无私奉献”等主题志愿服务活动，共计开展志愿服务活动2400余场次，打造了“爱心树”、“回音壁”、文明和谐宣讲团等志愿服务品牌，使志愿服务在中心城区蔚然成风。

组织机构及负责人名单

（负责人任职时间截至2016年12月31日）

中国共产党岳阳楼区常务委员会

书　记	秧　励（2016年8月免）
	陈阁辉（2016年8月任）
副书记	陈阁辉（2016年8月免）
	黄建文（2016年8月任）
	尤庆学（2016年8月免）
	廖星辉（2016年8月任）
常　委	漆　胜（2016年8月免）
	彭端生（2016年8月免）
	钟　辉（2016年8月免）
	朱彦翼（2016年8月任）
	李　峰
	周岳雄（2016年8月任）
	徐　平
	杨林彬（2016年8月免）
	刘正光（2016年8月免）
	黄良武（2016年8月任）
	王智勇（2016年8月任）
	黎建欣（2016年8月任）
	白铭科（2016年8月任）

岳阳楼区人民代表大会常务委员会

主　任	贺景福（2016年11月免）
	漆　胜（2016年11月任）
副主任	周幺龙
	施　敏

	罗加粮（2016 年 11 月免）
	卢红升（2016 年 11 月免）
	李建国
	张雪梅（2016 年 11 月任）
	陈金星（2016 年 11 月任）

岳阳楼区人民政府

区　长	陈阁辉（2016 年 8 月免）
	黄建文（2016 年 8 月任）
常务副区长	漆　胜（2016 年 11 月免）
	徐　平（2016 年 11 月任）
副区长	杨林彬（2016 年 8 月免）
	李青松（2016 年 8 月免）
	徐　利（2016 年 8 月免）
	黎建欣（2016 年 8 月免）
	白铭科（2016 年 8 月免）
	余　昕（2016 年 8 月任）
	高鸽子
	唐露尧（2016 年 8 月任）
	方正春（2016 年 8 月任）
	严石龙（2016 年 11 月任）
	邓建华（2016 年 11 月任）

中国人民政治协商会议岳阳楼区委员会

主　席	王梦华（2016 年 11 月免）
	彭端生（2016 年 11 月任）
副主席	吴怡红
	邓群政
	许国豪（2016 年 11 月任）
	刘　娟（2016 年 11 月任）

中国共产党岳阳楼区纪律检查委员会（监察局）

书　记	周岳雄
副书记	许国豪（2016年8月免）
	邓旭旺（2016年8月任）
	张　兰　李高松
常委、监察局副局长	吴和平（2016年8月免）
常　委	高本源（2016年8月免）
	吴三爱　费华归　刘勇兵
	许曙斌（2016年8月任）
	徐灿松（2016年8月任）
监察局局长	许国豪
监察局副局长	苏　甜

岳阳楼区人民武装部

政治委员	黄良武
副部长、军事科长（兼）	任四明
政工科长	陈　显
后勤科长	罗　著

岳阳楼区人民法院

党组书记、院长	夏常凯
党组副书记、常务副院长	贺湘平
党组副书记、副院长	廖　理
党组成员、副院长	吴　琳　黄永定
副院长	张泽民
党组成员、纪检组长	曹　萍
党组成员	聂祖胜　刘　力
党组成员、政治部主任	唐汇锦

岳阳楼区人民检察院

党组书记、检察长	汤尧光（2016 年 8 月免）
	许建华（2016 年 8 月任书记，12 月任检察长）
党组副书记、常务副检察长	黄利军（2016 年 8 月免）
	陈　尧（2016 年 12 月任）
党组副书记	吴卫平
党组成员、副检察长	刘大明
党组成员 、纪检组长	谭　娟
党组成员、副检察长	苏　昕　严　琼（2016 年 12 月任）
党组成员	易启明
党组成员、反贪局长	周岳锰（2016 年 12 月免）
党组成员、政治部主任	柳小伟

区委机构

办公室	
主　任	李　峰
副主任	陈学军　易威奇　梁先映
常委秘书	李创华
组织部	
部　长	彭端生（2016 年 8 月免）
	朱彦翼（2016 年 8 月任）
常务副部长	陈金星（2016 年 12 月免）
	罗立兵（2016 年 12 月任）
副部长	崔建国　张路宁　杨德良
	李和平
纪检组长	许　静
宣传部	
部　长	钟　辉（2016 年 8 月免）
	王智勇（2016 年 8 月任）

常务副部长	李崇民
副部长	姚　静
	彭群莉
纪检组长	侯岸林
网管中心主任	李佳佳
新闻中心主任	李　卓
文明办主任	贾　敏
政法委	
书　记	徐　平（2016年8月免）
	黎建欣（2016年8月任）
副书记	吴作文　方　宇　瞿法林　曹　陶　何文辉
统战部	
部　长	彭端生（2016年8月免）
	白铭科（2016年8月任）
副部长	许越波　刘晓红　张振权
政研中心	
主　任	蔡华坤
副主任	黄力交
督查室	
主　任	易威奇
副主任	郭　军
	漆学庆
	蔡利民
机要局	
局　长	陈学军
副局长	杜　仲
机关党委	
书　记	喻志强（2016年12月免）
	王安平（2016年12月任）
副书记	江春芳
副书记、纪委书记	吴贵平（2016年4月免）
	张毅辉（2016年4月任）

党委委员　　杨　名（2016年3月免）
　　马　进（2016年3月任）

机构编制委员会办公室（事业单位登记管理局）

主任、登记局局长　　李宏英
副主任　　周赤萍
　　胡　欣
登记局副局长　　刘　莎

党　校

校　长　　袁　香
副校长　　段雅丽
　　周　勇

老干局

党组书记、局长　　崔建国
党组副书记、副局长　　王爱武（2016年1月免）
党组副书记、副局长　　刘星宏（2016年1月任）
党组成员、副局长　　胡战洪（2016年3月免）
党组成员、副局长　　李美谦（2016年3月任）
党组成员、副局长　　袁　丹（2016年3月任）
党组成员、纪检组长　　卢燕子（2016年3月任）

区人大常委会机构

办公室

主　任　　黎　炜
副主任　　金　灿　黄术光　隋颁材

财政经济委员会（2016年11月30日成立）

主任委员　　刘春林

法制委员会（2016年11月30日成立）

主任委员　　汪亚平

选举任免与代表联络工作委员会

主　任　　张跃进
副主任　　钟　莉

财政经济工作委员会

主　任	李大庆
副主任	刘　钧

城乡建设与环境资源保护工作委员会

主　任	易正祥
副主任	许志霞

教育科学文化卫生工作委员会

主　任	高晓瑞
副主任	王　勃

内务司法工作委员会

主　任	李仲彬
副主任	周卫勇

区人民政府机构

办公室

党组书记、主任	李　熊
党组成员、副主任	李浑亮
党组成员、副主任	王竞新
党组成员、副主任、纪检组长	陈　曦
副主任	袁岳华　左红艳　殷君山
党组成员、副主任	李立明
副主任	陈宏伟
党组成员、副主任	周　翔
党组成员	王　勇

经研室

主　任	肖　永
副主任	刘旅洋　钟　灿

法制办

主　任	欧阳辉
副主任	胡维岳（2016年10月免）

民宗侨务办

主　任	易金宝

副主任	方成英
人防办	
主　任	李浑亮
副主任	易小清　李伟平
户籍办	
主　任	周　翔
副主任	宋晶卓
扶贫办	
主　任	周　泽（2016 年 4 月任）
金融办	
主　任	李立明
副主任	方　挺　李　行（2016 年 4 月任）
爱卫办	
主　任	吴德胜
红十字会	
常务副会长兼秘书长	蔡　莉
住房公积金	
主　任	甘　勇（2016 年 1 月免）
	王凤鸣（2016 年 1 月任）
副主任	阳　雄
信访局	
党组书记、局长	许界殊
党组成员、副局长	胡里根　李　朝
党组成员、纪检组长	刘智红
党组成员	谭　伟　李红燕
贸促会	
党组书记、会长	向选成
党组成员、副会长	郭孟军　张卫彬　余丽香
党组成员、纪检组长	韦秀珍
史志档案局	
党组书记、局长	李蕙兰（2016 年 12 月免）
	李　星（2016 年 12 月任）
党组成员、副局长	王丽萍　唐国华（2016 年 4 月免）

副局长	易三军
党组成员、纪检组长	谭馥莲

城市管理局

党组成员、局长	任建国
局党组成员、纪检组长	汤俊斌
局党组成员、副局长	张　憬　包　勇　余　敏
局党组成员	唐大球
局党组成员	许志强（2016 年 7 月免）

环卫局

党组书记、局长	易　星
党组副书记、副局长	孙　伟
党组成员、副局长	李伟文　潘永军
党组成员、纪检组长	顾　军

移民开发局

党组书记、局长	赵　青（2016 年 12 月免）
	易桥勇（2016 年 12 月任）
党组副书记、副局长	陈　平
党组成员、副局长	刘吉浪
党组成员、纪检组长	李海兵

征收安置局

党组书记、局长	许国辉
党组成员、副局长	罗征良　周会华
党组成员	黎兰香（2016 年 5 月免纪检组长）
党组成员	李世雄
党组成员、纪检组长	易小捷（2016 年 5 月任）

禁违 拆违 治违 督查办公室

党组书记、主任	毛召满
党组成员、副主任	史志华
党组成员、副主任	张毅辉（2016 年 3 月免）
	杨　名（2016 年 3 月任）
党组成员	郑江龙
党组成员、纪检组长	卢燕子（2016 年 3 月免）

	张　旺（2016 年 3 月任）

厂地协作局·工业园

党组书记、局长	辜太平
党组副书记、工业园管委会主任	易哲夫
党组副书记、副局长	戴达人
副局长	刘迪富
党组成员、工业园管委会副主任	韩小波

安全生产监督管理局

党组书记、局长	龚　晖（2016 年 12 月免）
	李永红（2016 年 12 月任）
党组副书记、副局长	袁建华
党组成员、副局长	陶小兵
党组成员、纪检组长	李　叶
党组成员	匡亦云　向勇军

食品药品监督管理局

党组书记、局长	鲁兴旺
党组副书记、副局长	刘　漠
党组成员、副局长	罗赞祥
党组成员、副局长	刘英平
党组成员、副局长	李美谦（2016 年 3 月免）
	汤　振（2016 年 3 月任）
党组成员、纪检组长	陈　斌
副局长	胡　勇

城陵矶新港区楼区工作部

党组书记、部长	周牡奇
党组成员、副部长	龙军华
	李年明（2016 年 12 月免）

洞庭新城项目建设岳阳楼区工作部

部　长	肖铁军
副部长	龙权彪

岳阳楼区城市建设投资管理中心

主　任	付田夫

副主任	袁凤娇　陈君明

发展与改革局

党组书记、局长	刘玉平（2016年12月免）
	徐铭喜（2016年12月任）
党组副书记、副局长	綦德清
党组成员、副局长	吴向荣　李明权　曾石元　杨　政
党组成员、纪检组长	汤迪民
党组成员	刘　斌　杨　彬　贺君福

工业和科技信息化局

党委书记、局长	葛静湖
党委副书记、副局长	孙建军
党委委员、纪委书记	方小平
党委委员、副局长	王开宏　邓立志
副局长	周玉林
党委委员	刘秋波

人力资源和社会保障局

党组书记、局长	李和平
党组副书记、副局长	彭　魏
党组成员、副局长	许跃东　唐丰旻
党组成员、纪检组长	刘　蒙
党组成员、副局长	万　力
党组成员、劳动就业服务局局长	彭可军
党组成员、医疗保险管理中心主任	陶月兰

卫生和计划生育局

党委书记、局长	杨晓明
党委副书记、副局长	郑文红
党委副书记	黄书香
党委副书记、副局长	胡志彪
党委委员、副局长	刘镜怀　李文峰
副局长	王秀云
党委委员、副局长	任　伐　李颖妮
副局长	李白薇

党委委员、副局长 许飞龙 刘海龙

党委委员、纪委书记、计生协会常务副会长 易兴望

党委委员 周继新 刘加力

审计局

党组书记、局长 刘春林（2016 年 12 月免）

杨志华（2016 年 12 月任）

党组副书记、副局长 姚晓文

副局长 曾和平

党组成员、纪检组长 王 谊

党组成员、副局长 刘衍贵

党组成员、区经责办副主任 李世印

党组成员、副局长 刘明春

党组成员 陈玉山 潘付霞

机关事务局

党组书记、局长 王安平（2016 年 12 月免）

赵 青（2016 年 12 月任）

党组副书记、副局长 章 熠

党组成员、副局长 夏小鹏

党组成员、副局长 李 杰

统计局

党组书记、局长 杨林立

党组副书记、副局长 王绪文（2016 年 4 月任）

副局长 彭 宁（2016 年 4 月任）

纪检成员、纪检组长 顾 琦

农林水务局

党组书记、局长 黄泽良（2016 年 3 月任）

党组副书记、副局长 郭文锋 邵应武

党组成员、副局长 邹斌桥

副局长 李 昆（2016 年 11 月免）

党组成员、副局长、动物卫生监督所所长（兼） 李肖军

党组成员、副局长 唐勤六 曾永谦

副局长 谢 伟

党组成员、副局长	周世军
党组成员、纪检组长	徐晓敏
党组成员、定点办主任	易岳平
党组成员	刘　智

（机构改革后调出或改非领导名单）

农林畜牧水产局党组书记、局长	任森荣（2016年3月调出）
农林畜牧水产局党组成员	李　波（2016年3月调出）
水利农机局党组成员、副局长	周先强（2016年5月改非）
水利农机局党组成员、工会主席	张　明（2016年5月改非）
水利农机局党组成员、纪检组长	贺兰惠（2016年5月改非）

经营管理局

党组书记、局长	廖岳龙
党组成员、副局长	文剑峰　魏　虎　李　顺
党组成员	张　怡

交通建设局

党组书记、局长	李志刚
党组委员、副局长	汪英杰　付爱林　李党民
副局长	李应征
党组委员、副局长	许　峰
党组委员、纪委书记	曾晓玲
党组委员、副局长	毛铭枫
党组委员	陈树华
党组委员	李革辉　周岳松　易　科

商务粮食局

党组书记、局长	易小球
党组副书记、副局长	黄　卫
党组成员、副局长	余武卫　熊曙露　曹　颖
党组成员、纪检组长	刘远胜

财政局

党组书记、局长	杨大明
党组副书记、副局长	黄申荣
党组成员、副局长	姚三保　李华锋　周剑锐

党组成员、纪检组长	庞华刚（2016年5月任）
党组成员兼采购中心主任	蔡辉平
党组成员兼党总支书记	费新德
党组成员	费新立　骆　闽
党组成员、总会计师	李　晶
国库集中支付中心主任	刘三文
乡财管理局局长	张洪武
非税收入管理局局长	胡　琴
资金管理中心主任	冷黎平

教育局

党委书记、局长	王开云（2016年12月免）
	邱　岗（2016年12月任）
党委副书记、副局长	魏国根
副局长	刘方平
党委委员、副局长	程回生（2016年3月免）
党委委员、副局长	王　德
党委委员、副局长	章柒零
党委委员、政工人事股股长	刘恩敬
党委委员、基础教育股股长	万华政
党委委员、学生资助管理中心主任	袁学刚
党委委员、计划财务股股长	刘　禄
党委委员、朝阳小学校长	徐光华
党委委员、主任督学	钟振武
党委委员、纪委书记	刘平平
党委委员、社区教育管理办公室主任	张　艺

民政局

党组书记、局长	邱　岗（2016年12月免）
	刘玉平（2016年12月任）
党组副书记、副局长	王红波
党组成员、副局长	方新鞍
副局长	陈晓兰
党组成员、副局长	解爱心　刘荒洲

党组成员、纪检组长　杨燕云
党组成员　付　慧
党组成员、社会救助管理局局长　陈　岳

司法局

党组书记、局长　余伟星
党组副书记、副局长　谢荣平
副局长　王令辉
党组成员、副局长　刘小亚　彭朝晖（2016 年 3 月任）
党组成员、纪检组长　刘宇松
党组成员　周军辉

文体新局

党组书记　周和平
局　长　李　昆（2016 年 11 月任）
党组副书记、副局长　许五星
党组成员、副局长　韩　红　刘　英　曹　政
党组成员、纪检组长　李学军

区政协机构

办公室

区政协党组成员、秘书长兼办公室主任　廖庆其
副主任　严定伟

提案委员会

主　任　任小平
副主任　周　蓉

经济科技委员会

主　任　钟立新
副主任　何玉芳

法治群团委员会

主　任　许　晋
副主任　唐　玲

文化教育卫生体育委员会

主　任　　李志强

副主任　　左　萍

文史和学习委员会

主　任　　范雄建

副主任　　程求真

市垂直管理机构

公安分局

党组书记、局长　　徐　利（2016 年 8 月免）
　　余　昕（2016 年 8 月任）

党组成员、副局长、纪委书记（兼）　　刘　伟

党组成员、副局长　　周代红　胡　红　杜卫东
　　易　霄　严海军

岳阳楼区消防大队

指导员　　陆永长

大队长　　张维国（2016 年 11 月任）

中队长　　李连青

工商分局

党委书记、局长　　徐　海

党委副书记、常务副局长　　刘志新

党委副书记、副局长　　刘志高

党委成员、副局长　　官利玉　余文杰

党委成员、纪检书记　　龚飞虎

国税分局

党组书记、局长　　王大旺

党组成员、副局长　　黎祖光　陈平华　余晓文
　　蒋亚辉　刘明辉　易四伟

党组成员、副局长兼纪检组长　　邹兰芳

地税分局

党组书记、局长　　赵远来

党组副书记、副局长	姚卫民
党组成员、副局长	甘伍西（2016 年 10 月免）
党组成员、副局长	兰 波 许志云
党组成员、副局长	杨 超（2016 年 1 月任）
党组成员、副局长	蒋志平（2016 年 1 月任）
环境保护局	
党组书记、局长	刘 波
党组副书记、副局长	刘小铭（2016 年 2 月免） 吴扩军（2016 年 2 月任）
副局长	高 波
副局长	刘小铭（2016 年 2 月免）
大队长	夏 勇
国土分局	
党组书记、局长	向子荣
纪检组长、副局长	程思宏
副局长	兰学清
副局长	刘 勇
事务所所长	邓建民
房产分局	
党组书记、局长	符朝辉
党组副书记、副局长	曾虎佳
副局长	张泽军 赵迎春（2016 年 9 月任）
工会主席	童业为
规划分局	
党组书记、局长	朱 秘
党组副书记、副局长	李利平 陈秋良
党组成员、副局长	曹幼萍
党组成员	万继春 巢宏瑛
质监分局	
支部书记、局长	郭同兵
支部副书记、副局长	谢渊波
副局长	段佳仁

群众团体

总工会	
党组书记、工会主席	李　志（2016 年 12 月免）
工会主席	白铭科（2016 年 12 月兼任）
党组书记、工会副主席	方文归（2016 年 12 月任党组书记）
工会副主席	欧阳常青　余长庆
经审委主任	余新颖
共青团区委	
书　记	向　彪（2016 年 12 月免）
	蒋　恒（2016 年 12 月任）
副书记	叶　贞
妇联	
党组书记、主席	宋北丽（2016 年 12 月免）
主　席	周　艳（2016 年 12 月任）
副主席	刘红光
	陶利君
残联	
党组书记、理事长	袁潜龙
党组成员、副理事长	刘明泉
副理事长	尹开荣
党组成员、纪检组长	胡　先
党组成员	韩　姝
文联	
主　席	王天明（2016 年 12 月免）
	李年明（2016 年 12 月任）
副主席	付雷鸣　李春生
兼职副主席	陈岳林　李海英
工商联	
主　席	刘　娟
党组书记	许越波
党组成员、副主席	彭芳奇　丁　平

副主席	游岳红

科学技术协会

党组书记	杨德良
主　席	李微微
党组成员、副主席	丁小凡
党组成员	周念科　李建立

乡、街道办事处

郭镇乡

领导名录

党委书记	李大汉
党委副书记、乡长	沈为庆（2016年3月免）
	向　彪（2016年3月任）
党委副书记	周智勇（2016年12月免）
党委委员、人大主席	张　翼
党委委员、政协联络处主任	姚　佳
党委委员、纪委书记	周潇莉
党委委员、副乡长	邓志良（2016年4月任）
党委委员	胥　旭（2016年4月任）
党委委员、人武部长	李大汉（2016年2月免）
	彭　魏（2016年2月任）
党委委员、派出所所长	黄建武
副乡长	李泽峰（2016年11月任）
	李　明（2016年11月任）
人大副主席	胥　旭（2016年11月免）
	李泽峰（2016年11月免）

乡直属机构、行政村负责人

公共文化和社会事业服务中心主任	易艳辉
敬老院院长	李拥军
卫生计生监督管理所所长	李　辉
经济管理工作站站长	赵　明
就业和社会保障工作站站长	李湘波

控建拆违征收安置工作站站长	黄　岳
城管环卫工作站站长	李志峰
麻布村支部书记、村主任	刘齐辉
磨刀村支部书记、村主任	易元兵
建中村支部书记、村主任	方小红
枣树村支部书记、村主任	苏云波
马安村支部书记、村主任	刘岳军

枫桥湖街道办事处

领导名录

工委书记	徐铭喜 (2016 年 12 月免)
	刘达鸿（2016 年 12 月任）
工委副书记、主任	刘达鸿（2016 年 12 月免）
	任鸿初（2016 年 12 月任）
工委副书记	易春平　蔡永红
工委委员、人大联络处主任	徐家骐
工委委员、政协联络处主任、纪委书记	方玉玲
工委委员	杨凤良
工委委员、副主任	任群峰
工委委员、人武部长	孟　全
工委委员、派出所所长	戴　斌
副主任	刘卫雄　曹建峰

社区负责人

大屋湾社区书记、主任	周红兵
新胜社区书记	易阳明
新胜社区主任	周小明
康岳社区书记、主任	胡华斌
枫桥湖社区书记	王立新
枫桥湖社区主任	刘　超
湘爱园社区书记、主任	易春锦
琵琶王社区书记	任群峰（兼）
甘塘坡社区书记	高志平

青年堤社区书记	陈德辉

奇家岭街道办事处

领导名录

工委书记	郭韶山（2016年12月免）
	彭宪会（2016年12月任）
工委副书记、办事处主任	彭宪会（2016年12月免）
	蔡华坤（2016年12月任）
工委副书记	杨霞霞（2016年12月免）
工委委员、人大工委主任	梁爱民
工委委员、政协工委主任	顾　萍
工委委员、武装部长	廖增洪
工委委员、派出所所长	刘金瑞
工委委员、副主任	吴飞跃
工委委员、副主任	万　翔（2016年4月任）
办事处副主任	姚勇正

社区负责人

学院路社区书记、主任	孟　谦
奇家社区书记、主任	廖满平
奇西社区书记、主任	袁应成
蔡家社区书记、主任	李武纲
仓田村书记	周　平
仓田村主任	王志勇

洛王街道办事处

领导名录

工委书记	曙　光（2016年12月免）
	许春龙（2016年12月任）
工委副书记、办事处主任	柴石球（2016年12月免）
	李立邦（2016年12月任）
工委副书记	刘　军
工委委员、人大联络处主任	张跃华

工委委员、政协联络处主任	刘　骥
工委委员、纪委书记	汤友华
工委委员、武装部长	洪　亮
工委委员、副主任	陈建祥
工委委员、副主任	高　樱
工委委员、派出所所长	黄　剑
办事处副主任（挂职）	李雨樽（2016 年 7 月任）

社区负责人

洛王社区书记、主任	胡文成
大桥湖社区书记、主任	宋来辉
瑶塘坡社区书记、主任	王小明
藕塘坡社区书记、主任	谢四明
雷锋山社区书记、主任	万年红
花园坡社区书记、主任	周伟红

洞庭街道办事处

领导名录

工委书记	李　熊（2016 年 12 月免）
	徐　佳（2016 年 12 月任）
工委副书记、办事处主任	周七亿（2016 年 12 月免）
	刘卫华（2016 年 12 月任）
工委副书记	刘卫华（2016 年 12 月免）
工委委员、人大工委主任	谢群雄
工委委员、政协工委主任	刘中立
工委委员、副主任	陈湘生
工委委员、纪工委书记、武装部长	晏荣广
工委委员、派出所所长	刘　勇
人大工作委员会副主任	胡耿英
办事处副主任	许桂和
办事处副主任	卢　刚

社区负责人

捕捞社区书记、主任	匡宜明

东风湖社区书记	郭莉群
东风湖社区主任	黄明建
洞庭社区书记、主任	刘其军
吉家湖社区书记、主任	彭定前

金鹗山街道办事处

领导名录

工委书记	李水平（2016 年 12 月免）
	曹　陶（2016 年 12 月任）
工委副书记、办事处主任	黄黎明（2016 年 10 月免）
	周智勇（（2016 年 12 月任）
工委副书记、纪工委书记	李　星（2016 年 12 月免）
工委委员、人大联络处主任	廖元星
工委委员、政协联络处主任	佘海燕
工委委员、副主任	何　清
工委委员、武装部长	黄天成
工委委员、派出所所长	冯　伟
办事处副主任	曹　勇
	马　进（2016 年 4 月免）
	胡湘裕（2016 年 4 月任）

社区居委会负责人

金鹗山社区支部书记	方　芳
南津港社区支部书记	杨　轶
南津港社区主任	刘　武
螺丝港社区支部书记	陈霞芳
螺丝港社区主任	杨望胜
万家坡社区支部书记	贾　旭
万家坡社区主任	龙明秋
太子庙社区支部书记	何　洁
太子庙社区主任	李继强
夏万路社区支部书记	周望星
新桥巷社区支部书记	付光耀

鹗西路社区支部书记　陈　莉
岳荣社区支部书记　王新建
良万社区支部书记　易辉建
良万社区主任　宋岳华
重湖社区支部书记　万交一
重湖社区主任　蔡　芳

岳阳楼街道办事处

领导名录

工委书记　罗立兵（2016 年 12 月免）
　陈建明（2016 年 12 月任）
工委副书记、办事处主任　徐　佳（2016 年 12 月免）
　万雁飞（2016 年 12 月任）
工委委员、人大工作委员会主任、政协工作委员会主任、武装部长　巫有信
工委委员、副主任　夏训红
工委委员、副主任　邓华丰
工委委员、副主任　邹新春
派出所所长　陈求华
办事处副主任　冯湘敏

社区负责人

东湖社区书记、主任　向波南
汴河社区书记、主任　杨秋英
九华山社区书记、主任　李　炎
岳阳楼社区书记、主任　方　黎
郭亮社区书记、主任　陈　芳
庙前街社区书记、主任　杨小宇
剪刀池社区书记、主任　彭满梅

东茅岭街道办事处

领导名录

工委书记　吴　珂（2016 年 12 月免）
　李水平（2016 年 12 月任）

工委副书记、办事处主任	徐演铭（2016 年 12 月免）
	林　海（2016 年 12 月任）
工委委员、人大联络处主任	荣晓燕（2016 年 1 月免）
工委委员、政协联络处主任	邓国华
工委委员、武装部长	王志辉
工委委员、副主任	周国兴
工委委员、派出所所长	戴　勇
办事处副主任	彭　辉
办事处副主任	杨春辉
办事处副主任	陆新龙

社区负责人

炮台山社区书记、主任	彭　艳
年丰巷社区书记、主任	马曙娉
东茅岭社区书记、主任	万　云
柴家山社区书记、主任	彭　英
桥头社区书记、主任	杨　树
学坡社区主任	钟国强

城陵矶街道办事处

领导名录

工委书记	杨志华
工委副书记、办事处主任	曹永柏
工委副书记、政协工委主任	徐欣望
工委副书记	兰寒松
工委委员、人大工委主任	易章炎
工委委员、武装部长	郭金峰
工委委员	王勇军
工委委员、纪党组书记	刘　博
工委委员、派出所所长	何祖进
工委委员、副主任	冯学勇（2016 年 4 月任）
副主任	刘兴舟
副主任	刘勇军

社区负责人

城陵矶村书记	何剑利
骆家坡社区书记、主任	张清秀
南岳社区书记、主任	李魁岸
洪家洲社区书记、代主任	汪子娟
港口社区书记、代主任	彭新华
桂花园社区书记、主任	冯　艺
华能社区书记、主任	吴灿年

望岳路街道办事处

领导名录

工委书记	周上青（2016 年 12 月免）
	徐演铭（2016 年 12 月任）
工委副书记、办事处主任	李永红（2016 年 12 月免）
	肖　永（2016 年 12 月任）
工委副书记	熊　亮
工委委员、人大工委主任	张美雄
工委委员、政协工委主任	刘从训
工委委员、副主任	方　武
工委委员、副主任	冯　勇
工委委员、派出所所长	李勇辉
办事处副主任	李　波　潘　婷

社区负责人

栖凤亭社区书记、主任	王国郑
望岳社区书记、主任	刘庆华
长虹路社区书记、主任	方细霞
北环路社区书记、主任	彭清荣
鹰山社区主任	雷跃武
鹰山社区书记	李　杰
七里山社区主任	余三发
七里山社区书记	唐　赓

吕仙亭街道办事处

领导名录

工委书记	方文归（2016年12月免）
	柴石球（2016年12月任）
工委副书记、办事处主任	陈建明（2016年12月免）
	刘　勇（2016年12月任）
工委委员、人大联络处主任	杨　斌
工委委员、政协联络处主任	吴　华
工委委员、纪工委书记	张棣群
工委委员、副主任	刘岳军
工委委员、武装部长	刘　豹
工委委员、派出所所长	王文威
工委委员、副主任	伏　伟
副主任	张爱平

社区负责人

吕仙亭社区书记、主任	黎　敏
梅溪桥社区书记、主任	王　玲
芋头田社区负书记、主任	毛艳霞
慈氏塔社区书记、主任	王　芳
鄢家冲社区主任	蔡　华
观音阁社区书记、主任	万　忠

三眼桥街道办事处

领导名录

工委书记	邓旭旺（2016年12月免）
	周上青（2016年12月任）
工委副书记、办事处主任	李　敏
工委副书记	任鸿初（2016年12月免）
工委委员、人大联络处主任	李　骁
工委委员、政协联络处主任	喻咏平
工委委员、纪委书记	周岳明
工委委员、副主任	冯　婧

工委委员、派出所所长　　刘　戬

工委委员、武装部长　　戴辉冬（2016 年 4 日任）

社区负责人

白杨坡社区书记、主任　　许　莉

尚书山社区书记、主任　　陈干军

李家冲社区书记　　李岳荣

李家冲社区主任　　李四明

朝阳社区书记　　张　蓉

桃花山社区书记　　黄凯平

桃花山社区主任　　蒋　倪

鲤鱼嘴社区书记　　易尚新

鲤鱼嘴社区主任　　陈　静

五里牌街道办事处

领导名录

工委书记　　李亚东

工委副书记、办事处主任　　易桥勇（2016 年 12 月免）

周七亿（2016 年 12 月任））

工委副书记　　邹　炎

工委副书记　　周　艳（2016 年 12 月免）

工委委员、纪工委书记　　谢建和

工委委员、人大联络处主任　　王国珍

工委委员、政协联络处主任　　李美满

工委委员、武装部长　　贺建明

工委委员、派出所所长　　孙　立

副主任　　张　露　李　薇

社区负责人

古井社区书记、主任　　夏志军

高山坡社区书记、主任　　谢岳龙

花板桥社区主任　　杨幸涛

佘家垅社区书记、主任　　彭红星

四化建社区书记、主任　　冯　星

五里牌社区书记、主任	杨　露
新城社区书记、主任	唐　述
运通街社区书记、主任	张　静
杨树塘社区书记、主任	方平如

站前路街道办事处

领导名录

工委书记	易小球（2016 年 3 月免）
	沈为庆（2016 年 3 月任）
工委副书记、办事处主任	胡　定
工委副书记	余小华　沈国柱
工委委员、人大联络处主任	陈百世
工委委员、政协联络处主任	李绍贵
工委委员、副主任	李　宁
工委委员、纪委书记	胡　旺
工委委员、派出所所长	郑　晗
工委委员、武装部长	刘　鹏
办事处副主任	陶辉宏　黄国良

社区负责人

新站社区书记、主任	彭雄兵
德胜社区书记、主任	李　琼
望城岭社区书记	易圣林
连云路社区书记	王磊峰
铁路社区书记	唐　莉
铁路社区主任	罗忠民

王家河街道办事处

领导名录

工委书记	宋　辉（2016 年 8 月免）
	胡吉安（2016 年 12 月任）
工委副书记、办事处主任	胡吉安（2016 年 12 月免）
	杨霞霞（2016 年 12 月任）

工委副书记、武装部长	刘　伟
工委委员、人大联络处主任	许朝霞
工委委员、政协联络处主任、纪委书记	周　华
工委委员、办事处副主任	李　嘉
工委委员	熊少红
工委委员、派出所所长	汤君民
办事处副主任	李忠霖

社区负责人

东升社区书记、主任	葛生华
海棠社区书记、主任	王利云
枫树岭社区书记、主任	徐　波
枫树新村社区书记、主任	李学锋
王家河社区书记	李阿敏
王家河社区主任	张永会

服务城陵矶新港区工作组

领导名录

党委书记	严石龙（2016 年 12 月免）
	郭韶山（2016 年 12 月任）
党委副书记、第一副组长	许春龙（2016 年 12 月免）
	毛联新（2016 年 12 月任）
党委委员、人大联络处主任	王绪国
党委委员、纪委书记	易望高
党委委员、武装部长	刘岳文
党委委员、组织委员	孙娜妮
党委委员、工作组成员	严柏海
工作组成员	张会林
工作组成员	李　明
工作组成员	朱　丹
工作组成员	任轴夫

村（社区）负责人

花果畈村党支部书记、村主任	易明华

冷水铺村党支部书记、村主任	徐艳红	
滨湖村党支部书记	曹道喜	
滨湖村村主任	柳建文	
胥家桥村党支部书记	曹松柏	
胥家桥村村主任	刘其学	
延寿寺村党支部书记	王绪国	
延寿寺村村主任	许志望	
芭蕉湖社区书记、主任	张　莉	
红日社区书记、主任	姚　胜	
小湖湾社区书记、主任	陈学良	
冷水铺社区书记、主任	陈会云	
春华社区书记、主任	刘铭峰	
长动社区主任	周芳宏	
乡渔场书记、场长	谢岳华	
区属学校负责人		
五里中学	校长	许　定
	书记	曾智勇
北港中学	校长、书记	罗伟平
学院路中学	校长	刘建安
	书记	方拥政
洛王中学	校长、书记	李求明
红日学校	校长	黄东山
	书记	曾莉香
岳阳楼小学	校长	谢建华
	书记	鲁大光
洞庭湖学校	校长、书记	许　方
九华山小学	校长	周　锴
	书记	刘庆兵
桥西小学	校长	彭　红
	书记	向祖德
东风湖小学	校长	付　引
	书记	刘　冰

乾明寺小学	校长	徐　辉
	书记	刘凤丽
桂花园小学	校长	吴　勇
东升小学	校长	邓建军
	书记	姜其柏
枫树小学	校长	方　军
	书记	刘自实
长动小学	校长	余小春
	书记	任和祥
新路口小学	校长	李益军
	书记	刘奇志
洛王小学	校长	谭建勋
	书记	任东平
望岳小学	校长	漆宏民
	书记	黎立新
东方红小学	校长	黄志勇
广场小学	校长	曾芬良
	书记	谢三勤
旭日小学	校长	晏晓敏
	书记	胡小毛
青年路小学	校长	梁辉荣
	书记	鲁　华
金恒小学	校长	周忠伟
先锋路小学	校长	彭剑锋
	书记	陈　瑛
朝阳小学	校长	徐光华
	书记	彭习林
花板桥学校	校长	黎校勇
	书记	周　斌
学院路小学	校长	胡　敏
	书记	任　净
土桥小学	校长	谢孟秋

	书记	刘章保
南津港小学	校长	徐练学
	书记	佘波雄
五里小学	校长	潘晓斌
	书记	赵志永
奇家小学	校长、书记	周君和
蔡家小学	校长、书记	晏　平
站前小学	校长	喻叶东
	书记	欧阳国清
枫桥湖学校	校长	刘新堤
	书记	余以海
站东小学	校长	刘望月
	书记	李　晖
友谊小学	校长、书记	周树林
岳城小学	校长	刘　圭
	书记	晏善水
康岳小学	校长	廖元初
	书记	余石武
城陵矶小学	校长、书记	黄　宏
郭镇中学	校长	陈首铭
郭兴小学	校长	覃平安
马安小学	校长	廖　勇
仓田小学	校长	潘红梅
梅溪中学	校长	陈建军
	书记	杨维湘
花果畈小学	校长	周彦雄
滨湖小学	校长	闾宏宇
延寿小学	校长	易巧星
冷水铺小学	校长	万飒条
胥家桥小学	校长	杨树林
白杨坡小学	校长	卢　波
启源学校	校长	王晓萍
岳阳楼寄宿制学校	校长	吴保明

弘毅南湖小学	校长	赵　娟
区属医院、站、所负责人		
区卫生计生综合监督执法局	书记、局长	苏从旭
区卫生计生财务管理中心	书记、主任	连光明
区卫生计生绩效综合管理办	主任	谢仙梅
区计划生育药具管理站	书记、站长	杨志祥
区卫生计生信息管理服务中心	主任	方利军
区人民医院	院长	晏佳军
	书记	陈　峰
岳阳口腔医院	院长	姚朝阳
	书记	刘定辉
区疾病预防控制中心	主任	殷建湘
	书记	彭志强
区血吸虫病防治站	站长	刘　清
区妇幼保健院	院长	汪卫平
	书记	陈维华
金鹗山街道社区卫生服务中心	主任	曹红林
五里牌街道社区卫生服务中心	书记、主任	刘岳平
王家河街道社区卫生服务中心	主任	李　星
三眼桥街道社区卫生服务中心	书记、主任	张军明
东茅岭街道社区卫生服务中心	书记、主任	李志军
洛王街道社区卫生服务中心	书记、主任	王新建
枫桥湖街道社区卫生服务中心	书记、主任	张建英
站前路街道社区卫生服务中心	书记、主任	田　云
城陵矶街道社区卫生服务中心	书记、主任	张剑鹏
吕仙亭街道社区卫生服务中心	主任	刘　操
吕仙亭街道社区卫生服务中心	书记	周建保
岳阳楼街道社区卫生服务中心	主任	陈　峰
奇家岭街道社区卫生服务中心	书记、主任	蒋　伟
郭镇乡卫生院	书记、院长	余　辉
梅溪乡卫生院	书记、院长	湛祥辉
望岳路街道社区卫生服务中心	书记、主任	刘　超
洞庭街道社区卫生服务中心	主任	赵训力

中共岳阳楼区委员会

重要会议

【中国共产党岳阳市岳阳楼区第五次代表大会第一次大会】 8月27日上午，中国共产党岳阳市岳阳楼区第五次代表大会第一次大会在区机关八楼会议室召开。会期半天。

区委书记陈阁辉代表中国共产党岳阳市岳阳楼区第四届委员会向大会作题为《抢抓战略机遇，勇担时代使命，全面建成转型发展、创新创业的核心引领区》的工作报告，报告指出，五年来，全区在市委、市政府的坚强领导下，紧紧围绕建设宜居宜业宜游、民生殷实安康、生态文明秀美的现代美丽幸福城区，团结一心，发奋图强，全面完成了区第四次党代会确定的各项任务，成功跻身全省第一批全面建成小康社会达标县区。

岳阳楼区今后五年工作的指导思想是：高举中国特色社会主义伟大旗帜，深入贯彻习近平总书记系列重要讲话精神，按照“五位一体”总体布局和“四个全面”战略布局，坚持“创新、协调、绿色、开放、共享”发展理念，落实省委“三量齐升”“五化同步”要求，围绕市委“一极三宜”江湖名城建设发展战略，努力壮大区域经济、提升城市品质、增进民生福祉、加强党的建设，全面建成转型发展、创新创业的核心引领区，率先迈向基本现代化。

今后五年的发展目标是：到2020年，力争地区生产总值突破800亿元，年均增长9.5%；社会消费品零售总额突破700亿元，年均增长13%；财政收入突破30亿元，年均增长8%；第三产业占GDP比重达到80%；城镇、农村居民人均可支配收入分别达到4.3万元、2.6万元，年均增长9%、12%。

就如何全面建成转型发展、创新创业的核心引领区，《报告》中指出，要始终围绕“核心引领区”这个战略目标，全力打造全市第三产业的核心增长极，在城市管理、社会治理、公共服务、文化建设、生态文明等方面均处于全市领先地位，真正发挥出示范引领作用。要始终围绕“转型发展、创新创业”这个行动路径，构建结构合理、链条完整、品质优良的产业体系。要始终围绕“城市工作”这个最大的区情，牢牢抓住城市经济、城市保障、城市管理、城市服务四个着力点，将发展城市经济作为第一要务，将保障城市安全、管理城市秩序、优化城市服务作为第一责任，形成相互作用、相互促进的“四位一体”城市工作体系，使岳阳楼区的城市优势得到最充分的彰显、城市特质得到最全面的展示，使“靓丽名片”名副其实、“核心引领区”实至名归。

围绕全面建成“转型发展、创新创业的核心引领区”这个奋斗目标，陈阁辉在《报告》中阐述了今后五年的工作重点和举措：力推经济发展，打造走势强劲的三产核心区；全面深化改革，打造活力迸发的创新领航区；强化依法治理，打造和谐有序的文明示范区；精心建设管理，打造环境秀美的宜居首善区；致力改善民生，打造全民共享的小康先行区。

陈阁辉强调，全面建成转型发展、创新创业的核心引领区，关键在党，关键在队伍。务必强化“围绕发展抓党建、抓好党建促发展”的理念，创新思路、方式和机制，使党的建设始终紧扣发展、服务发展，以发展成果检验党建成效，努力把党的政治优势和组织优势转化为推动经济社会发展的强大动力。

区委常委、纪委书记周岳雄代表中共岳阳楼区第四届纪律检查委员会向大会作工作报告；《关于党费收缴、管理、使用情况的报告》以书面形式提交大会审议。

【区委四届九次全体（扩大）会议】 2016年1月21日上午，中共岳阳楼区委四届九次全体（扩大）会议暨2016年经济工作会议在区机关八楼会议室召开，会期半天。

会议主题是：深入学习贯彻中央和省委、市委系列重要会议精神，回顾总结2015年经济工作，分析当前形势，研究部署2016年经济工作。

区委书记秩励作全会报告，报告总结2015年所做的工作，传达贯彻中央和省委、市委一系列重要会议精神，要求准确把握新常态下的发展形势，加快建设宜居宜业宜游现代都市区，要坚持正确理念引领，增强区域发展活力，彰显城市发展魅力，激发产城发展动力，共享改革发展成果。会议组织学习习近平总书记在中央政治局“三严三实”专题民主生活会上的讲话精神，区委常委、纪委书记周岳雄传达中央和省、市元旦春节期间纠正“四风”工作的要求并作相关部署。会议对全区群众满意的优秀领导干部进行了民主推荐。

【岳阳楼区三级负责干部大会】 3月1日下午，岳阳楼区三级负责干部大会在岳阳市会展中心大剧场召开，会期半天。

会议主题是：深入学习贯彻中央和省、市一系列重要会议精神，通报2015年度工作考核情况，安排部署2016年工作。

区委副书记、区长陈阁辉安排部署工作并强调，要深化发展理念，始终坚持四位一体；优化运行机制，严格落实分类负责；加强制度建设，切实做到规矩规范；突出工作重点，牢牢抓住关键少数；做好日常事务，努力实现久久为功。区委书记秩励同志作大会讲话，讲话提出了三点工作要求，一是树立正确理念，自觉与上级党委政府保持高度一致；二是提升能力素质，坚决把2016年目标任务全面落实到位；三是严守纪律规矩，切实为经济社会发展提供有力保障。

【岳阳楼区建区20周年20位感动楼区人物颁奖会】 2016年4月29日，岳阳楼区建区20周年20位感动楼区人物颁奖会在岳阳市文化艺术会展中心举行。

颁奖会主题是：观看建区20周年专题片，为20位感动楼区先进代表颁奖。

颁奖会上，区委副书记、区长陈阁辉主持开场仪式，区委书记秧励代表区四大家向20位感动楼区人物表示热烈祝贺，向为楼区发展付出辛勤努力的广大干部群众和社会各界人士致以衷心感谢。他指出，20年来，历届区委、区人大、区政府、区政协班子团结带领全区干部群众开拓进取，奋发图强，创造了令人瞩目的辉煌业绩。这20年，是全区历史上综合实力提升最快、城乡面貌变化最大、人民群众获得实惠最多、社会大局最安定的时期。“十三五”时期，在“一极三宜”江湖名城建设战略引领下，按照省委徐守盛书记对岳阳提出的“大门户”、“大引擎”、“大名片”、“大基地”的建设要求，岳阳楼区作为全市转型发展、创新创业和现代服务业的核心引领区，一定主动担当，全力建设“宜居宜业宜游”的现代都市区。

区委书记秧励表示，当前全区正处在全面建成小康社会和全面深化改革的攻坚阶段，迫切需要更多的先进模范人物引领风尚，迫切需要用模范和榜样的力量凝聚人心。希望全区干部群众以这次评选表彰活动为契机，迅速掀起学习感动楼区人物的热潮，带头弘扬社会正气，引领文明风尚，凝聚社会正能量，为建设共同的家园，创造楼区美好未来多作贡献、再创辉煌。

【岳阳楼区庆祝中国共产党成立95周年大会】 2016年6月29日，岳阳楼区庆祝中国共产党成立95周年大会在区机关八楼会议室召开，会期半天。

会议主题是：全区156名新发展党员面向党旗，集体宣誓。大会通报表彰了在“两学一做”学习教育、“巴陵先锋先行”主题实践活动和“学亮比做”党员活动日等活动中涌现出的30个先进基层党组织、66名优秀共产党员和30名优秀党务工作者，3名先进代表作典型发言。

区委书记秧励代表区委向全区各级党组织和辛勤工作在各条战线上的广大党员和党务工作者致以节日的问候和诚挚的敬意。就如何落实好全面从严治党要求，充分发挥基层党组织的战斗堡垒作用和广大党员干部的先锋模范作用，秧励强调，要抓好“两学一做”学习教育，落实全面从严治党要求。坚持学以固本，强化以学促干；坚持学用结合，强化使命担当；坚持从严从实，强化联动推进。他要求，要着力夯实基层基础，用心筑牢坚强战斗堡垒，围绕提升队伍素质、解决民生需求、推动改革发展，推进学习型、服务型、创新型党组织建设。要切实发挥先锋模范作用，在推动项目发展、服务改善民生、履行岗位职责、弘扬文明新风中，争当新时期的合格党员，为建设宜居宜业宜游现代都市区作出新的更大贡献。

【区委四届十次全体会议】 2016年8月26日上午，岳阳楼区委四届十次全体会议在区机关一楼会议室召开，会期半天。

会议主题是：通过第五次党代会工作报告（征求意见稿）和区纪委工作报告（征求意见稿）。

就如何进一步做好大会筹备工作，确保区第五次党代会圆满胜利召开，陈阁辉要求，要珍惜成绩经验，坚定发展信心；要严守纪律规矩，发挥核心作用；要周密部署安排，确保换届圆满；要认真履职尽责，共创美好未来。区委副书记、代区长黄建文主持，区委副书记廖星辉通报第五次党代会筹备情况；区委常委、组织部部长朱彦翼通报第五次党代会人事安排情况。

【中国共产党岳阳市岳阳楼区第五次代表大会第二次大会】 8月27日下午，中国共产党岳阳市岳阳楼区第五次代表大会第二次大会在区机关八楼会议室召开。

会议主题：区委常委、组织部部长朱彦翼作选举说明。会议通过《中国共产党岳阳市岳阳楼区第五次代表大会选举办法(草案)》；通过大会总监票人、大会监票人名单。

【中国共产党岳阳市岳阳楼区第五次代表大会第三次大会】 8月28日上午，中国共产党岳阳市岳阳楼区第五次代表大会第三次大会在区机关八楼会议室召开。

会议主题：大会选举产生中国共产党岳阳市岳阳楼区第五届委员会委员48名，候补委员7名，区纪律检查委员会委员25名，出席市第七次党代会代表16名。大会审议通过《中国共产党岳阳市岳阳楼区第五次代表大会关于区委工作报告的决议》和《中国共产党岳阳市岳阳楼区第五次代表大会关于区纪律检查委员会报告的决议》。

大会全面总结区第四次党代会以来的主要工作和基本经验，客观分析存在的问题和面临的机遇，认真谋划了岳阳楼区未来五年的发展思路和工作重点。大会审议通过的区委工作报告，科学确定了全面建成转型发展、创新创业的核心引领区的战略目标，体现了市委对岳阳楼区发展的新要求，表达了全区人民追求幸福美好生活的共同愿望，展示了未来发展的美好前景。

围绕实现“转型发展、创新创业的核心引领区”的战略目标，黄建文要求，要始终保持团结干事的氛围，始终保持真抓实干的作风，始终保持改革创新的勇气，始终保持创先争优的精神，全面贯彻落实党代会精神，努力实现确定的宏伟目标。

【区委五届一次全体会议】 2016年8月28日下午，区委五届一次全体会议在区机关一楼会议室召开。

会议主题：大会选举产生新一届区委常委、书记、副书记。大会通过投票选举新一届区委常委，当选本届区委常委的是：陈阁辉、黄建文、廖星辉、朱彦翼、李峰、周岳雄、徐平、黄良武、王智勇、黎建欣、白铭科；陈阁辉当选为区委书记，黄建文、廖星辉当选为区委副书记；大会表决通过区纪委一次全会的选举结果。

【全区信访维稳和安全生产工作会议】 8月29日下午，全区信访维稳和安全生产工作会议在区机关五楼会议室召开。

会议主题：分析全区当前信访维稳和安全生产工作面临的新形势、新任务，进一步统一思想，提高认识。

会上，区委常委、区政府党组副书记徐平部署安全生产和信访维稳工作。区委副书记、代区长黄建文就如何做好当前信访维稳和安全生产工作提出要求，要思想认识到位，做到围绕当前中心工作，服务好大局；要责任落实到位，做到细化任务，主动履职，创新举措；要工作保障到位，做到强化力量保障、机制保障及纪律保障，做好全区的安全稳定工作。

区委书记陈阁辉指出当前安全生产和信访维稳形势依然复杂，面临市党代会、“两节”等特殊时期，各级各部门要以更大力度、更高标准、更强的措施，维护社会大局稳定，确保安全维稳工作万无一失。他强调，各级各部门要转变信访观念和工作理念，建立依法有序的信访秩序。要完善报告制度、讲评制度、督查制度及部门联动制度。要出台接访、处访、息访、打击及处置的工作流程手册，规范信访工作。

【区委五届二次常委扩大会议】 10月8日上午，区委第五届第二次常委扩大会议在区机关一楼会议室召开。

会议主题：区委书记陈阁辉传达市第七次党代会精神，以及市委书记盛荣华参加岳阳楼区代表团讨论时的讲话精神，要求全区要认真学习、深刻领会市、区党代会精神，在学习中统一思想、坚定信心，在贯彻中抢抓机遇、加快发展，不断开创岳阳楼区经济社会发展的新局面。

就如何认真贯彻落实市党代会精神，全力以赴抓好当前工作，陈阁辉强调，要抓好市党代会精神的学习宣传，迅速组织集中学习，深入基层宣讲，创新宣传形式，掀起学习宣传热潮。要加快九大棚户（旧城）区改造，以棚户区改造、维护经济环境为抓手，要“一户一策”、加快进度，确保任务完成。要有序推进换届选举工作，统一思想，协调行动，共同营造风清气正的换届环境。要全力维护社会稳定，推进社会治理和服务创新“三合一”工程，加强信访维稳和矛盾纠纷的排查调处，加大安全生产和食药品监管执法力度，严厉打击各类违法犯罪活动，健全完善维护社会稳定的长效机制。要冲刺完成各项目标任务，结合年初的工作部署和当前实际，明确下一步工作重点，确保完成全年各项目标任务。

【岳阳楼区传达学习党的十八届六中全会精神专题会议】 10月31日，岳阳楼区传达学习党的十八届六中全会精神专题会议在区机关五楼会议室召开。

会议主题：区委常委、宣传部长王智勇组织领学党的十八届六中全会公报等文件精神。

区委书记陈阁辉指出，学习宣传贯彻好党的十八届六中全会精神是当前和未来一个时期的重要政治任务。他要求，要迅速举办区委中心组扩大集中学习，邀请专家学者对全会精神进行深度解读；全区各级党组织、广大党员干部要组织开展多种形式学习活动，切实把思想和行动统一到全会精神上来；各单位要综合运用多种形式，大力宣传全会精神，营造浓厚氛围；区委宣传部要制定下发关于学习宣传全会精神的文件，为全区范围内学习宣传工作做好总体安排，迅速掀起学习宣传贯彻全会精神的热潮。

【岳阳楼区传达学习省第十一次党代会精神会议】 11月22日上午，岳阳楼区传达学习省第十一次党代会精神会议在区机关一楼会议室召开。

区委书记陈阁辉要求，要把学习贯彻省党代会精神作为当前的一项重要政治任务，切实加强领导，精心部署安排，抓紧抓好落实。要结合学习贯彻党的十八届六中全会精神和市、区党代会精神，层层组织传达学习，引导党员干部准确领会精神实质，切实把思想和行动统一到省党代会精神上来。要广泛宣传宣讲，大力宣传报道会议精神和学习贯彻的实际行动，开展好“五进”宣讲活动，营造浓厚的学习贯彻氛围。要进行督促检查，确保省第十一次党代会精神人人皆知、入心入脑。要把省党代会精神作为开展工作的基本要求，紧紧围绕省党代会作出的战略部署，找准切合地方实际、体现岳阳楼区特色优势的工作着力点，贯彻落实到推动岳阳楼区发展的具体实践中去，奋力开创经济社会发展新局面。

重要文件

岳楼委［2016］2号 关于成立岳阳楼区换届工作领导小组的通知

岳楼委［2016］3号 关于认真做好区第五次党代表大会代表选举工作的通知

岳楼委［2016］6号 关于表彰先进基层党组织、优秀共产党员和优秀党务工作者的通报

岳楼委［2016］8号 关于召开中国共产党岳阳市岳阳楼区第五次代表大会的请示

岳楼委［2016］10号 关于中共岳阳市岳阳楼区第五次代表大会和第五届委员会第一次全委会、纪律检查委员会第一次全委会选举结果的报告

岳楼委［2016］12号 关于印发《岳阳楼区第五届人大代表、政协委员推荐提名工作方案》的通知

岳楼委［2016］13号 转发《中共岳阳市岳阳楼区人大常委会党组关于做好全区区乡两级人民代表大会换届选举工作的意见》的通知

岳楼委［2016］14号 关于认真学习宣传党的十八届六中全会精神的通知

岳楼委［2016］15号 关于印发《岳阳楼区构建大宣传工作格局的意见》的通知

岳楼委［2016］16号 关于岳阳楼区第五届人民代表大会第一次会议、政协岳阳楼区第五届委员会第一次全体会议选举结果的报告

岳楼委［2016］17号 关于印发《中共岳阳楼区委工作规则》的通知

岳楼发［2016］1号 关于2015年度综合绩效考评情况的通报

岳楼发［2016］2号 关于做好岳阳楼区“一极三宜”江湖名城建设2016年度综合绩效考评工作的通知

岳楼发［2016］3号 关于印发《岳阳楼区人才战略发展五年规划纲要》的通知

岳楼办［2016］1号 关于表彰2015年度驻区企业（高校）经济协作先进单位和先进个人的通报

岳楼办［2016］5号 关于通报2015年度群众满意的优秀领导干部、忠诚履敢于担当的优秀干部和年度考核优秀干部考评结果的通知

岳楼办［2016］7号 关于印发2016年区级领导联点社区治理和服务创新工作的通知

岳楼办［2016］8号 关于落实党组（党委）向区委报告工作制度的通知

岳楼办［2016］11号 关于开展纪念建区20周年演讲比赛和征文比赛活动的通知

岳楼办［2016］12号 关于认真落实“全力把岳阳打造

成湖南新增长极”工作任务和责任分工的通知

岳楼办［2016］22号 关于召开中国共产党岳阳市岳阳楼区第五次代表大会的通知

岳楼办［2016］23号 关于认真学习贯彻区第五次党代会精神的通知

岳楼办［2016］24号 关于印发《区委常委班子成员分工安排》的通知

岳楼办［2016］25号 关于严格执行会议活动中作风建设几项具体规定的通知

岳楼办［2016］32号 关于表彰中国共产党岳阳市岳阳楼区第五次代表大会岳阳市岳阳楼区第五届人民代表大会第一次会议政协岳阳市岳阳楼区第五届委员会第一次会议会务工作先进个人的通报

岳楼办［2016］33号 关于开展2016年度落实党风廉洁建设党委主体责任和纪委监督责任检查考核的通知

岳楼办发［2016］1号

关于印发《岳阳楼区深入开展“一极三宜”江湖名城建设大讨论活动实施方案》的通知

岳楼办发［2016］2号

关于印发《岳阳楼区纪念建区20周年系列活动实施方案》的通知

岳楼办发［2016］31号

印发《关于在全区党员中开展“学党章党规、学系列讲话，做合格党员”学习教育的实施方案》的通知

岳楼办发［2016］32号

关于印发《岳阳楼区“纠‘四风’，治陋习”专项整治工作方案》的通知

岳楼办发［2016］33号

关于印发《中共岳阳市岳阳楼区委全面深化改革领导小组2016年工作要点》的通知

岳楼办发［2016］37号

关于印发《岳阳楼区公务用车制度改革实施方案》的通知

岳楼办发［2016］38号

关于印发《岳阳楼区区直机关公务用车管理暂行办法》的通知

岳楼办发［2016］39号

关于印发《岳阳楼区党和国家工作人员“杜绝违规收送礼品礼金，树立崇廉尚洁良好形象”公开承诺活动实施方案》的通知

岳楼办发［2016］40号

关于印发《2016年度落实党风廉政建设党委主体责任和纪委监督责任考核方案》的通知

重要活动

【区委书记秩励调研基层党建阵地和服务平台建设】 2016年1月5日上午，区委书记秩励带队就加强基层党建阵地和服务平台建设工作进行调研。区委常委、区委办主任李峰，副区长李青松以及相关部门负责人参加。

秩励一行检查了古井社区、王家河社区和铁路社区，就如何解决便民服务中心和办公服务用房等问题进行现场指导，要求相关办事处和社区加快进度，按照社区管理的相关要求细致整改到位。此行还以大桥湖社区和红日社区为样板点进行观摩。

调研会上，就如何有效地整改党建考核薄弱环节，建优基层阵地，秩励指出，要认真学习政策，准确把握要求，高度重视党建考核任务；要细致摸清情况，准确统计数据，真实反映全面动态；要迅速拟定方案，拿出工作计划，突出重点，明确责任，强化保障；要把工作抓好、管理加强、服务做优，切实改善社区环境。他

强调，各相关街道要围绕社区管理“1+6”文件要求和社区治理和服务创新的主题，开展好社区公共服务体系建设，实现党建活动阵地利用效益最大化。

【2016年驻区大厂高校经济协作座谈会】 1月8日，岳阳楼区召开2016年驻区大厂高校经济协作座谈会，驻区大厂、高校负责人参加。区领导秧励、陈阁辉、尤庆学、王梦华、漆胜、杨林彬、李峰、周岳雄、徐平、徐利、白铭科等出席，区人民法院院长夏常凯等相关单位及街道(乡)负责人参加。与会人员一行先后前往华能湖南岳阳发电有限责任公司、中国石化巴陵石化公司己内酰胺事业部参观。

座谈会上，区委副书记、区长陈阁辉通报岳阳楼区经济社会发展情况。与会人员围绕当前基础设施建设、产业转型升级、县域经济壮大、城乡统筹发展等方面，就如何推进协作发展积极建言献策。据悉，2015年，岳阳楼区主动适应经济新常态，积极把握发展新机遇，紧扣“一极三宜”江湖名城战略部署，全面改革创新，奋力攻坚克难，推动经济社会建设取得了新进步。全年实现地区生产总值528亿元、增长10.5%，固定资产投资160亿元、增长19%，社会消费品零售总额382亿元、增长11%，城镇居民、农村居民人均可支配收入分别达到2.8万元、1.5万元，均超过年度目标任务。实现财政总收入21.17亿元，其中税收收入18.41亿元、占87%，收入质量居全市首位。

【区委书记秧励调研指导王家河街道党建、“禁违”和项目建设工作】 2016年1月11日，区委书记秧励调研指导王家河街道党建、“禁违”和项目建设工作，区领导杨林彬、黎建欣及区财政、“禁违”、交建等部门相关负责人参加。会上，王家河街道负责人汇报街道党建、禁违和项目建设工作情况。

近年来，王家河街道干部队伍整体结构和能力水平得到进一步优化，各项工作稳中有进，进中有优，街道人居环境进一步提升。2015年，该街道扎实开展党建工作，通过抓学教提升能力，抓载体提升活力，抓作风提升内力，有力增强党员的党性意识和整体素质，并打造了“五在”党建品牌；全年开展大型拆违专项行动7次，拆除违法建设37处，共计12300平方米，做到违法建设一经发现，坚决拆除。目前，街道辖区范围内在建续建待建的7个项目均在稳步推进，青年东路北侧棚户区改造项目已正式启动征拆工作。

【区委书记秧励指导服务城陵矶新港区工作组领导班子“三严三实”专题民主生活会】 2016年1月18日下午，区委书记秧励指导服务城陵矶新港区工作组领导班子“三严三实”专题民主生活会。会上，服务城陵矶新港区工作组成员紧紧围绕“三严三实”主题，联系班子和个人实际深入查摆不严不实问题，严肃认真开展批评和自我批评，努力推动形成积极向上、干事创业、风清气正的政治生态，扎实推进改革发展稳定各项工作。

认真听取发言后，秧励指出，服务城陵矶新港区工作组“三严三实”专题民主生活会会前准备扎实，内容务实，深刻查摆了问题，开展了批评与自我批评，明确了整改措施，生动深刻，达到了预期目的。

特别是相互批评中真心、真帮，体现了务实干事的作风、推进发展的劲头、团结和谐的氛围，为岳阳楼区基层单位民主生活会的召开提供了样本。

秩励要求，服务城陵矶新港区工作组领导班子要以“三严三实”专题民主生活会为新的起点，把问题进一步梳理，持续巩固深化专题教育成果。要持续用好批评和自我批评的有力武器，进一步严肃党内政治生活，不断加强工作组班子自身建设，推动各项工作再上新台阶。要努力当好“四种人”，加强学习，认清形势，做政治上的“明白人”；忠于职守，勇于担当，做发展上的“开路人”；务实作风，热忱服务，做群众的“贴心人”；严守纪律，维护团结，做班子的“领路人”，把严和实的精神、理念、作风体现到改革发展稳定的实践中去，为全市奋力建设“一极三宜”江湖名城凝聚强大合力，提供坚强保障。

【基层党支部书记接受“年考”】 2016年1月19日上午，岳阳楼区召开2015年度乡、街道党（工）委书记履行基层党建工作责任述职评议会。区领导秩励、陈阁辉、贺景福、王梦华、漆胜、彭端生、杨林彬、钟辉、李峰、周岳雄、徐平、黄良武等出席，区委副书记尤庆学主持，市委基层办主任蔡吉伟到会指导。

乡、街道党（工）委书记履行基层党建工作责任述职评议在岳阳楼区已经成为常态。16名乡（街道）党（工）委书记在去年向区委常委会述职后，他们再次走进“考场”，晒出了一年来抓基层党建工作的“成绩单”。区委常委会成员分别对16名述职对象进行点评，当面指出各乡街基层党建工作的薄弱环节和不足之处，并就下阶段工作提出要求和希望。

述职现场，基层党员、群众代表根据掌握的情况，精准提问，言语犀利，直指基层党建工作“短板”。各乡（街道）党（工）委书记直面问题，诚恳作答，现场提出解决方案并表态落实。

述职评议结束后，蔡吉伟对岳阳楼区基层党建工作和述职评议考核工作给予充分肯定，并对如何抓好基层党建工作进行指导。会议还当场公布了各乡（街道）党（工）委书记履行基层党建工作责任情况的评分结果。

【区委书记秩励调研区人民法院工作】 2016年1月27日下午，区委书记秩励调研区人民法院工作，区领导彭端生、徐平参加。区人民法院党组书记、院长夏常凯汇报该院2015年工作情况。近年来，区人民法院把服务大局、保障民生、规范执法、提升素养作为切入点和着力点，充分发挥审判职能作用，切实解决群众反映强烈的突出问题，工作成效明显，多次荣获全国、省市先进。2015年，该院共受理各类案件9483件，办结8630件，有效维护了社会大局稳定。

【携手驻军单位共建江湖名城】 2016年1月28日下午，区领导秩励、陈阁辉、漆胜、李峰、李青松一行走进岳阳军分区、市武警支队、市消防支队、市公安局警卫处、预备役三团等驻军单位看望慰问部队官兵，送去节日的问候和祝福，共叙军民鱼水深情，共谋地方发展大计。

在随后召开的驻军单位共筑共建座谈会上，区委副书记、区长陈阁辉致辞。驻军单位代表纷纷表示，军民团结一家亲，一定进一步加深“同呼吸、共命运、心连心”的军政军民情谊，积极参与地方经济社会建设，力争为岳阳楼区发展作出更大贡献。岳阳楼区始终高度重视国防建设，主动支持驻军单位开展工作，认真落实拥军优属政策，军政关系和谐融洽，军民团结氛围浓厚，多次被评为省、市双拥模范单位。全区先后整合资金1100多万元，在全市率先成立16个“退役军人之家”。建立“联十帮一”联系制度，重点扶持一批退役军人创办中小企业。扎实落实退役军人创业资金扶持政策，为20多名退役军人发放贴息小额担保贷款100多万元，帮助300多名退役军人创业致富。2015年，共培训退役军人700多人，帮助280多名退役军人就业。

【推进精准扶贫工作】 2016年2月28日上午，区委书记秧励赴郭镇乡建中村督查指导精准扶贫工作，副区长李青松及相关扶贫联点单位负责人参加。秧励一行首先前往建中村村部，详细查看精准扶贫工作相关台账，逐项询问有关细节，听取前期工作情况汇报。秧励要求，要认真学习习近平总书记关于扶贫工作的重要讲话精神，增强扶贫开发的责任感、紧迫感和使命感，层层传导压力，细化落实责任；要进村入户见人，坚持实事求是，以建档立卡作为重要基础和资料，对贫困户做到精准识别和精准调整；要突出增收致富路子，做大做强特色富民产业，培育壮大新型经营主体，为贫困户稳定增收提供产业支撑。

随后，秧励来到帮扶对象赵凯华家，了解赵凯华一家近况，面对面听取意见，现场制定帮扶措施。

【推进重点项目建设】 2016年3月2日下午，区委书记秧励实地调研胥家桥路、临湖公路，现场指导项目建设，区领导贺景福、王梦华及项目相关负责人参加。目前，胥家桥路和CE地块已完成收储土地158公顷，征收房屋46栋；临湖公路G107梅溪段拆迁工作已经完成。

【区委书记秧励专题调研环保工作】 2016年3月15日下午，区委书记秧励专题调研全面小康环保工作，区领导尤庆学、黎建欣参加。秧励一行先后来到东风湖水质监测点、城陵矶水质监测点、城陵矶空气监测点、岳阳九鼎科技有限公司、南湖空气监测点、经开区空气监测点等地实地调研。市环保局党组书记、局长王文选，党组成员、副局长李石六出席座谈会。

座谈会上，区环保分局负责人作情况汇报，与会人员分别就当前环境保护工作提出意见和建议。2015年，岳阳楼区出台了《岳阳楼区环境保护工作职责规定》、《岳阳楼区大气污染防治百日攻坚行动方案》、《岳阳楼区南湖水环境综合整治工作方案》等文件，结合实际情况，明确环保、食药、城管等20多个部门边界职责，强化了监管责任；并加强水域排污监管和水质监测，全面推进小康社会大气、水环保指数达标，全年空气质量达标率(API)为89.5%，同比提高7.4个百分点，地表水质达标率100%。

【区委书记秧励调研全区交通建设工作】 2016年4月7日上午，区委书记秧励在区交建局专题调研全区交通建设工作，区领导李峰、黎建欣及相关部门负责人参加。秩励要求，要加强学习，提升履职能力，通过向上学、向下学、向基层学，提高业务能力和理论水平，加快适应城市发展进程中城市管理、建设、维护的新变化和新要求。要积极谋划，推动城市发展，善谋事、会干事，能成事，为产业发展、民生项目搭建基础设施平台，做到点面结合，在推动重点项目的同时加快转型步伐。要严管队伍，塑造良好形象，坚持原则，完善制度，高度重视队伍的心态教育，锻造一支作风过硬、善做善成的干部队伍。

近年来，岳阳楼区扎实推进中央、省、市重点工程、交通项目、农村公路和小街巷建设，完成冷水铺路、洛王路、天伦路、螺丝港地段排水涵改造等一批重点项目建设任务；完成S211岳阳楼区牌坊至枣树公路升级改造工程、冷水铺路段施工及郭镇集镇提质改造、郭麻路提质改造、16条校车线路整治、7个大中修工程、19个招呼站等交通项目建设，实施“百条街巷改造惠民行动”项目建设843个，为服务城市建设和发展发挥了重要作用。

【区委书记秩励调研指导禁违拆违治违和海吉星项目土地依法征收工作】 2016年4月8日上午，区委书记秩励在城陵矶街道和服务城陵矶新港区工作组调研指导禁违拆违治违和海吉星项目土地依法征收工作，区领导李峰、白铭科，城陵矶新港区楼区工作部部长周牡奇及海吉星农产品物流产业园，相关单位、街道、村负责人参加。

秩励一行先后来到滨湖村、城陵矶村，察看禁违拆违治违及海吉星项目拆迁腾地工作情况。

【区委书记秩励调研乡镇党委换届工作】 2016年4月11日上午，区委书记秩励在郭镇乡调研乡镇党委换届工作，区领导彭端生、李峰及相关部门负责人、郭镇乡党委班子成员及各支部书记等参加。据悉，自3月1日郭镇乡正式启动党委换届选举工作以来，各项工作有序推进，进展顺利。该乡精心组织“三类人员”比选工作，已完成摸底和综合比选，确定并公示了两名提名考察人选。目前，该乡党委、纪委班子配备基本就位。

在听取相关情况汇报后，秩励对郭镇乡党委换届前期准备工作给予充分肯定。就如何搞好换届选举，发挥优势加快发展，秩励要求，要加强学习，领会精神，统一认识，明确指导思想，学习习近平总书记系列重要讲话精神及中央、省委、市委、区委相关文件精神，结合“两学一做”及党章和党纪党规，营造风清气正的良好氛围。要配强班子，提升素质，管好队伍，正确对待组织考察选拔和群众评判，以配优乡党政班子为核心，加强整体队伍建设，加快适应新发展。要严明纪律，认真筹备，保证结果，做好纪律保证和工作保证，切实履行好主体责任和“一岗双责”，广泛接受群众及广大党员的监督。要统筹发展，推动工作，服务群众，以精准扶贫作为关键抓手，推动党建工作、经济产业、社会事业等协调发展，相互促进。要确保稳定，确保平安，维护大局，努力营造安居乐业社会环境，不断提升群众安全感和满意度。

【区委书记秩励调研指导破解

棚改征拆难题】 2016年4月21日上午，区委书记秩励前往白水及磨子山片区和九华山片区调研指导棚户区改造工作，区委常委、副区长杨林彬，副区长白铭科，区棚改办及相关项目部负责人先后参加。

秩励详细了解征收签约腾地进度，询问征拆一线工作人员在推进工作中遇到的问题和难题，逐一进行现场指导。他要求，项目部工作要进一步细致细腻，情况摸底要细致，群众工作要细腻；要进一步依法规范，坚定信心，规范操作流程；要进一步务实创新，实事求是，创新措施解决问题。

【区委书记秩励调研指导社区“三合一”工作】 2016年4月21日下午，区委书记秩励调研指导社区治理与服务创新工作，区委常委、区委办主任李峰，副区长李青松及区社区治理和服务创新办公室、人社局、民政局等相关单位、街道、社区负责人参加。

秩励一行来到夏万路、炮台山、连云路、岳阳楼等社区，仔细查看社区基础建设，详细了解社区治理与服务创新工作开展情况。调研会上，区社区治理和服务创新办公室、民政局负责人分别就社区治理与服务创新工作推进情况和社区便民服务中心专职工作人员配置情况进行汇报，观音阁、尚书山、东升等七个社区负责人和网格员作工作汇报。

【千名干部万米同行绽放活力】 2016年4月23日上午，由区委、区政府主办的“阳光心态·活力楼区，千名干部万米同行”健身活动在南湖广场举行，来自区四大家机关、区人武部、区直单位、街道（乡）的干部职工和骑行俱乐部青年志愿者共1000余人参加。区委书记秩励宣布活动正式开始后，大家整齐列队，步调一致，以饱满的精神从南湖广场出发，沿环南湖走廊绕千公顷湖一周，全程约1万米。一路走来，大家欣赏沿途美景，尽情享受着徒步运动带来的快乐。

此次活动旨在倡导干部职工文明健康的生活方式，进一步激励干群奋力拼搏、同心创业的工作热情。区委副书记、区长陈阁辉希望全区广大干部职工以此次活动为契机，积极参加体育锻炼，不断提高身体素质，以更加充沛的精力体力、更加良好的精神状态，发奋求为、团结协作，为把岳阳楼区建设成为全市“转型发展、创新创业的核心引领区”作出新的更大的贡献。

【老干座谈共忆20年辉煌历程】 2016年4月26日上午，岳阳楼区举行纪念建区20周年老干部座谈会，区委书记秩励主持，高碧云、张治雄、白尊贤、陈国荣、苗富林、李志成、李水泉等曾在岳阳楼区（含原南区、郊区）工作过的退休老干部应邀参加，区领导尤庆学、王梦华、彭端生、李峰、周幺龙、李青松出席。

座谈会上，老干部们在观看纪念建区20周年专题片后，结合自身工作、生活体会，从多个角度对岳阳楼区建区20年来的发展成就给予充分肯定。大家一致认为，这是在党的坚强领导下，通过历届领导班子团结奋斗和干部群众奋力拼搏而开创的良好局面，全区人民要倍加珍惜，奋发求为，再创辉煌。

【一批重大项目集中开工】 2016年4月28日上午，岳阳市2016年第一批重大项目集中开工，位于岳阳楼区屈大附中旧城改造片区的万象瑞城国际金融港项目举行隆重的开工仪式。区领导秩励、陈阁辉、漆胜、徐利、黎建欣等出席并为项目奠基。

据悉，当天除万象瑞城国际金融港项目开工外，岳阳楼区天伦金街项目、三眼桥街道办事处办公楼南侧旧城改造项目也同步集中开工。2016年，岳阳楼区树立“项目为大、项目为重、项目为要”的理念，扎实推进禁违拆违治违和土地依法征收“两大行动”，形成抓大项目、大抓项目的热潮，为全区经济社会发展集聚后劲、提供支撑。据了解，2016年全区实施重点项目85个，已开工69个，总投资820亿元，年计划投资82亿元，一季度完成投资15.2亿元。

开工仪式上，区委书记秩励宣布项目正式开工，区委副书记、区长陈阁辉致辞，他指出，此次集中开工的项目是落实市委、市政府建设“一极三宜”江湖名城部署，打造“转型发展、创新创业的核心引领区”的有力举措，希望全区各级各部门进一步统一思想、提升认识，全力支持、通力配合，为项目建设营造一流的政务环境和施工环境。要精心组织，精细管理，倒排工期，力争把项目建成精品工程、样板工程，为“一极三宜”江湖名城建设增添新动力、作出新贡献。

【全面推进环南湖水治理工作】 2016年5月22日上午，区委书记秩励调研指导环南湖水治理工作，区级领导黎建欣、蒋琳、孟森秋及区环保分局、农林水务局、郭镇乡、洛王街道、奇家岭街道负责人等参加。

秩励一行先后来到洛王社区大桥组、郭镇乡马安村和奇西社区关家组，实地查看生猪禁养情况。调研会上，洛王街道、奇家岭街道、郭镇乡及相关单位负责人分别就环南湖水治理工作推进情况进行汇报。2016年，洛王街道办事处已与环南湖周边1000米范围内（靠近王家河走廊）的11户生猪养殖户签订禁养协议，禁养生猪819头，禁养面积3324.95平方米。奇家岭街道办事处已与辖区13户生猪养殖户签订禁养协议，共禁养生猪1811头，禁养面积3762.5平方米。郭镇乡已对马安村3家生猪养殖场进行粪便排放整治。

【指导推进禁拆治违“大升级”】 2016年 2016年6月17日下午，区委书记秩励调研指导禁违拆违治违“大升级”工作，区委督查室、区禁违办、区规划分局、区城管局等相关单位及三眼桥、奇家岭街道负责人参加。

秩励一行先后来到桃花山社区和奇家社区，实地查看禁拆治违工作开展情况，对相关工作所取得的成绩给予充分肯定。他要求，在思想认识上要进一步提升，切实强化责任，做到“一把手”亲自过问，职能部门履职尽责。在工作目标上要突出重点，做到加强巡查，及时制止违法建设行为，明确重点区域，分时段开展“清零”行动。在措施上要强化法治思维，做到加大宣传力度，抓好基层基础，强化职责，加强联合执法，形成声势。在队伍建设上要鼓舞士气，加强工作人员学习教育，建立骨干队伍，把当前工作与“两学一做”学习教育有机结合，进一步夯实基层党组织建设。在考核督查上要更加细，更加严，更加及时，做到周督查、旬调度、月考评，确保“清零”目标任务圆满完成。

【支援华容抗洪救灾工作】2016年7月13日下午，区委书记秩励，区委副书记、区长陈阁辉，区委常委、区委办主任李峰带领区政府办、财政局、民政局等部门单位负责人一行前往华容县，代表区委、区政府向华容县捐赠50万元救灾资金，以支援该县抗洪救灾工作。

【推进基层信访工作网格化】2016年9月9日上午，区委书记陈阁辉调研指导信访基层基础工作情况，区领导廖星辉、李峰、徐平参加。陈阁辉一行先后到区信访局、服务新港区工作组，详细了解信访基层基础工作情况，并与工作人员亲切交谈。陈阁辉要求，要坚持从基层基础工作入手，进一步将信访工作和社区网格化有机结合，通过网格员了解的社情民意和掌握的“三实”信息采集数据，切实从源头上预防和减少信访问题的发生，真正把信访问题和各类矛盾纠纷解决在基层、化解在萌芽状态，维护好群众合法权益，保持良好社会秩序。

岳阳楼区在全市率先成立区委群众工作部，设立区人民来访接待中心，形成“一部、一局、四中心”的群众工作大格局，并通过推广网上信访平台、推行信访代理制度、推进社区网格化管理、推动建立专业调处机制。全区开展矛盾纠纷排查13次，排查突出信访问题132个，办理群众来信246件，办理网上投诉47件，全区信访总量同比下降34%，集体访下降27%，非正常上访下降50%，来信上升68%，实现了信访形势“三下降、一上升”的目标，信访形势继续保持总体平稳可控。

【区委书记陈阁辉调研指导宣传工作扩大楼区影响】 2016年9月23日下午，区委书记陈阁辉调研指导宣传工作，区委常委、宣传部部长王智勇陪同并汇报工作。陈阁辉一行先后来到岳阳楼街道郭亮社区、五里牌街道新城社区，视察郭亮红色文化长廊、夕艺春京剧团和社区精神文明建设阵地，对郭亮社区充分挖掘历史文化资源实现文化惠民和新城社区依托网格化管理进行“四微”服务的做法给予充分肯定。

汇报会上，王智勇汇报2016年全区宣传思想工作情况，提出后段工作“一三六”行动计划，即围绕“全面建成转型发展、创新创业的核心引领区”，构建“大宣传”工作格局这一目标，努力实现领导评价好、舆论影响好、群众口碑好，传媒强、阵地强、队伍强；着重实施六大工程，科学理论武装工程，主流舆论壮大工程，文明创建巩固工程，文化繁荣共享工程，对外宣传展示工程，队伍素质提升工程。

【区产业发展规划进入评审】2016年10月7日上午，岳阳楼区产业发展规划评审工作会议在南湖宾馆召开，区领导陈阁辉、黄建文、廖星辉、李峰、徐平、黎建欣、高鸽子及区政府办、贸促会、财政局、监察局、审计局等单位负责人参加。

评审会上，北京对外经济贸易大学和浙江大学的专家教授详细阐述了各自拟定的岳阳楼区产业发展规划方案，系统地对岳阳楼区区情及发展现状进行深入剖析，并结合旧城棚改等实际和全国成功案例进行对比分析。专家们仔细地为岳阳楼区产业发展把脉，提供了极具前瞻性和可操作性的规划实施意见。会上，相关领导和单位负责人进行评审发言。

【市委副书记、市长刘和生调研区棚户（旧城）区改造工作】 2016年10月9日下午，市委副书记、市长刘和生率队调研岳阳楼区棚户（旧城）区改造工作。

市委常委、常务副市长唐道明，市政协副主席欧江平一同调研，区领导陈阁辉、黄建文、廖星辉、李峰、徐平、王智勇、黎建欣、白铭科及市、区有关部门负责人陪同调研。

刘和生一行先后来到四化建、九华山和白水磨子山等棚改项目现场。每到一处，刘和生都仔细查看项目拆迁情况，询问现场工作人员拆迁进度、难度以及群众诉求，详细了解棚户区改造工作进度。中心城区十大片区棚户改造有九个在岳阳楼区范围内，共需征收土地2282公顷。截至目前，岳阳楼区已完成签约7744户，签约房屋面积109万平方米，已拆除20万平方米，完成进度81%。

唐道明主持座谈会并就如何推进棚户区改造工作提出了具体安排部署。

【全市推广岳阳楼区网格化管理模式】 2016年10月19日上午，市委常委、市委政法委书记王小中，副市长、市公安局局长唐文发率各县（市）区委书记及政法系统负责人，就网格化建设工作来岳阳楼区考察学习。区领导陈阁辉、黄建文、李峰、黎建欣、方正春等陪同。

考察组一行先后来到杨树塘社区、岳阳楼街道办事处，观看网格化建设展示片，工作人员现场讲解并演示网格化综合信息平台系统操作，考察组现场体验自助服务一体机和手机APP客户服务端，详细了解岳阳楼区公共服务、社区网格化、居民自治“三合一”工作开展情况。考察组认为，岳阳楼区网格化模式的先进经验和做法值得借鉴和学习，希望加强交流，共同提升社区网格化治理水平。

【市委书记盛荣华到岳阳楼区调研指导工作】 2016年11月2日下午，市委书记盛荣华深入岳阳楼区调研指导工作，市委常委、市委秘书长谈正红，市直相关部门负责人和区委书记陈阁辉，区委副书记、代区长黄建文等全体在家区级领导出席座谈会或陪同调研。

2015年以来，岳阳楼区突出“让服务离百姓更近一点”和“为民服务零距离”的工作理念，依托“互联网+”，创造性地将社区公共服务、社区网格管理、社区协商自治“三合一”整体推进，基本形成以人为本，公共服务便捷化、网格管理精细化、协商自治多元化的工作体系。

在随后的座谈会上，陈阁辉汇报全区工作情况。盛荣华对岳阳楼区工作给予充分肯定，他指出，岳阳楼区作为主城区和核心引领区，在全市经济社会发展中的地位至关重要，要示范引领“三宜”建设，大力提升市民幸福指数。

【区委书记陈阁辉调研区人力资源和社会保障工作】 2016年11月8日上午，区委书记陈阁辉深入区人力资源和社会保障局调研，区领导朱彦翼、李峰、徐平陪同，相关部门负责人参加。

2016年，区人力资源和社会保障局坚持民生为本，积极推动就业创业、社保服务、公共服务、人才管理、信访维稳等工作，超额完成民生实事目标任务，全区人社事业快速发展。截至目前，全区新增城镇就业9095人，农村劳动力初次转移就业746人；发行社会保障卡13万张，参保人数达到52.4万人次；通过公共网络服务平台办理各项业务13.8万笔，群众满意度达到98%以上；组织专业技术人员学习培训3次，共培训290人次。

座谈会上，区人力资源和社会保障局负责人汇报工作情况。陈阁辉从区情、发展趋势和现实需要等三个方面，分析人社工作的地位和重要性，他指出，区人社局作为重要的窗口单位、民生单位，要提升服务水平，明确目标，把握标准，充分借助平台做好宣传推广；要提升管理水平，抓好行业管理和资金管理，寓管理于服务，以服务促发展。

陈阁辉强调，要客观分析全区人才工作现状，牢牢把握战略机遇，加强人才队伍建设，提升发展后劲，实施人才强区战略，通过引进区外高素质专业型人才、分层次开展干部教育培训、选派干部挂职锻炼等措施，为全面建成“转型发展、创新创业的核心引领区”提供人才智力保障。

【区委书记陈阁辉调研区委组织部工作】 2016年11月11日上午，区委书记陈阁辉在区委组织部调研时强调，转变工作观念，正确选人用人，抓好基层党建，为把岳阳楼区建成“转型发展、创新创业的核心引领区”提供坚强组织和人才保障。区委常委、组织部部长朱彦翼，区委常委、区委办主任李峰等出席座谈会。

近年来，区委组织部始终围绕中心，服务大局，规范干部选拔，严格干部监督问责，坚实基层党建，加大人才引进，各项工作积极有效。朱彦翼汇报组织工作情况。

【市委常委、常务副市长唐道明调研区禁违拆违治违工作】 2016年12月1日上午，市委常委、常务副市长唐道明，副市长候选人黎作凤一行到岳阳楼区调研指导禁违拆违治违工作，区领导陈阁辉、黄建文、徐平、严石龙、邓建华陪同，区禁违办、洛王街道办事处、服务城陵矶新港区工作组相关负责人参加。

唐道明一行先后来到洛王街道办事处禁违中队和海吉星片区，详细了解各新增和存量违法建设形成原因，禁违机制运行情况和后段禁违工作计划。

【区委书记陈阁辉调研社区治理和服务创新等工作】 2016年12月2日下午，区委书记陈阁辉调研指导社区治理和服务创新、麻布山片区建设等工作情况，区领导李峰、方正春及相关部门负责人参加。

为加快推进岳阳楼区“全国社区治理和服务创新实验区”建设工作，按照“办公场地最小化，服务场所最大化，社会效益最优化”的原则，2016年4月，王家河街道便民服务中心正式动工建设，目前，装修施工已完成70%，预计本月底基本竣工并投入使用，届时将彻底解决无办公用房问题，进一步提升服务居民水平和办事效率。

在查看项目施工现场和听取有关情况汇报后，陈阁辉指出，便民服务中心建设是打基础、利长远、惠民生的实事工程，要合理布局，方便服务百姓，加快装修进度，早日投入使用。

进山主干道、山上游步道，预计12月底将建成交付使用；麻布山景区规模农家乐已达20余家，计划12月底前农家乐发展到30家，另发展民宿客栈15家；通过有序组织种植油菜、水稻、观赏性花卉苗木、精品蔬菜等，引导村民从事旅游服务业。目前，已建成麻布村蔬菜农业产业发展基地，成立了麻布山蔬香乐园农业合作社。

【市委书记胡忠雄赴楼区调研】 2016年12月22日上午，市委书记胡忠雄深入岳阳楼区调研。

市委副书记李爱武，市委常委、市委秘书长谈正红参加调研。市委副秘书长杨志军、寻健，区领导陈阁辉、黄建文、廖星辉、漆胜、彭端生、朱彦翼、李峰、周岳雄、徐平、黄良武、王智勇、白铭科、余昕、高鸽子、唐露尧、蒋琳、方正春、邓建华等陪同或参加会议。

会上，区委书记陈阁辉作工作情况汇报。2016年，岳阳楼区以全面建成转型发展、创新创业的核心引领区为目标，紧扣“城市工作”这个最大的区情，以发展城市经济为第一要务，以保障城市安全、管理城市秩序、优化城市服务为第一责任，着力建设“五区”。2016年前三季度，全区完成地区生产总值328.54亿元，增长9.2%，总量与增幅均为全市第一；1--11月，完成固定资产投资177.49亿元，增长16.4%；社会消费品零售总额347.91亿元，增长12%，综合实力稳居全市第一方阵。

如何做好下阶段工作，他强调，一是发展定位。二是强化城市管理。三是加强党的建设。

纪检监察

【概况】 2016年，区纪委、监察局认真贯彻落实中央和省市区反腐倡廉决策部署，聚焦监督执纪问责主业，突出工作重点，务求工作实效，党风廉政建设取得了新进展新成效，为转型发展、创新创业的核心引领区建设提供了坚强的纪律保障。

【组织协调工作】 落实上级工作部署，组织召开区纪委全会、纪检监察工作讲评会等，及时传达学习和贯彻落实中央和省、市反腐倡廉重大决策部署。区委专题召开省、市党代会精神学习会，组织学习省纪委、市纪委工作报告，并在全区开展省市党代会精神宣讲活动，将全面从严治党要求传导到全区各单位。主动向区委报告工作，2016年区纪委向区委专题报告全区党风廉政建设、纪律检查体制改革等重要工作6次，并就纪检干部队伍建设等工作提请研究解决，得到了区委的高度重视，贯彻落实了上级精神要求。

健全完善工作机制，推动责任落实，制定《党风廉政建设责任清单》，明确党风廉政建设责任制工作领导小组主要职责、组成人员和任务分工，明确区委、区政府班子成员党风廉政建设工作职责，细化责任内容，强化责任担当，形成了完善的责任体系。落实廉政谈话和约谈制度，2016年，28名区级领导与分管联系单位开展工作约谈、廉政谈话共270次。制定《区纪委监察局2016年工作目标任务》，通过召开委局机关月工作交流会、季度工作讲评会，对监督责任进行全面分解和部署推进，保证工作不漏项、件件抓落实，做到既贯彻上级要求，又结合自身实际。

【作风建设】 区委、区纪委严格按照省、市部署要求，将"纠'四风'、治陋习"专项整治和"雁过拔毛"式腐败问题专项整治列为党风廉政建设工作重点，纳入党风廉政建设责任制检查考核内容，加强组织领导，强化责任落实，突出整治重点，严肃执纪问责，取得了明显成效。共查处"四风陋习"问题71个，处理71人，立案30件，党纪政纪处分30人；共查处"雁过拔毛"式腐败问题34个，处理46人，立案13件，党纪政纪处分13人。通过两项专项整治，整肃了干部队伍，维护了群众利益，体现了越往后执纪越严。

抓住重要节点、关键环节、营造良好风气。在元旦春节、"五一"端午、中秋、国庆等重要节点，向各单位下发禁令要求，向领导干部发送廉政短信，早打招呼早提醒；在节日期间，组织开展明察暗访，重点整治公款吃喝、公车私用、公款旅游等违反中央八项规定精神的问题，形成从严执纪氛围。加大监督检查力度，创新监督检查方式，一年来区纪委牵头组织作风交叉检查、随机抽查、集中检查共18次，下发督查通报6期，处理党员干部52人，作风建设在坚持中深化，在深化中坚持，形成了常态。督促乡、街道和区直单位党（工）委（党组）、纪（工）委（纪检组）履行抓作风建设的主体责任和监督责任，形成工作习惯和常态，要求各单位全年下发作风督查通报6期以上，各单位作风建设做到了有部署、有检查、有通报。区纪委将各单位主要负责人及班子成员遵守作风建设规定情况作为监督重点，共对8个作风建设存在问题的单位负责人和纪委书记进行了约谈督促，对5名主要负责人进行了诫勉谈话，对6名分管负责人进行了通报批评，进一步传导了责任压力。

【纪律审查】 加强日常监督。对党员干部存在的问题及时指出，严厉批评教育，真正红脸出汗。充分运用例行廉政谈话、任前廉政谈话、提醒谈话和约谈四种方式，督促党员干部把纪律和规矩刻印在心上，运用第一种形态开展各类谈话提醒共237人次。对干部的小问题、小错误及时通报批评、组织处理和纪律轻处分，发现并处置党员干部苗头性、倾向性问题54个，通报批评25人，函询10人，诫勉谈话29人，给予党内警告、党内严重警告等党纪轻处分38人，运用第二种形态共处理102人。严格按照"五类标准"处置问题线索，共收到信访举报92件，通过自办、转办的方式全部办结，做到了"件件有着落，事事有结果"。

坚持有案必查，保持高压态势。2016年全区共立案58件，查处科级干部11人；结案54件，结案率93%；立案数、结案数分别同比增长23%和15%；给予党纪政纪处分54人，其中开除党籍7人，开除公职2人，留党察看7人，行政撤职2人。加强对乡、街道纪律审查工作的领导和指导，建立纪检监察室与乡、街道目标明确、责任共担、捆绑考核的工作机制，乡、街道纪律审查全部实现清零。运用监督执纪"四种形态"共处理351人，同比增长22%；其中运用第一形态监督执纪的比例占69%，第二种形态占28%，第三、四种形态占3%，充分体现了惩前毖后、治病救人的方针。

落实审查纪律，提升案件质量。按照中纪委和省市纪委要求，改造建设了两个标准谈话室。加强执纪审理工作，坚持以交叉检查方式开展案件质量评析，整改存在的问题，案件质量显著提升。坚持开展执纪到位检查，维护执纪严肃性。

【预防腐败】 深化廉政教育，筑牢思想防线。认真开展“党内法规学习教育年”活动，组织开展“学法规、明纪律、找问题、促整改”专项工作，把学习贯彻《关于严明党的纪律和规矩论述摘编》、《廉洁自律准则》、《纪律处分条例》、《问责条例》等作为全区各单位党（工）委（党组）中心组学习和党员干部教育培训的重要内容。落实领导干部讲廉政党课制度，区级领导坚持到联点单位上廉政党课，各级党组织书记坚持带头讲廉政党课。成立廉政警示教育中心，切实加强党员干部经常性教育。到发案单位开展案件警示教育活动，用身边的人和事教育党员干部，防止党员干部犯错误。

严明换届纪律，确保风清气正。在区委的统筹部署下，成立由区纪委牵头、区委组织部等部门协同作战的换届风气监督工作小组，层层压实责任，全区各单位都做到了有组织机构、有专人专抓、有措施要求。严格落实“四必看”“四必谈”“四必训”，及时组织学习通报查处的典型案件，持续深入抓好纪律教育，提醒督促严守换届纪律、自觉履职尽责。按照“全程监督、全面监督、不留空白、不留死角”的要求，把监督检查贯穿换届各个环节，以每一个环节、每一个节点的纪律严明保证了全区领导班子换届风清气正、顺利圆满。

强化监督检查，维护政令畅通。对中央和省、市、区重大决策部署执行情况加强监督检查，重点督促“十三五”规划、“一极三宜”江湖名城建设、扶贫攻坚、禁违拆违治违、土地依法征收等重大决策部署和政策措施的贯彻落实。制定《关于在棚户（旧城）区改造和土地依法征收工作中严明纪律要求的通知》，明确提出“四带头”“七不准”纪律要求，对党员干部和公产单位的征收拆迁实行交办制，全年共对14个单位主要负责人进行了约谈，督促128名公职人员完成了拆迁签约任务。

抓好源头治理，促进清正廉洁。在全区开展党和国家工作人员“杜绝违规收送礼品礼金，树立崇廉尚洁良好形象”公开承诺活动，增强干部廉洁意识。严格把好党员领导干部“党风廉政意见回复”关，对24名区级领导班子换届提名考察人选和402名市区人大代表、政协委员推荐提名人选的廉政情况进行了审核把关，对39名拟提拔重用和328名拟表彰奖励的干部廉洁情况进行了审核把关。督促乡、街道和区直单位严格执行公务卡制度，公务卡消费占授权支付比例达80%，公务消费更加规范。强化“一把手”监督，对“四个不直接分管”、末位表态和“三重一大”事项集体决策等制度落实情况开展监督检查。

【提升班子队伍履职能力】 建强班子队伍。扎实做好区纪委换届工作，按照政治强、作风硬、德才兼备、敢于担当的要求配齐配优了新一届区纪委领导班子。加大纪检干部重用交流力度，区纪委监察局机关干部提拔重要3人，交流2人。进一步深化“三转”，区纪委监察局机关内设机构调整全面完成，纪检干部不再参与纪检监察业务以外的工作。开展监督责任落实情况调研督查，乡、街道和区直单位纪检组织履职意识明显增强。从严监督管理，健全完善规章制度，严格执行《岳阳市纪检监察干部“十不准”规定》，切实加强纪检干部监督工作，对1名违纪纪检干部进行立案查处，并调离了纪检工作岗位。

强化学习教育。坚持把加强干部教育培训、提升干部能力素质，作为一项基础性工作来抓。通过组织纪检干部集中培训、机关干部每月一学、选派干部外出学习等，全面提升综合素质，组织委局机关干部开展了“两学一做”学习讨论、“学党章、背准则、读条例”知识竞赛活动，选派6名干部参与中纪委、省纪委组织的学习教育。要求全区纪检干部坚持学习《中国纪检监察报》、《中国纪检监察》、《党风廉政建设》，深刻领会上级精神要求，着力提升思想政治素质和执纪办案能力。

深入推进改革。按照区委改革领导小组的统一部署，全面推进强化党的纪律执行、深化上级纪委对下级纪委的领导、加强廉政教育和培训等方面的改革任务。制定了《乡（街道）、区直单位纪（工）委书记、纪检组长提名考察办法》，明确纪检干部提名考察以纪委会同组织部门为主。制定了《乡（街道）、区直单位纪（工）委、纪检组向区纪委报告工作制度》，明确报告时间、内容和方式，切实增强履行监督责任的自觉性。

组织工作

【概况】 2016年，岳阳楼区组织工作落实上级部署和要求，突出全面从严治党这个主线，弘扬改革精神，树立法治思维，培养选拔引领岳阳楼区改革发展的好干部，从严监督管理干部，夯实党建工作基础，加强人才队伍建设，加强组织部门自身建设，为进一步全面建设现代美丽幸福城区提供了坚强组织保证。

【区乡领导班子集中换届圆满完成】 在集中换届活动中，坚持把加强党的领导贯穿换届选举工作全过程，做到了超前谋划、精心组织，将“严”的要求贯穿始终，将规矩纪律挺在前面，通过落实领导责任、严守标准程序、严明换届纪律和严密组织实施，全面实现了组织意图，实现了换届“四好”目标，确保了换届工作圆满顺利、风清气正。

【“两学一做”学习教育落地见效】 区委常委认真贯彻落实上级要求，均以普通党员身份参加了所在党支部专题讨论和组织生活会，并深入联系点讲了一堂专题党课，带领各级领导干部建立联系点100多个。开展“学亮比做”党员活动日活动，推动基层党支部“三会一课”、组织生活会等基本制度逐步落实，党内政治生活开展更加正常化、常态化。坚持学用结合，深入推进“巴陵先锋先行”主题实践活动，引导广大党员立足岗位担当奉献。

【干部人才队伍活力全面激发】 强化干部教育培训，继续开展基层干部学历培训提升素质行动，举办干部集中轮训和专题培训，累计培训干部

800多人。挑选200多名干部到棚户（旧城）改造项目攻坚一线挂职锻炼。坚持市委“五个看重”“两个倾斜”用人导向，严格选拔任用程序，提高选人用人公信度。完善和创新干部交流长效机制，加大年轻干部、党外干部选任力度。严格落实超职数配备干部整改消化计划，全年共消化科级领导职数16名。强化干部人事档案专项审核力度，共集中审核在职干部档案1627卷。扎实做好公务管理、推动公务员职务与职级并行制度落地见效。严格执行因公因私出国（境）备案审批制度和干部离任审计制度，强化干部日常监管。加大干部“为官不为”、“为官乱为”问责力度，全年问责处理党员干部23人，形成了震慑效应，提拔了党员干部精气神，有效推动了区委区政府中心工作。贯彻落实“巴陵人才工程”，制定岳阳楼区人才战略发展“五年规划”，积极参与市委“四海揽才”活动，加强人才的培养、引进和服务。用心用情做好老干部工作，保障老干部待遇，引导广大老干部发挥作用、服务大局。

【基层党建工作基础不断夯实】 实施“三大三强”行动，大幅度提高基层组织运转保障经费，加强街道、社区规范化建设；强化基层党务工作者队伍建设，举办基层党组织书记专题培训班、党务工作者业务培训班，共集中轮训1000多人；调整社区（村）行政区划，调整撤换了10名“一大三低”的党组织书记。统筹抓好党建常规工作，继续加强非公有制经济组织和社会组织党建工作，进一步规范发展党员工作，强化党员日常管理；精心组织开展庆祝中国共产党成立95周年系列活动，表彰了一批先进基层党组织、优秀共产党员和优秀党务工作者；做好远教站点“并、转、提”工作，抓好“农民大学生培养计划”的落实。强化基层党建责任，建立党建工作分季度督查考核机制，深入开展党组织书记抓基层党建述职评议考核，以责任落实推动任务落实、工作提升。

【组工干部队伍形象稳步提升】 部机关带头开展“两学一做”学习教育，突出抓好思想政治建设，教育引导组工干部带头尊崇党章、遵守党规，进一步扩大干部的理论知识水平，进一步增强政治、大局、核心、看齐意识。坚持业务培训与实践锻炼并举，采取“周末课堂”、“组工论坛”、“支部学习”、业务培训等形式，不断提升组工干部专业化能力水平。统筹抓好组工调研、信息和宣传工作，强化正面宣传和舆论引导，扩大了组织工作影响力。组织开展形式多样、丰富多彩的业余集体活动，陶冶干部情操，激发团队活力，培育团结和谐、健康向上的组工文化。

宣传思想工作

【构建大宣传工作格局】 出台《岳阳楼区构建大宣传工作格局的意见》，大宣传形成广泛共识，推动了全区宣传思想工作提档升级。取得了两个突破。宣传平台有突破，创办《岳阳楼区半月动态》、岳阳楼时刻手机新闻客户端、岳阳广播电台新闻栏目，升级电视台“岳阳楼区新闻”栏目，从新闻频道改至公共频道，从一周2期改为一周6期，大宣传平台日趋完善。宣传成效有突破，汴河街庙会在中央电视台新闻频道播报，棚户区改造、社区网格化管理、春节慰问等报道在《湖南日报》头版刊发，社区治理三合一、文明创建“四微”服务、七送一展等工作经验在省级内刊刊发推介，岳阳楼小学巴陵戏《梨园代代欣》在全省少儿戏曲春晚上演出并获金奖，大大提升了岳阳楼区影响力。实现了三个更加。领导更加重视，区委书记陈阁辉上任首次调研定在区委宣传部，并在短时间内两次主持召开常委会议研究宣传工作；区委副书记、区长黄建文多次就宣传工作进行指导，助推新的宣传平台落地。市委副书记、市长刘和生，市委常委、宣传部部长马娜分别到郭镇乡和王家河街道开展微宣讲活动，提升了岳阳楼区宣传工作地位。社会更加关注，各界人士聚焦大宣传格局，出谋划策，鼎力支持，宣传作品广受好评，互联网和微信微博转发、转评数量明显提升。群众更加满意，文明创建使城区环境更优，秩序更好，为百姓营造了整洁舒适的生活环境，同时网管部门妥善解决各类网络诉求，居民纷纷点赞。

【转型发展】 区委宣传部从思路、目标、方法、举措等方面入手，强力推动宣传工作转型，使宣传模式由宣传部单兵作战向全员参与转型，平台建设从固定型向多元化转型，运作模式从行政化向市场化转型，内容建设从标准化向精品化转变，服务方式从被动性向主动性转型。在全员参与宣传上，区第五次党代会精神系列时评、转型发展之路系列时评，均由区委办、区政府办等多个部门通力合作完成，推动宣传工作形成了合力；在多元化转型上，宣传平台增加到9个，涉及电视、报刊、电台、互联网、手机终端等五大媒介，声画通频，宣传效果立竿见影；在市场化转型上，电视、报刊等平台采取购买服务的方式进行化运作，新闻中心主要把好政治关、导向关，更多从事新闻策划、统筹协调、督促指导等工作，使宣传效率和质量得到明显提升；在精品化建设上，岳阳楼区工作经验在中央级媒体发稿22篇，省级媒体发稿43篇，推出了《岳阳十大棚户区“脱胎换骨”》《“网”事惠民百姓欢》等一批影响深远的新闻作品；在主动性转型上，区委宣讲团、“五老”志愿宣讲团、各级宣讲小分队主动到各基层单位，开展宣讲活动160余场次，面对面微宣讲，点对点解疑惑，推动理论大普及。

【改革创新】 区委宣传部着力创新工作思路，紧扣区第五次党代会精神，提出“一三六”行动计划，“一”即坚定一个目标，努力构建全面建成“转型发展、创新创业核心引领区”的大宣传工作格局；“三”即实现“三好三强”：领导评价好、舆论影响好、群众口碑好，传媒强、阵地强、队伍强；“六”即实施六大工程：科学理论武装工程、主流舆论壮大工程、文明创建巩固工程、文化繁荣共享工程、对外宣传展示工程、队伍素质提升工程。着力创新工作内容，把法制教育纳入精神文明建设内容，将其作为文明单位创建验收的必检项目，推动法制教育普及；出台《乡（街）综合性文化服务中心建设制度》《政府向社会力量购买公共文化服务的实施方案》等文件，加快现代公共文化服务体系建设；加强传统媒体与新媒体整合发展，“两微一端”

（微信公众号、官方微博、手机新闻客户端）全面建成，并推动落实《加强微博、微信、移动客户端等管理的实施意见（细则）》。着力创新工作方式，探索“四微”服务，在6个社区先行试点，开展相关活动千余次，其工作经验在《湖南宣传》刊发推介；开展区级图书馆总分馆制试点，3家试点分馆已全面启动服务；设立社区文化指导员，开展“七送一展”文化服务，文化惠民更加深入。

【建章立制】 区委宣传部加强顶层设计，制订构建大宣传工作格局的意见，主要就今后一个时期岳阳楼区宣传工作总体思路、主要任务、基础保障等提出了具体意见。这个文件是全区宣传工作转型发展的纲领性文件。为切实抓好文件落实，区委宣传部在全区三级干部暨经济工作会上进行解读，还派出4个组到各乡街、各单位进行宣传。坚持以制度管人管事，着力完善一系列工作制度，涉及理论教育、新闻宣传、精神文明建设、文化事业、网络管理等各方面，将工作流程、工作标准一一进行明确，遵章办事，使工作更加规范。同时，加强作风建设，进一步强化正风肃纪，对庸、懒、散等现象进行整顿，提升队伍战斗力。

统一战线工作

【概况】中共岳阳楼区委统战部是岳阳楼区委主管全区统一战线工作的职能部门。2016年，全区统一战线在挖掘资源优势中突出特色，在创新同心实践中提升实效，在服务全区大局中彰显作为，取得了新成效。

【经济领域统战工作】 加强对非公有制经济代表人士的联系与指导，会同区工商联邀请国内知名学者举办两期非公有制经济代表人士培训讲座，累计培训企业家200多名。采取业主投入为主、上级党组织支持为辅的办法，为基层非公党组织提供8万元工作经费，保证非公企业党建活动的正常开展，培育了一批非公党建工作亮点，湖南建国保安公司党支部荣获全省先进基层非公党支部。积极为非公企业排忧解难，先后受理解决非公企业纠纷10多起，为企业挽回损失100多万元。利用“互联网+”等现代传媒技术，在全市建立了首个工商联政务网和微信公众号，发布工作动态、供求信息等各类信息260多条，密切了与商会组织、广大会员的联系交流和信息共享。组建了由工商联会员为主体的“联爱”志愿者协会，组织开展公益活动80余次，募集善款40多万元。

【加强民主政治建设】 会同区政协组织民主党派、工商联和无党派人士围绕深化改革、扩大开放、促进发展、保持稳定积极建言献策，提高了调研参政质量。支持和引导党外政协委员围绕全区经济社会又好又快发展撰写各类提案60多件。引导各民主党派、新的社会阶层人士通过创建“同心社区”，创新社会管理方式。民进岳阳楼区总支捐献图书4000余册，向社区同心超市捐赠物资价值8万元，为特困家庭捐赠慰问金6万元，开展各类知识讲座12期。九三学社组织社员在社区认领“微心愿”，建立“圆梦台账”，满足居民心愿20多个。民盟支部在社区设立“同心理事会”，通过向各方面争取资金，先后为社区增加停车位78个，疏通下水道420米，为居民楼道间安装路灯523盏，植树48棵，解决了一系列的民生实事问题。岳阳楼区新的社会阶层人士联谊会为联点社区基础建设、扶贫助学捐资12万元。华容水灾期间，联谊会会员企业捐款捐物150万元，树立了岳阳楼区统战人士的良好社会形象。

【民族宗教工作】 利用社区网格化管理平台，对区内少数民族人士重新进行了摸底造册，登记流动少数民族700多人。向少数民族人士发放《岳阳楼区少数民族流动人口服务手册》《致岳阳楼区少数民族朋友的一封信》等宣传资料2000份。协调多起少数民族占道经营问题，全年没有发生一起因取缔少数民族占道经营引发的暴力冲突和纠纷。协调多名新疆籍小孩就近入读，组织区内新疆籍流动人员进行免费体检。大力推进民族团结进步创建进社区活动，认真宣传贯彻《宗教事务条例》，加强对宗教事务的依法管理和对宗教界人士爱国主义、社会主义教育，促进宗教与社会和谐。

【党外代表人士工作】 响应省委统战部号召，组织全区党外代表人士开展学系列讲话、学优良传统、助力新湖南的“两学一做”学习教育。采取学习座谈、考察调研等多种形式，为各民主党派和无党派人士建言献策、了解社情民意创造条件。认真开展人大代表、政协委员的推荐提名工作。组织18个考察小组对委员推荐人选进行了实地考察，以书面形式征求了28家单位和部门意见，牵头15家单位对62名非公经济代表人士进行了综合评价，最终确定244名区五届政协委员人选。严格按照相关程序和要求，高标准完成了19名市人大代表、8名市政协委员以及93名党外区人大代表的推荐提名工作。

对台工作

【概况】 岳阳楼区有暂住台胞117人，登记台属1700余人。2016年，岳阳楼区台办在区委、区政府的领导下，在市台办的指导下，围绕全区工作大局，积极履行协调职能，发挥优势，加强服务，扎实工作。

【抓好学习宣传】 进一步加强乡街对台干部业务素质，在乡街统战委员工作会议上，采取以会代训的形式，总结、交流乡、街道对台工作情况，开展业务学习活动，使乡、街道统战委员进一步熟悉基本政策、基本常识和办事程序，不断规范基层对台工作。组织部分经济界的台属参加全区非公经济人士时事政治专题讲座，为台属台商提供一个相互交流、了解政策的平台。做好对台信息工作，及时宣传对台工作情况。

【加强联络联谊】 建立联系回乡台胞、台属、台商制度，坚持不定期走访慰问回乡的暂住、定居台胞、台商和台属，了解他们的工作、生活情况，协调相关部门解决好台胞台属遇到的实际困难。深入企业、基层进行调研，及时掌握涉台维稳情况，维护好台胞台商合法权益。为台属赴台探亲、旅游等活动，提供政策、程序指导，真正做到热情服务、真情服务。为台属台胞提供发展平台。区台办及乡、街道统战委员在走访慰问过程中，鼓励台属自主创业，增强自身造血功能。同时主动与劳动部门对接，了解市场人才招聘信息，帮助经济特别困难、适合工作要求的台属就业。积极推荐文化素质较高、从事实体经营的台属加入工商联、新的社会阶层人士联谊会等社会团体，为其事业发展、政治参与、交朋结友搭建平台。

【突出协调服务】 配合区工信局处理台属与他人债务纠纷信访事件；协调处理台胞公司债务纠纷；协调处理台属天燃气安装等事宜；走访定居台胞13人次，并送去慰问金及营养物品。

督查工作

【概况】 2016年是省、市、区换届之年，全区大事要事多，区委重大决策部署多，区委督查工作的任务更重、要求更高、难度更大。督查室在以“精细化管理”理念为指南，紧扣发展大局，围绕中央和省、市委、区委重大决策和重要工作部署，积极主动开展督促检查，有效地推进了工作落实，较好地完成了市委、区委主要领导交办的各项任务。全年共组织开展各类督查活动180余次，其中大型督查活动37次；办理市、区领导重要批示件17件；共撰写各类材料80多个，其中向市委汇报的专报材料11个，向区委主要领导报告材料21个；下发专题通报18篇，近20次得到阁辉书记、建文区长、李峰主任以及原区委书记秩励等区委、区政府主要领导的肯定性批示。区委督查室被评为全省督查工作先进单位，多项督查活动在区委办公室系统优质服务竞赛评比中评为“精品项目”。

【决策督查】 2016年，组织开展落实经济工作会议、市区两级党代会精神贯彻、社区治理与服务创新、防汛抗灾、文明创建、环南湖水系治理、九大棚改项目推进等事关全局发展的大事要事督查活动37次，及时总结、推介了工作落实中的经验典型，反映、通报了存在的突出矛盾和问题，提出了一系列建设性的意见，得到了区委、区政府领导的充分肯定。为扎实做好全国文明城市复检工作，4月以来与其他职能部分联合前后15次深入大街小巷开展暗访督查，就市容环境、劝导员履职、五小门店整治、市场秩序、社区环境改造等关键节点进行了全面的梳理和检查，及时总结了好的经验，明确指出了存在的问题，提出了突出文明创建重点、量化考核指标、提升劝导实效、提质公共服务、推进全民共建的建议。随着国家文明城市复检临近，7月至8月，区委督查室又联合职能部门组织8个督查组，对全区16个乡、街道办事处文明创建工作进行了不间断督查，并针对市、区两级文明创建联合督查的相关情况，逐一列出问题清单1000多条，下发督办函90余期，召开专题督办会议23次，有力地服务了区委、区政府的中心工作，推动了重要决策的落实。又比如，为加强防汛救灾工作督查，从6月7日起就组织力量就相关工作开展不间断巡查。还以暗访的形式，前后11次联合其他部门深入各乡、街道办事处区防汛前线，就防汛救灾工作、干部值班备勤、水库值班值守和救灾补损、灾民安置、灾后重建等情况进行了全面督查，撰写防汛特刊18期，及时总结了经验，发现了问题，并根据防汛救灾工作的发展变化，提出了一系列合理建议，8次获得了区委领导的肯定性批示，较好地服务了区委、区政府的中心工作，推动了重要决策的落实。为促进环南湖水系生猪禁养工作，区委督查室先后组织了11次由分管副区长带队的专项督查，对所涉及的8个相关责任单位的任务完成情况逐一上门对帐督查核查，加速了南湖水系治理工作进程。同时，区委督查室还积极主动参与重大项目建设、卫生和计划生育、消防安全、居民医保征缴等工作的跟踪督查，促进了相关工作的全面推进。

【专项查办】 一年来，区委督查室坚持规范、严谨、务实、高效的作风，认真做好专项查办工作，坚持做到件件有回音，事事有落实，得到了区委领导、责任单位、群众三满意。一是专项查办抓得快。2016年共承办的13件区委主要领导专项查办件，都在极短时间内督办到位。7月19日接到时任区委书记秩励同志要求对红日马路市场进行全面整治的指示后，区委督查室立即组建工作班子、制订工作方案、进行广泛宣传、开展督查检查等一系列有效措施。9月29日，组织150多名执法人员，对该市场进行了彻底整治，取消固定经营摊位3 8家、拆除违规棚亭19处、驱散流动摊贩137个。当天，居民群众纷纷燃放鞭炮庆贺。二是书记批示办得好。全年共承办的17件市区主要领导信访批示件，每件均切实做到诚办、实办、精办，按期回复率100 %，得到了领导、部门、群众三满意。10月，在办理徐祖望要求岳阳楼区为其解决养老保险问题的信访件后，区委督查室先后6次与信访人进行沟通，3次主持召开协调会，7次单独约谈相关部门协商解决途径。其余信访问题，全部督办到位，得到了市、区两级领导的充分肯定。三是督查调研抓得实。区委督查室主动围绕领导关注和群众关心的热点、难点问题进行督查调研和综合反馈，联合区委政策研究室开展优质“调研报告”竞赛，有效服务了领导决策。《帮扶弱势群体——破解城市贫困问题的调查》《走好群众路线，化解矛盾纠纷》等12篇调研文章分别在《新湘评论》《湖南信访》等重要媒体刊发，产生了良好的效益。

【考评考核】 一方面，考核结果更加公正客观。一直以来，区委督查室坚持严格按照文件标准操作、严格按考评程序办事、严格控制实地考核人数、严格执行考评纪律的原则，做好了年度考评工作。2015年底至2016年1月，组织区直相关部门，对全区16个乡、街道办事处、73个区直单位2015年度的工作逐一进行全面考评，客观公正地拿出了先进乡、街道办事处和先进单位的建议名单，并提交区委常委会审核，区委、区政府主要领导对整个考评工作给予了充分肯定。另一方面，考评文件更加完善科学。2016年是“十三五”规划的开局之年，为使考核文件更加贴近上级党委、政府的工作重心，进一步提升考评考核工作，增强督查工作的执行力和权威性。区考评工作领导小组办公室人员将近两个月，在总结以往经验的基础上，整合对接省、市绩效评估和相关文件、会议精神，分头听取53个部门、16乡街的意见、建议，收集采纳80多条，对这些修改意见进行了反复斟酌，部分或全部采纳意见43条，对先进名额、考评对象、系列设计和具体指标、分值设计等内容，进行了反复修改完善，形成了《关于认真做好岳阳楼区“一极三宜”江湖名城建设2016年度综合绩效考评文件的通知》（岳楼发〔2016〕2号）。按照文件精神，区委督查室完成对全区各乡、街道办事处和区直及垂直管理单位的2016年度工作考评。

【队伍建设】 2016年，围绕构建和谐集体、效能集体的目标，全面提升集体战斗力，工作效率明显提升。一是学习更加扎实。注重学习是督查室的优良传统。在系统学习上，做到三个坚持，即：坚持集中学习，确定专题，定期组织集体学习讨论；坚持实际运用，每人都要勤于动手，不断提高文字综合能力，做到提笔能写，开口能讲；坚持提供学习保障，全年为全室干部订阅各类学习书籍20余种，经常性的组织开展阅读心得讨论、交流，积极营造学习氛围。目前，全室干部都勤于动手动脑，综合能力明显提高。二是制度更加完善。结合党的群众路线教育实践活动契机，区委督查室制订了《督查工作规范手册和岗位责任制》和《督查立项申报制》，对督查工作、督查人员作了进一步明确的分工，对办理的程序和工作方式作出了具体规定，提出了任务要求，强化了制度化管理，把“三零”目标作为督查室思想政治能力建设的起点，力争各项工作有新的起色，在年底的民主评议中，督查室党小组的工作得到了区委党支部及群众的一致好评，督查室连续3年被评为了区委办公室系统“红旗科室”。三是作风更加务实。2016年区委督查室到乡、街道办事处及区直单位督查200多个次，未接受一次单位宴请，全年共暗访单位70余个。

党校工作

【概况】 2016年，岳阳楼区党校在区委、区政府的领导和市委党校的指导下，认真学习贯彻《中国共产党党校工作条例》《干部教育培训工作条例》和省、市党校校长会议精神，积极配合区委中心工作，加强自身建设，发挥自身功能，较为出色地完成了各项工作。2016年5月13日，市委常委、副市长唐道明带领相关市级部门对区级党校工作进行了调研，对岳阳楼区的工作予以充分肯定。

【干部教育培训工作】 根据《中国共产党党校工作条例》和中央、省、市干部培训工作会议精神，岳阳楼区党校始终把干部教育培训作为主要工作，集中全校人力、财力，确保培训任务的圆满完成，共培训各级干部达800余人次。一是举办了发展党员对象培训班。为了提高思想认识，确保党的事业后继有人、永葆党的先进性的高度，全面系统地对入党积极分子进行党的知识培训，有效提高入党积极分子的党性修养和政治素质。5月11日至13日举办了建党对象培训班。组织部领导高度重视，具体指导制定教学计划，并亲自到班授课。培训班开设了党章、党的纪律、“两学一做”学习教育活动、习近平总书记系列讲话等主题讲座；开展了“四讲四有”主题研讨活讨。通过学习培训，学员深化了对党的认识、端正了入党动机、提升了科学发展的理念、强化了政治修养，为成长为一名合格的共产党员打下了坚实的基础。二是服务全区机关事业单位素质提升班。2015年，区政府在理工学院，举办了为期一年的机关事业单位工作人员素质提升工作进修班，岳阳楼区党校副校长任文秘班跟班管理员，对学员进行检查和考核。2016年，学员已全部如期毕业，并走上了各自的工作岗位。三是出色开展对外宣讲活动。作为党的重要理论阵地，岳阳楼区党校始终坚持为全区广大干部群众宣讲党的理论方针和时事政策。2016年，累计在全区各乡街道、机关事业单位、农村社区、学校、企业等地，宣讲108场次。其中重点突出中共十八届五中全会及省、市、区党代会精神，占总宣讲场次的50%以上。在对外宣讲中，紧扣时事政治、紧密结合区情，较好地发挥了全区宣讲主力军作用，受到社会各界的好评。

机构编制工作

【概况】 2016年，岳阳楼区机构编制工作按照年初市委编办的总体部署和要求，在区委、区政府和区编委的坚强领导下，圆满完成政府机构改革工作，重新修订19家政府工作部门“三定”规定，理顺部门职责职能，全力推进“放管服”改革，积极配合推进社区治理和服务“三合一”工程，下放委托社区办理或社区协助办理的公共服务事项总计9大类111项。狠抓控编减编工作，不断挖潜创新，盘活编制资源。加强事业单位登记管理工作，完成了网上年度报告公示，公示率达100%，启动统一社会信用代码赋码工作，完成中文域名名称注册工作。

【完成政府机构改革】 根据《岳阳楼区政府职能转变和机构改革方案》（岳楼办发〔2015〕10号），区编办结合区情实际，经过深入调研、精心草拟、法制审查、反复审核、不断修改、多轮反馈、层层签批，对机构改革后的19家政府工作部门的职能职责、机构设置、人员编制进行了全面修订，并以区委办、区政府办的名义下发。

在此轮政府机构改革中，将区文体新局的三个文化体育产业管理机构整合为一个机构。按照减少层次、整合队伍、提高效率的原则，在城市管理、农林渔业、卫生计生等系统开展部门内部综合执法，建立综合执法队伍，提高执法和服务水平。如整合区蔬菜局、区农业综合行政执法大队、区农业资源种子管理站、区林业产权管理办公室，组建区农林综合执法大队。将两家生产经营类事业单位转企、改制，与编制管理脱钩。启动城乡居民基本医疗保险制度改革，出台了《关于加强城乡居民基本医疗保险管理和经办机构建设的实施意见》，完成了人社和卫计部门机构、职责移交搭建工作。

【理顺完善机构职能职责】 根据岳阳楼区机构改革方案，由区政府领导组织，编办牵头，先后完成了区商业纠纷预防调处中心由原区商务局划入区司法局，区酒管办由区商务局划入区食药局，区定点办由区商务局划入区农林水务局等机构及职责移交划转工作。为进一步落实卫生计生系统改革，理顺乡街卫生计生机构设置，经过反复调研，广泛征求意见，出台了《关于补充完善卫生和计划生育局职责、机构和编制的通知》和《岳阳楼区关于进一步完善区划调整后乡街内设机构和事业站所设置的意见》，将乡街的卫生计生机构予以整合，进一步明确了各股室、站所工作职责。

【推进去行政化改革】通过反复信函确认、职责现场移交等方式，按照“分门别类、区别对待，先进笼子、下步明确，成熟一个、处理一个，平稳过渡、逐步规范”的思路进行调整规范，先后将区地方公路管理所（港口服务管理所）承担的行政职能划入区交通建设局，将区乡镇财政管理局、区国库集中支付局、区非税收入管理局、区行政事业单位资产管理办公室等9家二级事业单位承担的行政职能划入部门机关，并在新修订的“三定”中予以明确。

【深化行政审批制度改革】严格贯彻落实行政权力清单制度，做到凡增加、调整、取消行政职权的，必须经编办审核、法制办审查、区政府审定后方能调整。对不涉及事项变动，简化调整手续，进一步提高了权责清单动态管理的灵活性。2016年，共调整区食药局、区卫生计生局等单位权力清单项目181项，增加13项，删除7项，合并1项，并及时面向社会进行公示。

同时，积极探索打造公共服务、网格管理和居民自治“三合一”服务模式，将政府服务下沉前移，坚持能放则放、应放尽放，原则上凡是能下放给乡街、社区受理或办理的职权事项一律下放，最大限度激发基层发展活力，推进治理能力高效化、现代化、便民化建设。结合宜昌市、常德市交流学习的机构设置经验，起草了《岳阳楼区社区治理和服务创新机构设置的意见》。下放委托社区办理或社区协助办理的公共服务事项总计9大类111项。

【从严从紧盘活编制管理】对新进人员严格按照“凡进必考”的原则进行录用、安置、调配，并实行“一人一编一岗”实名制管理，全年没有发生一起违规进人情况，没有一例因新进人员出现的上访、投诉等问题。同时，依据区政府引进人才若干规定的总体要求，紧紧围绕楼区人才发展规划，充分发挥编制结构的杠杆作用，有计划、有目的、有重点进行公开招录、招聘、选调高精尖专业技术人才。经区编委会研究，出台了《关于调整岳阳楼区机关事业单位控编基数的通知》，积极探索跨行业、跨部门、跨层级使用周转编制，充实到乡街事业站所以及城管、民政等城市服务保障一线部门使用，充分挖掘楼区现有编制资源，盘活编制管理，确保每名编制都用在“刀刃上”。

【切实履行登记管理职能】区编办下发了《关于做好2016年度事业单位法人年度报告公示工作和换发新版事业单位法人证书的的通知》，制作业务操作指南，下达督办通知单等措施，做到工作要求传达到位、业务指导沟通到位、工作落实督办到位，确保事业单位主动在规定时间内完成年度报告公示和换证工作。截止2016年年底，全区登记在册的事业单位全部完成了网上年度报告公示，公示率达100%。

实行事业单位法人设立、变更、注销登记业务网上预审制度，制定专人负责进行网上审核通过后，再报送纸质材料，从而节约了工作成本，提高工作效率，让单位少跑腿，数据多跑路，提升机构编制部门在服务对象中的满意度。2016年，全区新设立登记15家，变更登记139家，注销登记5家。

区编办将换发新版事业单位法人证书工作与事业单位年检工作相结合，对前来办理年检工作的单位进行现场换证。在换发新证书前对相关信息逐项全面收集核实，特别对事业单位净资产进行重点核实，确保了全区事业单位登记信息的准确和规范。

【统一社会信用代码赋码】 区编办于6月份启动机关、群团统一社会信用代码赋码工作。为简化程序，将申领表在网上下发，查漏补缺，对个别单位以及没有《组织机构代码证》的单位进行赋码，同时积极做好新、旧证书过渡工作，避免各单位人员跑冤枉路，确保换证、赋码工作有序推进。截止目前，已完成57家机关、群团的赋码工作。

【落实网上名称管理工作】 对所有注册单位进行摸底，及时对有变化的中文域名名称进行变更，删除不需要或不合适的域名。结合事业单位年度报告公示，督促完成网上名称注册工作。2016年，岳阳楼区注册行政、事业单位域名数279家，对比任务要求的241家，超额完成38家。

老干部工作

【概况】 2016年，区委老干部局认真贯彻落实中办3号文件和湘办21号文件精神，把引导老干部为党的事业增添正能量作为老干部工作的价值取向，围绕为老干部服务这个大局，真抓实干。老干局被区委、区政府评为“2016年度综合绩效考评三类先进”。

【离退休党支部建设】 将离退休党建工作纳入全区大党建格局，实施同部署、同考核、同表彰，加强对离退休党员干部的教育管理。一是扎实开展“两学一做”学习教育。以区委组织部、区委老干部局的名义联合下发了《关于印发 < 关于组织离退休干部党员开展“学党章党规、学系列讲话，做合格党员”学习教育的实施方案 > 的通知》，在全区离退休干部中积极开展“两学一做”学习教育。抽调人员会同区委组织部党建办、区直机关党委参与区委“两学一做”活动的督查，并对全区离退休党支部“两学一做”活动进行全面指导。二是宣传推介典型。认真开展先进典型、离退休老党员“送课下基层”活动，7月组织市先进党员岳阳楼区粮食局离退休老党员刘雄辉深入学院路社区，为社区工作人员和社区居民上了一堂题为《学党章、强党性、守纪律、做表率》的党课。三是加大离退休党支部指导力度。对有条件创建市级示范性离退休党支部的单位给予重点指导，岳阳楼区东升社区离退休党支部被市老干局授予“示范性”离退休党支部称号。四是开展评选先进。结合全区中国共产党成立95周年庆祝活动，召开了优秀共产党员和党支部表彰大会，表彰了两个先进离退休党支部。老干局机关党支部荣获先进党支部称号。

【引导老干部发挥正能量】 一是加强组织领导。配齐配强了各涉老社会组织班子、人员，开展了“金秋助贫”、“我看楼区新变化”、“互助关爱传递温暖”等三大正能量活动。二是强化学习宣传。4月组织召开了全区老干工作会议，传达学习了中办发【2016】3号、湘办发【2016】21号《关于进一步加强和改进离退休干部工作的意见》文件精神，对开展正能量活动进行了动员部署。结合全区开展的“感动楼区人物”评选活动，积极推荐离退休党员干部先进典型，区粮食局离退休干部刘雄辉和岳阳楼和谐宣讲团团长李鄂鹏，成功评选为“感动楼区人物”。三是发出好声音。在全区离退休党员干部中开展了以“我看楼区新变化”为主题的征文活动，共有老干部32人撰写歌颂党、赞美岳阳楼区新建设的文章。在区政府办公大楼举办“神州崛起江山多娇”书画作品展，共展出作品110余幅，所有作品全部出自老年书画协会成员之手。2016年共开展书画展览三次，编印书画作品集一册。4月召开了“重温峥嵘岁月 共话美好未来”的老同志代表座谈会，邀请了曾在楼区担任过主职的市级老同志参加了会议，听取了市区两级老同志对楼区发展的建议。9月在老人节期间组织了70余名离退休干部代表参观考察了大桥湖社区、东茅岭商业步行街南辅道片区旧城改造项目、郭镇乡麻布村墙面改造项目。

【落实老干部“两项待遇”】一是政治上尊重、思想上关心。坚持老干部阅文、听报告、参加重要会议和活动，通报情况，听取意见建议；坚持重大节日走访慰问，组织政治学习、外出参观考察等。2016年共计邀请了100人次的离退休干部参加了建区20周年老干座谈会、第五次党代会征求老同志意见座谈会、2016年政府工作报告征求意见会等重要会议和重大活动。二是生活上照顾、精神上关怀。确保离休干部离休费保障机制、医药费保障机制和财政支持机制“三个保障机制”平稳运行，老干部生活费按月足额发放，医药费实报实销；2016年对全区82名离休干部及遗孀进行了走访慰问，2016年共计看望慰问住院老干部40人次。组织了全区105名离退休老干进行健康体检。三是服务上细化、管理上创新。坚持“老干部工作无小事”，热心帮助老干部办理换煤气、修电脑、网上购物、打字复印、补办乘车卡、购买天然气等生活琐事53次，为老干部看病、探友等提供用车服务68次。建立了全区老干部QQ、微信群，开辟老干部舆论宣传新阵地，在群里通报全区重大情况23条，发布养生、防骗等生活信息62条。

【丰富老干部精神文化生活】依托老年大学等载体，营造文化活动氛围。2016年老年大学共设有健身、二胡、舞蹈、音乐、广场舞、形体等9个班次，招收学员480名。依托老干部活动中心和螺丝港老干部活动室，合理安排各类活动的开展。2016年开展了全区老干部门球赛、象棋赛等赛。5月与区委宣传部、老年科协联合主办了“欢乐潇湘 舞动岳阳”首届广场舞大赛，12月举办了“增添正能量 唱响新楼区”文艺汇演活动。

【关心下一代工作】 广泛动员“五老”人员，积极参与培育和践行社会主义核心价值的“微宣讲”活动，2016年共参与“微宣讲”活动达300场次，备课60堂。利用道德讲堂，大力开展青少年道德教育，为青少年作心灵洗礼，全区建成道德讲堂110所，为青少年讲授道德礼仪课程150堂次。利用四点半课堂，大力丰富留守儿童课外生活，邀请老年文艺爱好者在社区四点半课堂为留守儿童讲授琴、棋、书、画等国粹课程。以“老少结对”活动为载体，开展“双帮双千”活动，组织老干部与600余名留守学生、贫困学生“一对一”结对，向贫困学生、留守学生捐款6.5万元，赠送学习用品4000余件。

【老年科协工作】 2016年，开展科普活动10次，发放科普资料1万余份，挂牌表彰科普和谐社区10个，编辑刊印《和谐简报》4期。鼓励帮扶两名老年科协会员领办协办企业，并提供科技支持。

区直机关党建工作

【概况】 2016年，在区委、区政府的正确领导和区委组织部的倾力指导下，认真落实市、区党建工作要点，扎实推进“两学一做”学习教育，以全面强化服务型党组织建设为目标，以夯实常规工作为抓手，以开展“四优”竞赛活动为主线，拓宽拓展党建主题活动，以提升服务质量为目的，建设宜居宜业宜游的幸福美丽楼区提供了坚强有力的组织保障。

【中心工作尽职尽责】 结合“巴陵先锋先行”开展有特色、有成效、有教育意义的党建主题活动，单位送慰问金5000元，积极投身仓田村的扶贫工作，通过教育助学、低保救助等措施，为文明创建联建帮助3户11人于2016年顺利脱贫。按照年初工作要点，把具体要承办的、完成的工作分类列出，在规定的时间完成。在职干部做到结合岗位实际，在提升信心、提高素质、提振状态的同时，认真落实了党建工作重点任务，并按照区委换届领导小组的部署要求，严格依程序，做好机关党委系统77名区第五次党代会代表的选举工作。

【党建事业稳步推进】 对照年度工作要点和《区直机关党建工作目标管理细则》，结合全区“学亮比做”党员活动日活动和党员组织关系集中排查工作的要求，2016年组织培训入党积极分子28人，发展新党员29人，指导36个党支部换届改选，清理党员档案2165份，找回失联党员25人，清理违法违纪党员12人，查找出失联党员3人，117个基层党组织开展“四讲四有”专题讨论，每名党员都有发言提纲，支部书记述职评议、便民志愿服务等活动297次。

【培训教育富于成效】 在党员培训教育方面突破常规，重点抓了以考试促学习、以体验促提升等环节的工作。为扩大“两学一做”学习教育的覆盖面，岳阳楼区机关党委创新思路，以流动党课的形式来进行“两学一做”学习教育的宣讲，先后在岳阳楼区法院、区食药局开课，在党员干部中反响很大，也很受欢迎。2016年，分别邀请了市直工委等部门专家就《不忘初心，继续前进》习总书记庆七一重要讲话精神和中共十八届六中全会精神，对区直系统党务工作者进行了专题培训。机关党委班子成员坚持带头学习，认真学习《中国共产党章程》习总书记系列讲话精神和《中国共产党纪律处分条例》、《中国共产党问责条例》、《中国共产党党员领导干部廉洁从政若干准则》等党内法规条例，坚持做学习笔记，书记带头讲党课参与专题讨论10次、撰写心得体会5篇。

【四优竞赛彰显特色】 通过比学习、比作风、比业绩、比服务，将过程监管、绩效考核和群众测评相结合进行综合评比，按得分高低评选出10个“四优”基层党组织、19名“四优”党务工作者、40名“四优”共产党员进行了通报表彰，在区直系统树立一批清正务实、任劳任怨、敢为人先的正面典型。结合“两学一做”学习教育，以广大机关党员参与为主体，以诗文创作和朗诵为主要形式，举行“我把忠诚献给你”——区直机关党委“两学一做”诗文朗诵主题活动，通过诗文朗诵、知识抢答、集体重温誓词、合唱红歌等环节，激发党员干部爱党爱国、践行“两学一做”，以此增强机关党员的凝聚力，打造党建工作新的特色亮点，初步构建“机关服务基层、组织服务党员、党员服务群众、党建服务发展”工作格局。

岳阳楼区人民代表大会

综 述

【概况】 2016年，区人大常委会在中共岳阳楼区委的领导下，按照区四届人大四次会议确定的工作目标，依法行使职权，扎实开展工作，为促进我区经济平稳健康发展，推进民主法治建设作出了积极的努力。全年共召开人大常委会会议7次，听取和审议专项工作报告21项，作出决议、决定3个，提出审议意见6件，依法任免国家机关工作人员32人次。

【换届选举】 根据《中华人民共和国选举法》的规定和省委相关文件精神，在区委的领导下，从2016年8月至10月，进行了区、乡两级人大代表的换届选举工作。人大常委会和各选举工作机构严格按照法定程序，认真做好宣传发动、选民登记、选区划分、投票选举等阶段的工作。成立多个换届选举工作督查指导组，在各个重要时间节点深入各选区进行督查指导，推动工作落实。配合区委组织部、统战部做好代表候选人推荐提名工作，经过公安、司法、卫计、工商等多个职能部门的联合审查，严把了代表的“入口关”。10月26至28日，依法选举产生岳阳楼区第五届人大代表260名，新一届乡镇人大代表164名。

【代表履职服务保障工作】 区人大常委会积极组织或鼓励代表参加各类学习培训活动，部分代表参加了清华大学、浙江大学等地的培训活动；坚持组织代表参加人大常委会组织的各项监督活动，邀请代表参加相关窗口部门行风评议、重大项目建设座谈等公益性社会活动，保障代表知情权，充分发挥代表作用。2016年5月，区人大常委会组织50多位市、区人大代表前往北京大学，举办了为期5天的人大代表履职能力专题研修班，聆听了北大多位知名教授的讲课，代表们的履职能力得到进一步提升。

重要会议

【区四届人大常委会第26～32次会议】 第26次会议于2016年2月26日召开，会议由区人大常委会主任罗加粮主持。会议通过了《人大常委会2016年工作要点》，组织学习省委有关文件。

第27次会议于3月30日召开。会议由区人大常委会副主任李建国主持。会议听取和审议区人民政府关于2016年财政预算草案及部门预算编制情况的报告，进行相关人事任免及代表辞职事项。

第28次会议于5月27日召开。会议由区人大常委会副主任周幺龙主持。会议听取和审议区政府关于《中华人民共和国环境保护法》贯彻实施情况报告，关于棚户区改造工作情况报告，关于审计工作、民政工作、文化体育和新闻出版工作评议意见整改落实情况报告，审议通过区政府相关议案，进行相关人事任免事项，组织学习换届纪律相关内容。

第29次会议于7月7日召开。会议由区人大常委会副主任施敏主持。会议听取和审议区政府关于2015年财政决算情况的报告，2015年财政预算执行和其他财政收支情况的审计报告，通过了街道人大代表工作机构更名事项，组织学习换届纪律相关内容。

第30次会议于8月20日召开。会议由区人大常委会副主任罗加粮主持。会议同意陈阁辉同志辞去区人民政府区长职务，汤尧光同志辞去区人民检察院检察长职务，任命黄建文同志为岳阳楼区人民政府副区长、代区长，许建华同志为岳阳楼区人民检察院副检察长、代检察长。

第31次会议于8月26日召开。会议由区人大常委会副主任卢红升主持。会议通过部分区人大代表的辞职事项。

第32次会议于11月4日召开。会议由区人大常委会副主任卢红升主持。会议听取“一府两院”关于代表议案和建议、批评、意见办理情况的报告，进行有关人事任免事项，审议通过“关于召开区五届人大一次会议的决定”，审查区五届人大一次会议列席人员名单，初审人大常委会工作报告。

【区五届人民代表大会第一次会议】 岳阳楼区第五届人民代表大会第一次全体会议，于2016年11月27日至30日在岳阳会展中心召开，这次会议，从区委到人大常委会都十分重视，多次召开专题会议，分析形势，研究情况。除正常的大会秘书处工作外，还专门成立了会风会纪监督领导小组和各乡、街道监督小组，大会期间24小时轮流值班，统一食宿，强调大会纪律。大会除4人因病假住院请假，中途无人旷会，30日上午大会选举，256名代表参加投票。会议选举漆胜为区人大常委会主任、黄建文为区人民政府区长。选举周幺龙、施敏（女）、李建国、张雪梅（女）、陈金星为区人大常委会副主任、徐平、余昕、高鸽子（女）、唐露尧、方正春、严石龙、邓建华为区人民政府副区长，夏常凯为法院院长、许建华为检察院检察长（报市人民检察院检察长提请市人大常委会批准任命）。会议还选举产生区人大常委会委员19名，驻区的市八届人大代表62名。

决议决定

【批准2016年区财政预算报告】 3月30日，区四届人大常委会第27次会议听取和审议区财政局局长杨大明受区人民政府委托所作的《关于岳阳楼区2016年财政预算（草案）的报告》，根据《预算法》和区四届人大四次会议授权，会议决定批准《关于岳阳楼区2016年财政预算（草案）的报告》及2016年区本级财政预算细化方案。

【批准2015年区财政决算报

告】 7月7日，区四届人大常委会第29次会议听取和审议区财政局局长杨大明受区人民政府委托所作的《关于岳阳楼区2015年财政决算情况的报告》和区审计局局长刘春林受区人民政府委托所作的《关于2015年区级财政预算和部分区直部门预算执行及其他财政收支情况的审计报告》。会议决定同意《关于岳阳楼区2015年财政决算情况的报告》，批准岳阳楼区2015年财政决算。

建议意见办理

【概况】 四届人大四次会议期间人大代表提出建议、批评和意见52件，其中政府系统承办的49件，区法院承办3件。在“一府两院”的配合下，通过人大常委会领导联系督办、政府领导负责领办、职能部门具体承办等形式，扎实推动了议案建议的办理工作。

岳阳楼区人民政府

重要会议

【区政府第 23 次常务会议】2016 年 1 月 25 日上午，由区长陈阁辉主持召开。会议听取《<2016 年政府工作报告 > 目标任务分解表》的情况说明。听取区环保分局关于制订《岳阳楼区环境保护工作责任规定（试行）》的情况说明。会议明确，区政府办根据本次会议所提意见建议，对文件进一步修改完善后印发。

【区政府第 25 次常务会议】2016 年 5 月 5 日上午，由区长陈阁辉主持召开。关于并村改革工作。会议指出，根据省、市工作部署，此次并村改革工作，岳阳楼区目标任务为合并 44 个建制村。关于《岳阳楼区 2016 年公开招聘社区网格管理员和社区窗口服务人员工作实施方案（草案）》。为进一步推进我区社区治理和服务创新工作，现根据工作需要，决定公开招聘 30 名社区网格管理员和 20 名社区窗口服务人员。关于《岳阳楼区社区工作人员管理补充规定（草案）》。会议指出，研究出台《岳阳楼区社区工作人员管理补充规定》是推进社区治理和服务创新工作的需要，是落实岳楼办〔2016〕6 号文件的需要，有利于优化社区工作人员结构，提高社区工作人员整体素质。

【区政府第 26 次常务会议】2016 年 6 月 24 日上午，由区长陈阁辉主持召开。会议通过区公务用车制度改革领导小组办公室制订的《岳阳楼区公务用车制度改革实施方案（草案）》。通过区民政局制订的《岳阳经济技术开发区建制村合并方案（送审稿）》。

【区政府第 27 次常务会议】2016 年 10 月 14 日上午，由代区长黄建文主持召开。一是关于白杨坡小学项目建设，会议指出，随着城市化进程加快，人口急剧增加，加之二胎政策放宽，几年后将迎来新的入学高峰，中心城区学校现有规模已不能满足城市人口增长带来的就读需求，“入学难”问题日益突出。根据市委、市政府关于中心城区中小学校“六建六扩”要求，已于 2016 年 5 月启动白杨坡小学建设项目。二是关于《2016 年度岳阳楼区应对防汛Ⅱ级应急响应防汛抗灾工作先进单位和优秀干部表彰方案（草案）》。会议明确，原则通过区农林水务局制订的《2016 年度岳阳楼区应对防汛Ⅱ级应急响应防汛抗灾工作先进单位和优秀干部表彰方案

（草案）》。三是关于《岳阳楼区金融产业扶贫工作实施方案（草案）》。会议明确，原则通过区扶贫办制订的《岳阳楼区金融产业扶贫工作实施方案（草案）》。四是关于中心城区禁毒工作。会议明确禁毒工作涉及社会方方面面，影响社会长治久安，各单位要积极主动履职、认真研究，以高度的责任感和使命感，从根本上解决涉毒问题。五是关于生猪禁养工作。会议通报了我区目前生猪禁养工作情况。会议要求，生猪禁养工作要做到：有据可依，乡、街道要摸清养殖户底子，做到“一户一档”；有账可查，要建立养殖户补偿台账，补偿资金坚决不能突破政策；有责可问，乡、街道要切实落实主体责任，按时完成禁养任务。对于禁养任务完成后再出现反弹的，区政府责令所属乡、街道自行投入资金禁养到位，并启动问责；有章可循，要建立长效管理机制，采取有效措施防止违规养殖死灰复燃。

重要文件

岳楼政发［2016］1号

白水及磨子山片区棚户（旧城）改造项目（白水安置小区）房屋征收补偿安置方案征求意见修改情况公告

岳楼政发［2016］2号

科伦药业及周边土地收储项目房屋征收补偿安置方案征求意见修改情况公告

岳楼政发［2016］3号

关于分解政府工作报告目标任务的通知

岳楼政发［2016］4号

关于印发岳阳楼区环境保护工作责任规定的通知

岳楼政发［2016］5号

兵役登记通告

岳楼政发［2016］6号

科伦药业及周边土地收储项目房屋征收决定公告

岳楼政发［2016］7号

关于加强社会抚养费征收管理的通告

岳楼政发［2016］8号

关于印发岳阳楼区公立医院综合改革试点实施方案的通知

岳楼政发［2016］9号

国大片区旧城改造项目房屋征收补偿方案征求意见公告

岳楼政发［2016］10号

东茅岭南辅道片区旧改项目德赛商业广场房屋征收补偿安置方案征求意见修改情况公告

岳楼政发［2016］11号

新十四中搬迁和建设项目国有土地上房屋征收补偿安置方案征求意见公告

岳楼政发［2016］12号

国大片区旧城改造项目房屋征收决定公告

岳楼政发［2016］13号

关于规范网格信息应用的办法

岳楼政办发［2016］1号

关于印发岳阳楼区环境保护违规建设项目清理整治工作实施方案的通知

岳楼政办发［2016］2号

关于印发岳阳楼区九大棚户（旧城）区改造项目征地拆迁资金管理办法的通知

岳楼政办发［2016］3号

关于印发岳阳楼区征收安置工作联席会议制度的通知

岳楼政办发［2016］4号

关于印发岳阳楼区出生缺陷防治工作实施方案的通知

岳楼政办发［2016］5号

关于调整区政府领导成员工作分工的通知

岳楼政办发［2016］6号

关于印发岳阳楼区社会保障兜

底脱贫对象认定工作实施细则的通知

岳楼政办发〔2016〕7号

关于印发岳阳楼区食品安全管理工作考核办法的通知

岳楼政办发〔2016〕8号

关于印发岳阳楼区金融产业扶贫工作实施方案的通知

岳楼政办发〔2016〕9号

关于调整区政府领导成员工作分工的通知

岳楼政函〔2016〕4号

关于同意《岳阳楼区水利规划（2015-2025）》的批复

岳楼政函〔2016〕9号

关于将岳阳楼区人民医院内科综合住院大楼项目纳入2016年中央投资计划的函

岳楼政函〔2016〕10号

关于保留中国国际旅行社有限公司房屋原国土性质和用途的函

岳楼政函〔2016〕14号

关于支持调整洛王02-08地块容积率的函

岳楼政函〔2016〕18号

关于对02-08地块土地储备项目第三批增补概算进行审查认定的函

岳楼政函〔2016〕21号

关于批准原东方红小学及周边地段旧改项目规划方案的函

岳楼政函〔2016〕25号

关于提请审议科伦药业及周边土地收储项目补充纳入2016年度岳阳楼区国民经济和社会发展年度计划的议案

岳楼政函〔2016〕49号

关于确认岳阳市2016年棚户区改造建设项目（一期）改造计划的函

岳楼政函〔2016〕50号

关于申报村级集体经济发展有潜力村及主打项目的函

岳楼政函〔2016〕58号

关于实地核查国家级自然保护区人类活动情况的函

岳楼政函〔2016〕63号

关于同意编制岳阳楼区2017年度国有建设用地供应计划和土地储备计划的批复

岳楼政函〔2016〕71号

关于将岳阳市洞庭实验学校项目宗地纳入2017年土地收储计划的函

岳楼政办函〔2016〕2号

关于成立岳阳楼区整区推进农村环境综合整治建设工作领导小组的通知

岳楼政办函〔2016〕7号

关于认真做好《岳阳楼区年鉴·2016》组稿工作的通知

岳楼政办函〔2016〕14号

关于印发岳阳楼区2016年就业和社会保障工作目标任务分解表的通知

岳楼政办函〔2016〕15号

关于开展政府性投融资项目专项清理工作的通知

岳楼政办函〔2016〕18号

关于印发岳阳楼区九大棚户（旧城）区改造项目征地拆迁资金及项目管理实施细则的通知

岳楼政办函〔2016〕42号

关于做好2017年岳阳楼区城乡居民基本医疗保险征缴工作的通知

岳楼政办函〔2016〕45号

关于印发岳阳楼区“五证合一、一照一码”登记制度改革实施方案的通知

岳楼政办函〔2016〕56号

关于编制岳阳楼区2017年度国有建设用地供应计划和土地储备计划的通知

岳楼政办函〔2016〕58号

关于印发岳阳楼区2016年农村危房改造工作实施方案的通知

岳楼政办函〔2016〕61号

关于印发岳阳楼区地方志事业发展规划纲要(2016-2020年)实施方案的通知

法制工作

【概况】 2016年，岳阳楼区连续十年被市人民政府评为“依法行政先进单位”，该区的“创新案例指导方法，促进行政执法和公民守法”“依托法律权威，有效化解信访矛盾”等经验先后在省政府法制工作会议上作交流推介。

【法治政府建设】 2016年，法制办制定法治政府建设考核方案和记分细则，加大法治建设在全区行政绩效评估体系中的分值。今年，区行政效能考核，法治建设的分值占比达到20%。区委、区政府高度重视法制队伍建设，区政府法制办在区政府办加挂牌子，正科级设置，财政独立预算单位，设主任1名，副主任1名。法制办原有工作人员5名，有2名调市政府法制办。现在正在遴选优秀法治人才，准备第一批新调入3人，保证法制办工作人员不少于6人。在这一轮的机构改革中，区政府18个工作部门都设置了法制股（室），其他的区直单位、乡、街道办事处也都设有负责法制工作的干部。

【依法科学民主决策水平提升】 按照《湖南省行政程序规定》要求，印发《岳阳楼区重大事项稳定风险评估暂行办法》《岳阳楼区“三重一大”集体决策监督管理办法（试行）》《岳阳楼区重大行政决策规定》，决策规则，重大行政决策严格遵循公众参与、专家合理确定行政决策权限范围、完善决策必经步骤、健全内部论证、风险评估、合法性审查和集体讨论等程序。特别是在征地拆迁、民生保障、重大规划建设项目的实施等方面，政府决策得到了群众的理解和支持，社会反响良好，决策执行较为顺畅，效果明显。岳阳市全面启动十大棚户（旧城）区改造项目，其中九个项目在岳阳楼区，共涉及拆迁居民10239户近4万人，征拆资金120亿元。为强化法律保障，区政府实施“三个一”制度，即每个项目配备一名法制（司法行政）工作人员、一名法官（检察官）、一名律师。目前，已经完成征拆7886户，占总任务量的78%。

【行政执法效能提升】 2016年，按照上级要求，如期完成了区政府及其部门权力清单和责任清单的梳理发布工作。权力清单明确了39个部门的1301项权力，除此之外再无他权。责任清单列明了35个区直部门的416项职责、1390项具体责任事项、188项事中事后监督事项和162项公共服务事项，清清楚楚地给了老百姓承诺。在2015年的基础上更新和变动权利、责任清单共计300余项。2016年，共审查规范性文件8份，区委、区政府发文116份，审查会议纪要41份，部门单位文件92份。

【创新社区治理和服务】 2016年，累计在社区办理公共服务业务8.3万件，为居民带来了实实在在的便利；在网格中发现并处理民生事项1.5万件，及时回应居民关切；全区信访总量、集体上访量、非正常上访量同比均下降50%以上，上半年全省综治民调排名比去年提升30位。

【强化监督促进依法行政】 2016年，共受理行政复议案件

16件，办结13件；办理以区政府为被申请人的行政复议答复案件8件。积极受理、认真承办行政应诉、赔偿、行政复议答复案件、执法矛盾纠纷和其他行政涉法事项，建立人民调解、信访、行政协调、司法等多方式、多渠道矛盾纠纷排查调处长效机制，有效化解各类矛盾纠纷，保持了全区的和谐稳定。

经济研究工作

【概况】 2016年，区政府经济研究中心以“深、实、精、优”四个字为目标，着力提升队伍素质，切实加强规范管理，优质完成区委、区政府交办的工作任务，为领导决策提供有益参考，较好地发挥了以文辅政的功能。

【调查研究】 2016年，全年开展调研的课题在10个以上，进行调研的时间在100个工作日以上，真正掌握实际情况，确保信息准确、数据精确，为领导决策提供了有效素材。为提升研究的科学性，经济研究中心建立“内联外援”的工作模式。凡是课题涉及的相关部门，都要求安排业务骨干联合参加课题研究工作，在课题研究过程中，还注重借助专业力量，与上级党委政府的研究室、党校、高校等建立联动机制，有力促进了调研水平提升。经研中心撰写的《发挥中心城区独特优势，建设“一极三宜”江湖名城》《创新社区治理服务模式，建设宜居宜业宜游美丽幸福岳阳》《构建工作新机制，创造征拆新速度》等多篇调研报告被市委《领导参阅》、市政府《政府通报》等刊载。

【信息工作】 全年工作不间断，24小时保持通讯畅通。在办公室工作人员紧缺的情况下，始终明确一名专职信息工作人员，要求区内部门单位明确专人负责信息工作，强化基层的信息工作责任，提升政务信息工作业务水平。建立采集、编辑、报送、反馈全链条工作制度，设立了信息工作QQ群，保持全区信息交流共享，做到每天遴选报送信息，确保下情上达、无缝对接。定期确定课题，收集、整理、报送有深度、有高度、有特色的工作信息，整体反映区域发展态势和上级关注的重点工作。坚持办好《政府通报》，及时传达了区委、区政府的重要决策部署。岳阳楼区政务信息工作再次被评为全市先进。

【提升稿件质量】 经济研究工作建立资料收集工作制度，中央、省市重大决策部署，经研中心第一时间组织学习；上级文件除涉密以外，全部复印留存；区委、区政府重要会议、活动，经研中心一律参加。通过系列措施，为文稿撰写积累了充分的素材，保障了文稿内容与时俱进。建立文稿起草的工作制度，集体研究、集体探讨、专家参与、领导审核等，广泛吸纳各方有益意见，切实增强文稿的科学性。实行文稿质量负责、限时完成、差错登记等制度，对每一篇文稿、每一句话、每一个标点，反复修改，不断订正，逐步完善，从未出现过任何差错，真正做到零错误、零延误、零失误。特别是《政府工作报告》等一些全局性的综合材料，得到领导和社会各界的高度评价。2016年，经研中心共撰写报告、讲话、汇报、文件、会议纪要等各类文稿300多篇。

【优化队伍建设】 坚持优中选优、梯队结构，建立了部门单位青年干部到经研中心跟班学习制度，既培养了基层工作力量，又可以选拔到合适人才，还保障了队伍始终有新鲜血液，始终保持着蓬勃朝气。从事经济研究工作的全部是“80后”，学历都在本科以上，既有经济学专业人员，也有中文、历史等相关专业人员。建立健全并严格落实学习制度，做到党报党刊每期必看，重要文件集中研读，专业知识鼓励自学，每年安排订阅刊物购买书籍经费1万元，外出考察学习一般安排经研中心人员参加。坚持用制度管人管事，既保证工作任务优质完成，又注重工作人员身心健康和个人成长，整个队伍精神面貌积极向上，作风严谨规范，在全区上下赢得了良好的口碑。

人力资源和社会保障工作

【概况】 2016年，圆满完成了全年实事目标任务，获得省级诚信人力资源服务机构、省巾帼文明岗、全省“六五”普法依法治理先进集体、省示范仲裁院等省、市、区荣誉16项，奋力创建核心引领区建设标杆示范单位，谱写“一极三宜”江湖名城建设新篇章。

【就业创业】针对被征地农民、下岗失业职工、未就业高校毕业生等就业困难群体，举办了厨师、家政、茶艺等各类就业创业培训班64期，培训2530人次，职业技能鉴定1056人次。举办了“春风行动”“四送进贫困村”等招聘会6场次，达成就业意向3000多人次；大力推进创新创业工作，在洞庭新城、泰和市场挂牌成立了两个创业基地，组织开展了首届“十佳创业青年、十佳创业巾帼”评选等系列“创业在楼区”活动。先后有南岳社区被人社部评为“全国充分就业示范社区”，万家坡等7个社区被评为“全省充分就业星级示范社区”，东茅岭街道和连云路社区被评为全省创新创业示范街道、社区。全年，全区新增城镇就业9095人，农村劳动力新增转移就业747人，提前两个月超额完成省为民办实事目标任务。城镇登记失业率控制在4.0%以内，“零就业”家庭动态清零率100%，全区就业创业形势总体基本稳定。

【社会保险】 开展“工伤保险政策宣传月”“社保政策进万家”“社保卡宣传月”等各类宣传活动12次。正式启动城镇居民医保大病追补工作，有159人享受政策，追补资金217万元。完成城乡居民医保整合工作，全面开展养老金领取资格认证，深入社区、医院、养老院等为行动不便的老人提供上门服务1100多人次。开展了“强基础、保安全”主题活动，对119家定点医疗机构等各类单位实施专项稽核，追回基金15万元，行政处罚20万元，基金规范运转率和安全完整率达到100%。全年，养老、医疗、生育、失业、工伤等五项社会保险共征缴基金3.8亿元，完成目标任务的130%。发放社会保障卡19万张，参保人数52.4万人次，各险种待遇都做到及时足额发放，社会保险各项工作都取得了质和量的提开。

【公共服务】 2016年，岳阳楼区跻身“全国社区治理与服务创新实验区”，按照区委、区政府“三合一工程”部署，该局积极与区网格办等部门对接协调，结合社会保障卡的发放与应用，先行先试，共向街道、社区下放了106项公共服务事项，建成了“岳阳楼区公共网络服务平台”。目前全区95个基层平台窗口累计办理各项业务26余万笔，群众满意度达到98%以上。

【人事人才】 面向社会公开招录招聘公务员、教师、“三支一扶”工作人员、社区网格员、社区窗口服务人员等133人，招考过程严谨、规范，纪检监察部门全程监督，没有出现违纪违规和投诉举报情况；在武汉等地举办了“四海揽才”人才引进活动，组织开展专业技术人员继续教育培训、安监系统业务培训、事业单位新进人员培训3次，共培训290人次。组织了48名科级以上领导干部到复旦大学参加城市经济管理研修学习，组织举办了机关事业单位素质提升班、中青年干部脱产学习班，参培人员265人；建立机关事业单位人才信息动态管理数据库，在区委组织部的具体主持下，代区委、区政府起草了《岳阳楼区人才战略发展五年规划纲要》。

【信访维权】 全年，共办理“12345”公众热线、上级交办等信访1173件，回复率100%，被区政府评为A类单位；举办了“三送三上”“送法进校园、进企业”等宣传活动9场次，开展了夏季高温防护、妇女儿童权益保护、拖欠农民工工资专项治理等各类执法检查6次；严格落实市委“农民工工资零拖欠”民生实事要求，在岳阳楼街道试点建设基层调解组织，受理各类投诉举报889件，涉及2600多人，为劳动者挽回经济损失1000多万元。其中向公安机关依程序移交两起恶意拖欠农民工工资案件，对涉案法人和违法企业给予打击和震慑。

【学习教育】 深入推进“两学一做”学习教育，制定了全局系统学习计划，将每周五下午定为集中学习时间，重点学习勤政廉政、作风建设以及人社政策业务等方面内容，专题组织学习了新《条例》、新《准则》和中央十八届六中全会、省、市、区党代会精神，做到了“有时间、有内容、有笔记、有心得”，人均学习笔记超过1万字。组织开展了“书记讲党课”活动16次，邀请区检察院专家讲廉洁从政党课1次。组织开展了人社干部争做“四讲四有”合格党员、“人社人为人民”、青年骨干业务研讨论坛等学习交流活动4次，进一步提升了全局系统干部职工的履职能力和服务水平、激发了干事创业热情。

【阵地建设】 深入开展“巴陵先锋先行”主题实践活动，以“党建+”为重要抓手，切实加强支部阵地建设。结合人社工作实际，组织开展了演讲比赛、征文比赛、“技能大比武”、学法考试、网络知识竞赛等“人社党员先锋行”系列活动，形成了党建+窗口服务、党建+信访维稳、党建+劳动维权、党建+精准扶贫等党建工作生动局面。组织开展了支部书记向党组、党组班子成员向党组书记述党建工作，调优配强了支部力量，严格落实“三会一课”，进一步加强和规范党内政治生活，严肃认真开展了领导班子民主生活会和支部组织生活会，真刀真枪、红脸出汗，增进了团结，凝聚了力量。

【党员服务】 大力开展窗口文化建设，将“四为”精神作为局训，继续推行“五个一”和“五个不让”服务承诺，在办事大厅设置了“党员值班咨询台”“党员优质服务示范岗”，开通了老弱病残孕等特殊群体业务快速办理绿色通道，日均服务群众超过300人次。深入开展“党员进社区、竞赛当‘五员’”活动，成立了党员先锋突击队，到冷水铺、小湖湾等联点社区认领志愿服务岗位35个并提供挂牌服务，在维权维稳、防汛抗洪、文明创建等急险重工作中发挥了关键作用，化解被征地农民养老保险等各类信访隐患30多件。在建中村等联点贫困村（社区）举办了全省首次“精准扶贫”专场招聘会，开展了“义诊义送”、“农家乐”创业培训、“党员干部结对帮扶”等活动，帮助39户村民实现脱贫，充分发挥了基层党组织的战斗堡垒和当党员干部的先锋模范作用。

【依法行政】 持续推进法治人社建设，重新修订了《规范权力运行 竭诚服务群众》工作手册，全面实行权力清单、责任清单制度，进一步梳理、规范了18项重要业务工作流程，完善了26个权力运行风险点监控，共向乡、街和社区下放了106项公共服务事项，建立了网络安全规范管理办法等、千分制绩效考核办法等9项工作制度，严格依法依规、依章依制办事。全面推行轮岗交流制，年初对局党组班子成员分工进行了重新调整，同时对任职满4年的机关股室负责人和各二级机构副职实行轮岗交流，到年底全局系统轮岗交流幅度已超过80%。严格执行业务经办实名制，所有业务经办的各环节、全过程，经办人员一律实名签字盖章，永久存档、终身负责。

民政工作

【概况】 2016年，岳阳楼区民政局紧盯全面小康美好蓝图，聚焦“一极三宜”江湖名城建设，瞄准“核心引领区、社区治理和服务创新实验区、普惠群众民生幸福区”的目标，在推进共享发展、提升群众获得感上发挥作用、体现担当。

【社区建设】 2016年，以网格化作为管理手段，将全区99个社区共划分为652个网格。组建网格工作队伍，规范社区人员管理，出台《社区专职工作人员管理补充规定》。采集核对数据信息，将公共服务网络与网格化管理信息网络互联互通，有效处置各类网格事件1万多起，实现了公共管理精细化。全年，共投入439万元改善社区便民设施。完善社区便民服务功能室，规范社区标识标牌，统一社区装饰风格。对社区外墙颜色、门头、显示屏、宣传栏、窗口服务牌等13项内容规范。制订了运通街、炮台山、德胜等13个社区的办公服务用房改扩建计划，全面推进社区办公服务用房清零。

【社会救助】 岳阳楼区民政局积极探索构建新型社会救助体系，把提高保障标准作为兜底保障的关键点，全面建立贫困人口档案，城乡低保1.72万户2.7万人，一户一档，出台《城乡低保兜底与精准脱贫衔接工作实施方案》，制定2016年至2018年全市农村低保、五保标准与扶贫标准“两线合一”

工作计划，确定了在全市率先实现农村低保、农村五保线与脱贫线合一和政策兜底脱贫的目标。通过联审联批、阳光评议、公示公开、重审档案等举措，动态管理清退1544户3253人。城市低保人均月补差由去年的185元提高到292元，农村低保人均月补差由去年的94元提高到220元，保障标准居全省前茅。全年共实施城乡低保救助人32.39万人次、发放低保资金7570.8万元。实现了“应保尽保、该保则保”目标。

【救灾救济】 2016年入讯以来，岳阳楼区遭遇强降雨袭击，全区6155人受灾，倒损房643户1092间，直接经济损失2468万元。紧急转移安置受灾群众6032人，组织发放救灾资金122.3万元，发放棉被200床、帐篷20顶，发放春冬临时生活救助资金76万元。将因灾伤病人员及时纳入医疗救助，将因灾临时性困难家庭的给予临时救助。还积极创建综合减灾示范区，城陵矶街道华能社区被评为省级综合减灾示范社区。

【双拥优抚】 积极开展以“带头建设家乡、促进经济发展；带头维护稳定、促进社会和谐”为主题的“双带双促”活动，推选12名创新创业退役军人代表进行经验交流，评选6名退役军人优秀企业代表进行鼓励，组织召开“退役军人之家”调度会27次，拨付“退役军人之家”帮扶救助资金77万元。通过“优化一批、扶持一批、带动一批”促进涉军群体和谐共进；参与较大规模接访30余次，成功化解参战对象、企业改制下放志愿兵进京集访活动，妥善处理“全国二参协会会长刘兴耀”问题，得到省委省政府主要领导充分认可；组织832名优抚对象进行身体健康检查，对行动不便的优抚对象送医上门；全年共发放抚恤补助金1660.3万元，发放农村籍退役士兵生活补助12.8万元，发放优抚医疗资金588.6万元，发放临时生活困难补助33万元，发放八一和春节慰问资金59万元。

【退伍安置】 2016年，共接收选择自主就业退役士兵107人，发放一次性经济补助金43万元。加大自谋职业政策宣传力度，对12名选择自主择业的退役士兵发放补偿金63万元。举办技能培训班，培训退役士兵78人。

【婚姻登记】 2016年，岳阳楼区民政局全力创建全国5A级婚姻登记机关，投入50多万，全面提质改造婚姻登记场地，升级硬件设施、优化服务流程、提升服务效能。11月，全省婚姻登记机关标准化建设推进会在我区召开，得到全省各级的一致好评。截至12月，共办理结婚登记6293对，离婚登记2781对，补领结婚登记2223对，补领离婚登记284份，受理档案查询10230份，合格率达100%。

【社会福利】 转变以往的“普惠式”慰问为“精准式”补贴。对全区65周岁以上的低保户、部分失能或完全失能的老年人发放基本养老服务补贴，全年发放养老服务补贴76.96万元；对全区60周岁以上的“五保”“三无”“优抚”“失独”“低保”五类老人购买意外伤害保险，共计资金20.62万元；提高百岁老人长寿金标准，由200元/月提高到400元/月。全面完成了113张新增养老服务床位，作为省、市重点民生实事任务之一，通过改扩建现有养老机构、新建小型养老机构、扶持社区日间照料服务养老等措施，完成了东升、杨树塘等社区的老年人日间照料中心建设，完成了吕仙亭街道托老服务中心、三眼桥街道老年人养护院、市民政小区托老服务中心等小型养老机构建设。为做好残疾人“两项补贴”发放工作，我们开展多个层次的业务培训，发动多渠道宣传，严格核实对象身份和类别，做到不重、不漏、不错，经对象申报和乡街、残联、民政联审，我区符合困难残疾人条件的4027人。

【社会事务】 顺利完成4个村的乡镇区划调整改革并村工作任务；开展第二次地名普查，共整理地名目录13807条，录入地名数据库8016条；积极配合全区“大城管”公共服务管理，更换门牌46块，更换路牌15块，办理新建住宅区命名18起；推进殡葬改革，组织白鹤陵园开展“文明祭祀、平安清明”活动。积极开展殡葬执法巡查500多次，劝导整治违规搭棚治丧219次，发放困难群众基本丧葬费用11万元；困难残疾人生活补贴和重度残疾人护理补贴发放工作，是民政领域一项新增事务，符合重度残疾人条件的3391人，共发放“两项补贴”420.51万元。

信访工作

【概况】 2016年，信访总量、集体访数量、非正常上访数量均下降40%以上，重大节会活动期间信访形势平稳，一批陈年积案得到有效化解，信访工作步入了良性轨道。截至2016年11月30日，区人民来访接待中心接待群众来访256批724人次，其中集访24批283人次，同比下降43%；到市接访劝返310批2346人次，其中集访67批1864人次，同比下降63%；赴省接访劝返19批46人次，其中集访1批7人次，非访2批3人次，同比下降54%；进京接访劝返13批43人次，其中非访1批1人次，外围查找劝返12批42人，与上年持平。办理群众来信285件（其中市信访局转送、交办251件，本级34件），已办结275件，同比上升31%。办理网上投诉593件（其中国家投诉办52件，省长信箱58件，市信访局转送、交办108件，本级375件），已办结499件。组织开展矛盾纠纷排查25次，排查突出信访问题273个，及时向上级报送重要信访信息42条，超前化解集访16起；区信访局交办、转办到有权处理的责任主体单位信访案件285件，办理办结信访积案17件；区级领导坐班接访104批322人次，带案下访45次，就地化解信访矛盾39个。

【精心组织开创新局面】 9月13日，湖南省信访基层基础工作现场会在岳阳召开，全省信访系统近200人参观了岳阳楼区人民来访接待中心和服务城陵矶新港区工作组群众工作站，获得了省、市领导和与会同志的肯定。10月18日，按照湖南省委、省政府《关于进一步加强县市区信访工作的意见》和《湖南省信访工作责任追究办法》等文件精神，岳阳楼区结合工作实际，出台了《关于进一步加强岳阳楼区信访工作的实施办法》，加强信访工作组织领导，加大信访问题源头治理、接访劝返、“事要解决”

工作力度，完善信访工作保障机制，信访工作更加标准化、规范化、流程化。

【为民服务打造新平台】 岳阳楼区全力推进“互联网+信访”，精心打造网上信访主渠道。在商业街和社区与信访群众互动，现场演示网上信访事项处理全过程，面向社会各界推广“网上信访”，扩大影响力；坚持日常系统巡查，定期通报网上信访工作情况，深入系统应用薄弱的单位“一对一”地加强业务指导；统一信访事项信息、受理及办理环节的文书格式，并录入信访信息系统；明确专人对案件录入进行审核把关，确保程序规范、数据完整、信息共享。区信访工作联席会议办公室出台了《岳阳楼区信访事项代理工作制度》，对工作原则、代理范围、代理程序等进行了明确，制作《岳阳楼区信访事项代理手册》，改变过去“信访群众顶风冒雨走访，效率低、成本高”的现象，让干部多操心，群众少费心。区信访局积极与区网格办联系，由社区网格员身兼信访法规宣传员、信访矛盾排查员、信访事项代理员、复杂诉求陪访员、网上信访引导员、无理诉求疏导员，通过“一日双巡”，即时发现问题，及时处置网格事件，随时上报信访信息，为居民排忧解难，实现了“社区网格化+信访”的工作模式。

【积案化解取得新突破】 2016年，湖南省信访联席办、岳阳市信访联席办交办的所有信访积案已全部化解。对排查出的89个信访重点维权人员和赴省进京非正常上访的重点人员，由相关责任单位进行约谈和下访，严格落实“五个一”积案化解工作模式，采取“五包一”重点人员教育管控措施，把责任落到实处，防止工作疏漏脱节，防止人员失控漏管。对重点群体、重点人员生活困难的，帮扶救助到位，取得信访人的信任和理解，收到了明显效果。对缠访闹访行为，区信访工作联席会议办公室依法固定证据，予以训诫教育，对行为违法的，依法打击。如金鹗山街道的柳某某因对征收拆迁政策不满，反复闹访、缠访市、区领导，扰乱正常办公秩序，经多次教育训诫无效后，于9月对其实行治安拘留7天，有力地震慑了涉访违法行为。2016年，全区治安拘留8名违法上访人员。区信访工作联席会议办公室充分发挥各联席会议成员单位的作用，由国土、人社、司法等部门成立11个专项工作小组，定期召开信访案件分析调度会议，协调解决跨部门跨行业的信访问题，相关职能部门各负其责、各尽其能，快速高效协调解决信访问题。2016年，区联席办组织相关单位召开信访事项联席会议57次，提高了相关责任单位化解信访矛盾的效率。

【重大活动展现新风貌】 2016年是省、市、区党委、政府大换届之年，期间还有中共十八届六中全会、G20杭州峰会等，维稳压力大、工作任务重，但是全区信访干部发扬不怕苦、不怕累，连续作战的精神，确保了每次重大活动期间岳阳楼区社会大局和谐稳定。2016年，全区进京非访登记仅为1人次。为切实防范化解部分利益诉求群体规模集访和重点信访人员赴省进京非正常上访，特别是进入省、市、区换届前，岳阳楼区组织相关责任单位密集召开协调会议32次，有效地化解了矛盾、缓释了群众情绪，取得了工作主动权。如服务新港区工作组的付某某夫妇信访问题及2000～2003年退伍安置到社区工作人员认定差额事业编制的问题，我们组织相关单位连续召开三次会议研究，取得信访人的信任和认可。为确保重大活动期间信访维稳万无一失，岳阳楼区成立重大活动特护期三个工作组，并对驻会工作组进行分工细化任务，在会场及代表驻地等重点地段，打桩定位、提前值守，并要求各街道（乡）都要建立接访劝返工作班子，一旦出现访情，第一时间赶赴现场接访劝返，确保劝得回、稳得住；进一步细化、完善信息报送和值班备勤制度，实行领导干部带班值班，明确专人报送信息，有事报信息，无事报平安，确保重大访情或突发性事件发生时，能够快速反应，妥善应对。

史志档案工作

【概况】 2016年以来，在区委、区政府的正确领导和上级业务主管部门的具体指导下，紧紧围绕全区发展大局，紧扣工作目标，务实重干，创先争优，史志档案工作稳步推进，圆满地完成了2016年度的工作任务。

【史志工作】 《岳阳市岳阳楼区志》记述了岳阳楼区从1746年至2012年的历史，是岳阳楼区历史文化建设史上的一大盛事。全书共22篇、100多万字。经过岳阳楼区史志工作者的多年努力，目前志书定稿，已进入最后出版发行阶段。2016年8月《湖南乡镇简志·岳阳市卷》《岳阳楼区乡街简志》编纂工作正式启动。11月17日上午，区史志档案局组织召开岳阳楼区乡镇简志编撰工作部署会，对志书的资料收集、文字撰写、文稿校整及志书汇编等相关工作做了详细周密的部署安排。后又组织有关志书编修专家对乡、街道办事处的编纂主笔和档案员进行相关业务培训。截至2016年，《岳阳楼区乡街简志》的编撰工作基本完成，形成了约19万字的初稿。进一步完善年鉴工作机制，重点在丰富年鉴内涵、提高年鉴质量上下功夫，《岳阳楼区年鉴·2016》现已完成组稿任务，目前正在改稿中，确保2016年前出书。岳阳楼区史志重点工作，《激情岁月》改版（《岳阳楼区地情报告》首期），已完成全部编缉工作，于2016年11月出版发行。全书共收录80多位离退休老同志以及区属在职干部的各类文稿，反映和记录岳阳楼区政治、经济、文化等领域的历史变迁。该书的出版获得了上级领导的好评，产生良好的社会效益。

【档案工作】 以全面实施“六五”普法规划为契机，我区在6·9“国际档案日”和档案法颁布纪念日开展《档案法》《关于加强和改进新形势下档案工作的意见》及国家监察部、国家档案局30号令等法律法规宣传教育活动，加大对档案法制宣传、档案利用成果、档案工作进展等方面的宣传报道力度。积极组织人员向省局、市局网站、手机报等各界宣传媒体投稿。6月8日，参加了岳阳市“档案与民生”主题演讲比赛，荣获“组织奖”。根据岳阳市档案局下发的《2016年档案执法内容及评分细则》，结合岳阳楼区档案工作实际情况制定了《2016年度对乡、街道办事处、区直单位档案行政执法检查考核细则》，下发各单位遵照执行。对重点工程项目、乡（街道办事处）举办业务培训班；开展了洞庭湖生态经济区专题档案资源建设工作会议和培训等等，夯实了业务基础，提高了工作效率。农村、社区档案工作跃上新台阶。档案馆（室）建设创造新业绩。档案馆工作在完成日常查档、整理的基础上完成2016年现行文件的收集、整理工作和档案统计年报的填报工作，并接待查阅288人次，包括查阅土地证、人事纠纷、个人档案、法院的民事刑事案卷人员等。收集、整理了革命历史重点档案3卷，并移交岳阳市档案馆。洞庭湖生态区档案数据库建设有效推进。洞庭湖生态经济区档案资源数据库建设是我省档案信息化工作进入实质阶段的重要一步，是档案工作中的一件大事。克服了人员、资金上的困难，全年累计录入条目15998条，扫描44926页，圆满完成了档案数据录入的工作计划。工作完成量，为全市六县三区之首。

【述学述法】 2016年，进一步健全学习制度，坚持做到活动向前推进、思想武装同步跟进，着力增强全体干部的理想信念和宗旨意识。我们采取了个人自学、集中学习、主题交流方式，认真学习贯彻习总书记系列重要讲话精神，党的十八届四中、五中全会精神，新修订的《准则》《条例》以及中央和省委、市委、区委重大决策部署情况。党组书记在全局就“三严三实”开展授课，机关干部针对“学讲话用讲话”活动开展讨论，并写下自己的心得体会。领导班子坚持学法、守法、用法，积极开展普法宣传工作，在工作中依法落实责任制度，依法决策、依法办事、遵章守纪，没有出现一例违法事件，树立了领导集体知法懂法守法的良好形象。采取派专人参加培训和局机关内部的方式开展《中国共产党廉洁自律准则》《中国共产党纪律处分条例》的学习活动，自学《公务员依法行政理论与实务》。积极参与由市档案局组织开展的档案法律法规知识电视竞赛。6月9日是国际档案日，以悬挂横幅、电子屏等方式在全区开展档案法宣传。12月下旬，组织开展了全区2016年度档案行政执法检查，真正做到学法、守法、用法。

【党建工作】 2016年初，制定各股室目标管理考核和工作进度安排表，做到工作有计划、有条不紊的开展。档案馆作为面向人民群众服务窗口，今年努力提高服务质量，提高查档人员的满意度，改进工作作风，特制定满意打分表，查档人员对档案工作人员进行打分，提高档案服务水平。局的联点社区是金鹗山办事处的良万社区，局班子成员经常下社区联络，了解情况，确定帮扶对象。由于帮扶对象以老年人居多，联合社区组织了一场“重阳送温暖”活动，为帮扶对象送米送油，将帮扶活动落到实处。郭镇乡马安村是局的结对扶贫工作点。党组班子成员与马安村共6户贫困家庭结对联点，针对每户家庭特定的致贫原因制定了不同的扶贫方案。在端午节和中秋节前都去贫困户上门慰问。

民宗侨务工作

【概况】 目前我区有回族、维族、藏族、苗族、土家族等少数民族成份52个。其中，常住少数民族人口2000多人，外来从事经商、旅游的少数民族流动人口年均在4000人左右，流动少数民族以回族、维吾尔族和藏族为主。目前共有回族拉面馆35家，清真餐馆3家，有回族近500人。维吾尔族和藏族人约400人。有佛教、道教、伊斯兰教、基督教、天主教五大教派，有教职人员52人，合法登记的宗教活动场所11处，宗教团体4个，信教群众约20000余人，其中：天主教约500人，基督教约10000人，佛教约10000人，道教约1200人，伊斯兰教约2000人。有归侨9人（均属老归侨），侨眷78人，侨属1000多人。

【少数民族工作】 我办自己编印的《岳阳楼区少数民族流动人口服务手册》和《致岳阳楼区少数民族朋友的一封信》等宣传资料，基本确保了在岳的各少数民族流动人口人手一份，少数民族占道经营状况有所好转。近几年每年为流动少数民族解决小孩入学、租赁纠纷、经营过程中的矛盾等各类困难矛盾纠纷20余起，协助公安、城管调解涉及少数民族的暴力冲突10余起，有效地维护了民族团结和谐的大局，同时也赢得了大多数流动少数民族群众的信任和理解，从以前的大事小事到政府和领导办公室堵门变为了现在的有事先找民宗部门。在枫桥湖街道的支持配合下，在这个流动少数民族相对较多的街道开展了民族团结进步示范点创建活动。2016年枫桥湖街道的大屋湾社区被评为全省的民族团结进步示范社区，这也是岳阳市唯一一个省民族团结进步示范社区。

【宗教工作】 对辖区内的11个宗教活动场所和所有的宗教教职人员信息再次进行清理和核对，并将每个宗教活动场所的山门照、历史渊源、现实情况和每个宗教教职人员的身份信息、照片做成了统一的资料册，进一步完善了宗教管理信息。举办两期消防安全培训，宣传消防安全知识，并将岳阳楼区消防二维码复印了200多张发放到每个宗教活动场所教职人员和工作人员手中，帮助他们加入岳阳楼区消防微信群，随时学习了解消防安全知识。向上级民宗部门争取5万元作为乾明古寺D级危房的专项维修经费。对城区范围内的家庭教会进行走访和调查，将政府的相关宗教政策及时向家庭教会的信教群众进行宣传和交流，强调家庭教会必须按照相关的政策要求进行传教，未经许可不能接受外省市的传教人员在本地传教。

【侨务工作】 定期在归侨侨眷较多的城陵矶街道开展侨法宣传活动，将各项政府对归侨的好政策落到实处。向市外侨办申报重点帮扶的特困侨务对象4人，近两年向岳阳楼区的困难侨务对象慰问了100条电热毯，160件棉衣。

移民工作

【概况】 2016年，岳阳楼区共有移民12741人，享受直扶的移民6632人，项目扶持移民6109人，根据移民自主申报，共涉及29座大中型水库、3个省、23个县（市、区）4500户。2016年，岳阳楼区移民局被评为岳阳市移民工作先进单位。

【基础设施】 2016年安排移民后期扶持项目69个，资金1021.26万元。针对省级重点扶贫村郭镇麻布山的健身乡村旅游项目建设配套建麻公路改扩建工程。投入移民项目资金450万元将建中村汪家组至麻布村许家组全长2.86千米，原路3米多的水泥混凝土路面改造为8.5米宽的沥青混凝土路面，已全线通车。另外，年初计划安排在建中村的产业开发项目2666.6公顷油茶林改造在这个月已完工。得到了移民群众及上级部门的充分肯定。区移民局联系点的磨刀村是岳阳楼区为数不多的纯农业村，基础设施陈旧、环境差，是制约新农村建设发展的主要因素，根据这一情况，投入20万元用于该村的污水管道处理，现正在建设中。

郭镇乡建麻公路项目施工中照片
（区移民局供稿）

郭镇乡建麻公路项目施工后照片
（区移民局供稿）

【资金管理】 2016年，岳阳楼区移民局在做好争项争资的同时，进一步加大移民资金的监管力度，强化资金管理，加强跟踪督查。确保移民资金在制度下运行，在阳光下操作。为深入开展"雁过拔毛"式腐败问题专项整治和资金使用管理专项治理工作及"纠四风、治陋习"进展情况，移民局财务人员会同计划工程股及移民专干深入岳阳楼区的71个移民项目村和社区，对318个项目进行了自查自纠 。

【移民培训】 按年度计划安排，岳阳楼区移民局全年投入培训经费32.92万元。分别在洛王办事处、梅溪乡、枫桥湖办事处举办3期共222人的农业实用技术班，开设培训项目有花卉种植和食品安全、蘑菇和黑木耳种植。委托岳阳市名楼驾校培训60人的汽车驾驶培训，已领证47人，对42人已进行培训补助。8月岳阳楼区移民局又委托岳阳市新青年职业技术学校举办一期65人的电子商务网络培训，以上培训都为移民的创业就业提供了很大帮助。

【信访维稳】 为了确保移民大局稳定，岳阳楼区移民局制定了一套切实可行的工作方案，局党组成员轮流带班，节假日专人轮流值班，发现问题及时处置，把信访矛盾化解在萌芽状态。2016年来共接待移民来信来访22批22人次，及时处理12345热线6起。在做好上述工作的同时，区移民局每月按时向市移民局上报信访稳定工作报表。到目前为止，没有发生一起越级上访、群访事件。

【年检年审】 2016年年检严格按照上级要求，对八种核减情形的移民严把审核关，由村、社区初审，乡、街办事处复审，区移民局最后审核，通过这次年审对15名死亡人员进行了核减、取消了直扶资格。自8月收到市移民局《关于对财政供养人员领取移民直补资金问题进行调查核实的督办函》和重复领取直补资金的人员名册后，区移民局高度重视并迅速召开专项会议，确定成立调查工作组。经过一个多月的调查核实，已对38名财政供养人员进行了直补资格的核减和直补资金的追缴，共计12.48万元。其中7人不属于财政供养人员，还有3人因属市直单位，因此将问题上报市移民局处理。另对32名重复领取直补资金的人员查实，有31人从2008年至2011年前已核减和处理，1人已收缴重复领取的4500元直补资金。

【特困救助】 元月初，区移民局组织召开全区各乡街移民专干工作会议，部署2016年春节困难救助活动。利用一个月的时间深入走访移民，调查了解移民生产生活状况。在1月下旬对直扶移民困难家庭和非直扶移民困难家庭开展救助活动，救助对象分为一般困难户、困难计生户和大病大灾户。通过走访调查，确定有406户作为救助对象，共计发放慰问金17万元。另外对15户计生困难户每户送去了800元的慰问金，2016年，区移民局积极开展精准扶贫，扶贫对象严格按市移民局和区扶贫办要求，对已识别的11户扶贫对象积极开展一对一的帮扶，为11户结对贫困户在教育脱贫、危房改造、临时救助和低保兜底方面，做了大量的工作，全年预脱贫7人，为完成中央规定3年全部脱贫的工作奠定了基础。

岳阳楼区移民局易桥勇局长慰问特困移民（区移民局供稿）

【作风建设】 完善移民工作政务公开网站，面向社会重点公开移民项目计划、政策法规等方面内容，便于移民群众公开查询，使国家、省、市、区各项利民惠民政策运行于阳光之下；进一步细化分解责任，建立健全长效机制。区移民局党组带领全局党员干部积极开展“两学一做”教育活动，扎实推进移民管理机构惩防体系建设和党风廉政建设责任制落实。对涉及移民群众切身利益的重大举措、项目建设、大额度资金使用等事项，严格执行党组集体讨论并上报区政府领导审批。有效地增强了移民工作中反腐倡廉的科学性和有效性。

机关事务管理工作

【概况】 岳阳楼区机关事务管理局是2002年6月由区委、区政府批准成立的承担行政职能的正科级事业单位，归口区政府办管理。内设股(室)6个：办公室、计划统计股、政工股、保卫股、行政事务股、计生保健股。二级机构1个：区直后勤保障中心。现有正式干部职工102人，其中退休退线30人，在职人员73人。局班子正、副局长4人。工作范围主要是两个区直机关办公大院和4个区机关生活小区。

【财务工作准确精细】 财务管理规范有序，严格预算执行，推行资金绩效管理和公务卡结算。2016年共接待报账人员1300余人次，开出现金支票1000多张，转账电汇单1200多单，打印账本39册，装订报账凭证400多册，牵头办理公务卡200多张，有力地支持了“四大家”及有关部门办公正常运转。

【机关维修主动快捷】 机关维修坚持主动服务、承诺服务。全年完成各类维修任务共计382次，电话维修102次。进一步完善了基础设施。对公务大楼公用部分、办公楼屋顶、墙面进行了维修改造，完成了新三栋家属区院内提质改造。夏季，请空调清洗专业人员对机关大院共320多台空调进行了清洗，为机关干部提供了良好的工作环境。

【会议服务优质高效】 进一步加强了机关会场各种设备的维护保养，加强了工作人员的管理和业务培训，积极创造良好的会务环境。在一楼会议室安装了电子会标显示屏，既提高了会务工作档次，又减少了一次性会标重复性浪费。2016年，共完成会议服务109场次，接待参会人员18000多人次，实现了场场无差错。

【安全保卫落到实处】 做好重大会议、活动的安全保卫工作，协助有关部门做好上访人员、群体性事件的秩序维护工作。全年共处置各类上访事件和群体性事件286批次近4800人次，有效维护了机关良好的工作秩序。

【机构节能扎实推进】 一是认真贯彻执行公共机构能源消耗统计制度，按时上报统计数据，全年共完成66个单位664份上报信息工作；二是以“节能有道、节俭有德”为主题，组织开展形式多样的节能宣传周活动；三是扎实开展公共机构节能专项督查，对区直各单位进行节能专项检查，有力推进了全区公共机构节能的开展

【年度业绩全面进步】 2016年度，岳阳楼区机关事务管理局被区委、区政府评为年度综合绩效考评达标单位；获岳阳楼区年度综治（平安建设）合格单位；获岳阳楼区计划生育综合治理良好单位；获岳阳楼区信访工作优胜单位。

禁违拆违治违工作

【概况】 2016来，共开展拆除行动342次，拆除违法建设897处、162828平方米，其中2016年新增违建108处、面积12323平方米，2012年以来新增260处、面积31775平方米，存量违建529处、面积118730平方米。实现了违法建设发现率、处置率双提升，违法建设数量、体量双下降；确保项目用地无成规模抢建，民生建房无违规现象，为城市规划建设作出了应有的贡献。

【“禁违”新局面】 3月25日全市“禁违”和土地征收会议召开后，岳阳楼区积极相应、迅速行动，4月6日，岳阳楼区召开了禁违拆违治违工作大升级工作推进会，全体区级领导，街道（乡）、区直单位、九大旧城（棚户）区改造项目、社区（村）负责人参加会议，发出了禁拆治违攻坚战总动员令，号召全区上下强化措施、同心同德、全力以赴打赢禁拆治违攻坚战。15个承担主要任务的单位负责人签订目标责任书，立下“军令状”。随后，各街道（乡）、社区（村）相继召开班子会、干部职工大会、党小组会，传达落实市、区禁拆治违会议精神，形成了层层动员、上下联动的良好工作局面，打响了人人参与、个个发力的禁拆治违攻坚战。

【“禁违”新机制】 按照“网格化布控，智能化传递、快速化查处”的思路，创新网格禁违模式。依托区社区治理和服务创新工作信息平台，在全区577个网格实现禁违部门、街道、社区、居民小区互联互通、信息共享构筑了四道禁违防

线，突出了查处违法建设的“第一责任、第一时间、第一现场”，织就了查处违法建设的“天罗地网”。通过建立巡查、督查、核查“三位一体”的禁违新模式，岳阳楼区新增违法建设挂号率较同期明显降低，实现了无成栋新增违建，无成片抢搭抢建。

【“禁违”新景象】 2016年市“禁违”领导小组下达岳阳楼区10万平米的存量违建拆除任务，是前三年拆违量的总和，任务重、矛盾多、难度大。为确保圆满完成任务，区禁违办确立了强化责任、强化督导、靶向施策、精准发力的工作思路，紧紧抓住领导联点、部门帮扶、乡街包抓等关键着力点，30名区级领导联系30个禁违重点社区（村），指导、督促、帮助开展存量违建拆除工作，确保四级“禁违”责任网络齐蓄势、齐发力。确立了先难后易、重点突破、串点成线、连线成片的工作方法，制定了重点片区拆违清零工作方案、时间表、路线图，开展“三比三赛”活动，清零片区22个，共计90000平方米重点片区拆违清零任务。将九大棚户区改造项目建设用地和重点项目建设用地作为重点监管区域，以白水及磨子山、青年东路北侧等棚户区改造用地为清零重点，以蒙华铁路、学院路、奇康路等重点项目建设为整治重点，对违法抢建、违建仓储、违章棚亭等各类违法建设进行严厉打击，重锤破冰、攻坚克难、乘势而上推动城郊结合部应拆存量违法建设按时清零，2016年，共拆除存量违建529处、面积118730平方米。

【“禁违”新形象】 2016年，由区规划、国土、房产、禁违组成的区民生建房领导小组深入村组入户踏勘418户，审批民生建房85户，屋顶维修改造和偏杂屋161户，严格控制房屋层次、面积，未出现违规现象。把提升队伍形象作为深入推进禁违工作的头等大事来抓，不断强化思想教育，狠抓队伍建设，严格队伍管理，大力提高了禁违队伍的整体素质和战斗力。通过建立党支部，讲党课、召开民主生活会等形式，增强了禁违中队的凝聚力和战斗力。结合“巴陵先锋先行”活动，按照“攻坚到哪里，党组织就建到哪里”的原则，在各重点片区成立临时党组织，建立先锋突击队，充分发挥党组织在一线工作中的战斗堡垒和先锋引领作用。

【人居环境新思路】 注重拆改结合，通过拆违、复绿、改建等措施优化生活环境。如枫桥湖街道对违法建设拆除现场实施拆违清场、综合提质，将大屋湾社区3块空坪隙地纳入“口袋公园”建设计划，达到了“拆除一片、清理一片、美化一片”的效果。郭镇乡对麻布山森林公园及周边违法建设进行综合整治，按照“宜绿则绿、宜建则建”的原则，拆除景区入口及周边存量违法建设3处、面积308平方米，整改8处、面积780平方米，因地制宜开展拆后清场、复绿提质、景观建设三大行动，帮助村民对旧居进行统一规划、统一改造，既发挥了资源禀赋，又优化了景区环境。注重拆建结合，通过拆违、征收、建设等措施优化发展环境。如服务城陵矶新港区工作组主动服务临湖公路、蒙华铁路建设，破难带动周边村组违建大整治，通过助拆与强拆相结合的方式，拆除临湖公路周边公路局荒地上私人搭建的存量违法建设9处、面积1225平方米，拆除园林局苗木用地上经营户建成逾10年的存量违法建设8处、面积1080平方米，为项目腾地38.5公顷，并扫清临湖公路、蒙华沿线存量违法建设108处，面积16800平方米，优化了周边发展环境。

征收安置工作

【概况】 2016年，完成国有土地上签约并通过备案审核的共3971户，拆迁面积42.09万平方米，发放征收补偿资金22.88亿元。配合岳阳楼区房产分局完成了20个2017年棚户区改造项目资料申报工作；已建成安置房项目12个，建成安置房3637套、已安置2474套；收回房款8446万元；完成九大片区集体土地上安置人口查询30000余人，核减已安置人口210余人，减少安置费发放3000余万元。

【推进棚户区项目建设】 2016年，完成国有土地上签约并通过备案审核的共3971户，拆迁面积42.09万平方米，发放征收补偿资金22.88亿元，还有400余户已完成签约，正在审核中。其中市七中片区、琵琶王东南角片区、洛王片区、九华山第三片区等项目已完成征收腾地工作；南辅道改造项目土地已挂牌出让；四化建、杨树塘等片区均有序推进。为保障资金支付安全快捷，召开专题会议对征收补偿款发放流程进行了完善，优化了征收补偿款的发放程序，为九大片区资金拨付安全提供了有力保障。完成九华山（渔民上岸）地块、向阳水岸两宗土地出让工作，出让金额8660万元；中闽电机厂旧改项目征收工作基本完成；市八中及保险公司旧改项目即将进入征收腾地阶段；中南科伦旧改项目已完成前期工作；10月还配合区经建投、房产分局完成20个2017年棚户区改造项目资料申报工作。参加全市三次房源推荐会，发放宣传手册2000余份。完成橡胶厂成本返还工作，返还成本2500万元。

【安置房建设和分配】 2016年，完成安置房项目12个，建成安置房3637套、已安置2474套，其中白杨山、青龙嘴等安置小区均已入住；完成洛王城中村棚改安置房分配，蔡家等3个安置房项目已基本完工，即将开始分配。解决北港北路、司法局地块等民生问题18户安置问题。另完成螺丝港、原卫校旧改项目产权调换被征收人回迁工作；参与胥家桥、洛王棚改等9个集体土地上房屋拆迁项目。共收回房款8446万元。其中完成胥家桥安置房部分房屋的分配，收回2200余万元；完成白杨山安置房等四个项目68套尾房处置，收回1296万元；完成蔡家廉租房的整体处置，收回2600余万元；完成洛王路安置房分配收回2350余万元；完成潘洛保障房项目春和家园、长动安置点项目东腾花园、金地花园三个安置小区的安置房分配任务。完成九大片区集体土地上安置人口查询3万余人，核实已安置人口210余人，核减安置费发放3000余万元。

【加强学习提升队伍素质】 继续发扬学习型机关优良传统，深入开展“学党章党规、学系列讲话、做合格党员”活动，制定了活动方案、发放了学习读本、手抄党章笔记本、开展专题讨论4次；开展集中培训，2月15日，与岳阳楼区棚改办联合举办近700人的岳阳市征收拆迁工作人员务实操作培训班，重点学习《国有土地上房屋征收与补偿条例》等相关政策、法律、法规，全面提升全市从事征地拆迁工作人员素质，为依法依规开展九大片区棚户区改造项目和其他重点工程项目奠定良好的基础。班子股（室）、订阅书刊，开展学习月活动、中心组活动，每周五集中工作人员集中学习，重点对征收征收法规和《中国共产党员廉洁自律准则》、《中国共产党员纪律处分条例》进行学习。开展学法用法。召开专题会议研究学法用法工作，对学法工作进行部署，组织全体党员干部参加学法学习，并全部通过普法考试。

【机关作风按章践行】 开展"巴陵先锋行"活动，利用宣传栏、QQ群、微信群，广泛宣传，每名党员深入各改造项目进行挂牌服务，做到一名党员一个示范岗，通过活动的开展使全体党员干部投入到活动中争当"六个先锋"、争做"四个先行"。查处胥家桥安置房项目冒领过渡费案件，涉及金额22000余元。配合上级纪检部门查办洛王棚改项目工作人员履职问题给予了处分。认真抓好党风廉政建设和预防腐败工作，党组书记讲了一堂廉政党课，进一步提高了党员干部廉洁从业的自觉性，增强拒腐防变的意识和能力。工作中严格执行中央、省委、市委各项规章制度，严格执行工作纪律，严格落实请销假制度，不断加强日常工作督查，将值班考勤进一步深入到项目部，形成全方位的干部监督管理格局。纪检监察室开展多次作风督查，未发现违纪行为。日常工作中加强公车管理和党员干部管理，严格落实宴请等有关规定，没有出现公车私用以及违规办理婚丧喜宴的事情。

【中心工作齐头并进】 全年全面开展服务工作，为各棚改项目拆迁居民办理《货币化安置证明登记表》216份；办理两名人大代表和政协委员提案和建议；参与3起民事案件纠纷，配合南辅道（棚户）旧城区项目完成行政诉讼案件30余起。组织4名工作人员参加义务献血活动；完成楼区第五届委员会区直机关第二选区党员代表选举工作。还派工作人员参与区委组织的政协、人大会议监督工作。协助洞庭新城公司办理营业执照216份。

【征拆矛盾纠纷化解有序】 近年来，因征地拆迁工作的深入推进，九大片区棚户区改造项目的全面开展以及安置遗留问题时间不断延续，来信来访反映诉求的群众越来越多，2016年，及时处理了12345热线286条，接待来访群众360余批次。妥善处置颜氏燃烧器旧改项目、王家河流域综合治理工程项目、职院原农校家属区旧改项目群体性上访等信访问题；化解法水坡安置房、巴陵橡胶厂旧改、市织布厂旧改等项目群体性上访事件和王家河流域付保良夫妇上访问题。

户籍管理工作

【概况】 岳阳楼区户籍管理办成立于2006年2月，为区政府办公室二级机构。今年以来，户籍办严格遵照省、市政府相关文件开展工作，进一步做好了户籍管理工作、促进了计划生育、控建拆违、优待扶恤，退伍安置、城市低保等各项管理工作。2016年，共批准迁入户口325户573人。

【社区公共服务平台】 积极落实社区治理和服务创新工作任务，建设并完善社区公共服务平台，解决平台系统在运行中出现的各种问题，并积极推进无纸化办公。

【加强资质审验】 2016年2月和4月，省、市政府出台户籍文件。严格遵照湘政办发［2016］12号、湘公发［2016］18号、岳政发［2016］2号文件精神，加强户籍迁入资质审验。

【完善窗口建设】 2016年，进一步推进户籍管理，便民、利民服务工作，创新工作机制。印制《户口迁入办理程序》、《审批证明材料需知》等宣传资料，做到办事指南公示上墙、接待、咨询服务工作有序开展，同时收集解群众急需办理普通问题，针对存在问题主动及时解决或者提供电话服务。

【加强协作】 今年，与市政府政务中心和区公安分局加强联系，解决了工作中急需解决的问题，确保工作顺利开展。组织了相关部门参加的户籍管理工作会议，明确了户籍管理政策，确保相关部门工作互相协调，形成合力。

【完善档案管理】 自建数据库系统，确保户籍管理资料随时可进行查询、统计。同时对迁入户口证明、审批材料分类存放，设立档案，随时备查。

住房公积金管理工作

【概况】 2016年，住房公积金岳阳楼区管理部在区委、区政府和市住房公积金管理中心的的正确领导下，紧紧围绕总体工作目标，积极主动、开拓创新的完成各项工作，为改善职工居住条件，建设民生公积金作出了积极的贡献。

【总体指标任务完成】 2016年，共402个单位，19357名职工正常缴交住房公积金。归集住房公积金1.98亿元，完成全年任务1.8亿的110%；新增缴存单位52家（其中42家为非公有制单位）；为4023人次办理政策性提取住房公积金1.47亿元（提取额较去年同期增长14.8%）；向932户职工家庭发放个人住房抵押贷款3.1亿元（贷款发放额较去年同期增长73.4%），完成全年任务的134.8%；个贷逾期率已由年初的0.029%下降至0.015%；新发贷款逾期率为零。

【归集执法工作】 2016年，走访摸查非公有制企业60余家，新开户单位52家（其中47家为非公有制单位）。建制30人以上10家（年任务4家），建制20人以上11家（年任务5家），建制10人以上10家（年任务2家），建制10人以下16家（年任务2家）。在中心执法大队的支持、协助下，加大行政执法力度，排定执法对象，下发执法文书，并通过新闻媒体曝光的方式督促岳阳金空间装饰工程公司建立了住房公积金制度。“限高保低”执行到位。通过电话联系，上门督促等方法力保我管理部缴存单位的所有职工个人部分最低缴交额不低于75元。

【凝心聚力超额完成贷款发放任务】 2016年，管理部发放贷款任务为2.3亿元，较上年同期指标增长187.5%。为完成贷款发放任务，管理部团结协作，多措并举，截至11月底，发放个人住房抵押贷款3.1亿元，已经完成全年任务的134.8%，较上年同期增长73.4%。

【加强住房公积金风险防控】 2016年，已对1—11月份归集提取档案和3个季度贷款档案的完整性、真实性进行全面的检查，并出具稽核报告13份。其间，通过调查阻止3笔伪造资料骗提业务。回收73笔贷款，合计金额1499万元。个贷逾期率已由年初的0.029%下降至0.015%。及时控制新发贷款逾期为0。由于贷款和提取业务量大幅度增加，为及时整理业务资料，避免档案遗失，安排专人负责业务凭证的整理和归档。严格执行档案查阅、借阅、归还登记制度，有效防范了档案管理风险。

【党建工作】 根据中心文件精神，制定了2016年党建工作计划、支部学习制度、“两学一做”系列教育活动实施方案等。开展了多种形式的教育培训活动，并做好党员学习笔记。全年召开了1次支部委员会、5次党员大会、1次民主生活会，分别议定了支部书记改选及党建工作计划等事项。组织党员上党课3次，集中学习9次。

厂地协作工作

【概况】 2016年，岳阳楼区厂地协作局认真贯彻落实党的十八大和市、区党代会精神，紧紧围绕区委、区政府确定的重点工作，团结协作、砥砺奋进，着力推进厂地经济融合发展和重点项目建设，为楼区的发展做出了积极贡献。

【党建工作】 年初，全面部署2016年党建工作，扎实开展“两学一做”和“巴陵先锋先行”专题教育活动，党组书记和班子成员讲党课，党员干部批评与自我批评和党员谈心活动。“机关联基层党员联群众”和社区联点“帮困扶贫”活动，解决环境卫生、公共设施、社会保障、家庭矛盾调解等方面问题，帮扶长动社区贫困户解决资金5000元。按照《岳阳楼区建档立卡贫困户因户施策帮扶方案》与延寿寺村贫困户一对一结对精准扶贫帮扶活动中，班子成员深入联系困难群众，给他们送去温暖，共解决帮扶资金5000元，解决问题8个。认真完成“三会一课”等常规党务工作。机关工作人员廉洁从政意识强，政务公开，自觉接受行业和社会的监督。“三公”经费严格控制在规定的范围内。无干部违纪违法的事件发生。全体工作人员认真学习《中国共产党章程》、《中国共产党基层组织工作条例》和市、区两级党代会精神，积极参加了区委、区政府组织的中心学习。单位所有干部都注重普法知识学习，并踊跃参加普法考试。

【业务工作】 年初，成功召开岳阳楼区经济社会发展座谈会，高层座谈高层对接共商厂地校地协作大事。2016年，累计处理厂地纠纷个案16起，处理“12345”市、区政府信访督办件2件，在所处理的纠纷案件中，厂地、校地与群众之间的满意度较高，没有一件越级上访事件。主要处理巴陵公司动力事业部烟囱落尘、氢气管线、梅溪乡养殖户死鱼、华能电厂芭蕉湖问题、己内酰胺事业部劳务外包纠纷等厂地矛盾，为群众发放补偿资金100多万元。

城陵矶新港区岳阳楼区工作

【概况】 2016年，城陵矶新港区岳阳楼区工作部按照新港区下达的目标任务，结合本单位实际，主动作为，落实责任，积极发挥协调服务职能，在征地拆迁、禁违拆违、民生实事等方面取得新的成绩。

【征地拆迁】 为完成新港区的征地拆迁挂号销号任务，按时交付项目用地，工作部积极协调，及时调度，将工作人员力量全部下沉到辖区项目部全力参与配合项目征地拆迁工作。2016年，共拆除房屋259栋，腾地800亩，基本保证了港区的项目用地。海吉星冷链物流项目A区的征地拆迁已完成，项目已顺利进场施工；城陵矶路项目的拆迁已完成；长航公安训练基地的土地收储全面完成；110千伏和220千伏电网改迁工作已全面完成；林家堰土地收储项目的征地拆迁全部完成。

【禁违拆违】 2016年，城陵矶新港区在楼区范围内有10个重点项目建设，增加了日常禁违拆违的难度。为了控制新增违法建设，工作部加强巡查制度，对项目周边的情况一日一查。加大拆除力度。全年共组织拆违行动30余次，拆除新增违法建设4800平方米，存量违法建设2平方米。

【民生实事】 2016年，完成311户拆迁户的安置审批工作，共发放补贴5742.6万元。为了促进港区失地农民再就业，工作部和城陵矶街道办事处多次与新港区社会发展事务部及岳阳楼区人力资源和社会保障局协调，举办“送政策、送岗位、送技能”大型招聘会，为辖区失地农民提供400多个岗位。协助新港区社会发展部举办了“兴业兴家兴港”招聘会，共有65家企业参与招聘，提供1500余个岗位。2016年接待信访群众150人次，处理了由于拆迁安置引发的矛盾纠纷5起，调处了2起拖欠农民工工资的事件，为农民工及时追讨工资200余万元。

扶贫工作

【概况】 2010年3月，区政府成立岳阳楼区人民政府扶贫开发领导小组，下设办公室（设生态能源管理局），2011年12月，区扶贫开发办公室正式挂牌，与生态能源局一起运行，2015年5月，区机构改革，将生态能源职责划归区发改局、农村工作职责划入区农林水务局，保留扶贫开发职责，组建区扶贫开发办公室。2016年，岳阳楼区涉及扶贫任务的有1个乡、1个乡改制办事处（原梅溪乡）、2个涉农街道办事处，12个行政村（农业人口38620人）。2016年，建档立卡贫困人口1219户、2646人，贫困村3个，通过一系列的帮扶措施2016年脱贫989户，2117人，剩余贫困人口223户，548人。

【整合资金】 2016年，区扶贫办整合由中央、省、市和区本级安排的扶贫资金864万元投入精准扶贫工作，用于贫困户产业发展311万元、小额信贷风险保障金300万元、贫困户教育助学35万元、贫困户危房改造10万元及贫困村基础设施建设208万元。切实解决贫困地区和贫困人口的实际问题，为岳阳楼区脱贫攻坚工作提供了资金保障。

【旅游扶贫】 利用麻布、磨刀、建中三个贫困村的地理位置特点和山林资源优势，加快推进了麻布山森林公园建设，旨在打造市民休闲健身旅游的后花园。截至2016年年底，森林公园及周边配套设施建设基本完成，共整合各类项目资金1.03亿元，完成了森林公园的地形绘测、乡村规划的编制整治、房屋立面改造以及油菜基地、特色产业、道路（含游步道）、停车场、农家客栈等一系列项目建设。建成麻布村蔬菜农业产业发展基地和麻布山蔬香乐园农业合作社；发展景区农家乐、农家客栈、休闲垂钓中心、水果采摘园等30余家，形成了一系列旅游特色农产品。通过麻布山森林公园一年多来的建设，带动了周边贫困村道路交通、水塘沟渠、信息网络、特色农业、村容村貌、餐饮客栈等基础设施和基本公共服务快速发展，促进了贫困村劳动力充分就业，实现了贫困家庭和村集体经济收入较快增长，对加快贫困人口和贫困村整体脱贫很有帮助。

【行业扶贫】 对现有建档立卡贫困户，按照发展生产脱贫一批、转移就业脱贫一批、易地搬迁脱贫一批、生态补偿脱贫一批、教育脱贫一批、医疗救助脱贫一批、社会保障兜底脱贫一批（简称“七个一批”）进行了分类统计，由区直相关部门单位制订行业帮扶措施，形成《岳阳楼区建立立卡贫困户贫困人口基本信息及帮扶需求表》，直观地体现岳阳楼区贫困户生产生活需求及帮扶措施。对每个类型的贫困户，安排相关责任单位进行帮扶，使不同类型的贫困户完全享受不同行业部门的帮扶救助政策，扶贫措施做到了精准。

【驻村扶贫】 安排区人社局、区财政局、区民政局、区教育局、区交建局、区移民局、区农林水利局8个单位成立建中、麻布、磨刀三个驻村帮扶工作队，担负贫困村的驻村帮扶工作。各单位都高度重视，召开专题会议、成立领导班子、制订2016年度帮扶方案、安排分管负责人及驻村工作队员。特别是财政、人社、民政三个牵头单位，充分发挥牵头作用，带领驻村队员单位为所驻村做了大量帮扶工作，为岳阳楼区贫困村脱贫工作打下坚实基础。

【结对扶贫】 2016年进一步完善结对帮扶方案，区委、区政府安排57个区直（垂直管理）单位、4个乡（街道）和12个村839名党员干部，从区委书记、区政府区长到村支“两委”党员，都参与结对帮扶，贫困户结对帮扶实现全覆盖，每个帮扶责任人都开展走访慰问和落实帮扶措施。通过结对帮扶，使得扶贫政策落到实地，贫困户有明显的获得感，群众满意度得到大幅提升。

【金融扶贫】 2016年，省扶贫办将岳阳楼区被列为金融扶贫推进县市区，并下达了547万的扶贫小额信贷放贷任务。根据上级文件精神，区扶贫办联合岳阳市农商行对全区建档立卡贫困户进行评级授信，并根据实际情况确定以“分贷统还”为主的贷款模式。2016年共发放贷585万，超额完成任务，确保贫困户享受到金融扶贫政策的实惠。

【社会扶贫】 2016年，岳阳楼区社会扶贫形成了一定的社会氛围，岳阳市市政建设有限公司投资25万元为郭镇乡建中村贫困户进行危房重建；企业家沈富荣为郭镇乡建中村捐款10万元支持该村精准扶贫工作；爱尔眼科医院深入村组为贫困户患者开展了义诊送诊等等。特别是在推荐、遴选、评定各级人大代表、政协委员过程中，区扶贫办对候选人有无扶贫工作业绩进行了严格的资格审查。

政协岳阳楼区委员会

综述

【完善协商形式】 区政协在基本形成“全委会整体协商、常委会专题协商、主席会议重点协商、专委会对口协商”的协商工作格局的基础上，把政协民主协商的触角向基层政协组织延伸，向某些具体工作、具体项目工程和人民群众亟待解决的热点难点问题延伸，让委员成为民主协商的主角，使民主协商层次更加丰富，效果更为突出。

【创新提案办理】 区政协提案委通过探索和创新，加大提案督办的力度。对重点提案，由区委、区政府、区政协领导联合领衔督办；对涉及热点难点问题，及需多部门共同办理的提案，会同区委办、区政府办召开联合督办会，相关承办单位负责人汇报提案办理情况并现场解答委员质疑。提出提案的委员根据调查问卷、个别走访、召开群众座谈会掌握的情况，现场对提案办理情况进行评议；对区领导阅批的重点提案，区政协分管副主席带领提案委分别以登门协商、现场督办、带案视察、个案评议等方式，督促承办单位办理；对所有提案，根据办理进度，区政协提案委统一安排，组织委员到现场验收，促使提案从“无声”变“有声”，从“纸上”落到“地上”。《委员现场验收，提升办理质量》一文被省政协《湘声报》和《岳阳日报》采用，受到了好评。

【开展跟踪视察】 把跟踪提案和建议落实作为视察的“聚焦点”，提高了委员视察的针对性和实效性。多次组织政协常委和委员到区直单位视察，通过视察既知情又议政，将视察捕捉到的信息及时反馈有关领导和相关部门，使参政议政在促进工作落实中发挥了作用。通过视察区农林畜牧水产工作，察看海泰食品有限公司，提出进一步完善岳阳楼区现代农林畜牧水产业发展规划、加快都市农业发展和支持海泰食品有限公司做大做强等三条建议，为区农林畜牧水产局工作再上新台阶起到了积极的推动作用。

【落实民主评议】 区政协制订了实施细则，明确了一名副主席分管这项工作，加强对评议工作的领导。先后对区交通建设、区民政、区文体和区财政等工作进行评议，委员们提出的意见和建议都被采纳。同时，各乡（街道）政协联络处积极开展评议活动，将乡（街道）党政班子、劳动保障、民政低保、计划生育、工商、税务、派出所工作纳入评议范围。

【实施民主监督】 按照委员专业特长与被监督部门职能相对应的原则，调整选派政治素质高、履职能力强的委员，到职能部门担任特派监督员，并将监督触角延伸到二级机构，民主监督领域得到了进一步拓展。修订《关于特派监督员工作的意见》，明确特派监督员的职责、权利和义务。在实施民主监督过程中，要求特派监督员经常深入基层，倾听群众呼声，加强与有关单位、部门领导的相互沟通，做到与人大监督、行政监督和司法监督相互配合、互为补充，使民主监督在改进部门工作、为民办实事中得到充分体现。同时，把民主监督寓于委员视察、提案办理、反映社情民意等履职过程中，拓展民主监督的空间，方法更加灵活，效果更加明显。不断调整充实信息员队伍，扩大反映社情民意的覆盖面，共采集各类信息300多篇，在省、市、区有关刊物刊载50多篇。

【开展调查研究】 按照“少而精、专而深、出精品、求实效”的原则，组织开展调研视察10余次，撰写调研报告6篇，内容涉及全区经济和社会事业发展、城市建设和管理等方面。与此同时，组织街道政协联络处，开展了一系列的调研，《步行街南辅道片区旧城改造项目的调研》《进一步规范建筑行业特种设备检测的调研》《洞庭南路亟待改造的建议信》等调研报告都得到了有关部门的充分认可，有关建议意见得到了吸收采纳。通过前期的深入调研，先后就征地农民社会保障机制、依法治区、重点提案办理、“十三五”规划编制与相关职能部门进行专题协商，取得较好效果。

【关注民生实事】 着眼社会和谐，广泛开展关注民生献爱心活动。组织区政协委员捐资捐物，安排就业，为不同群体送去了物质资助和精神关爱，较好地发挥协调关系、理顺情绪、促进和谐的作用。涌现出李大友、曹宏会、苏正杰等一大批心系群众冷暖，热心公益事业的优秀政协委员，彰显政协委员亲民爱民的良好形象。《岳阳日报》、《湖南日报》、湖南都市频道等100多家媒体以《小小压岁钱，大大中国梦》等标题报道曹宏会委员鼓励儿子捐献压岁钱的事迹，在社会上引起了强烈的反响。

【加强自身建设】 深入开展“两学一做”主题活动，促进机关作风转变，为发展经济服务、为民生民计服务、为中心工作服务。组织政协委员深入开展“建设全面小康，认真履行委员职责”等一系列主题活动，激发委员履职热情，引导委员深入社区参与社会事务。建立“政协重点服务企业制度”，选择10家民营企业作为政协重点服务对象，政协领导班子成员联点服务，帮助其协调关系，拓展业务，增添发展后劲。加强党风廉政建设，严格按照市委、区委关于落实党风廉政建设责任制的要求，把握方向，从严要求，防微杜渐，全面加强了区政协领导干部和机关党风廉政建设，没有任何领导干部亲属和机关工作人员出现违法违纪现象。

【完成换届选举】 严格委员推荐提名，对委员候选人严格考核，确保公开、公平、公正。

严格程序，严格标准，严格控制比例结构，准确把握标准和条件。成立大会秘书处，分设资料、会务、组织、提案、宣传、保卫、会纪会风督查等7个工作小组，按照统筹兼顾、分工协作的原则制定详细具体的筹备工作实施方案，各小组根据工作目标和要求有序开展各项筹备工作。对换届工作进行全程监督，确保了整个换届工作的风清气正，确保了区政协五届一次的胜利召开，确保了该届选举的圆满成功。

重要会议

【政协岳阳市岳阳楼区四届十四次常委（扩大）会】 2016年3月25日，区政协四届十四次常委（扩大）会召开，全体区政协常委出席，区政协机关各专门委员会主任，各乡（街道）政协联络处主任列席会议。会议传达学习全国两会精神，审议通过2016年政协工作计划，协商确定2016年重点提案，表决通过了有关人事事项。

【政协岳阳市岳阳楼区四届十五次常委（扩大）会】 2016年7月15日，区政协四届十五次常委（扩大）会召开，对区教育工作进行专题民主评议。全体区政协常委出席本次会议。会议上，区教育局局长王开云汇报近年来岳阳楼区教育工作整体情况，查摆当前教育工作存在的矛盾与问题，报告未来五年教育工作的总体目标和工作思路。区政协教文卫体委主任李志强代表区政协专题调研组在会上作了专题发言，区委常委、副区长杨林彬对区教育局主要负责人和区政协专题调研组的发言表示肯定，并对如何进一步抓好教育工作提出了四个要求，即：进一步解放思想、进一步推进现代教育、进一步推进教育均衡、进一步促进教育安全。区政协主席王梦华在会上重点分析教育工作取得良好成绩的根本原因，并就进一步加强教育工作提出三点意见，即：加大改革力度，促进教育均衡发展；加大公办幼儿教育的投入力度，促进学前教育的有序发展；抓紧教育规划，有效应对全面二胎政策及城市快速发展给教育工作带来的现实问题。

【政协岳阳市岳阳楼区四届十六次常委会】 11月10日，区政协四届十六次常委会召开，全体区政协常委出席。会议审议通过区四届政协常委会工作报告、提案工作报告，协商决定了区五届政协委员名单，审议通过区五届政协常委候选人建议名单，协商通过区政协五届一次会议议程、日程、主席团成员及秘书长名单、执行主席分组名单、第二次主席团会议召集人名单、副秘书长名单、大会秘书处负责人名单和提案审查委员会组成人员名单。

【政协岳阳市岳阳楼区五届一次会议】 2016年11月26—29日，区政协五届一次会议召开。全体新当选的242名区政协委员出席会议。全体区级领导和岳阳市经开区、临港新区、南湖新区有关领导以及担任区四大家正职的在岳离退休老同志应邀出席会议，区直各单位、各垂直管理部门和各乡（街道）主要负责人共190人列席会议。会议听取并审议王梦华代表区政协第四届委员会所作的常务委员会工作报告和张雪梅代表区政协第四届委员会所作的提案工作情况报告，区委书记陈阁辉在大会上发表讲话。第二次全体会议上，彭端生当选为区政协第五届委员会主席，吴怡红（女）、邓群政、许国豪、刘娟（女）等当选为区政协第五届委员会副主席，吴曙光当选为区政协第五届委员会秘书长，王秀云等39名人当选为区政协第五届委员会常务委员会委员。29日上午，大会举行第三次全体会议暨闭幕式，会上，邓群政作本次会议提案审查报告，通过本次会议各项决议，听取区委副书记、代区长黄建文所作的讲话，新当选的区政协主席彭端生致闭幕词。

民主党派

民主党派

【中国国民党革命委员会岳阳楼区总支】 2016年，民革岳阳楼区总支开展理论学习活动，提高政治觉悟。制定“两学一助”学习教育方案，统一发放学习笔记本、《习近平总书记系列重要讲话读本》《习近平谈治国理政》和《中国国民党革命委员会章程》，组织副科以上党员参加湖南省社会主义学院网上“湖南统一战线在线学习教育”学习。积极参政议政，为构建和谐岳阳楼区献言献策。2016年，有13名党员当选为市、区人大代表和政协委员。曾斐和张洁参加市政协组织的“全市公共文化建设与食品药品安全监督”等多次调研，张洁在市政协专项会议上作“聚合力量，全面保障公共文化体系建设”的发言。做好党员发展工作，为履行职能集聚人才。2016年发展3名高素质高学历能力强的新党员。立足岗位干好本职工作。蓓蕾教育机构由原来的三所幼儿园，发展为现在的五所。程岳新所创办的民生渣土运输公司、民生环保砖有限公司、岳阳匯景房地产开发有限公司，张洁的七彩艺校，董捷的宏超经贸公司，陈皓的承蒙艺术学校、刘精简的岳阳市顺藤运输有限公司等民营经济都在不断发展壮大。党员积极参与各种社会公益活动，张洁发起成立新阶层心力量讲师团，为学校、企事业单位提供家庭教育公益讲座220多场，为30余万家长提供文化志愿服务；蓓蕾教育机构为交通意外头部严重受伤的岳阳县步仙乡凤凰中学八年级学生付文涛发起全市幼教人爱心捐助倡议，募得善款共计20596.6元；陈皓组织长沙市岳阳商会，前往抗洪一线毛家湖大堤慰问，送去4000多元的慰问物资和16000元的慰问金，个人资助岳阳县一中贫困生助学金3000元；程岳新常年资助平江县两位贫困学生；李昆被提拔为岳阳楼区文体新局局长；谢婷参与公开选拔，当选为南湖新区卫计局办公室主任。联系点的万家坡社区被评为2016年市级“同心社区”。

【中国民主同盟岳阳楼区支部】 2016年，民盟岳阳楼区支部健全机制，搭建平台。在五里牌社区设立“同心社区”办公室，成立“同心理事会”，就社区低保户被打、下岗职工被取消低保、烧烤摊摊主占用消防通道等问题进行了专门商议，最后都达成了共识。组织活动，惠及居民。1月，组织盟员在五里牌社区开展“关爱慰问困难居民”志愿者活动；3月，组织盟员开展“关爱自然”植树活动；5月，组织盟员开展“点亮蓝色星星”关爱自闭症儿童志愿活动；6月，与联点社区一道开展“端午浓情·你我牵手”端午节包粽子送粽子活动；10月，与五里牌社区、五里牌街道办事处联合开展“清洁家园”志愿者活动。深入调研，参政议政。组织召开“转变政府职能，提升服务水平，打造良好经济发展环境”为主题的座谈会。民盟岳阳市委副主委、岳阳楼区副区长高鸽子及社会各界精英15位代表参加座谈。与会人员畅谈自己的看法，提出了宝贵的意见和建议。加强学习，突出主题。以“学系列讲话”“学优良传统”为主要学习内容，结合各自思想和工作实际，通过相互交流、分享心得体会等形式，列出问题清单，提出改进措施。加大力度，推荐人才。推荐6名盟员担任岳阳楼区第五届政协委员，2名盟员担任岳阳楼区第五届人大代表，1人担任岳阳市人大代表。

【中国民主建国会岳阳楼区支部】 2016年，民建岳阳楼区支部以学习教育为引擎，提高会员思想素质。4月，组织支部主委、副主委参加民建省委举办的理论调研专题培训班；7月，组织骨干会员参加党派岳阳市委及岳阳楼区委统战部举行的“两学一助”主题学教活动，制定支部学教工作方案，统一印制学习资料、召开支部动员大会，开展集中学习；8月，组织支部委员参加民建岳阳市委主办的社情民意培训；10月，组织全体会员开展区五次党代会、市七次党代会精神学习；11月，支部主委蔡莉参加岳阳市社会主义学院“民主党派新进市委委员培训班”学习；11月4日，开展与民建省直工程支部“两学一助”交流谈心活动；12月，组织会员开展中共十八届六中全会精神学习。以换届工作为抓手，加强支部队伍建设。支部主委蔡莉高票当选民建市委委员，新增黄双喜、熊晨、赵艳等3名会员加入岳阳楼区支部，支部会员人数增加到20人。经组织推荐考察等程序，支部会员施敏担任岳阳楼区第五届人大副主任，蔡莉担任区人大代表。支部会员邓群政任岳阳楼区第五届政协副主席，刘忠梁、但佳、唐玮3人担任区政协委员。以党派活动为主线，推进开展社会服务。3月，支部作为协办单位参加“牵着蜗牛去散步”全国大型联动帮扶智障残疾人士公益活动，会员在活动中为智障残疾人士提供帮扶，奉献爱心；5月，组织开展“同心社区”服务活动，对长虹路社区居民开展“应急救护知识”培训；10月，协助开展全市“牵着蜗牛赶大集”大型助残公益活动及“爱在夕阳红”敬老慰问活动；12月，5名会员参与民建年会履职汇报及文艺汇演活动。以调研建议为主导，积极开展参政议政。“两会”期间，支部会员中4名政协委员、2名人大代表提交份6份建议提案。蔡莉撰写《加强党派自身建设，提高正常协商水平》被民建省委采用；张晓青撰写《关于岳阳市中心城区国有土地上房屋征收“住改非”和加搭建未登记建筑认定的建议》得到民建湖南省委采用；唐玮撰写《实行错时上下班的建议》《关于规范社区基层工作人员“五险一金”的建议》，汤春艳撰写《关于开展“艺术进校园”并延迟中低年级放学时间的建议》，但佳《关于严令禁止年丰巷后院违规建房的建议》等社情民意稿件得到了民建市委的采用。

【中国民主促进会岳阳楼区总支】 2016年，民进岳阳楼区总支在枫桥湖街道大屋湾社区认真开展“同心社区”创建活动，设立民进驻社区同心工作站，总支争资30多万元，改善了社区硬件设施，建设同心阅览室、同心超市、同心讲堂、同心大舞台等阵地，搭建同心社区QQ群等信息平台，组建由岳阳楼区80多名民进会员组成的同心志愿者服务队。总支发动会员为社区捐献图书4000余册，赠了书包、笔记本、大米、食用油等物资价值8万多元，结合重大节日为特困家庭送慰问金6万多元，组织志愿服务队开展法律知识、消防安全、意外急救等讲座12期共950人次，开展“送医送药送健康”等主题活动10多次，接受居民咨询1800多人次，开展免费体检700多人次，赠送药品价值2万多元。总支在大屋湾社区建立了社情民意联系点，引导民进会员定期开展走访调查，收集整理群众的意见和诉求，及时向社区及相关部门准确反映社情民意。引导会员中的人大代表、政协委员参政议政，对社区重大工作及社区发展中存在的热点、难点问题，主动出谋划策，为居民排忧解难。组织会员深入社区开展了各类调研活动，向市政协提交了《关于加快城中村的改造的建议》《关于尽快拉通岳州路的提案》等提案和建议案，收集和反映小街巷建设、亮化绿化、卫生保洁、社会治安、就医入学、就业创业等方面的社情民意50多条。

【中国农工党岳阳楼区总支】 2016年，农工党岳阳楼区总支抓理论学习，促进党员思想政治素质的提高。在全体党员中开展“两学一助”学习教育活动，组织党员认真学习了好习近平总书记系列重要讲话精神，进一步引导和带动党员们在履职尽责中自觉践行社会主义核心价值观，切实把社会主义核心价值观贯穿于农工党各项工作之中。抓队伍建设，促进支部战斗力的进一步发挥。7月，顺利完成了总支换届选举工作，新一届总支委会由曾淑梅、钟乐、卢刚、刘峰、赵民、杨春、万娟等七人组成，曾淑梅任总支主委，总支下设三个支部。全年发展2名新党员。抓组织活动，促进支部社会服务质量的提高。7月，总支15名党员赴华容新华垸抗洪救灾。11月，组织党员赴岳阳县长湖乡白羊完小开展“科普大篷车进校园”活动。

【中国致公党岳阳楼区支部】 2016年，致公党岳阳楼区支部主抓思想建设，创建“参谋型”支部。组织党员学习了习近平总书记系列讲话和中共十八届三中、四中、五中、六中全会精神。邀请区委党校校长为全体党员解读了岳阳楼区第五次党代会报告精神。召开“两学一助”学习教育动员大会，制定《致公党岳阳楼区支部“两学一助”学习教育工作方案》。鼓励党员积极建言献策，提升参政议政能力。2016年，支部有各级人大代表8人，政协委员11人，“两会”期间，提出提案议案共21件，其中15件已立案，全年共提出社情民意25条，参与市、区人大政协的调研视察活动共16人次。着力社会服务，创建“同心”支部。1月，支部副主委、王家河商会会长刘亮带领党员开展了以“关爱环卫工人，共创文明岳阳，欢欢喜喜过大年”为主题的活动；4月，支部联合岳阳楼区科协举办中国流动科技馆巡展活动；6月，支部与东升社区对接，为5户精准扶贫对象成功实现脱贫；7月，部分党员赶赴华容灾区慰问受灾群众，捐赠了价值3万多元的救灾物资。

【九三学社岳阳楼区支社】 2016年，九三学社岳阳楼区支社党派建设取得较为显著的成绩。发展两名体制内的新社员，支社已有社员35人，推荐两名社员参加市委党校的新进社员培训班。以“两学一助”学教活动为抓手，着力加强社员的思想建设，增强组织动员能力。9月，在观音阁社区同心活动室召开“两学一助”学教活动动员会，下发了九三学社章程，习近平系列重要讲话读本等学习资料，两次通过微信群组织社员集中学习省市区党代会和两会精神。积极向市、区两级人大、政协推荐优秀社员，共有11名社员分别当选为市、区两级政协委员、人大代表，其中5名区政协委员、1名区人大代表，3名市政协委员、2名市人大代表，其中市人大常委成员1人。参政议政工作扎实推进。8月，参与社省委关于《社区服务业发展现状》的调研，组织观音阁社区和五里牌社区的居民代表座谈，到观音阁社区、五里牌社区的居民和商铺中进行问卷调查，通过为期3天的走访调查，为社省委的调研提供详实的基础数据。在市、区两会上，提交提案、批评建议意见7条，其中《关于中小学在非教学时间向青少年开放运动场地和设施的建议》得到社市委领导的高度重视，并将其作为2017年一项重要实事进行课题调研社会服务工作不断上新台阶。5月，参与观音阁社区的“微心愿”主题活动，出资3000元为百岁五保老人送去轮椅，为70岁的独居老人送去了智能电饭煲，为计生后遗症家庭送去了慰问金，为家庭生活困难的大学新生申请助学金。7月，参加为华容灾区献爱心活动，为灾区送去大米和食用油，支社副主委谭艳平个人捐资2000元。10月，与医卫支社联合开展义诊，为社区居民送医送药，进行心理咨询、法律服务。

社会团体

岳阳楼区总工会

【概况】 2016年，岳阳楼区总工会全年完成工会组建任务达421家，新增工会会员16900人，其中农民工会员9800人。完成了泰和大酒店宴会厅的省级模范职工之家，岳阳楼社区、白家山老年公寓等4个市级模范职工之家，清明面业挂面生产车间和洞庭街道环卫站的“工人先锋号”以及枫桥湖办事处“六好”乡镇（街道）的创建工作。筹集“金秋助学”资金38万元，帮扶救助困难职工和农民工子女73人，全年为职工购买职工医疗互助金3082人，缴纳互助金295650元，女性安康保险8200份，较好完成了全年帮扶工作任务。以月嫂、茶艺师、美容美发师、家政和技校为培训基地，开展职业技能和转产转岗培训，培训技能人才培训近万人，新增就业4万人。

【促进工会组织健康发展】 2016年，市总工会下达岳阳楼区工会组建任务400家，全年超额完成达421家，新增工会会员16900人，其中农民工会员9800人。为了使已建和新建工会组织发挥作用，杜绝“空壳”工会，防止组建停留在面上，区总工会年初制定了全区乡、街道、区直部门、社区、企业等各级工会考核评价机制，部署工作任务、明确考核内容、下发考核文本，全区各级各部门工会围绕目标任务，忠诚履职、务实求为，取得较好成绩，10月至12月，区总分组对全区151家企业、16个乡街道、37个社区和相关区直部门进行考核，评选出大屋湾、东升、梅溪桥等十个“一类社区”工会，步步高岳阳分公司、新泰和绿色农业集团、龙马驿站汽车服务公司、金钢铝材有限公司等20家“满意企业”工会，对乡街道和区直部门也进行了综合排名，全区各级工会组织形成创先争优、你追我赶的良好势头。

【培育工匠精神和创新意识】 2016年，岳阳市举办十行百优“巴陵工匠”职业技能大赛是一件大事，全区上下联动、齐心协力、广泛宣传、精心组赛，举办了计算机程序设计员、钳工、焊工等工种的初赛，其他行业工种都组队参加了全市的比赛，计算机程序设计员赵胜获得全市第三名的好成绩。为了践行社会主义核心价值观，弘扬“中国梦·劳动美”，经过周密策划、精心组织，区总出台了岳楼工发〔2015〕92号《关于开展“中国梦·劳动美”

月月好职工推选活动的通知》，在全区范围的一线职工（含农民工）中推选爱岗敬业、技术革新、岗位能手、乐于奉献、家风纯正、创新创业、建功立业等七个方面的好职工，全年共表彰一线好职工120人。一年一主题的劳动技能竞赛也在“五一”如期举行，今年活动主题是“创新创业·先锋先行”电子商务技能大赛，加强了电商企业和从业人员之间相互交流，发现并培养了电商技能人才，推动了我区电子商务产业发展。

【精准扶贫】 加大了大屋湾、东升、四化建、骆家坡、三角线等10个帮扶站点的物资和资金投入，从东西南北中五个方位进行辐射，全年共发放专项帮扶资金75万元，做到应帮尽帮，实现困难帮扶全覆盖。以月嫂、茶艺师、美容美发师、帮您家政和技校为培训基地，开展职业技能和转产转岗培训，培训技能人才培训近万人，新增就业4万人。另外，区帮扶中心金秋助学筹集资金38万元，帮扶救助困难职工和农民工子女73人，金秋助学标准提高到5000~10000元。全年为职工购买职工医疗互助金3082人，缴纳互助金295650元，女性安康保险8200份，较好完成了全年帮扶工作任务。

【发挥桥梁纽带作用】 结合区域实际，发挥工会职能作用，与部门联动，支持十大棚户区改造和重点工程建设项目，与区经建投、劳动局、交建局、安监局等部门协同配合，开展安全生产隐患排查，劳动保护监督检查，全年检查高温作业企业和重点建设项目258家，发现安全隐患518处，现场整改266个，限期整改252个。总筹集发放慰问资金56万元，慰问一线职工4240人。为了体现对劳动模范和女职工的关爱，“五一”劳动节，区总组织了124名劳动模范在区人民医院进行免费体检，人均体检费360元，共计42928元。女工委也组织510名女职工在楼区妇幼保健院进行免费体检，查出乳腺癌和宫颈癌患者各1人。通过开展关爱行动，工会充分发挥桥梁纽带作用，有力促进了区域经济和社会大局的和谐稳定。

【队伍建设】 2016年，通过优选，经过多方协调，先后调入6个人。4月份，区困难职工帮扶中心升格为副科级事业单位，设置编制8个。筹集20万元资金建好了区困难职工帮扶中心服务大厅。现在区总共有在职工作人员20人，平均年龄39岁，全部具有大专以上学历。

共青团岳阳楼区委员会

【概况】 2016年来，共青团岳阳楼区委员会在上级团委及区委、区政府的正确领导和大力支持下，团区委深入贯彻落实党的十八大、十八届五中全会、中央党群团工作会议和习近平总书记系列重要讲话精神，积极履行四项基本职能，引领广大团员青年为建设核心引领区率先垂范、奋勇前行。

【青少年思想道德教育活动】 2016年团区委共累计组织集中学习6次，参与人数累计900余人次；各基层团组织分别组织集中学习80余次，覆盖人数达34800余人。广泛开展“我为核心价值观代言”、“青春建功十三五、建设核心引领区”、“红领巾相约中国梦”等主题教育实践活动。5月4日，举办“社区小网格 人生大舞台”社区青年网格员演讲比赛，时任区委主要领导秧励、彭端生、钟辉、李峰等出席并为获奖选手颁奖。

【推介优秀典型】 在岳阳楼区各中小学少先队中开展争戴雷锋章、争创雷锋中小队活动，成功推选岳阳楼区5名省级雷锋金章、2个省级雷锋中（小）队称号，5名两型金章、2个省级两型中队，加强了学雷锋活动常态化建设，弘扬了社会文明新风。推报东茅岭街道团工委书记张岸芷参加全省“最美基层共青团干部”评选表彰活动，推报危李、吴群、高城等三名青年参加“向上向善湖南好青年”评选活动。

【新媒体工作体系建设】推进新媒体工作体系建设，继续做大做强“岳阳楼区共青团”微信、微博，巩固和培育了一批共青团网络工作骨干，深入开展线上线下活动，鲜明有力发声，通过微博、微信等公共服务平台发布普法、禁毒等预防青少年违法犯罪相关博文内容，现微信公众平台及官方微博共有粉丝数8000多人次，微博单条最高阅读量达7700人次。

【青年志愿服务】 3月4日上午，时任市委常委、宣传部长徐新启、团市委书记白再兴、区委常委、宣传部统一、统战部部长钟辉等市区领导在洛王街道大桥湖社区指导志愿服务工作。12月2日，团区委联合区文明办在湖南拓福家纺有限公司，慰问残疾工人。11~12月，团区委联合岳阳市三有公益服务中心志愿者、泰和爱心商户等慰问君山芦苇场工人。据统计，2016年各基层团组织共开展志愿服务活动305次，服务群众21760余人次。成功推报三个志愿服务团队五个项目进入湖南省志愿服务项目大赛决赛，其中巴陵关爱志愿服务团队“守望大湘江，保护母亲河”项目从500个项目中脱颖而出获得金奖。

【助推青年创业就业】 2016年，团区委联合区人社局、区妇联举办岳阳楼区“十佳创业青年”“十佳创业巾帼”评选活动，历经半年时间，经过自我推荐、单位初审、微信投票、现场评审、专家评审等多个环节，确定20位获奖者，激发了城乡青年、妇女的创业热情和创新活力，营造了崇尚创业、勇于创业、服务创业、促进创业的浓厚氛围。加强青年创业项目孵化对接，推报岳阳云景生物科技有限公司、弗瑞西生鲜配送公司参加岳阳市创客大会，并将其项目推报为岳阳市青年创新创业优秀项目。推荐4名优秀青年电商参加全省农村青年电商及返乡青年创业培训班。继续深化与岳阳市农商行等银行合作的“青年创业小额贷款项目”，共为108名青年联系发放创业贷款710万元，解决了部分青年创业就业的资金瓶颈问题。

【服务青少年儿童健康成长】 开展希望工程助学行动，全年已累计资助学生38名，发放助学金118000元。加大青少年法制宣传力度，在中小学校开展禁毒活动26次，发放禁毒知识读本2000余册，有效提高了青少年学生防毒、拒毒、禁毒的意识和能力。深化“共青团与人大代表、政协委员面对面”活动，及时反映青少年意愿和呼声，进一步健全和完善维护青少年合法权益工作机制。

【推动团的组织建设】 2016年，团省委副书记廖良辉同志下沉驻点岳阳楼区3个月，全面指导督促工作，基层团组织建设有了新的改善和提升。利用岳阳楼区青年空间、青年创业沙龙会、青少年综合服务平台等有形阵地加大团干教育和培训力度。以推进少先队活动体系建设为重点，在所有小学课表和教学实践中落实了每周1课时少先队活动课程。加强辅导员队伍培训管理，组织40余名辅导员参加全市少先队辅导员培训班。深入开展“两学一做”专题教育活动，大力推进机关党支部建设，深入贯彻落实团干部1+100联系青年工作，从机关到乡街、部门，1名团干部联系100名青年，线上通过微信和QQ保持常态化联系，线下不定期开展见面会、青春沙龙等活动，对青年实现点对点指导，面对面沟通，实打实服务，收到了良好效果和青年朋友一致好评。

岳阳楼区妇女联合会

【概况】 2016年，岳阳楼区妇联坚持服从服务于全区工作大局，深入开展各项特色活动，实实在在地为妇女儿童办实事办好事，圆满完成了市妇联和区委、区政府交办的各项工作任务，被授予“2016年度全市妇联工作绩效目标管理考核先进单位”荣誉称号，被评为岳阳楼区2016年度“综合绩效考核三类先进单位”、“平安建设工作先进单位”。

【岳阳楼区建区二十周年活动】 2016年是岳阳楼区建区20周年，为充分展示建区20周年以来妇联的工作成绩，区妇联全面总结归纳了过去20年所获得的荣誉与成绩，以及向广大居民群众所推荐过的各类先进典型，并制作成宣传板、宣传册，向全区进行展示。同时，积极号召乡、街道、村、居委会妇联系统干部群众主动参加建区20周年的纪念文娱活动，获得区委、区政府和区宣传部等多部门的好评。

【维护“湘女”微信公众平台正常运行】 自开通两年来，区妇联坚持做到每日更新微信公众平台信息，将广大妇女同胞所关注的衣食住行、妇儿维权及党委、政府相关政策等信息日日更新。7月，通过微信平台全面动员广大创业青年、妇女积极参加岳阳区“双十佳”评选活动，“湘女”关注人数已达到10000余人。

【组织“三八”妇女节庆祝活动】 3月4日上午，岳阳楼区举行庆祝第106个“三八”国际劳动女节暨反家庭暴力联盟活动启动仪式。会上，通报表彰了一批“巾帼文明岗”、“最美家庭”、“最美家风”、“最美女性”等先进代表。区政府副区长、妇儿工委主任高鸽子向全区各职能部门、广大家庭及成员发出“反家暴·创平安·促和谐”倡议，区法院未成年人法庭庭长、站前路街道妇联结合本单位实际，就如何开展《反家暴法》广泛宣传与贯彻落实进行表态发言。最后，区委副书记尤学庆向全区妇联组织和广大妇女提出四点希望，并呼吁全社会共同营造尊重妇女地位、关心妇女事业、支持妇女工作的良好社会环境。

【开展“双十佳”评选活动】 2016年6月，区妇联主动对接区人社局、宣传部、团委、工商联、工信局、商粮局、工商分局等多家单位，开展岳阳楼区“十佳创业巾帼”、“十佳创业青年”评选活动，历经自我推荐、单位初审、微信投票、现场评审、专家评审等环节，评选出10名创业巾帼、10名创业青年，并于2016年12月30日在岳阳市电视台演播厅举办表彰大会，获得了良好的社会反响。激发了城乡妇女、青年的创业热情和创新活力，营造了崇尚创业、勇于创业、服务创业、促进创业的浓厚氛围。

【组织参加“全市创新创业大赛”】 2016年3月，岳阳市妇联开展首届巾帼创新创业大赛，区妇联通过全面动员、深入走访，先后推荐岳阳绿色菜园网电子商务有限公司、岳阳楼区新静源瑜伽肚皮舞健身中心等4家企业参与竞赛。通过几轮反复角逐，岳阳绿色菜园网电子商务有限公司总经理罗玉纯获得二等奖，岳阳楼区新静源瑜伽肚皮舞健身中心主管陈思颖获得三等奖。

【落实精准扶贫活动】 按照区委、区政府“精准扶贫”活动要求，区妇联全面深入王家河办事处东升社区、郭镇乡建中村等进行走访摸底，多方争取资金，2016年全年共组织慰问“两癌”贫困母亲8位，留守儿童10名及部分贫困家庭、困难村妇代会主任等，共计发放节日慰问金和困难补助15万余元。社会爱心人士的积极参与，巾帼志愿者的真情付出为岳阳楼区贫困妇女儿童的关爱工作也增添了不少活力。岳阳楼区爱心企业家沈富荣女士每年坚持向贫困优秀学子发放新春助学金3余万元。

【做好人民陪审员工作】 区妇联不断加大妇女儿童维权案件陪审工作力度，分管副主席全程参与各类妇女儿童侵权案件的陪审，两年来，共参加妇女、未成年人案件陪审100余起，陪审率达到98%。

【“家庭律师社区行”活动】 2016年，先后在站前路办事处、枫桥湖办事处新胜社区等街道、社区开展了3场法律讲座专题活动。法律讲座邀请知名律师现场讲解，内容围绕继承、婚姻等相关法律知识，对进一步指导和帮助广大妇女、社区居民学法、知法、用法具有较强的针对性和指导性，获得社区群众一致好评。2016年初，区妇联还全面启动“反家庭暴力联盟”，向全区各职能部门、广大家庭及成员发出倡议，动员全社会力量制止家庭暴力行为，关心和帮助长期忍受家庭暴力的妇女儿童。同时，继续加强村、社区维权网络建设，有效地维护了妇女儿童的合法权益。全年共接待来信来访来电58人次，通过网格化服务，结案率为100%，无一例越级上访。

岳阳楼区科学技术协会

【概况】 2016年，区科协认真履行“四服务、一加强”工作职责，充分发挥科协职能优势，积极开展全民科学素质行动计划纲要实施工作，大力推进科学技术普及，全面推进科协工作，取得了较好的工作成效，被市科协评为“2016年度全市科协工作先进单位”。

【科普活动】 2016年，区科协积极开展了内容丰富、形式多样的科普活动。流动科技馆巡展圆满成功。4月28日，中国流动科技馆湖南省岳阳市启动仪式在岳阳楼区东升小学举行，活动时间持续两个月，参观人数达3.6万余人次，活动圆满成功，社会反响良好。在省科协2016年中国流动科技馆湖南巡展活动考评结果中，岳阳楼区巡展站被评为优秀展区；全国科普日活动精彩纷呈，9月中下旬，在全区范围内举办数次较大规模户外科普宣传活动、健康讲座等；科普活动丰富多彩。"航天科技连着你和我——院士专家岳阳校园行"、"科技馆与学校'奇思妙想——周六课堂'青少年综合创新思维训练课程"暨"岳阳市巴陵千名小院士孵化工程"等活动在岳阳楼区有力开展。

【科普示范典型创建】 多次召开专题会议，进行研究部署，强化科普示范社区创建工作。组织机关干部深入基层，进行创建工作指导，充分调动基层参与的积极性，营造了浓厚的创建工作氛围。指导枫树新村社区、花板桥社区、康岳社区、望岳社区、学院路社区成功申报湖南省科普示范社区。

【基层科普行动计划实施工作】 积极推进"基层科普行动计划"实施工作。2016年5月，东升社区被省科协、省财政厅评为2016年湖南省"基层科普行动计划"奖补单位获奖补资金10万元。岳阳清明面业有限公司何清明成功申报国家基层科普行动计划农村科普带头人项目，获奖补资金5万元。推荐岳阳楼区凤凰山生态特种种养科普示范基地、岳阳楼区麻布蔬香科普示范基地、岳阳市绿邦生态苗木科普示范基地为岳阳市先进农村科普示范基地，推荐郭镇乡马鞍村陈义为岳阳市农村科普带头人获得成功，该三个科普示范基地及个人均受到市科协通报表彰。

【优化科技人员发展环境】 定期召开学会工作会议，加强学术探讨与交流。积极走访科技工作者，了解他们的工作和生活情况，听取他们的意见和建议，努力为科技工作者服务。2016年，区人大、政协"两会"期间，推荐了1名科协界别的政协委员。在岳阳楼区志愿服务先进典型评选活动中，推荐了岳阳市健康促进会为岳阳楼区最佳志愿服务组织，推荐颜国富为岳阳楼区最美志愿者。

【《岳阳市岳阳楼区科协系统深化改革实施方案》编制工作】 成立了《岳阳市岳阳楼区科协系统深化改革实施方案》编制工作领导小组，制定了《〈岳阳市岳阳楼区科协系统深化改革实施方案〉编制工作方案》。进行了座谈、调研，各部室分块分线开展编制工作，计划待省、市科协系统深化改革实施方案出台后，以上级科协方案为指导依据，根据区情实际，编制形成《岳阳市岳阳楼区科协系统深化改革实施方案》。

岳阳楼区工商业联合会

【概况】 岳阳楼区工商联（总商会）于1996年由南、郊两区工商联合并而成，是中国共产党领导的以非公有制企业和非公有制经济人士为主体的人民团体和商会组织，是党和政府联系非公有制经济人士的桥梁纽带，是政府管理和服务非公有制经济的助手。2016年，区工商联共走访企业80多次，收集意见建议100多条，解决问题30多个；扎实做好非公有制经济人士的思想政治工作，开展了8次微宣讲活动，先后选送30多名企业家参加省、市培训班；积极引导会员参政议政体，向区委、区政府建言献策80多条；组建了“联爱”志愿者协会，累计组织公益活动80余次，募集善款40多万元；召开区工商联（总商会）第五次会员代表大会，刘娟当选为区工商联（总商会）第五届主席（会长）。

【非公有制经济党组织“两学一做”学习教育成效明显】 制定了“两方案一计划”，建立了整改台账，实行“挂号销号”制度。建立了非公有制经济党组织“两学一做”指导小组成员联系点制度，每位会领导联系6家个非公企业党组织。对相关管理制度进行了认真清理，进一步完善《接受捐赠公示制度》《会费管理制度》《工商联财务制度》等相关管理制度，进一步规范了机关管理。全体党员对理想信念模糊动摇、精神不振、服务不主动等6个方面的突出问题进行了认真整改，达到了预期效果。各直属非公有制经济党组织通过上门走访、座谈交流、召开专题组织生活会等形式，收到各类意见建议40多条，积极整改落实职工生活条件简陋等问题30多个，让企业职工得到了实惠，进一步增强了企业的向心力和凝聚力。

【开展商会活动】 扎实做好非公有制经济人士的思想政治工作，在企业开展8次微宣讲活动。2016年12月4日，选送了8名企业家，赴新加坡参加市工商联组织的工商业研讨班学习。利用“互联网+”等现代传媒技术，建立了区工商联政务网和微信公众号，发布工作动态、供求信息等各类信息260多条。建立非公党工委委员联系点制度，党委成员分别联系1~2个非公企业党支部。组织开展支部书记和入党积极分子培训，结合“七一”组织部分企业新老党员到江西安源煤矿纪念馆开展红色教育。在所属14个党支部中新发展党员9名，有5个党支部被区委和市非公党工委评为先进党支部，有3名党员分别被区委和市非公党工委评为优秀共产党员。

【服务发展成绩斐然】 深入开展“访民企、办实事、强信心”大走访活动中，全体机关干部直奔走访第一线，走访调研基层企业达80次以上，收集意见建议100多条，解决问题30多个。搭建融资服务平台，争取授信贷款10亿元。搭建经济联络平台，与杭州市余杭区工商联缔结为友好商会。密切与非公有制经济人士的联系，积极引导参政议政体，向区委、区政府建言献策80多条。以市、区两级人大、政协换届为契机，将岳阳楼区优秀的非公经济代表人士推向参政议政的舞台。在现有会员中，有市人大代表6名，区人大代表20名，市政协委员4名，区政协委员32名。组建了由楼区广大非公有制经济人士为主体的“联爱”志愿者协会，累计组织公益活动80余次，募集善款40多万元。华容溃堤事件发生后，区工商联和区联爱义工协会积极宣传发动，第一时间募集救灾款2万多元，购买了药物和食品送达灾区。王家河街道商会组织会员发起了“关爱城市环卫工人”行动，宴请王家河街道办事处辖区范围内的140名环卫工作人员，并发放了慰问物资。区品牌产品供应商协会、金鹗山街道商会组织会员在太子庙社区开展慰问帮扶活动，为60户贫困户、低保户送去8000余元的米、油等物资。

【工作水平不断提升】 2016年3月31日，召开区工商联（总商会）第五次会员代表大会，会议听取区工商联（总商会）第四届执委会工作报告，审议通过区工商联（总商会）第五次会员代表大会决议。选举产生区工商业联合会（总商会）第五届执委会委员129名；常委会成员69名，其中主席（会长）1名、副主席（副会长）28名，刘娟当选为区工商联（总商会）第五届主席（会长）。发挥商会作用，通过多种形式引导商会积极参与文明创建和综治民调，发放宣传资料1万多份。深入开展“精准扶贫”，机关全体干部都下到联系点的仓田村，结对帮扶6户困难居民，先后10多次深入村组开展帮扶，现有5户困难居民已脱贫。

岳阳楼区残疾人联合会

【概况】 2016年，岳阳楼区残疾人联合会拟定按4000元/户完成40户残疾人家庭无障碍设施改造，前期完成了入户和“一户一方案”制定，目前该项工作已进入验收阶段。上半年共接待残疾人来访150余次；接到残疾人市长、区长信箱和“12345”公共服务平台反映问题33件，提案议案2件，对此我们均认真调查，并及时妥善给予处理和回复，满意率和办结率均为100%。新增审办核发“残疾人证”1202人；完成600名机动代步车燃油补贴申报工作；积极处理肢体残疾人到八字门4S店阻工事件；积极开展全国助残日活动。岳阳楼区残疾人基本信息专项调查入户登记工作自2016年7月1日开始实施，经过动员部署、调查培训和信息核查，8月底岳阳楼区率先完成了在册9000余人的入户调查和数据更新工作。

【为残疾人办实事】 2016年国家、省、市下达楼区残联为民办实事“0~7岁贫困残疾儿童抢救性康复”项目任务数共计108名。全年共完成“0~14”岁贫困残疾儿童抢救性康复151名，其中脑瘫儿童56名，智障64名，自闭症24名，听障儿童7名（其中2名为植入人工耳蜗）。涉及到肢体、智力、听力言语、孤独症等残疾类别，通过训练，残障儿童的语言、行动、社会交往等功能都得到了极大的改善。我区省绩效辅助器具适配任务数118件，“万件辅具适配”项目任务1014件，已全面完成任务。其中，对重度肢体残疾人适配电动轮椅15辆，发放普通轮椅350台，手杖100根，三角手杖60根，拐杖80副，盲杖100根，听书机65台，坐便椅100把，儿童轮椅20辆，助听器65台，助行器、站立架50台，儿童踝足矫形器4副，成人矫形器、假肢26例。在市精康项目支持下，区残联投入25万元，对115名重度精神病患者进行了康复救助，其中45名为每人4000元的住院救助，70名为发放1000元门疹服药救助卡，受救助对象显好率85%，残疾人及残疾人亲属满意率98%。2016年，共为550

名残疾人提供托养服务，其中50名符合条件的残疾人在益智园接受日托照料，500名重度肢体、智力、精神残疾人进入由政府购买服务的居家托养项目，纳入“家家好”家政公司服务平台，可享受家政工作人员上门提供保洁、个人卫生、亲情陪护等服务。5个残疾人社区康复站全年共接待3000余人次进行康复训练，康复反响良好。并投入资金6万元，依托三眼桥卫生服务中心新建一个残疾人假肢装配站，为岳阳楼区残疾人的假肢装配提供便利。

【推动残疾人就业工作】 2016年区残联通过开展残疾人就业援助月活动，召开残疾人专场招聘会等方式新增就业49人。岳阳楼区共有145名残疾人参加了就业培训（其中职业技能培训95人，实用技术培训50人）。全年共年审企业152家，征收残保金650万元（其中财政代扣300万元，税务代征350万元），为来年残疾人事业发展提供了有力支撑。共为5家新增和9家年审盲人按摩进社区合格门店发放扶助资金11.7万元，对40名高级盲人按摩师补贴共计9.3万元；为拓福家纺申报免息贷款项目；组织18名残疾人创业者在大荆进行了创业培训，发放创业扶持款18万元。在2016年岳阳市残疾人就业创业“双十佳”评选活动中，岳阳楼区选送的盲人小提琴老师王国强、按摩师赵忠球和肢残人医生许星满评为创业明星；拓福家纺和华文劲仔两家企业评为吸纳残疾人就业十佳单位。

【推进精准扶贫工作】 4月，区残联对岳阳楼区350户农村残疾人进行了走访核实，将郭镇、梅溪的168户农村贫困残疾家庭定为精准扶贫对象，并将郭镇乡建中村定为区残联“联千村帮万户”的帮扶村，对该村特困对象发放扶贫资金3000元。完成19名党员到联点的城陵矶社区接对工作，发放扶贫款1万元；完成2958人重度残疾人护理补贴和2398名重度残疾人生活补贴交由民政发放的对接；争资15万元，对纳入抢救性康复的残疾儿童发放每人1000元康复补贴；实现了重度残疾人医保免费，轻度残疾人减半入保。

【多渠道开展助学工作】 区残联通过“一对一”帮扶、省残联助学项目等多种渠道为残疾人学生和残疾人家庭子女提供帮扶。其中方越、何玲等10人纳入残疾人福利基金会救助范围；市政协委员对易晶、孔佳等7名学生开展“一对一”帮扶；省残联助学项目为21名应届大学生和11名高中生提供助学资金约7.9万元，较好的缓解了残疾人家庭的入学压力。

【打造精品示范服务项目】 2016年，经市残联批准确定，岳阳楼区新建两个示范服务项目。其一是高标准完成东升社区康复站建设。经前期选址和协调，区残联于2016年5月在王家河街道办事处东升社区高标准新建一所残疾人社区康复站，共投入资金13.8万（场地改造5.2万，康复设施、设备及办公设备投入8.6万），服务面积100平方米，设置康复评估室、肢体功能训练室、儿童康复训练室等，配齐了康复站长、康复协调员、康复指导员，明确了工作制度和工作内容。此站的建设，可覆盖周边3个街道18个社区，能为近千名残疾人提供康复服务。其二是举全力推进综合服务平台建设。岳阳楼区拟建湘北地区服务功能最全面的残疾人综合服务平台。该项目设计建设13层，建筑面积12000平方米。该项目已动土开工，区残联为该项目的顺利建设提供保障。

岳阳楼区文学艺术界联合会

【概况】 岳阳楼区文联在岗干部5人，下辖10个协会，注册会员1200多人。2016年，区文联以宣传贯彻习近平总书记在北京全国文艺工作座谈会上讲话精神为契机，突出“四抓”，强化协会班子建设，以班子带队伍，调动全区广大文学艺术工作者创作热情，创作出一大批优秀文艺作品。据不完全统计，全区文艺工作者共在中央、省、市发表文学、诗联、美术、摄影、书法等作品800多篇幅，其中在市级以上获奖120余篇幅。

【抓好协会班子建设】 区文联下辖作家、美术、摄影、书法等10个协会。2016年，针对个别协会“光杆司令”的现状，多方考察，征求意见，为协会配齐了几名协会负责人。区文联5名正副主席（含2名兼职副主席）分工联系各协会，与协会班子一起制订全区工作计划，并在活动实施中，全力配合，推动各项活动顺利开展。

【区庆二十周年纪念活动】 2016年4月30日，岳阳楼区成立20周年纪念日，为了落实区委、区政府有关会议工作安排，区文联负责大型新闻图片、画展、书法美术摄影作品展，出版画册等几项工作。两个大型展览，都有复杂的工序。下发通知，电话联络，收集作品，制作展板，选择展览场地，区文联克服单位人手少的困难，加班加点，最后选择区办公楼一楼大厅和市会展中心展出，既反映了全区20年巨变，又衬托出20年来全区文艺创作成果，社会反响良好。画册出版后也受到业内人士的充分肯定。新闻图片展共展出展板69块，新闻图片800余幅，书法美术摄影作品展制作展板110块，作品130余幅，画册收集摄影作品140余幅。同时，区文联还自筹资金2万元，编辑出版了《区庆20周年文艺作品集》，全市范围里赠阅，扩大了楼区影响。

【协会活动】 下辖的10个协会每个协会活动经费只有五千元，但各协会通过市区财政申请，企业赞助，个人支持等多条渠道，共筹措资金50余万元，用于开展各项文化活动。区书协、美协筹资15万余元，在岳阳市会展中心展出3次，而且多次展出规格高，全市反响大。区诗词楹联协会发挥老同志作用，多方筹措资金8万余元，举办了4次创作笔会，出版刊物3期。区社区文化艺术协会利用汴河街“岳舞台”，组织全区40多支社区文艺团体，协会筹资10余万元，利用“五一”“七一”、重阳节等重大活动，组织开展群众文化活动。特别是国庆期间，该协会组织的“国庆七天乐”活动，来岳阳楼旅游人数在10万以上，产生很好的社会反响。

【打造精品力作】 张雯的中国画《晨韵》入选由中国美协于6月份在北京荣宝斋举办的“荣宝斋双年展”；柳一川的油画《祈——为受难的家园》，荣获中国油画学会3月份在山东滩坊举办的“第二届中国油画作品展览”优秀作品奖，并被收藏。；李功义的中国画《乡雪之六》入选参加文化部“春雨工程——遵义美术作品展览”；贺琪岚的油画《紫阳系列二》，6月份入选湖南省文联、省美协举办的“2016潇湘魂·经典记忆——湖南省美术作品展览”；张雯、贺琪岚、李功义等13人作品入选岳阳市美协于12月份举办的中国画学术展览；李功义、张雯、贺琪岚、刘欢、张望等15人作品入选12月举办的全市花鸟画作品展览；谢湘波的《鼓楼里的时尚文化》参加“第十一届全国艺术节摄影优秀作品展”；龚琳《张谷英的早晨》在”美潇湘同舟圆梦”湖南省政协系统第二届摄影展入展；戴飞娥的《尼泊尔震后163小时》在香港第六届全国摄影艺术展获金奖；曾柳荻的《足尖之舞》（组照）在第十七届湖南摄影艺术作品中获银奖。区文联与汴河街文化旅游公司联合推出的2016年春节庙会也成为全省十三个春节文化品牌之一。夏阳原创的诗朗诵《大爱如山》、歌曲《岳阳楼下我的家》、音·诗·画《走在小康路上》、小品《老屋留影》等8个作品全部搬上舞台，其中歌曲《岳阳楼下我的家》被评为岳阳市对外旅游宣传歌曲。李海英的诗歌作品《等雪的红梅》入选《中国城市文学优秀诗歌作品集》，《攀登在悬崖上的红藤》入选《中国当代诗人代表作》。张雯的国画作品《晨韵》入选中国美术家协会“2016荣宝斋双年展”作品展。谢湘波的《祭屈大典》、《湘粽寄语》获中国摄影家协会“天下洞庭·端午源头”摄影作品优秀奖，《鼓楼里的时尚文化》入选第十一届中国艺术节摄影作品展。

谢湘波摄影作品《鼓楼里的时尚文化》（楼区文联供稿）

法 治

综述

【概况】 2016年，岳阳楼区委政法委全面贯彻落实党的十八大和十八届历次全会及习近平总书记系列重要讲话精神，紧紧围绕全区工作大局，以维护社会稳定为首要任务，以创建“平安楼区”为载体，以推进社区治理与服务创新为突破口，着力推进法治楼区建设，为全区社会治安稳定、经济持续发展和人民群众安居乐业创造了良好环境。

【信访维稳工作】 2016年，全区政法各单位牢固树立“从严从实从细保安全、护稳定、促发展”的理念，把维稳作为头等重要的政治任务来抓，强化组织领导，落实工作责任。先后组织开展矛盾纠纷排查19次，排查突出问题107个，超前化解群体事件23起。公安分局情报中心、国保大队、各派出所共收集处置各类有效信息214条，编发报送信息研判专刊91期，稳妥应对涉警舆情38条，研判化解涉访涉稳等事件23起，妥善处置岳阳e租宝投资群体策应进京维权事件。区维稳工作领导小组对各乡街道和区直部门的重点人员予以重点交办，通过摸排掌握重点人员108人，投入力量800多人次，教育转化26人，稳控60余人次。11月，涉军人员刘某因突发心脏病死亡，11月27—30日，全国部分“两参”涉军人员到岳阳聚集开展维权活动。在市委、市政府的领导下，各级各部门分工协作，采取措施科学得当，有效化解了参与的各股力量，为彻底平息刘某病亡引发的全国性的稳定问题奠定了坚实基础。

【矛盾纠纷调处工作】 2016年，全区排查调处各类矛盾纠纷683起，调处化解657起，调解成功率为96.20%，城陵矶街道骆家坡社区被评为全省模范人民调解委员会，在2016年全市司法行政系统综治考评中，岳阳楼区位于县市区第一名。全区共组织应急演练两次，成功处置各类群体性事件100多起，未出现一例因方法不当、处置不力所导致矛盾激化、事件恶化的情况。全国两会期间，无一例矛盾上交或引发上访，妥善处置了两名外地游客煤气中毒身故事件与城区疯狗伤人事件，受到舆论点赞。

【严打整治工作】 2016年，岳阳楼公安分局组织开展“五打五整治”“亮剑”打击整治专项行动，以打击侵财性犯罪、处置非法集资诈骗类案件为重点，侦破各类刑事案件 524 起，破毒品案件 84 起，查处涉毒人员 520 人，破获黄赌案件 80 起，查处黄赌违法犯罪人员 327 人。9 月下旬，根据城区涉毒犯罪特点，组织开展“涉毒人员收戒百日会战专项行动”，会战以来收戒各类涉毒人员 312 人，有效遏制了涉毒人员违法犯罪高发势头。针对黄赌毒违法犯罪，全区共组织开展集中清查行动 60 余次。9 月底，全区分六大片区先后五次开展大型集中清查行动，清查流动人口 5000 多人，出租房屋 4000 多间，捣毁卖淫窝点 14 个，涉毒窝点 17 个，关闭涉黄发廊 20 余家，刑拘介绍容留卖淫嫌疑人 4 人，捣毁暗藏在社区的电游窝点 5 处，查处无证电游场所 10 家。各派出所会同办事处综治力量开展了安全生产隐患大排查大整治，共清查整治行业场所 140 余家，查摆安全生产隐患 70 余次，下达消防整改通知书 120 份。

【“平安楼区”创建工作】 为切实提升全区居民安全感、满意度，2016 年全区政法各单位继续深化“平安楼区”创建工作。一是坚持治安巡逻工作到位。建立以公安专业巡逻和乡、街道办事处专职巡逻为主导，治安巡防队员、单位内保力量为主体的多层次治安巡防机制。将公安民警分为不同时段对不同地段进行巡逻，基层派出所民警坚持每晚 12 时至次日凌晨 6 时，根据实际情况在辖区重点部位和地段巡逻；巡逻警察大队每天安排二组民警、两台警车 24 小时在南湖大道、巴陵中路等主干道上巡逻，形成了巡逻警察大队民警、机关室队民警、派出所民警全天候 24 小时巡逻防控的工作格局。二是推进普法教育迈上新台阶。区司法局以社区法制课堂为载体，举办社区法制课堂开讲 19，内容涉及征地拆迁补偿问答、《中华人民共和国禁毒法》《中华人民共和国反家庭暴力法》等法律法规，免费发放普法宣传资料 3 万余册。通过建设法治文化长廊、开办法治节目专栏、编排法治小品剧本等形式，推进法律法规走进生活。组织了全区 3000 多名国家工作人员参加“如法网”学法用法考试，有效地提高了领导干部依法行政的能力和水平。三是确保特殊人群管控落到实处。对全区“法轮功”等邪教人员落实“三盯一”防控措施，未出现一例脱管漏管和重新犯罪的情况。区司法局组织各司法所围绕实践中导致社区服刑人员脱管、漏管的 12 种主要情形开展交叉排查，岳阳楼区在册矫正人员 280 人，包括缓刑 234 人，假释 28 人，管制 4 人，暂予监外执行 14 人。区重症收治中心进一步加强涉毒重症违法犯罪人员收治工作，积极与强戒所和办案单位对接，共收治各类涉毒重症违法犯罪人员 685 人次。

【网格化工作】 全区按照“立足社区开展公共服务、依托网格落实社会管理、培育社团推进居民自治”的工作思路，创造性地将社区公共服务、社区网格管理、社区居民自治“三合一”，建设公共服务体系，实现公共服务便捷化、优质化，统筹开展社区治理和服务创新工作。全区共录入房屋 300698 套，人口 221799 户、658452 人，单位 21936 个，完成了与公安、房产、工商等部门的信息核实。将民政、人社、计生等部门的 111 项服务事项已下沉到社区，涵盖了与居民群众密切相关的 80% 以上的事项，使公共服务更加便捷优质。公安分局结合网格化管理工作，从解决长期困扰公安机关的警力不足、基层基础工作薄弱等问题入手，以社区“网格化”管理为依托，社区民警为龙头，社区网格员为骨架，构建了“1+N”为警力“组合体”的新型社区警务模式，实现社区警务与“网格化”管理的有机结合、无缝对接、良性互动，网格员在社区民警的带领下，承办网格单元信息采集、安全防范、矛盾纠纷化解、服务民生等具体工作。

【服务经济建设】 针对全区九大棚户区改造和2015年全市百日攻坚未清零的16个建设项目，区法院组织16名精干力量，分成四个巡回小组，监督和指导行政机关在土地征收上依法行政，依法维护被征收人的合法权益。区检察院严厉打击强揽工程、强装强卸、寻衅滋事、敲诈勒索等阻碍重点工程建设犯罪，对纠集社会人员至岳阳市重点工程通海北路拓宽工程的工地阻工闹事、殴打拆迁人员的肇事者，以寻衅滋事罪依法批捕并提起公诉，收到良好的执法效果。区司法局组织10名机关干部和12名专业律师进驻各项目部，主动配合和参加征拆工作，为征拆过程中遇到的产权纠纷、拆迁补偿等实体问题和程序问题提供法律咨询，从源头上解决矛盾纠纷的产生。

【依法整治“三堵三强”】 2016年，全区始终以“零容忍”的态度，将整治“三堵三强”问题作为创新社会管理、维护社会发展、建设法治楼区的大事来抓，通过集中整治，有力维护了中心城区社会政治和治安大局稳定。加强了望岳路辖区天正保障房、梅溪所辖区蒙华铁路、海吉星物流园等重点项目建设周边治安整治力度，依法处置“三堵三强”事件30起，依法行政拘留聚众扰乱单位秩序、聚众妨害交通工具正常行驶、阻碍执行工作等违法人员30人、警告16人、刑事拘留3人、教育训诫近300人次。

【强化队伍建设】 全区各政法单位深入开展“两学一做”“强化四个意识，做到三个看齐”等系列教育活动，区检察院邀请省检察院、市纪委和市委讲师团专家教授进行专题辅导，教育引导全院干警牢固树立忠诚干净担当意识。区法院定期开展“道德讲堂”活动，引导干警坚定理想信念。开展震慑警示教育，发放《人民法院警示教育案例选编》，定期组织观看警示教育片，引导全院干警不断增强敬畏意识。公安分局在全局民警中组织开展观看中纪委大型电视专题片《永远在路上》和公安部《警钟——公安机关反腐倡廉系列警示教育片》活动，通过警示教育，提升队伍执纪的自觉性。区司法局定期开展党员思想汇报活动，每月开展一次“雁过拔毛”和“纠‘四风’、治陋习”专项检查，签订“纠‘四风’、治陋习”专项整治承诺书共计32份，牢固树立了政治意识、大局意识、责任意识和服务意识。

区检察院修订完善《机关科学管理精细化绩效考核方案》及配套《实施细则》，对全院干警推行定岗定责和量化考核，对干警工作业绩实行逐月考核和公示。区法院坚持以制度管人、管事、管案，建立健全了审务、政务、人事等28项管理制度，通过有效教育和规范管理，涌现出全国法院的先进个人、全省法院系统的办案标兵、全市政法系统的优秀干警。公安分局开展《岳阳市公安机关党风廉政建设主体责任和监督责任追究制度》等11项制度学习落实活动，掀起“人人学制度、个个讲规矩”教育实践活动。

公安工作

【概况】 岳阳楼公安分局（简称分局）是岳阳市的城市中心分局，治安管辖岳阳楼区15个乡、办事处（其中乡1个，办事处14个）以及南湖新区（下辖南湖办事处、求索办事处、龙山办事处和湖滨办事处），面积180余平方千米，实有人口近100万人，治安管理点多，线长，面广，情况复杂。分局编制警力540人，实有警力507人，分局党委班子成员7人（局长1人，副局长6人）。下辖内设室7个，业务大队6个，职能大队6个，派出所18个。2016年，岳阳楼公安分局紧紧围绕“两会”、“两节”、G20峰会、党的十六届四中全会安保这一总体目标，以绩效评估和综治考评为抓手，以“五打五整治”专项行动为主线，以“三实”信息采集和重点人员管控登记为重点，坚持严打整治不动摇，坚持严管队伍不松懈，各项工作有序推进，确保了中心城区社会治安大局稳定。1~12月，共接处警57449次，立刑事案件7643起，破1167起，查处行政案件9614起，查结1266起，发命案4起，破4起，打掉黑恶团伙5个，抓获团伙成员73人，判决47人，抓获各类违法犯罪嫌疑人2726人，其中逮捕446人，起诉744人，强戒549人，收治重症病违法人员115人，行政拘留1841人，抓获扒手76人。分局被省厅表彰为全国两会安保工作先进集体，被市局评为2016年度绩效考评先进单位；东茅岭派出所被评为全省公安机关户政管理工作“优秀服务窗口”；刑侦大队刑事技术室被公安部评为一级刑事技术室，表彰为全省十佳优秀技术室之一，分局干警毛文勤被评为全省十佳技术员，荣立个人二等功。

【维稳保安工作】 一是坚持情报引领，牢牢掌控维稳主动权。情报中心、国保大队等单位加强了情报工作力度，落实日研判、周会商、月通报等制度，各派出所及时汇报辖区不稳定因素。2016年共收集处置各类有效情报信息214条，编发报送情报信息研判专刊91期，通过情报研判、落地查控化解群体性上访、涉稳事件等23起。二是强化源头管控，紧紧盯住涉稳重点人员。国保大队会同派出所加强了辖区重点对象的管控，扎实落实五包一稳控措施，确保重点对象在公安机关的视线范围内。加强了涉军群体和e租宝群体稳控，实行盯人战术，逐个监控，逐一制止；信访室、法制等部门加强涉法涉诉信访案件化解工作；全国两会期间，楼区无进京上访事件发生。国保、人口、治安、东茅岭所、站前路所、枫桥湖所等单位共同加强了对涉疆维族人员的摸排管控，密切关注其动向与流向，做到了耳聪目明。三是积极化解矛盾，快速处置突发性事件。全年，成功处置各类群体性事件100多起，没有出现因方法不当，处置不力导致矛盾激化，事件恶化等问题。

【专项行动】 年初，为维护春节两会社会治安大局，打击侵财性犯罪，处置非吸集资诈骗类案件，分局主动部署“五打五整治”“亮剑”等打击整治专项行动。在维稳保安任务繁重、信息采集任务压头的情况下，分局各单位多措并举，侦破了一批案件，抓获了一批对象，打掉了一批团伙。4月25日，分局刑侦大队民警经过缜密侦查，抓获涉嫌电信诈骗嫌疑人李某(男、29岁、湖南娄底双峰县人、无业)等3人，破获6起电信诈骗案件，成功打掉一双峰籍电信诈骗团伙。3月11日，分局五里牌派出所民警与刑侦大队民警联手行动，抓获抢劫嫌疑人赵某（男、27岁、君山区人、无业）等3人，收缴自制手枪二把、砍刀一把，快速破获一起持枪抢劫案件。5月23日，分局刑侦大队专案民警经过缜密侦查，在分局便衣大队的配合支持下，抓获飞车抢夺嫌疑人邓某（男，现年26岁，岳阳县人）、罗某（男，现年29岁，岳阳楼区人）等4人，破获案件20起，成功摧毁一飞车抢夺团伙。2月25日，分局内保大队，及时侦办了一起重大销售病死猪肉案件，抓获嫌疑人陈某(男，现年46岁，湖南湘乡市人）等20多人，其中刑事拘留16人，查获病死猪肉近6吨。开展清查整治，营造良好治安环境。2016年共组织开展集中清查行动60余次，出动警力1000多人次，清查流动人口5000多人，出租房屋4000多间，捣毁卖淫窝点4个，涉毒窝点7个，关闭涉黄发廊20余家，刑拘介绍容留卖淫嫌疑人4人。各派出所会同办事处综治力量对辖区内的行业场所进行了清查整治，开展安全生产隐患大排查大整治，共清查整治行业场所140余家，查摆安全生产隐患20余次，下达消防整改通知书20份，处罚存在安全隐患的行业场所16家。同时，在全区范围内开展电游赌博专项整治行动，捣毁暗藏在社区的电游窝点5处，查处无证电游场所10家，收缴各类电游赌博机200多台。

【社区警务工作】 2016年，岳阳楼区社区“网格化”管理工作全面正式铺开，分局紧紧抓住这一历史机遇，借势发力，积极实践，从解决长期困扰公安机关的警力不足、基层基础工作薄弱等问题入手，积极探索新形势下改革创新社区警务工作的新举措、新办法。将城区95个社区划分为577个网格，配备网格员577人，发展信息员3462人、建立300支巡逻队、巡逻队员7000人，明确社区民警社区“网格化”管理的直接负责人，网格员在社区民警的带领下，承办网格单元信息采集、安全防范、矛盾纠纷化解、服务民生等具体工作。采集“三实”（实有人口、实有单位、实有房屋）信息83397条，其中采集常口数206518条，流口数94201条，寄口数032961条，从业人员数54870条，单位数4641条，实体数39162条，房屋数300710条。通过“三实”信息抓获违法犯罪嫌疑人5人，破获治安案件3起，刑事案件1起，抓获网上逃犯2人，端掉团伙2个。

【规范执法工作】 一是提升执法质量。执法活动作为公安工作的主要活动，分局加大了对公安民警的执法培训力度，采取以会代训、随岗培训、师傅带徒弟等方法提升民警办案能力和水平。分局法制大队牵头组织开展了每月一课活动，每月定期不定期对室所队执法办案情况进行网上巡查，及时发现问题、及时通报、及时责令整改到位。召开执法质量讲评会5次，下发督导通报12期，推动分局执法质量的提升。二是服务禁违拆违。分局巡逻警察大队、消防、郭镇所、奇家岭所、王家河所、三眼桥所配合乡（办事处）开展禁违拆违工作30多次，派出警务50余次，出动警力2000多人次，确保了全区禁违拆违工作的顺利进行。5月26日，分局巡逻警察大队民警配合楼区法院、三眼桥办事处、区控违办在市区王家河公园鲤鱼嘴路口依法拆违，将多名阻碍依法执行公务的业主强制带离现场，确保了拆违工作的顺利进行。

【从严治警】 一是深入开展“三项行动”。2016年，分局认真贯彻落实全市政法工作会议精神，扎实开展增强“四个意识”，做到“三个看齐”，开展医患矛盾纠纷综合整治，非法集资问题专项整治等三个行动。二是深入开展“两个专项整治”行动。按照省纪委要求，从4月到12月在分局组织开展了“纠四风、治陋习”和“雁过拔毛”式腐败问题专项整治。分局采取微信微博、设置宣传栏、发放宣传卡、悬挂横幅等方式，营造“两个专项整治”的浓厚氛围。通过召开党员民生生活会，开展谈心谈话活动等形式，组织全体民警认真开展“三查”，即查有无涉赌问题，查有无涉毒问题，查有无降格处理、隐瞒不报问题。三是深入开展了“两学一做”活动，教育全体民警切实把思想和行动统一到上级决策部署上，认真查问题、做到立行立改，开展创优争先活动，在分局范围内开展了“勤奋学习之星、爱岗敬业之星”、“窗口服务之星”、“改革创新之星”、“勇于担当之星”和“五佳廉政民警”、“十佳民警”评选活动，以“两学一做”为抓手，全面推进分局队伍建设。

【防汛救灾工作】 2016年7月10日，华容县新华垸治河渡镇红旗闸发生管涌渗漏，随后险情迅速恶化溃口，洪水冲入新华垸。灾情发生后，岳阳楼区人民政府副区长、公安分局局长徐利接到市防指命令，马上派出警力支援华容抗洪抢险，转移受灾群众。分局副局长易霄迅速带领巡逻警察大队60名特警队员紧急赶往华容增援。岳阳楼分局巡逻警察大队60名特警队员在华容新华院防汛救灾的任务是帮助转移华容县治河渡镇星光、民主、上高、下高、学惠、黄蓬、月亮湖等七个村被洪水所困未及时撤出的群众。易霄将60名参战警力分成七个分队，和县、乡、村干部下到七个村一起挨家挨户地毯式检查转移受灾群众，对不愿意转移的群众耐心做工作。全体民警连续奋战一通宵，通过连续三遍的仔细搜查，共计安全转移受灾群众5000余人及部分财产。

【举行反恐怖主义法宣传周活动启动仪式】 2016年8月29日，岳阳楼区在市区巴陵广场举行反恐怖主义法宣传周活动启动仪式。岳阳楼区各乡、街办事处政法书记，各社区主任，岳阳楼公安消防大队官兵，岳阳楼公安分局治安大队，巡逻警察大队全体民警以及部分派出所教导员参加宣传周启动仪式。市公安局党委委员、纪委书记夏才、岳阳楼区区委常委、政法委书记黎建欣，岳阳楼区人民政府副区长、分局局长余昕，公安分局副局长易霄等出席了宣传周活动启动仪式。反恐怖主义法宣传周活动启动仪式由黎建欣主持。

启动仪式结束后，公安民警组织市民群众参观反恐宣传展板，向过往人民群众发放反恐宣传资料。

【重要会议】 2016年11月5日，全国公安机关规范基层警务工作暨110接处警工作会议在岳阳南湖宾馆召开，公安部及全国各省市自治区公安厅（局）、新疆生产建设兵团公安局以及铁路、交通、民航、森林、海关公安机关代表200余人参加了会议。中纪委驻公安部纪检组组长，公安部党委委员、督察长邓卫平，省委常委、政法委书记、副省长、公安厅厅长黄关春出席了会议。会议期间，与会代表到岳阳楼区岳阳楼办事处就12345热线工作进行参观指导。岳阳市委书记盛荣华，市委副书记、市长刘和生，岳阳市人民政府副市长、公安局局长唐文发，岳阳楼区区委书记陈阁辉，区委副书记、代区长黄建文等领导陪同参观。

会议代表一行来到岳阳楼办事处就政府“12345”热线如何在办事处社区落地生根进行了参观观摩。岳阳楼办事处工委副书记、主任徐佳向与会代表讲解汇报了办事处“12345”热线的办理流程，社区网格化管理等工作。随后，与会代表一行来到办事处二楼会议室，观摩了社区民警与社区网格员就借助“12345”热线平台服务人民群众的幻灯片演示。与会代表一行对岳阳楼办事处运用政府“12345”牵动，职能部门联动，上门服务促动，构建平台推动的“四轮驱动”法助推社会治理与服务创新工作给予了高度赞扬，表示将好的经验、好的做法带回去，加以发扬光大，推进本地区、本单位的社会治安综合治理与服务创新工作。

检察工作

【概况】 2016年，区人民检察院紧紧围绕全区经济社会发展大局，忠诚履行宪法和法律赋予的职责，着力强化法律监督、强化自身监督、强化队伍建设，各项检察工作实现了新发展。在区直单位综合绩效考核、落实党风廉政建设“两个责任”、综合治理等工作考评中，均被评为“优胜单位”或“先进单位”；在全市基层院建设综合考核和执法状况考评中均名列前茅，被市院荣记集体三等功；宣传工作、检务保障工作被省检察院评为全省先进；“全国检察机关文明接待示范窗口”已顺利通过复检验收；向华被评为全市十大法治人物；检察理论研究取得重大突破，申报的理论研究课题《未成年人附条件不起诉监督考察机制实证研究》获中央综治委“预青”专项组同意结项和充分肯定，是全省基层政法单位中唯一获批立项和顺利结项的理论研究课题。反贪局办理的省高管局洞新高速开发建设公司原总经理吴某某受贿1200余万元特大案被依法判处无期徒刑，该案获评全省检察机关“十大优案”；侦监科办理的东洞庭湖毒鸟案获评2016年度全省检察机关侦查监督部门优秀案件；民行科办理的岳阳市顺发房地产开发有限公司与湖南老巴陵水产食品有限股份公司虚假诉讼监督案获评全省检察机关民事行政诉讼监督精品案件；监所科办理的唐某羁押必要性审查案获评全国羁押必要性审查优秀案件。

【服务经济社会发展大局】 加大对九大棚户区改造项目、重大工程建设项目保障和服务的力度，依法批捕起诉强揽工程、阻挠施工等犯罪案件 3 件 11 人。区人民检察院平等保护非公有制经济等各类市场主体合法权益，依法批捕、起诉故意伤害、敲诈勒索、合同诈骗等侵害非公企业及非公企业主人身权利、财产权利等犯罪 4 件 12 人。参与整顿和规范市场经济秩序专项行动，依法批准逮捕集资诈骗、制假售假、非法经营等严重破坏市场经济秩序犯罪嫌疑人 96 人。依法办理了湖南吉祥石化科技股份有限公司、岳阳华天大酒店等非法吸收公众存款案件 14 件 28 人。

【打击各类刑事犯罪】 受理公安机关提请批准逮捕 712 人，经审查批准逮捕 490 人，受理移送审查起诉 898 人，提起公诉 735 人。突出打击重点，从快批捕涉黑涉恶、故意杀人、故意伤害、抢劫、强奸等恶性刑事犯罪 182 人，起诉 144 人。依法严厉打击危害食品药品安全、破坏环境资源等侵害民生民利犯罪，从严从快捕此类犯罪 9 人，起诉 12 人。依法贯彻宽严相济刑事司法政策，对符合法定条件的轻微刑事案件，依法决定不批捕 20 人，不起诉 25 人。推进未成年人刑事检察工作专业化建设，探索试行未成年人犯罪案件批捕、起诉、监督、预防一体化工作机制，共办理未成年人刑事案件 41 件 71 人，其中依法不批捕 12 人，不起诉 5 人。

【查办和预防职务犯罪】 坚持有案必查、有腐必惩，共立案查办职务犯罪案件 8 件 8 人，其中贪污贿赂案件 5 件 5 人，渎职犯罪案件 3 件 3 人。所立案件中正处级犯罪要案 1 人，20 万以上大案 3 件 3 人。立案查办岳阳市安监局副局长龙某某（正处级）受贿案；岳常高速公路有限公司综合协调处原副处长贺某等贪污受贿案；岳阳市地方海事局规费稽查执法一大队大队长陈某某、征收稽查科科长喻某玩忽职守案；岳阳市公安局交警支队白石岭大队事故中队民警魏某挪用公款案等等，取得较好的法律效果和社会效果。坚持惩防结合、重在预防的方针，先后举办预防职务犯罪法制讲座 5 堂次，开展医保基金监管、惠农扶贫领域职务犯罪专项预防调查，为招投标单位提供行贿犯罪档案查询 260 余次。

【诉讼监督】 加强立案和侦查监督，监督纠正侦查机关应

2016 年，东洞庭湖毒枭案庭审现场（楼区检察院供稿）

当立案而未立案11件，监督纠正漏捕20人，监督纠正漏诉64人，追捕的涉嫌故意杀人罪犯罪嫌疑人汤某一审被判处死刑立即执行；对不涉嫌犯罪或事实不清、证据不足的案件，依法不批准逮捕92人，不起诉6人。加强刑事审判活动监督，对刑事审判违法行为提出书面纠正意见15份，对确有错误或量刑畸轻畸重的案件，提起抗诉5件。岳阳市圣鑫置业有限公司蒋某某非法拘禁案，一审被判处无罪，提起抗诉后改判有罪。加大对民事行政裁判不公和执行不力、审判程序违法等问题监督力度，办理民事诉讼监督、行政执法监督案件6件、出庭支持起诉1件，提请抗诉1件。强化刑罚执行和监管活动监督，对辖区内26个司法所分别进行了监外执行（社区矫正）工作专项检查，发出纠正违法通知书19份，检察建议47份，督促给予社区矫正人员警告处分6人次，建议撤销缓刑、假释后收监5人，建议减刑1人。深入开展“集中清理判处实刑罪犯未执行刑罚专项活动”，发出纠正违法检察建议48人次。开展“财产刑执行专项检察活动”，核查清理财产刑执行对象945人，针对发现的问题发出检察建议，及时督促纠正清理执行。

开展“宣传宣讲法律知识进企业、进高校、进社区”活动（楼区检察院供稿）

【深化为民服务】 深入开展“联十帮一”、“一进二访”、检察官“五走进”、“巴陵先锋先行”、“机关联基层党员联群众”等活动，召开乡、街各界代表座谈会10余次，发放法制宣传资料2万余份，开展法制宣传进高校、进社区、进企业活动20余次，组织开展看望聋哑儿童、无偿献血、关爱孤寡老人等志愿者活动6次。

【推进检察改革】认真贯彻落实中央、高检院、省检察院关于检察改革的决策部署，执行各项改革政策、纪律。重点推进检察官员额制改革，顺利完成额内检察官遴选工作。通过个人申报、资格审查、统一考试。党组考察、民主评议等程序，按确定的比例申报入额检察官人选。经省检察院审核和省法官检察官遴选委员会审议，共有44名检察官顺利入额，仍保留4个员额位置，为年轻干警成长进步留有发展空间。

【队伍建设】 深入开展“两学一做”“强化四个意识，做到三个看齐”等系列教育活动，组织开展“创建学习型检察院、争做学习型检察官”活动，进一步提升干警政治和业务素质。严格落实党风廉政建设党组主体责任和纪检监察部门监督责任，扎实推进“‘纠四风’治陋习”和“雁过拔毛”式腐败问题两项专项治理，加强了对执行“规定”、“禁令”情况和纪律作风督查，机关纪律作风、执法作风进一步优化。全院16名干警分获市院、区委表彰嘉奖，1人被评为全市十大法治人物；两人被评为全省检察机关反渎职侵权局优秀侦查员；1人被评为全省检察机关老干部工作先进个人。

开展“创建学习型检察院、争做学习型检察官”专题讲座活动（楼区检察院供稿）

法院工作

【概况】 2016年，区人民法院紧紧围绕全区工作大局，坚持司法为民、公正司法工作主线，忠实履行宪法和法律赋予的职责，全力服务“一极三宜”江湖名城建设，努力让人民群众在每一个司法案件中感受到公平正义，各项工作呈现出良好的发展态势。共受理各类案件14442件，办结11229件，同比分别上升52%和30%；其中审结刑事案件499件、民事案件5213件、行政案件269件，执结4371件。区人民法院获得全市“六五”普法依法治理先进单位、全市防范处理邪教工作先进单位、全市法院党风廉洁建设工作先进单位、文明单位、信访工作优胜单位、人口和计划生育工作优秀单位和综合绩效考核一类先进单位等荣誉称号。

【刑事审判工作】 严厉打击严重危害社会治安犯罪。审结故意杀人、抢劫、强奸、涉毒及黑社会性质组织犯罪等大要案385件492人，依法对涉黑涉恶犯罪团伙首犯詹国爱判处有期徒刑12年6个月；严厉打击贪污贿赂犯罪。审结贪污贿赂、渎职等案件13件15人，审理了最高法院指定的衡阳破坏选举系列案7案7人，均依法判处了有期徒刑；严厉打击危害民生犯罪。依法从严从快打击生产销售伪劣商品、非法集资、集资诈骗、醉酒驾车、破坏环境资源等案件55件88人，审理了刘某等3人生产、销售有毒、有害食品以及刘某等2人销售假药等案件，对历时4年跨经4省销售假冒伪劣卷烟的方某等18人均判处了有期徒刑，并判处罚金共110余万元，追缴赃款赃物100余万元；坚持“教育、感化、挽救”原则，依法处理未成年人犯罪案件。省高院指定岳阳楼区人民法院为未成年人犯罪案件审判试点法院，在原有“妈妈法庭”的基础上，成立岳阳首个“未成年人案件审判庭”，实行圆桌审判、轻罪记录封存等制度，依法保护未成年被告人的合法权益，探索庭前调查、庭审教育、庭后帮教的“三延伸”工作方法，帮助未成年被告人悔过自新，共审结未成年人犯罪案件33件35人。

【民事审判工作】 在民商事案件审理中，始终坚持以“案结事了”为目标，妥善处理民商事案件，最大限度化解矛盾纠纷。坚持“能调则调”。对受理的各类民事案件，实行“全面、全程、全员”调解模式，办理诉前调解1657件，审理中调解2502件，执行和解917件；做到“当判则判”。对民事案件的处理，坚持着重调解，但不为调解而调解，严禁“久调不决”，绝不让那些无理取闹、胡搅蛮缠者有利可占，共判决结案2711件，上诉维持率78%；把握“调判结合”。对当事人能够部分达成共识的，尊重当事人的意愿，对不能达成一致意见的部分，及时判决，促进平讼息诉，共审理此类案件1645件，其中用这种方式处理的553件婚姻家庭纠纷案件收到特别显著的社会效果；追求“案结事了”。对所有民商事案件处理，追求实质性解决当事人的争议，不搞“结案了事”。加强对人民调解组织的业务指导和培训，发挥人民调解委员会调解功能，尽最大可能将矛盾化解在诉前；在不违背法律强制性规定的前提下，实行繁简分流，对争议事实不大的，采用速裁程序；对判决不服的做好跟进判后答疑、息访息诉工作，促使“胜败皆服”。共办理速裁案件521件，指导基层组织和民间组织调解处理案件1257件。对符合再审条件的不推不诿，依法当即立案19件，申诉上访率明显下降。

【行政审判工作】 依法审理行政案件。共审结行政诉讼案件292件，判决行政机关履行法定职责、确认行政违法、撤销和变更行政行为的161件，协调撤诉188件，有力维护行政相对人的合法权益，有效化解各类行政争议；依法审查和执行非诉行政案件。受理依法腾地征迁7件，通过上门入户做工作近200次，促使4户主动腾地搬迁，强制搬3户，让无理取闹者受到应有的制裁，促进项目建设的顺利推进，受到社会各界的高度好评。

【便民服务】 落实立案登记制，做到“有案必立、有诉必理”。在立案大厅设立导诉服务台、开通诉讼服务咨询电话、发放《诉讼指南》、上墙张贴《诉讼费用交纳办法》以及缓减免交诉讼费的相关规定；对行动不便的当事人、困难当事人和外地当事人实行上门立案、预约立案和远程立案。对所有应当受理的案件做到当日受理、当日立案，真正解决了人民群众“告状难”的问题。根据特殊困难当事人的需求和案件的不同情形，法院工作人员走进社区、工厂、田间地头开展巡回办案，推出“假日法庭”“晚间法庭”“社区法庭”“厂矿法庭”和“田间地头法庭”，极大方便了人民群众参与诉讼，收到良好的社会效果。

【信访工作】 一是规范接访。建立实行信访首问负责制、每天一名院领导坐班接待制、立案二庭工作日全天候接访制、所有信访登记立档分流制，做到了人人有接待、件件有回复。二是包干处访。所有信访案件除可以进入诉讼程序的外，一律由原案件承办人包干负责处理，分管领导包干指导，彻底改变了过去“信访不断”“责任不明”的被动局面。三是限时息访。包干责任人对各自负责的信访案件必须及时拿出处访方案，明确息访时间，院领导、审管办和监察室根据方案及时督查，定期通报，奖惩到位。闹访缠访案件逐年下降，2016年未新发生一起赴省进京上访案件。

【法制宣传教育工作】 通过楼区法院网和楼区法院微博实时公布区人民法院重大工作部署、重点工作安排、重要活动开展的情况；邀请岳阳市电视台共同制作播出《法官风采》《法官说法》等节目8期；在岳阳法院网发布稿件300余篇；通过图文、视频直播典型案件庭审5场次，洞庭湖毒鸟案、全省首例“两非”入刑案在全国范围内引发广泛关注；运用巡回办案的方式邀请社区和基层群众代表参与听庭、听证和调解近1500人次，让当事人和人民群众了解法院、理解法院、支持法院。

【推行审判“三项改革”】 推行庭审模式“三分式”改革。全面实现“繁简分流”，实行诉前分流，建立6个矛盾调处中心，发动和依靠社会力量帮助纠纷在诉前解决；实行诉中“繁简筛选”，设立“速裁组”，做到简案快审、繁案精审；全面实行“事实分流”和“争点分流”，通过庭前会议分流事实和争点，节省庭审时间，实现庭审功能的实质化；推行裁判文书“瘦身”改革，优化裁判文书样式；推行法官助理制度改革，理清法官与司法辅助人员的职责划分，使法官从繁杂的事务中解脱出来，专司裁判。通过“三项改革”，庭审时间和案件审理周期大幅缩短，结案数量成倍增加，同类案件庭审时间前后对比缩短了将近2/3，总和结案率逐年攀升，在办案法官没有增加的情况下，办案数量明显增多，截止到数字法院系统年度统计周期，结案数达11229件，是2013年的1.7倍、2014年的2.2倍、2015年的1.1倍；个人结案高达400件以上的有1人，300件以上的有3人，200件以上的有17人。

【执行工作】 按照上级法院的统一部署，吹响向“执行难”宣战的冲锋号，出台《岳阳楼区人民法院关于“用两到三年时间基本解决执行难问题”实施方案》，目前取得初步成效。积极理顺内部关系。推进审执分离，将所有的执行案件全部归口执行局统一执行，落实执行裁判权和执行实施权分权运行机制，全面规范执行行为；充分发挥联动作用。建立与公安、检察、房产、国土、银行等多个部门配合的执行联动机制，通过采取联动制裁措施，拘留妨害执行的当事人143人，在网上公布失信被执行人996人，限制出入境、限制高消费213人；不断加大科技投入。为了适应新形势下执行工作需要，给每个执行干警配备执法记录仪，配置一台执行指挥车和无线单兵作战系统，建立高标准的执行指挥中心，建立“点对点”网络执行查控系统，执行工作科技化、信息化水平已经登上一个新的台阶；严格落实责任倒逼。建立执行案件责任台账，实行责任制和责任追究制，每个执行员都必须根据工作情况如实登录信息，建立执行台账，院长与分管院领导及执行局长定期召开执行“交账会”，故意拖延、滥用职权的恶习得到了根本性的扭转；扎实推进执行款物专项清理工作。全面清查核对执行款物和票据，规范款物收缴、保管、发放、支付程序和手续，建立健全工作台账，确保澄清底数，不留死角，全程留痕，实现了执行案款流转与发放的透明高效。共执结4371件，结案率79%，标的总额12.4余亿元，区人民法院的执行工作已经跻升全省的先进行列。

【落实司法责任制】 落实法官员额制。按照上级法院的统一部署，通过考核与考试方式遴选入围法官48名，圆满完成首批员额制法官入额遴选的工作任务；落实“办案法官负责制”。推行主审法官合议庭办案责任制，把司法责任落实到每一个办案法官身上，推动实现“让审判者裁判、由裁判者负责”；落实办案责任追究制。建立健全案件质量评查机制和办案绩效考核评估机制，认真开展案件质量评查、文书评选、庭审评议和司法绩效考核等“三评一核”活动；完善数字法院系统管理，建立审限预警机制，对每一个法官实行一月一考核、一月一讲评、一月一通报、半年一小结、年终总兑现。共评查各类案件3892件，召开案件质效讲评会8次，编印《审判管理专报》12期，发出预警22份，通报批评15人次，问责追究1人，已经形成极具压力的办案质效倒逼机制。

【严格规范管理】 坚持用制度管人、管事、管案。按照民主集中制的方法，建立健全了审务、政务、人事等13项管理制度，做到有章可循，照章办事；在执行制度上，做到“领导示范带头抓，职能部门专门抓，全院上下联动抓”。通过有效教育和规范管理，全院干警把心思和精力逐渐集中到了工作上，以工作绩效论英雄的良好氛围正在形成。涌现出了全国法院的先进个人、全省法院系统的办案标兵、全市政法系统的优秀干警；在国家级刊物上发表优秀论文和优秀裁判文书2篇。

【接受各方监督】 全面接受人大及其常委会的权力监督。主动接受区人大常委会就行政审判、执行工作、人民陪审员工作、《中华人民共和国行政诉讼法》实施、刑事审判及审判管理等6项工作的评议，接受人大常委会对法官的满意度测评，并报告18条评议意见的落实情况；邀请代表视察法院、旁听庭审，走访部分代表，当面听取意见，认真办理代表建议1件；积极接受政协的民主监督。邀请委员视察法院、旁听庭审，走访部分委员，当面听取意见，认真办理委员提案2件；依法接受检察机关的法律监督。依法办理检察机关提出的抗诉案件，认真对待检察建议，重大案件邀请检察长列席审委会；正确接受新闻媒体的舆论监督。安排专人搜集、阅评网络舆情，公开回复网民意见600余条，做到与网络舆论良性互动，邀请知名网友等特邀监督员参观、座谈，征求意见建议。

【扩大司法民主】 完成人民陪审员“倍增计划”。在区人大的支持下增选人民陪审员131人，使人民陪审员总数从32人增加到163人；健全人民陪审员管理和参审机制。制定了《人民陪审员管理办法》，组织人民陪审员集中培训两次，全面保障人民陪审员依法履职，解决“参而不审、审而不议、议而不判”的问题，人民陪审员在审判中的主体地位得到了充分发挥。区人民法院人民陪审员共陪审案件8000余件。

【推进司法公开】 自觉接受社会各界和人民群众对司法的监督，已建成审判流程、裁判文书、执行信息“三大公开平台”。区人民法院已将案件处理结果公开延伸到了流程和理由全部向社会和当事人公开。网上公开裁判文书5000余件。

司法工作

【概况】 岳阳楼区司法局于1996年10月由原市郊区司法局和南区司法局合并而成，主要承担全区法制宣传、法律服务、特殊人员管理三项职能，具体负责全区普法宣传、人民调解、律师、公证、基层法律服务、法律援助、社区矫正、安置帮教和涉毒重症违法人员收治等工作。2016年，岳阳楼区司法行政工作以“推进法治楼区建设”为目标，强化服务，严格管理，各项工作取得新的进展和突破。岳阳楼区司法局荣获楼区综合绩效考评二等奖，被评为岳阳市司法行政工作综合先进单位。望岳路司法所被评为“第五届全国法律援助工作先进集体”，法律援助中心被评为全省“青年文明号”，城陵矶街道骆家坡社区人民调解委员会被评为“湖南省模范人民调解委员会”，岳阳楼司法所长付岳武被评为“全国模范司法所长”。

【法制宣传教育工作】 2016年是“七五”普法的开启之年，区司法局根据新形势和新要求，积极探索，创新普法模式。一是以社区、学校法制课堂为载体，开展普法教育活动。社区法制课堂开讲19堂，内容涉及征地拆迁补偿问答、婚姻家庭法等法律法规，免费发放了《中华人民共和国宪法》读本1200册、《法律明白人》读本600多册，《“七五”普法青少年法制教育读本》3万册，有效地调动居民群众和青少年学法的积极性，提升居民群众的法律素养。二是精心打造法治文化阵地。在站前路办事处铁路社区建设以法治漫画、典故、案例为主要内容的法治长廊，在郭镇乡磨刀村开展了“八个一”活动。在新路口、王家河两个城区主要路口的电子显示屏上开辟法治宣传阵地，滚动播出法制宣传标语，营造了浓厚的法制宣传氛围。三是推动国家公职人员学法考法形式的创新。组织全区3000多名国家工作人员在网上学法，并组织“如法网”无纸化学法用法考试，全区参考率和及格率均达90%以上，提高领导干部依法行政的能力和水平。

社区法制课堂

【纠纷调处工作】 2016年，全区排查调处各类矛盾纠纷683起，其中基层调处化解657起，其他部门参与调处26起，调处率达100%，有效防止了“小转大”、“个转群”、“民转刑”案件和集体上访事件的发生。一是建立健全矛盾纠纷多元化解机制。充分发挥人民调解委员会的作用，积极发展志愿调解员，建立到乡（街）、到村（社区）、到小组（物业）、到楼栋的四级调解网络，调解委员会达129个，形成了“横向到边，纵向到底，上下贯通，左右协调”的大调解格局。二是专业性、行业性调解组织作用发挥明显。成立岳阳楼区商业纠纷预防调处人民调解委员会、泰和商会人民调解委员会、民间金融纠纷人民调解委员会、婚姻家庭纠纷调解委员会等专业性、行业性调解委员会。2016年，商业纠纷预防调处中心共接待来访群众178人次，参与审定经济合同11份，参与调处大型商业纠纷3起，其他纠纷10余起，纠纷涉及金额近三千多万元。为矛盾纠纷的化解提供了专属渠道，有效促进重大矛盾纠纷的化解平息。三是以“人民调解员培训活动”为契机，组织全区各乡街司法所长、司法助理员、人民调解员等420人就法律法规、调解技巧等进行业务培训，有效提高调解员队伍素质和化解疑难复杂矛盾纠纷的水平。

【特殊人群管理】 一是加强涉毒重症违法犯罪人员收治工作。2016年，中心共收治各类涉毒重症违法犯罪人员160人次。疏通收治渠道，积极反映，争取了区委、区政府领导的重视、支持，两次召开专题会议就收治中心的管理机制、运行模式等问题进行专题研究，并下发会议纪要。同时加强内部管理，充分发掘潜力，加大收治力度，特别是在禁毒“百日会战”行动中，收治中心配合行动收治各类涉毒重症违法犯罪人员达70人次。二是加大执法监督力度，提高执法质量。开展“防脱管”和“监管安全隐患排查整治”两个专项活动。进行交叉排查，加强社区矫正执法督查，召开社区矫正安全监管会议9次，下发督查通报2份。年累计接收社区矫正人员156名，解矫172名。目前在册矫正人员280人，包括缓刑234人，假释28人，管制4人，暂予监外执行14人。全区无脱管、漏管，无影响恶劣的严重再犯罪案件发生，有力服务平安楼区建设。圆满完成区社区矫正中心建设任务。根据省委办公厅、省政府办公厅《2016年重点民生实事项目实施意见》（湘办发〔2016〕11号文件）要求，2016年第5次岳阳楼区人民政府区长办公会决定将区计生服务站部分办公用房调剂建成区社区矫正中心。社区矫正中心建设项目自2016年10月8号开工，严格按照省厅“五个统一”标准进行施工，2016年11月25日完工，顺利通过验收并投入使用。建成的区社区矫正中心共投入建设资金117万元，占地面积510平方米，内设监督管理、综合办公和教育帮扶三大功能区域和11间功能室。社区矫正中心的建成和使用对夯实基层基础，加强和规范社区矫正工作具有重要的意义。三是切实做好刑释解教人员安置帮教工作。安置帮教工作办公室制定了年度社区服刑人员教育计划和“五个一”安帮专项活动方案，开展“送温暖”活动。中秋走访矫正和帮教人员64名，每人提供生活物资，鼓励他们重拾信心，回归生活。岳阳楼区在册刑释解教人员898人，基本信息核实和网上衔接率达100%，帮教率达98%以上，有效地预防重新违法犯罪。

【法律服务工作】 一是做好法律援助工作。2016年，区法律援助中心一共受理援助案件260起，其中刑事案件60件，民事案件200件，有力地维护了困难群众的合法权益。同时根据区委、区政府领导的批示，共接收了15起非法集资案件，涉及当事人近5000人，涉及金额5个多亿，有效防范了群体性上访事件发生，维护了社会的稳定。二是律师作用切实发挥。岳阳楼区现有律师事务所10家，律师175名，法律工作者124名，万人拥有律师数达到2.09。积极运用“如法网”，实现对律所、律师的无纸化管理。如法网平台办理律师咨询115起。开展“派遣优秀律师担任社区法律顾问”活动，全区113个社区（村）均安排一名律师免费担任社区（村）法律顾问，为化解社会矛盾、助推经济发展发挥积极作用。三是公证工作服务大局。全年办理公证业务800余件，其中涉及棚户（旧城）区改造案件48件。公证人员进驻各项目部开展文书送达和强制拆除的证据保全等工作，参与王家河流域和东茅岭商业步行街的依法拆除，为区委、区政府中心工作提供可靠的法律保障。

消防

【概况】 2016年，岳阳楼区消防大队在上级党委的正确领导下，以党的十八大精神为指引，牢固树立科学发展观，立足大队实际，努力加强部队正规化建设，带领全队官兵团结一致，真抓实干，圆满完成了以防火监督、灭火救援为中心的各项工作任务。2016年，大队共接警出动492起，出动车辆803台次，出动警力5290余人次，扑救火灾336起，参加社会抢险救援131起，成功抢救危困人员30余人，疏散被困人员300余人，抢救和保护财产价值过亿元。全年共检查单位1707家，发现火灾隐患1706处，整改火灾隐患1506处，填发责令改正通知书985份，下达行政处罚决定书33份，临时查封15处，责令“三停”18家，拘留3人。全年累计投入573万元用于消防业务经费的保障。大队组织官兵对辖区大街小巷900多个消火栓、98个重点单位、3家养老院、56家幼儿园、15个加油加气站进行了熟悉与信息采集，修订数字化预案30份，与区应急办共同完善了20份应急救援预案，开展灭火救援实战演练60次。大队全年获荣誉奖励4项，4人荣立三等功，16人记嘉奖。

2016年，楼区司法局开展普法宣传暨法律咨询活动（楼区司法局供稿）

【军事工作】 一方面，岳阳楼区应急指挥系统调度平台进一步完善，建立各单位部门工作责任机制，制定出台了《岳阳楼区火灾事故处置应急预案》，制定完善各类型处置预案，形成统一领导、反应及时、科学决策、处置有序的应急救援系统，提升全区应对突发事件和抗风险的能力。2016年，成功协助处置了京港澳高速大荆服务区油罐车爆炸事故。另一方面，为深入推进执勤训练实战化练兵活动，锻造一支“攻得进、守得住、打得赢”的消防铁军，大队采取有力措施加强实战化练兵的广度与深度：一是狠抓基础训练、提高官兵身体素质与业务能力。在练兵活动中，不断加大对全体官兵的训练考核力度，在训练中确保重点、兼顾一般开展了冬季大练兵、成建制比武等活动，有效提高了官兵体格体能素质和业务能力。二是加强熟悉演练，全面提高官兵应战能力。大队紧紧围绕灭火救援这条主线，组织全体官兵落实每周日常实战化训练不少于两个半天、六熟悉与重点单位实地实战演练不少于两天，切实提升日常实战化训练实效、突出熟悉演练常态化。三是开展区域火灾风险评估，将辖区交通道路、水源、重点单位等进行网格化分类，实行班组责任制；开展重点单位“一月一目标”“六熟悉”专项行动，确保对辖区的道路、交通、水源和重点单位做到心中有数、了如指掌，提高接处警效率。

【政治工作】 在工作中抓精细化、常态化，确保打造一支“有能力、想干事、能干事、会干事、干成事”的干部队伍。第一，深入开展主题教育及专题学习活动。大队组织开展改革强警主题教育活动和“学党章党规、学系列讲话，做合格党员”学习教育、“两会”等专题教育活动。根据上级活动部署和要求，大队党委认真研究制定实施计划，通过学习文件精神、干部轮流授课、官兵大讨论、撰写心得体会、学习感言交流等形式，充分发挥多媒体课件积极作用，引导官兵认真学习基本理论和知识，进一步增强官兵的事业心、责任感。第二，狠抓廉政建设，营造廉洁氛围。大队制定了党风廉政建设方案，开展了改进作风大检查活动，结合“两学一做”学习教育活动，进一步加强“廉政消防”建设，从源头上预防违法违纪案件的发生。在集中警示教育活动中，中队开展专题学习、廉政谈话、教育讲座、观看警示教育片、廉政书籍学习、广泛讨论、廉政形势分析、党员先锋岗等活动，在营区醒目位置设置廉政石，在部队内部营造风清气正、干事创业、履职尽责的良好氛围。

【后勤工作】 重视基础、狠抓保障，部队后勤保障工作进一步加强。2016年，大队通过请示汇报，全面落实湖南省68号文件精神，财政预算经费达426万元。大队上交装备储备金30万元，投入19万元改造了围墙绿化及门头，投入近10万元升级改造了晒衣场，投入12万元改造了食堂以及添置了冷暖、消毒、冰柜等电器设备，投入近4万元对营区监控设备进行了更换，后勤综合保障实力显著提高。

【防火工作】 加强防火监督，严格防火检查，确保辖区火灾形势稳定 。要求执法人员在监督检查过程中做到“勤、精、严”，即不定期多次对社会单位进行检查工作，检查中细致周虑，不放过一丝细节，对发现的问题必须严加处理，做到有患必改。首先，认真开展消防安全专项整治，全面消除火灾隐患。防火监督工作是大队一项主要的业务工作，大队以监督工作作为全年业务工作的重点，突出开展了冬春火灾防控、夏季消防专项检查和G20

峰会等消防安全专项整治工作。其次，强化联勤联动机制，隐患整治去旧疾防新症。工作中，大队积极加强与安监、公安、工商、文化、民政等相关职能部门的联动，按步骤分时间段开展易燃易爆场所、电气火灾、地下公共建筑、社会福利机构、人员密集场所、网吧等专项检查行动，调动一切力量全力整治隐患、铲除“顽疾”。大队借助区政府的“社区治理和服务创新工作平台”，指定夏季消防排查督导人和责任人，印制网格化排查内容，明确各级网格及其督导人的责任和工作任务，及时消除大批火灾隐患。对多年来存在火灾隐患的巴陵大桥市场、长城市场进行重点整治，建立消防安全区域联防协助组织，开展区域联防联动演练活动，目前该类市场消防安全环境大大改善。省政府挂牌督办的岳阳市九盛家居销售中心重大火灾隐患已基本整改完毕。

【宣传工作】 拓宽宣传渠道，营造消防宣传浓厚氛围。结合消防宣传“七进”的要求，大队认真开展消防宣传和社会消防培训，着力提升广大社会群众消防安全的四个能力建设。为此，大队采取多项措施，开展形式多样的消防宣传教育活动。一是大力开展社会面宣传和战役氛围营造。利用沿街单位、门面的LED显示屏滚动播放消防安全提示标语；在辖区每个社区都设置固定消防宣传栏；所有消防安全重点单位、部分非重点单位张贴“四个能力”、“三提示”等消防标识。二是全力开展宣传教育活动。大队联合区教育局开展“暑期消防安全宣传教育行动”、小学“四个一”活动、“消防教育进军训”和“消防开学第一课”等，承办“消防绘画夏令营进景区”活动。三是强化消防大培训。消防监督员每周半天按时保质地开展消防宣传工作，培训2000余人；组织开展机关、团体、企事业单位消防安全管理人、责任人，乡镇村两委和社区居民，社区和重点单位微型消防站队员开展消防培训及演练活动；采取入所指导、单位现场检查等方式对辖区18个派出所开展培训。

【年度表彰】 2016年岳阳楼区消防大队被岳阳市消防支队评为“军事工作先进单位”“政治工作先进单位”“后勤工作先进单位”“消防监督工作先进单位”。部队涌现出了全省“优秀政工干部”陆永长、“建区20周年感动岳阳楼区20位人物”刘让军等先进典型，8月，所属的岳阳楼中队被授予“省级青年文明号”，在全市消防部队中树立良好形象。大队官兵先后取得了“省级青年文明号”（岳阳楼中队）“建区20周年感动岳阳楼区20位人物”（刘让军）和4名同志荣立三等功，16名同志记嘉奖等荣誉。

军事

人民武装部

【概况】 2016年，岳阳楼区人民武装部按照党委工作部署，扎实抓好机关和民兵预备役建设，各项工作圆满完成，全面建设持续向好向上。人武部党委被湖南省军区表彰为“先进党委”，人武部被岳阳军分区评为“安全工作先进单位”，人武部政委黄良武被岳阳军分区评为“先进团级单位主官”。

【思想政治建设】 2016年围绕贯彻落实民主集中制、团结共事、提高素质和廉洁自律等重点，狠抓班子建设。注重加强纪律监督，及时纠正不良倾向，保持了清正廉洁。注重抓学习、抓教育、抓管理，持续深入改进作风，大力肃清郭徐流毒影响，坚决落实新政新规，保持了部队风清气正。按照“五步法”要求，开展党委中心组带机关理论学习。注重抓好党的十八大和十八届三中、四中、五中、六中全会精神的学习贯彻。扎实抓好“两学一做”学习教育活动，为每名干部购买1000余元学习书籍，注重搞好个人自学、集中授课，讨论交流、民主评议党员、党员承诺践诺等环节落实，人武部政委黄良武到联点社区讲党课。

【战备训练】 2016年战备工作常抓不懈。结合春节、“两会”、“国庆”等敏感时期，开展战备形势教育和节日战备防护教育。3月，结合任务进行了辖区兵要地志、社情民情、交通战备和重要目标数据资料采集和完善，修订完善了防卫作战方案，与目标单位进行了防卫方案对接。备齐了反恐防暴器材，组织了反恐训练、演练。军事训练落实落地。组织人武部机关在职训练，突出人文地理、兵要地志、整组备案等内容的课题研究作业，注重加强识图用图、手工绘图等参谋业务以及“三网三系统”的操作使用等科目训练。分批次分类别开展民兵训练，全年按要求完成民兵训练任务数260人，采取银行卡代发民兵应急连津贴、误工补贴42万元。2月份，组织新华达制药厂应急分队60训练，5月，组织心理战分队40人、民兵应急连抗洪抢险排60人训练，11月，组织防空分队100人训练，有效提高了民兵队伍应急应战能力。

【安全管理】 2016年全面贯彻落实依法从严治军要求，推动部队管理法治化。严格落实安全制度，组织全体人员层层签订安全工作责任状。修订完善《人武部正规化管理规定》，规范驻部民兵教育、训练、管理制度，落实定岗、定位、定时、定人管理。坚持安全检查讲评，值班首长每天抽查值班情况，每月组织对涉密资料进行检查清理，每周结合安全形势分析讲评安全工作，全年共组织12次安全工作检查、4次安全工作阶段性讲评。加强人员管控，严格落实早操、查铺查哨、点名等一日生活制度，对外来人员、车辆严格进行登记，落实车辆派遣、“三证一令”、节假日封存等制度。密切关注网络舆情，及时防范网上涉军负面信息。积极协助地方做好涉军工作，春节、“两会”和清明节期间，配合民政、信访等部门掌握涉军人员基本情况，积极做好稳定工作。妥善处理涉军敏感问题，加大协调力度，有效维护军人军属合法权益。2016年共接待来信来访12人次，协助处理涉军维权案件纠纷4起。持续开展作风整改，定期开展军容风纪检查。结合上级统一部署，组织开展“百日安全”活动，进行安全形势分析和安全隐患排查，共查摆问题12大类、52条，所有问题全部整改到位，没有发生安全事故。

【国防动员准备】 2016年落实政府主体责任，组织“一综七专”办公室人员加强国防动员业务学习，完善各类战备方案预案。全力调配人员、车辆、装备，严密组织神舟十一号载人飞船应急搜救值班备勤。大力开展国防教育，利用手机报、短信、公益广告、微信公众号等平台普及国防知识。4月，组织驻地东升小学200余名学生开展进军营参观活动，组织“进军营感受大家谈”师生座谈会，上好青少年学生国防启蒙课。开通岳阳楼区国防教育微信公众号。扎实开展民兵整组，3月下旬，对每个单位整组情况进行检查验收；4月，省军区黄跃进司令员带工作组到岳阳楼区检查调研，点验区民兵应急连和东茅岭街道办事处民兵应急排。推进基层规范化建设。对基层武装部“四室”和社区民兵营“一室一家”建设进行规范，指导帮建东茅岭基层武装部示范点。创新民兵管理方式，加强区民兵应急连管理，落实民兵应急连“津贴制”。

【征兵工作】 2016年严格按照“科学、廉洁、和谐、安全”的征兵工作要求，狠抓征兵工作落实，区分大学生、应届高中毕业生、社会青年3类人员组织针对性宣传发动，印发征兵宣传资料20000册，悬挂横幅标语200余条，征兵办公室先后3次进行设点宣传。严格体检政治考核关口，为部队输送优质兵员274人。严格落实廉洁征兵要求，组织开展廉洁征兵教育，发放廉洁征兵监督卡，没有出现违反廉洁征兵纪律问题。

【参建参治】 2016年按照“四个服务、四个积极作为”要求，积极组织部队和民兵预备役人员参加地方经济社会建设。春节、“八一”等节日，走访慰问烈士家庭、困难群众和退伍军人20户，分送物资和慰问金3万余元。出色完成急难险重任务。7月初，人武部出动冲锋舟1艘、橡皮艇4艘、车辆3台，组织人武部官兵和民兵应急分队人员450多人次参加城市内涝救援和落水群众搜救，转移被困群众1100余人、物资2000余件。7月10日至12日，接到军分区的命令后，

1个半小时内收拢集结人员，紧急出动冲锋舟4艘、指挥车辆2台、运输车4台，组织民兵应急连125人，跨区参加华容县新华垸垮堤救援，共到3个村、367户搜救，发现并劝告2名滞留群众转移，帮助灾民转运物资100多件，运送20人次电力抢修人员维修线路。同时，按照区委“四联五包”要求，妥善做好两个联系街道（社区）的综治维稳等工作。

【后勤保障】 2016年严格落实后勤战备制度，完善各类保障方案。坚持党委集体理财制度，科学合理编制年度经费预算，每季度分析一次财经监管运行情况。大力开展资源节约工作，对水、电、油料、办公用品等消耗性开支，制定标准限额，对车辆用油实行定车、定量、定油品，一车一卡，对办公用品实行经费包干，严格接待标准，年度行政消耗性开支较往年下降20%。严格落实全面停止有偿服务规定要求，积极协调租赁户按期关停出租门面，各项工作稳步推进。

人民防空

【概况】 岳阳楼区人民防空办公室有工作人员5人，设主任1名，副主任1名，科员3名，下有专业队伍7支，承担全区战时疏散、抢修、重点工程防护，平时抢险救灾等任务。全区现有人防警报器52台，覆盖率达到100%，中学开办人防知识专业课程，人防法律法规知识教育得到很大程度的普及，人防工程得到有效的维护，全区人均拥有7平方米，全区人防工作已步入规范化、科学化、正规化的轨道。

【队伍建设】 首要任务是加强思想政治建设，关键是教育管理好党员、干部。部署“两学一做”学习教育，就是要推动党内教育从“关键少数”向广大党员拓展，从集中性教育向经常性教育延伸，坚定广大党员的马克思主义立场，保证全党始终在思想上政治上行动上同党中央保持高度一致。5月20日，区人防办组织全体党员进行题为“加强党性修养，争做优秀党员”的“两学一做”首次专题教育。此次教育主要传达学习中央及省市区各级对“两学一做”活动总的要求，明确“两学一做”学习教育的意义及任务，并结合区人防办自身实际，制定针对性的学习教育计划，按照“学什么”“怎么学”“如何做”的步骤进行逐项细化落实。

【人防工程维护管理】 区人防办负责中心城区7万平方米的早期人防工程的维护工作。重视早期人防工程普查工作，制定巡查制度，还将早期人防工程分为几个片区，每个片区明确指定责任人，不定时对工程进行普查，至11月初，已经对中心城区早期人防工程逐一进行检查，并填写人防工程基本情况登记表。对早期人防工程反复清查摸底，并制定整改方案，主动上报上级部门。同时，还制作早期人防工程图片集，将每个工程的地点及口部房屋的具体位置做成图片资料，每次巡查有记录，装订成册，进一步完善工程档案。

【提升人防应急能力】 一是认真搞好调研，科学修订人民防空应急行动方案。根据市人防办《修订城市人民防空袭方案实施计划》文件精神，区人防办坚持人民防空、城市防卫与区域防空相结合的原则，在认真调查研究、综合分析的基础上，着眼未来战时防空突袭的需要，按照市办的要求，认真做好各项方案修订，进一步完善《岳阳楼区防空袭方案》，将此防空袭方案作为战时防空袭的指导依据，以确保战时能迅速组织市民疏散、隐蔽等工作。二是着力协调争取，夯实加强人防指挥通信建设。按照省、市人防办要求，各县区必须配备卫星定位、抗干扰、多功能指挥通信机动车一台。为确保车辆配备到位，区人防办主动协调争取，将指挥通信车辆配置到位。三是结合警报试鸣，开展疏散演练提高应急能力。11月1日，由市、区人防办联合在东方红小学举行的2016年防空袭疏散、防护演练。9时30分，东方红小学两幢教学楼近3000名学生在老师和志愿者的带领下，仅用时3分钟就按照既定撤离路线紧张有序撤离到操场。随后，专业人防队员讲解并示范个人防护动作，加强学生的理解和认识，强化师生安全意识，为创建“平安和谐校园”夯实基础。

【人防知识宣传】人防宣传教育“五进”工作为了认真落实市人防办关于推进社会建设、创新社会管理的有关要求，推进人防宣传教育“五进”建设，切实抓好人防宣传教育“进机关、进社区、进学校、进企业、进网络”活动。6月15日，区人防办配合市人防办在东方红小学开展《人防小博士》赠书仪式。区人防办邀请了市人防办党组书记、主任、区委常委、副区长、区教育局局长参加了赠书仪式。此次赠书活动面向中心城区所有小学捐赠《人防小博士》书籍14000套（合计145600元）。通过这次活动让更多学生了解人民防空应急安全常识，掌握避险避难自我保护方法；通过学生向身边家人朋友宣传人防科普安全知识，进一步扩大宣传效果，共同构建和谐、幸福、美丽岳阳。7月至11月，区人防办在3个社区制作悬挂人民防空宣传教育情况一览表、人民防空宣传教育管理制度和相关规定，添置配齐录像资料播放设备、人防宣传教育图板，收集整理年度人防宣传教育活动原始资料和档案等。还在这些社区建立10人以上能够胜任人防宣传教育工作的志愿者队伍，并组织一次人防宣传业务培训。至11月底所有重点社区圆满完成达标创建任务，有效地提高社区工作人员依法履行人防义务，支持配合人防建设的积极性。9月初选定在岳阳市中南化学工程建设公司进行人防宣传教育进企业活动，结合该企业实际情况、建立宣传阵地，制作大型宣传板，配备硬件设施（投影仪，采用电话教学形势布置，添置电脑34台，摄像头2个）还定期开展活动，每次企业培训办班时都要播放人防宣教警示片，给每个学员发放宣教知识手册一份，并且还组建一支人防宣传教育志愿者队伍。

经济管理与监督

宏观经济管理

【概况】 2016年，实现地区生产总值566.05亿元，同比增长9.3%；社会固定资产投资205.72亿元，同比增长18.3%；社会消费品零售总额395.76亿元，同比增长12%；城镇居民人均可支配收入达到3.03万元；农村居民人均可支配收入达到1.65万元。

【项目谋划】 超前谋划是做好项目工作的先决条件。“一带一路”、长江经济带、长江中游城市群、洞庭湖生态经济圈、“通江达海新增长极”“一极三宜江湖名城”等国家、省、市发展战略启动实施后，充分调研论证挖掘项目，随时根据国家和省、市投资重点及资金投向，将具备条件的项目纳入《“十三五”固定资产投资项目库》，收录基础实施、产业发展、社会民生3大类181个项目，总投资661.3亿元。分类建立《重点项目库》《棚户（旧城）区改造项目库》《投融资项目库》。指导项目单位把项目前期工作抓实、抓细，2016年，友阿集团商业综合体、胥家桥路片区开发、国大地段旧城改造等3个项目被市政府列入全市重大前期项目全力推进。

【争项争资】 2016年，牵头完善并通过政府常务会研究通过，下发了《岳阳楼区2016年争项争资绩效考核办法》，对考核对象、目标任务、考核办法、奖惩办法等提出了明确要求。同时指导相关单位，加大与上级主管部门的协调力度，全年共有115个项目列入省、市投资计划，争取各类项目资金突破10亿元。其中，发改局牵头策划的保障性安居工程配套基础设施建设、专项建设基金、城西老工业基地、社会事业等类别项目，共争取到中央预算内资金和专项建设基金1.51亿元。

【项目推进】 2016年，全区共实施重大项目88个，完成投资205.7亿元，同比增长16%。其中，临湖公路楼区段提前完成征拆任务，海吉星项目A地块1片区完成征地拆迁；万象瑞城国际金融港、天伦金街、三眼桥街道办公楼南侧旧改、天正金海岸等一批产业项目顺利开工；洛王东路、麻布山森林公园上山步道、S211升级改造、胥家桥路一期等项目基本建成。九大棚户（旧城）区改造项目均按市委、市政府要求的时间节点，圆满完成签约和拆除任务，部分地块功能更新、产业导入项目逐步落实，有望在今后几年将我区固定资产投资总额拉上新高度。

【民生价格】 2016年，对中小学午托、早（中）餐、物业、停车场、殡葬等收费项目，在依法依规做好成本监审的基础上合理定（调）价；全面启动城市公立医院医药价格改革工作，纳入改革范围的区人民医院、区妇保院、岳阳口腔医院正式实施调整后的医疗服务价格。开展春运客运、药品、教育、节假日市场、商品房及市场明码标价、涉企等行业专项价格检查，查处违价案件300多起，清退多收价款15万元，上缴财政60万元。全年共受理12345、12358投诉案件201起，查处违价金额18万元，清退多收价款16万元，受益群众达200人次，完成率、满意率均为100%。全年共完成公安涉案认定案件5400多起，涉及金额2000多万；完成法院民事案件鉴定5起，认定金额300多万；完成行政拆迁2000多起，涉及金额4000多万。以评估速度快、勘察现场细、出具结论优得到市区公、检、法、司和行政执法单位的高度认可，赢得广大群众的一致赞扬。

【队伍建设】 组织机关干部集中学习问责条例、纪律处分条例、廉洁自律准则、《习近平总书记关于党风廉政建设和反腐败斗争论述摘编》、省纪委《关于党和国家工作人员操办婚丧喜庆事宜的暂行规定》等精神；邀请区检察院检察官上了一堂警示教育课，观看警示教育片《不可触碰的底线》；并组织重新学习全国纪检监察机关监督中央八项规定、省委市委九条规定精神。认真开展“两学一做”主题活动，制定学习方案定时间、定内容、定主讲，先后组织业务、纪检监察、党建等各类学习活动20余次，努力提高党员干部的政治素质和业务水平。

审计管理

【概况】 2016年，按照审计署、省市审计机关安排部署，我局对云溪区2015年城镇保障性安居工程（包括廉租住房、公共租赁住房和棚户区改造）的投资、建设、分配、运营等情况进行跟踪审计。共完成审计项目59个，其中财政同级审、财政财务收支审计及经济责任审计等共37个，及时查处违规及管理不规范等问题，上缴区财政227.16万元；政府投资审计项目22个，送审金额30143.17万元，审定金额29475.61万元，核减工程造价667.56万元。

【财政审计】 2016年3月，对岳阳楼区2015年度本级财政预算执行和其他财政收支情况进行审计，并对区经济建设投资有限公司、区教育局、区水务局进行延伸审计。2016年，对区人社局、区教育局等15个行政事业单位财政财务收支情况进行审计。共出具审计报告15个，其中上区人大会评议报告2个。

【经济责任审计】 2016年，认真贯彻落实中办、国办关于《党政主要领导干部和国有企业领导人员经济责任审计规定》和《岳阳市规范领导干部任期经济责任审计工作“五项制度”》，积极推进经济责任审计。2016年，对区司法局、区水务局等22个主职领导干部任期经济责任情况进行审计。通过审计发现主要存在虚增财政收入、挪用专项资金、扩大开支范围、不合规票据入账、虚假发票列支、向非预算单位拨款、应计未计固定资产、违规集资、招待费超支等问题，对进一步加强干部监督起到了积极作用。

【政府投资审计】 2016年，加强对全区政府投资项目的审计监督，加大政府投资效益审计力度，并对全区政府投资项目工程审计进行归口管理，由固定资产投资审计中心集中管理、统一调度、全程跟踪。2016年，开展胥家桥安置房、白杨山安置房等22个政府投资项目的审计，送审金额30143.17万元，核减工程造价667.56万元

【社区工作】 2016年4月，根据区扶贫办《关于印发〈岳阳楼区2016年精准扶贫实施方案〉的通知》（岳楼扶发〔2015〕9号）要求，为了扎实深入推进精准扶贫工作，圆满完成省、市、区下达的年度脱贫目标任务，局领导干部多次深入郭镇乡仓田村24户贫困家庭，开展精准扶贫活动。在南津港、金鹗山两个联系点社区开展扶贫和文明创建工作，积极为居民解决实际困难，共为社区赞助经费2万元。

【队伍建设】 2016年5月，按照上级文件要求，成立领导小组，制定《关于在全局党员中开展“学党章党规、学系列讲话，做合格党员”学习教育的实施方案》，组织全体党员干部认真学习习总书记系列重要讲话精神，落实党章关于加强党员教育管理要求。通过一系列“学”“做”“创”等活动，着力解决一些党员理想信念民、意识淡化、宗旨淡薄、精神不振、道德行为不端等问题，持之以恒纠正“四风”，继续抓好不严不实突出问题整改，继续加强审计干部队伍建设，继续推动工作作风不断转变。

工商行政管理

【概况】 2016年，岳阳市工商局岳阳楼分局紧密结合工商职能，持续推进监管与服务，全局上下群策群力、开拓进取，各项工作取得显著成效，被国家工商总局评为“企业登记工作成绩突出窗口单位”，被省烟草局、省工商局评为“烟草市场整治工作先进集体”、“全省工商系统财务报表先进单位”，被市工商局评为“绩效考核红旗单位”、“宣传工作先进单位”，被区委、区政府评为“综治（平安建设）工作先进单位”、“人口和计划生育工作优秀单位”、“安全生产工作优秀单位”、“宣传思想工作先进单位”。

【服务发展】 抓好商事登记改革的落实，进一步推行企业“五证合一、一照一码”、个体工商户“两证整合”登记改革制度，简化登记手续，缩短办事流程，减少提交资料，压缩办结时限，减轻企业办理成本。分局率先在全市工商系统开通微信公众号，为创业者提供最便捷的服务，实现“互联网＋政务服务”。截至2016年12月23日，新登记注册市场主体7607户（其中内资企业1526户），比往年同期递增11.74%。新登记企业注册资本总额达198319.3万元，比上年同期递增11.66%；个体工商户6081户，比往年同期递增12%。办结“五证合一、一照一码”营业执照1058户。

分局从市区院校招募100名在校大学生志愿者，开展“助力诚信岳阳·我们教你来年报”志愿者活动，这是分局宣传指导市场主体年报工作的创新举措。截至2016年6月30日，分局2015年度企业已年报4545户，年报率73.39%；农民专业合作社已年报30户，年报率100%，排名全市第一；个体工商户已年报28272户，年报率83.25%，比去年同期提高30个百分点。分局采取了信息公示、年度报告、异常名录、违法公示等一系列有效措施，有力地推进信用体系建设的提质增速。已纳入经营异常名录892户，公示行政处罚信息672户。银行贷款、工程招标、行业评比、“两代表一委员”资格审查等跨部门单位联动响应机制和“一处违法，处处受限”的失信惩戒机制已初步形成。

【监管执法】 2016年，分局创新执法办案机制，实施“大监管”模式，成立4个经检大队，将辖区范围连成片、办案人员串成线，形成监管执法合力，执法办案工作成效突出。全年共立案查处虚假广告、销售假冒伪劣商品、不正当竞争、侵害消费者权益、传销等各类违法案件319起（其中一般程序结案245起），罚没收入213.8万元。其中3万元以上的案件20起，5万元以上的大要案件7起，分别比往年同期增长17%和25%。集中开展打传专项行动两次，出动执法人员232人次，端掉传销窝点17个、劝返传销人员120人、解救被骗人员58人，刑拘25人，已判刑20人，查办传销案件6起。特别是网络市场监管执法成效突出，查处各类网络违法案件25起，结案21起，罚没入库17.7万元，在市工商局网监系统内引起较大反响。为确保执法办案质量，分局实行了“一案一考核”制度，全年无一起行政处罚案件败诉。

【消费维权】 为进一步强化消费者权益保护，保护消费热情、激发消费潜力，分局制定了《“满意消费在楼区”活动工作方案》，开展“3·15”咨询服务和消费维权“进商场、进超市、进企业、进社区、进学校”等活动，让维权知识深入百姓心中。开展对家用电器、车载设备、服装等商品抽样检测，共计抽检7次，共抽检商品83组，不合格37组，收缴各类假冒伪劣商品1600公斤，货值7万余元。2016年，分局12315系统共受理消费者申投诉2062起，已办结2023起，办结率98.1%，为消费者挽回经济损失63.58万元。为有效打击侵权行为，将消费投诉转化为行政处罚案件（即“诉”转“案”）36起。

【宣传教育】 开展政务信息处理及新闻宣传业务培训，提升有关人员的业务能力和水平。2016年，共向区政府和市工商局上报工作总结、汇报材料、先进典型材料等政务信息情况26次43篇；承办议案提案8件，做到“见面率、办结率、满意率”100%；在《岳阳日报》《长江信息报》等市级媒体上稿34篇，省工商局网站上稿20篇，区政府门户网站、岳阳楼新闻网以及手机报等网站52篇，市局内网592篇，大幅提升宣传工作的质和量；圆满完成岳阳楼区“建区20周年系列活动”的宣传组稿、书法作品的征稿以及《岳阳楼区年鉴·2015》的组稿工作。开展“两学一做”教育活动，针对问题进行了全面整改。共组织学习培训11期18场25堂课，培训人员达到800余人（次），还组织参加了市工商局“以案说法”业务培训3期12堂课，参加人数300余人（次）。培训内容涉及工商职能监管与服务、政务信息处理、业务系统应用、党风廉政建设等各方面。各工商所还组织开展“一月一学法”学习活动。通过学习培训，人员素质和业务技能有了显著提升，为实现“人人能办案”、“个个能调处”奠定坚实基础。

统计管理

【概况】 2016年，完成各项专业统计报表任务以及1%人口抽样、非公有制人才资源状况等调查任务，出具各类专业统计报告。为提升统计工作水平，组织3次针对全区统计人员、乡街和社区村统计调查员的业务培训。同时积极派出4批次人员参加省级市级的培训。通过培训大大提高统计人员的业务水平。着重做好数据监测和分析，每月编写《岳阳楼区经济动态》，每季撰写全区经济运行报告，为区委、区政府提供决策依据。各股（室）认真分析专业数据及时反馈行业运行情况，撰写分析材料，做到对经济脉搏的准确反映和把握。

【全国第三次农业普查】 接到“三农普”工作任务后，区政府高度重视，报请区政府成立“三农普”工作领导小组，制定工作计划，与相关乡街签订责任书，明确部门责任分工。落实经费，统一采购100台PDA及其他工作设备。从大学生村干部、退休村干部、社区志愿者中选聘50名普查员和指导员，保证村和社区配备1至2名普查员，指导员由乡（街道）农业普查办公室干部担任。制作100条宣传横幅，保证每个社区至少悬挂3条，各社区村再张贴大量宣传标语。工作开展后，每半月进行一次调度，还将各单位进展情况进行通报并作为考评依据。目前，已完成摸底调查和培训工作，从12月31日起，全体普查员正式走村入户开展调查。

【小康工作稳步推进】 区统计局作为政府经济社会相关指标综合监测部门，负责GDP、二、三产业占GDP比重等11个指标情况监测。加强横向对接和预警。针对我区小康半年度数据分析报告，对三季度小康工作数据推进责任部门进行对接和预警，区统计局主要领导和分管领导先后十人次与部门对接。三季度还发出预警通知三份，分别是固定资产投资预警、财政八项支出预警、营利性服务业预警。区统计局针对难度较大的数据分别与市统计局、市城调队多次衔接。主要领导与市统计局分管领导先后五次汇报工作。分管人员与市统计局每一个科室、每一个指标开展经常性协调和沟通，做到心中有数，把握主动。主要领导带领分管人员多次到市调查队协调，衔接工作，提出疑问，寻求解决办法。对经济短板指标进行剖析，区统计局负责监测的11个指标做到对每一个指标建立台账，所有资料及时归档。并要求做到有纸质台帐和电子台帐，让数据见证岳阳楼区的成长。

【法制建设】 为了进一步加强统计执法工作，新成立法规股，专门从事统计执法检查及统计法规宣传工作。今年配合省统计局对我区所辖企业开展执法检查，得到好评。联合市统计局执法检查企业30家，采取察看统计现场、查阅统计资料、当面询问并记录，对企业统计数据虚、代、瞒报现象进行检视。检查中发现七家企业存在不同程度的台账不健全、报送数据不严谨等现象，对这些问题我局均作出责令企业整改的决定，并下达整改通知书。

【机关作风建设】 区统计局把强化机关作风建设，提高干部职工政治素质提到重要议事日程，落实上下班考勤签到制，严格考核，一日一登记、一周一通报。规范工作人员行为，建立和完善各种规章制度，局机关共制定和完善制度23项。开展13项权力清单编制并向社会公布。用制度管人、管事、管财，把干部平时管理与年度考核紧密结合，奖优罚劣。落实“三重一大”集体决策制度，坚持局务会议议事制度，充分发挥集体智慧，不断增强领导权力运行的透明度和民主管理的自觉性。

国土资源管理

【概况】 2016年，全区国土资源管理工作紧紧围绕市委市政府建设“一极三宜”江湖名城战略目标，通过践行“两学一做”学习教育，强力推进土地依法征收和禁拆治违工作，为将岳阳楼区建设成全市转型发展、创新创业的核心引领区作出了积极贡献。

【依法征收土地】 年初，全市土地依法征收和禁违拆违治违工作启动，全区土地依法征收项目任务共计35个，其中棚改项目9个、攻坚项目9个，其他项目17个。涉及集体土地面积约2400公顷，征拆房屋约2100栋，面积约76.64万平方米。为了配合土地依法征收工作的进行，抽派16人专职负责拆迁工作，另外财务、地籍、执法大队等相关股（室）在兼顾本职工作的同时也投入到土地依法征收工作中，参与拆迁工作人数占全局总人数的70%。

【市政工程基础建设】 在全力推进棚户区改造项目的同时，对市政工程基础建设项目也进行重点攻坚。其中临湖路107段总征拆123栋、已拆除121栋、房屋面积3.37万平方米，进度为99%；木鱼山北路总征拆19栋，已拆除18栋，剩1栋走强拆程序，房屋面积1.12万平方米，进度为99%；马濠污水处理厂总征拆91栋、已拆除91栋、房屋面积0.67万平方米，完成拆迁任务；赶山东路总征拆67栋、已拆除63栋、房屋面积2.62万平方米，进度为93%；海吉星农产品物流园总征拆196栋、已拆除187栋、房屋面积3.36万平方米，进度为95%。

【严格执行征收征拆政策】 为确保征拆工作公开公平公正，严格按照现行政策，坚持“一个政策管到底，一个标准用到底”，从以下三个方面把好政策关口：一是认真核查，数据准确。实地调查时，严把数据关，实事求是，依法登记。二是严格程序，依法依规。对于房屋性质及安置人口的认定结果，严格按照相关文件规定，必须经两榜公示以及联席会议依法认定后为准。三是加强联动，集体决策。明确任何工作人员无自由裁量权，对确有争议的特殊问题，由项目部一事一议，根据相关政策经过联席会议集体研究并形成会议纪要后方可实施。做好土地依法征收政策宣传，分局国土资源事务所在每个项目启动时，都会对项目部相关工作人员进行政策培训，在项目实施过程中要求项目部在拆迁范围内进行政策的宣传及公示，同时执法大队安排3名工作人员全力配合各项目限期腾地前期的司法介入，在具体谈判中，对于不懂政策，不配合工作的拆迁户，均做到了三次以上的入户记录。

【严格监管拆迁资金】 目前，拆迁资金专户上共有43个项目的拆迁腾地专项资金需要管理，分局财务室将主要精力放在拆迁资金的监管上，全年共支付拆迁专项资金5.48亿元（其中棚改资金3.35亿元），每笔资金都通过严格的审批程序在规定工作日内支付到位，棚改项目资金都保证了在一个工作日内支付到位，为推动项目开展提供了资金保障。

食品药品监督管理

【概况】 岳阳楼区食品药品监督管理局，加挂区食品安全委员会办公室牌子，正科级，为区人民政府工作部门。设置综合办公室、政策法规和行政许可股、食品生产监管股、食品流通监管股、餐饮食品安全监管股、保健食品和化妆品监管股、政工人事股等7个股（室）和财务管理中心、食品药品稽查大队、药品市场监管所、酒类产销管理办公室、16个乡街监管所等5类20个直属机构。成立了党总支部、工会、监察室。

【食药安全水平改观】 加大日常监管力度，排查安全隐患、下达整改文书、督促指导整改，辖区食品药品经营门店日常监管频次达到每月1次以上，证照办理率、基础设施和卫生条件达标率均有大幅度提升。全面推进食品药品“四查”行动，录入经营门店11189家，超额完成全年工作任务。2016年，共受理食品经营许可申请3474个，发放《食品经营许可证》2987个，不予许可59个，办理注销《食品经营许可》6个，按时办结率100%，得到服务对象的高度好评。健全食品安全应急体系，研究制定《岳阳楼区食品安全应急预案》，规范食品安全事故处理流程。12月，牵头承办岳阳楼区四级食品安全事故应急演练活动，对事故发生与报告、现场核查与先期处置、四级应急响应启动与调查处置、舆情监测与应对、事故原因分析与级别调整、召开新闻发布会、响应终止与善后处置、总结评估八个方面进行了实战演练，进一步提高食品安全事故应急处置能力和应急队伍实战水平。

【食药违法行为有效处置】 对食品药品生产经营中安全隐患较多、问题突出、管理难的问题，大力开展了小作坊、学校及校园周边食品安全、保健品非法添加、化妆品质量安全、中药材及中药饮片、散装酒等食品药品专项整治行动40余次，排查风险隐患800余个。严管严治，加大案件查办力度。今年共查处食品药品违法行为178起，取缔无证经营28家，捣毁窝点6家，查处问题食品药品13吨。突出大案要案办理，

2月，查处的问题猪肚案，当场没收问题猪肚5000余公斤；3月，查处的利用病死猪肉熏制腊肉案，分别被省公安厅、省食药监局列为督办案件，刑拘11人，提起公诉6人。快查快处，妥善处理群众投诉。2016年共受理来源于12345、12331、信件等途径的食品药品投诉举报481件，快速反应、及时查处，确保了投诉举报按时办结率100%，群众满意率100%。

【监管工作成效提升】 对辖区所有餐饮门店实行食品安全量化分级，结合分级情况推广寻找笑脸就餐活动。与餐饮服务食品、药品经营单位签订诚信经营承诺书，要求经营业主严格依法依规经营。强力推进食品药品“黑名单”公示制度，定期公布“红黑榜”，在日报、红网等主流媒体公示抽检结果、办案情况等7次，曝光失信企业120多个。投入专项资金40余万元采购16套快检设备，分别配备到各基层监管所，以提高基层食品安全快速检测能力。制定详细的快速检测工作方案，有序组织对辖区内农贸市场的初级农产品农药残留开展快速检测工作，2016年共检测240个批次初级弄产品，对其中不合格的产品均按要求进行进一步送检。

【社会共治格局逐步形成】 积极发挥食安办职能作用，2016年9月29日，承办岳阳楼区食品安全工作会，调整食品安全委员会，建立政府负总责，职能部门各负其责的食品安全管理体系。建立长效机制，联合开展定点屠宰、冷冻肉等专项整治行动，查处问题食品近10吨，进一步扩大食品安全问题处置面。开展“3·15”消费者权益保护日、食品药品安全宣传月、等宣传活动，现场接受群众咨询；通过微信、QQ群、手机短信等微平台，及时将各种食品药品安全知识、消费提示上传发布；开展不良反应监测、食品药品专业培训，提升从业人员专业技能培训，培训人员3000余人次。

安全生产监管工作

【概况】 2016年，共检查企业522家，下达相关文书2462份；取缔非法经营门店85家，收缴烟花爆竹1600多件；对辖区内7处重大危险源实施了备案管理，并实行动态监管；完成对辖区范围内的加油站以及12家危险化学品生产、经营、储存单位人员培训和应急救援专项检查。

【提升安全意识】 2016年，成立岳阳楼区2016年“安全生产月”活动组织委员会，全面组织实施全区性大型安全生产月宣传活动并于5月30日召开“安全生产月”活动动员大会，统一部署安排全区“安全生产月”任务，体现出本次活动的主题——“强化安全发展观念，提升全民安全素质”，利用各种手段大力宣传，营造“安全生产月”活动氛围。6月16日，配合市安委办在金鹗公园东大门共同举行“安全生产月”咨询日活动。利用展览展示和现场解答等手段，向社会公众、从业人员提供“保护员工生命安全规定”等政策法规、职业卫生、安全知识、防护产品使用等方面的咨询与服务，共发放宣传资料1000余份，接受业务咨询80余人。6月27日，岳阳楼区安全生产宣讲活动顺利开展，来自全区16家乡办安监站长，危化、非煤、烟花等40余家企业共50余人与楼区安监局班子成员共聚一堂参加活动。时任岳阳楼区安监局局长、区安委办主任龚晖现场授课，题为“履行企业主体责任，保障人民生命财产安全”。6月29日，岳阳楼区安全生产事故警示教育活动顺利举行，来自全区烟花爆竹、非煤矿山、危险化学品等高危行业的企业代表与安监人员共聚一堂，观看了主题宣传片《生产安全事故典型案例盘点（2016版）》，会后组织大家进行反思讨论，对典型事故进行剖析，吸取事故教训，讲解安全知识。“安全生产月”活动期间，通过市、区网站、微信等新媒体刊发安全生产动态50余条。在《岳阳日报》《洞庭之声》《长江信息报》等传统媒体上先后发表《监管执法年 楼区在行动》《办法多、有实效、群众满意》《强化责任抓安全——岳阳楼区安全生产监督管理局工作写真》等文章5篇。

【严格监管执法】 2016年，共组织执法行动1100次，出动执法人员4872人次，检查生产经营单位725家，下达执法文书536份，责令停产停业整顿企业3家，行政拘留2人。

【烟花爆竹安全隐患整治】结 合全市烟花爆竹“百日行动”，持续开展“日巡查、周清缴、月行动”，进一步加大了烟花爆竹违规储存销售管控力度。取缔非法经营门店75家，收缴烟花爆竹1200多件，并进行统一销毁。

【危险化学品安全隐患整治】对辖区内7处重大危险源实施了备案管理,并实行动态监管。邀请区内10家危化重点监管企业的经营业主和安全管理人员开展警示教育活动，收到了良好效果。完成对辖区范围内的加油站以及12家危险化学品生产、经营、储存单位人员培训和应急救援专项检查。

【行业监管】邀请市安监局两名专家，对辖区内8家行业监管重点企业开展了专项检查，其中检查粉尘防爆企业3家、有限空间作业企业2家和涉氨制冷企业3家，整改隐患25处。对辖区内4家页岩砖厂开展安全生产条件现场核查，并提出整改意见。2016年，对岳阳楼区的监管企业进行了重新摸底排查，并将摸排出的企业按照企业规模、从业人数、存在隐患整治难度和监管力量大小划分为“ABC”三类，实施分类别分层级全面监管，并要求结合“监管执法年两月一行动”和计划执法的要求，对高危企业开展“4+2”的监管执法工作（即全年开展4次执法行动和2次计划执法），对高危企业以外的其它一般企业开展“5+1”的监管执法工作（即全年开展5次执法行动和1次计划执法），确保全区企业安全监管全覆盖，执法频次和执法质量“双到位”。同时扎实开展安全生产大检查工作，聘请专家参与，严格落实闭环机制，对照《湖南省安全生产监督管理机关行政检查暂行办法》的24项内容开展全面的安全生产大检查及隐患大排查工作。共检查企业319家，下达相关文书1752份。同时推进安全生产网上执法，要求监管股（室）和执法大队使用行政执法管理系统进行执法，全年共检查企业203家，下达整改文书710份。

【重大安全隐患整治】 原途径我区梅溪乡花果畈村的长郴输油管线因花果畈竹木市场建设导致存在重大安全隐患，为确保隐患彻底消除，按照国务院安委会油气管线隐患整治攻坚战的要求，决定对该处隐患采取管道改线的方式进行整治。2016年，成立油气管线安全隐患整治工程协调领导小组，分别于8月30日和9月9日召集相关部门召开改线工作动员会和推进会，该处隐患整治已全面完工。省市挂牌隐患整治。2016年，巴陵大桥市场被列为市级挂牌整治隐患。9月，省政府将巴陵大桥市场群列为省级挂牌重点火灾隐患。10月10日，区安监局对巴陵大桥市场群开展为期4天的火灾隐患集中整治，完成了该隐患整治的初期任务。区级挂牌隐患整治。2016年，确定了10项公共安全隐患为区政府挂牌督办项目，要求各安全隐患整治责任单位认真制定隐患整治措施，切实做到措施、责任、资金、时限和预案“五到位”。10处隐患整治均已到位并通过了验收。

【维护稳定】 2016年，区安监局先后多次召开干部职工大会，成立综治民调活动工作领导小组，领导带头、全体干部职工扎实开展综治民调活动。为抓好稳定工作。成立维稳接访领导小组，班子成员按照各自分管的业务，按照“谁主管、谁负责”和“一岗双责”要求落实信访工作职责。同时，公布举报（投诉）电话，对群众来电、来信建立台账，并及时处理落实。2016年共接访（含电话举报）12起，已回复12起。为化解矛盾纠纷，消除不稳定的因素，杜绝安全生产事故，发挥了重要作用。

质量技术监督

【概况】 2016年岳阳市质量技术监督局岳阳楼区分局成立于2016年10月19日，系岳阳市质量技术监督局派出机构正科级事业单位。主要负责辖区内质量技术监督工作，承担辖区内产品质量诚信体系建设工作，组织实施辖区内标准化战略，负责统一管理标准化工作，统一管理计量工作，承担辖区内特种设备安全监察工作，负责辖区内产品质量安全监督工作。2016年2月上旬人员全部到位，2月中旬接手办公场地，利用春节休假期间完成了办公场地整修、外部形像塑造、办公设备调配和购置、内部机构设置、职责分工、整章建制等工作，机构迅速有效运转。2016年度，区分局获市特种设备监管工作先进单位，获岳阳楼区安全生产先进单位。

【业务工作全面铺开】 2016年，走访区内建材、轻工、饲料、食品、化工等行业中小企业94家，全面了解企业的产品执行标准、产品质量状况、计量器具检定情况、特种设备使用及检验情况，收集信息，建立档案。对建材、轻工、农资等行业部分产品进行了抽样送检，产品抽查合格率97.5%。组织4家生产企业的5个系列产品申报并获评湖南名牌产品。组织辖区13家生产许可证企业参加市局举办的生产许可证制度政策新规和企业质量信用等级评定培训班，提升了质量管理水平和质量保证能力。组织开展生产、销售领域计量检定，对38家油漆、涂料、月饼生产企业和超市12类与民生息息相关的产（商）品开展定量包装专项抽查，共抽查产品207批次，抽样合格率90.7%。组织对辖区24家农贸市场1000多台计量器具和公平秤实行免费检定，开展集中检查行动5次，共检查辖区特种设备使用的单位106家，涉及特种设备1000多台套，下达安全监察指令68份。

【加强执法打假工作】 受理政府“12345”、质监“12365”、网站和信访转办、区政府交办的各类投诉举报80余起，及时处理了家用汽车“三包”、小区电梯运行、农贸市场计量和加油机计量等方面纠纷。处理特检院转发重大问题告知32份。严格加强执法打假，查处特种设备安全、计量、商品条码等违法行为案件11起，结案11起。

财政·税收·金融

财政

【概况】 2016年，区财政工作严格按照区委、区政府制定的发展目标，加强内部制度建设，严格财政队伍管理，紧紧围绕“全面建成转型发展、创新创业的核心引领区”总体目标，充分发挥财政职能作用，全力组织收入，优化支出结构，积极改善民生，服务社会事业，推进改革创新，狠抓队伍建设，较好地完成了各项财政工作任务，为全区经济发展和社会稳定提供保障和支持。

【财政收入】 2016年，岳阳楼区一般公共预算收入为22.77亿元，占预算100.5%，同比增长7.5%。其中，区级地方收入完成11.18亿元，占预算117.4%，同比增长11.1%。从收入结构来看，税收收入完成17.86亿元，占预算88.4%；非税收入完成4.90亿元，占预算200%，同比增长77.5%。上划中央收入项目：增值税3.50亿元，同比增长40%，消费税479万元，同比负增长6.8%，企业所得税1.71亿元，同比增长6.5%，个人所得税1.11亿元，同比增长8.5%；上划省级收入项目：增值税7912万元，同比增长206.7%；营业税7572万元，同比负增长52.4%；企业所得税3416万元，同比增长6.5%；个人所得税2228万元，同比增长8.1%。

在实施“营改增”减税政策以后，面对严峻的经济整体下行趋势，岳阳楼区财政局上下齐心协力、主动作为，通过调整收入结构，强力清欠压欠，进一步强化收入征管等措施，实现了财政收入逆势增长。

【财政支出】 2016年，岳阳楼区一般公共预算支出为23.42亿元，同比增长45.49%。其中民生支出17.66亿元，同比增长36%，占总支出比重75.41%。在财政增收压力骤增与财政支出不断扩大的严峻形势下，为实现稳增长目标，岳阳楼区财政局通过不断调整支出结构、灵活运用财政杠杆、增加基本公共服务投入、推进城市功能建设，财政保障力度大大增强。一是优先保障教育投入。教育经费支出为2.56亿元，小学生人均经费达到600元，初中生人均经费达到800元，继续实施薄弱学校改造和扩容改造工程，改善义务教育办学条件。二是重点保障医疗卫生和计划生育。医疗卫生和计划生育共投入2.39亿元，进一步提高城乡居民医保人均补助及基本公共卫生服务区级配套。新农合、城镇居民基本医疗保险人均补助提高到540元，基本公共卫生服务人均补助提高到45元。三是全额保障社会保障和就业。社会保障和就业经费支出3.9亿元，社保基金支出5.29亿元，社保资金支出2.77亿元。四是全面保障城乡社区事务。城乡社区事务经费支出2.66亿元，全面提高乡街计生、城管、创建、统计等专项经费保障水平、社区惠民项目资金和运转经费保障水平。五是倾力保障农林水专项支出。农林水专项经费支出5400万元，整合农资综合补贴、种粮农民直接补贴、农作物良种补贴，落实村级事务一事一议财政奖补政策，进一步加强农村安全饮水治理。六是足额保障干部职工待遇。全面落实工资制度改革和养老保险制度改革政策，及时足额发放全区干部职工工资，保障了行政事业单位正常运转。

【财政管理与改革】 2016年，岳阳楼区财政积极推进全口径预算管理，实行乡街国库集中收付管理，规范全区公务卡制度管理，加强政府采购和项目评审管理，健全政府债务管理制度，财政管理取得了明显的工作成效。一是财政公开工作稳步推进。2016年，全区123家使用财政拨款的预算单位（涉密单位除外）部门预算全部公开，115家单位预决算、“三公”经费预算、基层专项支出等通过政府门户网站进行公开，并将功能支出分类全部细化至“项”级科目，公开率达100%，在政府门户网站上设立决算公开专栏，汇总集中公开决算相关信息，充分提高预算透明度，切实保障群众的知情权、参与权和监督权。二是国库集中收付日趋成熟。全面启用新的行政、事业单位财务会计制度，升级改造预算单位财务核算管理软件系统，2016年，共有132家预算单位和部门分批进入国库集中支付系统，目前，除学校外所有全额预算单位都已实行公务卡结算。三是财政评审把关锱铢必较。为确保九大棚户区（旧城）改造工作有序开展，区财政局聘请了资深专职注册造价师，对所有预、结算项目严把质量关，并亲临现场审核和召开技术协调会，有效防范评审中介机构因主观因素造成的评审结果的不合理性，全面提升评审结果质量。2016年，财政概、预、结算项目共205个，送审总投资4.02亿元，审定金额3.58万元，净审减4368万元。四是金融债务管理卓有成效。为优化存量债务结构，区财政局借助新政、智慧化债、巧妙切入，圆满完成全年化债计划指标6.24亿元，置换27个高息债务项目。为区政府节约融资成本4104万元。为全区经济建设资金投入，减少融资成本，科学合理安排本级财力，作出了贡献。

国家税务

【概况】 岳阳楼区国家税务局有干部职工362人，下辖12个内设科室，11个税源管理部门，有3个对外服务窗口，负责整个岳阳楼区，临港新区及南湖新区的部分区域的增值税、消费税、企业所得税的征收管理。2016年，区国税局围绕“聚能量、强改革、提质效、创亮点”的工作思路，主动作为、攻坚克难，全面推开营改增、深化国地税合作、强化税收征管、严格队伍建设、坚持绩效引领，各项工作取得新进展。全年累计入库67359万元，增收25641万元，同比增长61.46%。其中增值税累计入库29919万元，营改增增值税入库24404万元；企业所得税累计入库10830万元；消费税累计入库479万元。区国税局保持了“省级文明单位”的荣誉称号，被市局评为绩效管理先进单位，被区委、区政府评为综合绩效先进单位和综合治理先进单位。

【多措并举促改革】 2016年，营改增工作全面推开。区国税局在时间紧、任务重的情况下，提早部署、主动作为，较好地完成了营改增改革试点工作，实现了税制顺利转换、行业有效管理。一是加强组织领导。成立营改增领导小组，统筹领导营改增工作，多次召开专题会议研究解决营改增工作问题，逐步完善了各项方案制度。二是开展宣传引导。利用城区电子显示屏、重要场所宣传窗、岳阳楼区政府手机报和“营改增直通车”微信群等平台开展宣传，组织“戏曲话税收”文艺演出和“营改增”知识有奖问答活动，先后在《中国税务报》、《岳阳日报》等新闻媒体刊登营改增新闻报道28篇。三是组织培训辅导。通过业务讨论会、业务局长讲政策、总局视频培训、税政部门业务咨询、微课堂、周讲堂和月讲堂等多种形式集中开展内部培训。同时，对纳税人展开全覆盖培训、分行业培训、点对点辅导培训，共培训纳税人上万人次。四是实行委托代征。通过整合资源，集中宣传、集中平台、集中步骤，在国地税联合服务大厅集中办理增值税发票新系统发行、税控收款机转换、电子申报签约等工作，共推广发行新系统950户。一年来，共接收地税移交总户籍7018户，确认纳入金三系统管理户数4969户。营改增工作的顺利推进，进一步减轻了楼区纳税人的负担，达到税制改革的目标。在这次改革的浪潮中，1人被省国税局评为营改增工作先进个人，5人被市国税局评为营改增工作先进个人。

【规范征管促税收】 区国税局以“简政放权、提速增效”为重点，以优化税务行政审批流程、提高审批效率为目标，不断推进税务行政管理法制化进程。一是规范税收管理。开展户籍清理，进行实地巡查，严格落实税收管理工作制度。一年来，组织开展751户一般纳税人发票和税控设备的巡查，清查纳税人有无异地开票的情况；组织开展44户金银首饰行业户籍和征税情况的巡查，核实行业户籍底子和征税情况，注销“一户多证”21户，调高月定额7.8万元；组织开展239户医药行业零申报纳税人的巡查，纠正未建账78户，新增核定定额12.25万元；国地税联合组织开展4992户四大行业营改增户籍巡查摸底，开展联合定税，联合征收。同时定时开展企业和个体工商户的日常巡查，加强新办证户发票和税源的巡查，发现并上报风险疑点57户，限票、停票16户。二是把控税收形势。建立考核机制，对出现新欠的税源管理单位和税收管理员工作业绩考核实行一票否决。对于重大涉税疑点的企业，分管办组织精干力量，集中开展风险预警，纳税评估。一年来，开展分析识别并推送实施风险应对的纳税人总户数63户，入库各税439.79万元，风险应对率100%，税务稽查立案1户。三是深化国、地税合作。召开国地税合作联席会议，制定国、地税关于深入推进国、地税合作的实施方案，建立日常工作联系机制。设立三个联合办税大厅，实现一个大厅国地税业务全覆盖。一年来，联合办理设立登记2601户、联合办理变更登记2186户、联合办理注销登记650户、联合纳税信用评价1398户、国税局代地税局累计征收地方各税1291.70万元、地税局代国税局累计征收增值税978.85万元、联合共享涉税信息1.5万余条、联合对125户纳税人发布欠税公告。

【便民办税优服务】 一是落实纳税服务规范。按照纳税服务规范的要求，对比原有文件和规定的差异，梳理现有的业务流程和要求。经过梳理比对，调整存在细节差异的业务流程，取消与服务规范不同的规定，使服务质效不断提升。二是落实“便民办税春风行动”。制定区国税局关于深入开展2016年“便民办税春风行动”实施方案。严格执行首问责任制、班前例会制度、首席代表制度和领导值班制度等各项服务制度。三是开展纳税信用等级评定工作。按照国家税务总局制定的纳税信用管理办法和评价指标，国地税双方根据统一标准采集、共享税务内部信息、外部信息，统一确定、同步发布评价结果，共评定A、B、C、D四级纳税人1398户，并及时通过电子显示屏对外公示。四是开展“需求大征集服务大走访”活动。在辖区内围绕了解税收工作中的问题和纳税人的办税需求，解决纳税人的所思所想，增强纳税人的认同度和满意感。

【严肃纪律转作风】 认真开展“两学一做”学习教育和“三员”身份意识教育活动。召开专题民主生活会，区国税局各班子成员积极撰写对照检查材料并向市国税局领导作了汇报。牢牢盯住“四风”问题的新变化，深入查找和纠正干部在作风纪律方面存在的突出问题。重新修订《作风纪律考核办法》，开展“纠‘四风’、治陋习”专项整治活动。成立联合督查小组，每月定期对机关科室、税务分局、征收组执行工作制度和遵守纪律情况进行每月4次督导检查，并将督查情况与考勤记录一并在局域网上进行通报批评和责任追究，并要求限期整改到位。一年来，共下发作风纪律专项通报8期，经济处罚155人次，累计处罚金额20940元，实施诫勉谈话12人。强化“两个责任”落实，党风廉政保障有力，区国税局营造了风清气正的廉政氛围。

地方税务

【概况】 2016年，共组织入库各项税收8.07亿元，占调整计划的102.6%，其中中央级完成1.55亿元，省级完成1.03亿元，市级完成2.17亿元，区级完成3.3亿元，征收入库“三费两金”及教育费附加6050万元。

【组织收入稳打稳扎】 岳阳楼区地税局积极应对实体经济下行，主体税种和票控手段“双缺失”的严峻挑战，坚持形势早研判，措施细安排，竭尽全力抓收入，千方百计稳增长，通过强化税收分析、均衡入库、欠税清缴、综合治税、重点征管等五大组织收入举措，在极其困难的情况下全面完成了税收收入任务，为地方经济建设作出了积极贡献，被区委、区政府授予2016年度综合绩效考评一类先进单位。

【税收征管提质提效】 2016年实施纳税评估262户，评估税款1.9亿元，查补入库1.1亿元，品牌效应强势挺进，采集涉税信息12656条，修正补录疑点数据5631条，补缴税费256.3万元，信息管税扎实推进；国地合作积极有效，全年联合办证3865户，联合定税2826户，国税代征地方税费1178.7万元；稽查办案取得突破，入户检查20户，查补入库3100万元，移交法院查处的顺发房地产偷税案尘埃落定，法人代表周某被判刑4年。区局稽查局被评为全省依法办事示范窗口单位。

【队伍建设从高从严】 开展“两学一做”学习教育活动，抓好了干部勤廉教育及业务学习活动，举办“三员”普训12期、骨干集训4期；区局班子分成7组，与110多名党员干部面对面恳谈，解决工作问题28个；开展作风督查41次，执法监察8次，实施离任审计58人次，下发工作通报8期，问责13人次，干部责任心得到增强；调整征管机构5个，调整中层正职12人，干部交流轮岗97人，提拔中层正副职2人；抓好了干部体检、职级待遇并行、重大疾病救助等实事，完成了办税服务厅升级改造、工会活动中心及老干部活动中心修缮等惠民项目建设，慰问困难党员22人次，分5批组织党员干部到新墙河抗战史实陈列馆接受思想洗礼，党建活力有效激发。

【纳税服务全面优化】 开展“便民服务春风行动”，认真落实《纳税服务规范》，抓好网上办税厅应用和12366短信平台应用，推行“一窗通办”，举办网厅培训37期，实施免填单服务6000多人次，提供预约延时服务2000多人次，接待纳税人咨询2000多人次，解决业务问题233个，满意率100%；与国税联合评定A级纳税人11户，B级纳税人1131户，C级纳税人546户，D级纳税人331户，纳税服务全面提质。走访纳税企业53户，解决涉税难题26个，报批减免地方税收1077万元，地税满意度和社会形象持续向好。

金融

【概况】 岳阳楼区金融办紧紧围绕区委、区政府中心工作，不断深化金融体制创新，切实加强金融服务体系建设，稳步推进小额贷款公司试点工作，积极扩宽企业上市工作，依法打击和处置非法集资，有效强化金融风险管控，金融生态环境持续优化。对促进全区经济又好又快发展发挥了积极作用。

【强化政银企合作】 一是积极组织银企洽谈。截至2016年11月末，岳阳楼区银行业金融机构各项贷款余额为562.8亿元，比年初增长47.37亿元，增长9.10%。为搭建银企合作桥梁，助力中小企业腾飞，区金融办组织辖内银行、小贷公司开展岳阳楼区流动银企洽谈月活动，对区内中小企业进行上门服务，了解公司的发展，资金需求等情况，对有融资需求的企业组织银企现场洽谈并制订可行的融资方案，实实在在的为企业解决融资难的问题。同时通过在企业推广银行信贷产品，不断加深银企信任合作关系。二是认真做好银行类金融机构协调服务工作。主动对接辖内银行等金融机构，了解和掌握金融信贷政策导向、投放的重点领域及金融运行情况等，并积极推介项目，协调贷款资金；2014年以来，岳阳楼区引进股份制银行3家（兴业银行、光大银行、中信银行），同时浦发、广发银行、长沙银行获批在岳阳市设立分支机构并已进入筹建阶段。区金融办主动对接、协调、服务，为其在岳阳楼区健康稳步发展创造良好经营环境。市农商行组建方案确定后，区金融办主动作为，协调处置不良贷款清收工作，积极推动岳阳楼区信用联社改制，推进农商行组建进程。目前固定资产确权工作基本完成，不良贷款清收取得重大突破，通过政府约谈收，街办联合收，公安强制收，法院协助收，信用社自主收等多种方式多管齐下，有效压降不良贷款率，目前全区已清收不良贷款约1.3亿元，通过各方努力，于8月30日召开了创立大会，9月13日顺利挂牌营业。

【化解民间借贷纠纷】 自2013年民间借贷市场风险初现端倪以来，岳阳楼区就成为岳阳市民间金融风险的聚集地和打击处置非法集资的主战场。在市打击处置非法集资领导小组的具体指导下，岳阳楼区多措并举，切实加强金融体系建设，打击非法集资行为，取得了一定的工作成效。一是成立机构制定方案。成立以区长任组长的岳阳楼区民间借贷风险处置工作领导小组，成立区打非办，打非办从各单位抽调工作人员10余人，在郭亮小学联合办公，设立债权人登记中心、法律咨询调解部、群众工作部等部门，制定《岳阳楼区投融资市场摸底排查工作方案》《岳阳楼区打击和处置非法集资宣传活动方案》等一系列工作方案。二是加大宣传力度。每年举行2至3次防范和打击非法集资宣传活动，将省金融、公安、工商等部门联合下发的关于提醒市民远离和警惕非法集资陷阱的公告发放到各乡街社区及相关单位并要求张贴于村、社区、主要街道、人口密集处、金融机构网点、投融资中介机构等，同时采取设置宣传点、发放宣传册、流动车宣传等方式结合，形成多管齐下，多措共举的良好效果。大力宣传国家有关防范和处置非法集资活动的各项政策措施，引导广大干部群众增强风险防范意识，提高自我保护能力，自觉抵制非法集资违法犯罪活动。三是开展民间投融资行业风险排查。2016年3月开始对民间投融资市场清理排查工作，7月以乡街为主体再一次全面深入摸排，查清底数。9月根据市处非办要求开展投融资行业广告排查，清理规范民间借贷中介机构的宣传广告及行为。四是协调化解民间借贷纠纷。岳阳楼区妥善处置涉非案件16起，已移交检察院5起，移交法院4起，重点协调处置27家，重点监控23家，为投资受害者追回资金7519万元，兑付债权人近1700人，通过大病救助、特困慰问等途径为52名债权人解决实际困难，有效做好债权人群体的稳控工作。岳阳楼区近万名受害人还未发生非法越级上访或寻衅滋事的现象。

【探索小额贷款公司试点工作】 一是严格监管小额贷款公司资本运作。作为小额贷款公司监管单位，区金融办严格按照《岳阳楼区小额贷款公司日常监管暂行办法》的要求，每月对小额贷款公司分别进行非现场检查与现场检查，及时掌握和分析其贷款、融资及财务等情况。近年来，小额贷款公司的有效运转为小微企业、个体工商户及“三农”提供便捷、高效、灵活的信贷服务，促进区域经济发展，受到社会各界的广泛好评。二是积极推进小额贷款公司建设。完成了省市金融办对华生、邦泰小贷公司分类评级现场复评工作及玉鑫小贷公司股东变更资料报送工作；完成拟筹建的第四家小额贷款公司岳阳市岳阳楼区嘉龙贷款股份有限公司的筹建延期报告，嘉龙小额贷款股份有限公司由湖南嘉龙置业有限公司为主发起人，9位自然人为股东共同组建，注册资本2亿元。

【推动企业上市工作】 推进企业上市是区金融办的重点工作之一。帮助企业负责人学习企业融资相关知识，提升企业竞争力，区金融办企业上市股工作人员一方面组织湖南洞庭山科技发展有限公司等5家企业参加港洽周湖南企业境外融资项目的申报；另一方面组织岳阳楼区规模企业入省重点上市后备企业资源库和新三板挂牌企业资源库的调查和申报工作；区内的国联物流发展有限公司等4家企业进入省重点上市后备企业资料库，岳阳中顺化工等7家企业进入新三板挂牌企业资源库。为做好企业融资前期调查，区金融办组织区内的中顺化工、湘菌科技等四家上市后备企业和拟挂牌新三板企业参加湖南省企业发行公司债券培训，使企业顺应债券市场改革发展新形势，进一步提高企业利用公司债券方式融资的能力，湖南新泰和绿色农业集团有限公司拟上新三板挂牌，已与银河证券对接，在12月底完成股改，进入辅导期。岳阳楼区共有境内上市公司5家，排全市第一。

【促进证券保险行业发展】 岳阳楼区有34家保险公司，业人员15200多人，2016年全区保费收入达到45亿元左右，增长20.2%，赔给付18.3亿元。

2016年，岳阳楼区范围内新增保险公司1家，证券公司3家。在推进保险证券行业发展方面主要工作有：一是完成对2015年在全区注册登记的保险公司、证券公司登记整理归档。其中包括保险公司两家：永诚财险岳阳中心支公司、中华联合财险楼区支公司；证券公司5家：华融证券岳阳五里牌营业部、长江证券岳阳建湘路营业部、海通证券岳阳巴陵中路营业部、五矿证券岳阳青年路营业部、中信建投证券岳阳建湘路营业部。二是针对即将进驻岳阳楼区的招商证券公司协助其做好前期筹备工作。三是协助市保险行业协会在岳阳楼区范围内设立城东、城南、城北三个快出快赔理赔点，减少城市交通压力，快速处理交通事故纠纷。

【当好参谋助手】 一是加强对全区民间投融资情况的调研。区金融办联合工商部门对辖内投融资行业进行多次摸底，进一步掌握区内民间借贷行业现状，形成台账资料和报告，同时对比娄底、株洲等地民间金融行业发展状况和当地有关部门处理民间投融资市场风险，打击处置非法集资犯罪行为进行调查研究，形成调查报告，为区委、区政府科学决策提供重要参考。二是认真办理人大建议和政协提案。自区金融办成立以来共承接涉及金融支持实体经济、规范民间借贷等各方面的21件人大建议和17件政协提案，均圆满办结，代表和委员满意率为100%。

工 业

工业和科技信息化

【概况】 2016年，岳阳楼区工业和科技信息化局（以下简称区工信局）紧紧围绕全面建设转型发展、创新创业核心引领区的目标，积极履行部门职责，加速推进新型工业化，加大科技创新力度，加强企业改制和维稳。岳阳楼区规模工业企业新增2家，达到30家，预计实现总产值90亿元，5.3%；实现增加值25.7亿元，同比增长7.1%;完成工业投资6.3亿元。

【加快产业转型升级】 着力改造提升传统优势产业。加强产业政策引导，鼓励和依靠重大项目、高新技术和科技创新，推动饲料和食品加工、化工、机械制造等传统优势产业高端化、集群化、循环化发展，壮大产业规模，提升产业层次。凯美特“气体工业技术研发中心”、洞庭山科技年产1000吨新型工艺黄茶加工建设、万力机械汽车中央控制门锁技术创新等项目建设稳步推进。积极发展战略性新兴产业。信息化、移动互联网等新兴产业发展迅速，2016年，岳阳楼区信息化企业达到330家，其中鼎创科技开发的鼎氏智能汉字学习软件已获得国家、国际专利，对推广中文具有不可替代的积极意义，励群电子的汽车空调故障检测系统，涉及硬件制造，打破了岳阳楼区计算机制造业的空白。加强企业“两化融合”指导，提升企业“两化融合”管理水平，凯美特、洞庭山科技等两家企业被确定为省“两化融合”贯标示范企业，新宏饲料、益海嘉里等骨干企业已将信息化应用到生产控制流程上，大大节约了人力成本，产业智能化程度逐步提高。大力发展高新技术产业。推进产学研合作，增强企业自主创新能力，支持骨干企业做优做强。2016年，岳阳楼区实现高新技术产业增加值30.9亿元，高新技术产业增加值占GDP比重为7.04%，R&D经费占GDP比重为0.5%，8项技术获市科技进步奖励。

【优化企业发展环境】 深入开展“联手帮扶”行动。继续落实企业特派员联系企业、联系产业制度，建立企业困难“挂号销号”制度。通过迎峰度夏、有序用电等措施，确保工业生产电力供应充足；加强银企对接，多渠道解决企业融资难题；及时了解企业用工需求，广泛发布用工需求信息，缓解企业用工难题；重点开展凯美特项目周边环境整治，项目环境得到明显改善。2016来共为企业解决项目协调、发展资金、人才引进等具体问题62个。积极向上争资争项。切实发挥协调服务职能，积极组织企业向上争取政策性扶持申报项目，先后帮助天河环保、新一步科技等企业申报省“百项重点新产品推进计划”项目，帮助新泰和、鼎创科技等企业申报省移动互联网产业发展项目，帮助三湘化工、信量电子等企业申报省技术改造节能创新项目，帮助君悦信息、通海炉窑等企业申报市科技计划项目等，截止年底共帮助企业向上申报项目45个，获批22个，其中省级项目15个，争取资金560万元。加强经济运行分析。突出重要时间节点和重点行业、重点企业、重要指标的监测和预警，正确把握经济形势，科学合理调度，确保工业经济平稳增长。同时加大企业“小进规”申报力度，建立规下企业储备库，制定小微企业培育方案，跟踪服务，2016年完成了金鹰纸业、建强混凝土两家企业的入规工作。扎实做好知识产权宣传工作。结合知识产权宣传周、全国科普日等活动，通过举办专题讲座，重点开展“专利进学校、进企业、进社区”系列活动，为进一步加快知识产权强区建设营造良好舆论氛围。

【推进企业改制】 率先启动事业单位区生产力促进中心的转企改制工作。在前期对该单位的债权债务、人员身份、工龄底数等进行大量调研的基础上，制定改制方案，经区政府第27次常务会议研究，通过该单位的改制方案。随后组织职工进行了座谈，加大改制方案的政策宣传，对职工提出的养老、医保等问题进行了详细解答，消除职工的思想顾虑，12月12日顺利召开改制工作会议，全票通过改制方案，目前正在进行职工兑付、社保清算等工作，预计年内将全面完成该单位的改制工作。有序推进石英和砂石最后两家区直企业的改制工作，目前已完成债权债务核实、人员核实、改制方案制作等前期工作，认真摸排可能出现的矛盾问题，正在积极协调砂石公司与市建设局的码头补偿协议的兑现，争取企业改制资金。切实做好企业职工信访调处工作，2016年共接待处理改制企业职工来信、来电、来访近150人次，妥善处理了凌云经济纠纷、三生铝业纠纷等已改制企业10多个遗留问题，没有发生一例越级上访事件。切实关爱弱势群体生活，对已改制企业困难职工因病以及子女上学困难发放补助资金约9万元，争取两家未改制企业生活补助费近60万元；防汛期间，积极配合社区开展入户调查，摸排情况，制定方案，做好石英24户职工安全度汛工作，确保工信系统的和谐稳定。

【转变工作作风】 加强党组织建设，大力推进服务型党组织建设，挑选7名党员干部担任非公企业党建指导员，完善分类定级工作管理台账；认真做好非公企业新党员的考察工作，发展预备党员2名，完成4名预备党员转正手续。强化教育引导，深入开展“两学一做”教育活动，以“巴陵先锋先行”“学亮比作”“微宣讲”进企业等活动为载体，通过集中学习、个人自学、座谈讨论和专题宣讲等形式，认真学习领会上级文件、重要会议精神，全年共举办专题讲座6次，书记讲党课两次，举行专题讨论4次。同时有计划地组织干部职工参加各级各类培训学习，促使全局党员干部理论及业务素质全面提升。积极开展结对帮扶活动，21名党员干部与郭镇乡枣树村29户贫困家庭结成对子，深入了解帮扶对象家庭的实际情况，并针对性地提出意见建议，帮助他们疏导情绪、理清发展思路，努力帮助贫困户脱贫致富。高度重视老干部工作，针对单位老干部多（退休干部58人）的特点，在“七一”前夕开展了庆“七一”座谈会，会议集看望慰问、交流座谈、书记讲党课等内容于一体，深得老同志的好评。

工业园

【概况】 2016年以来，岳阳楼区工业园立足区情实际，在“三产”主导下，注重发挥七里山工业集聚区产业资源、交通区位优势，抓优工业经济，抓精工业项目，密切联系临港融城发展形势，抓有优工业经济，抓精工业项目，以企业协调服务为业务主方向，克服新上规模工业土地储备不足短板，充分把握七里山老工业基地去产能方向，做好石化行业划拨工业用地盘活文章，积极利用央企混改后的产业链接招商合作新优势，加快新型工业项目的引入与建设，积极建设七里山绿色工业示范区，促进七里山工业集聚区转型升级、绿色发展，较好地完成各项工作任务。2016年以七里山为产业基地的工业经济产城融合力度加大，规模以上工业完成产值142.69亿元，同比增长8.6%，规模工业增加值增幅6.7%，占全市规模工业增加值的比重3.2%，全区13个工业细分行业生产情况虽有增有降，但整体呈增长趋势，部分企业产值呈现总部集中跨跃型增长，各项环保排放控制指标达标。

【招商引资】 按照区委、区政府核心引领区建设要求，进一步明确建设七里山绿色工业示范区的发展目标：充分发挥城北七里山工业聚集区的产业基础配套作用，构建以高新都市工业、生产配套型型物流业、新兴加工服务业等为主的多业态体系，着力打造七里山总部经济高地。园区积极盘活土地存量，开展产业链招商，接洽客商34次，利用混改政策趋向，鼓励支持外来客商参与七里山老石化产业基地的技改与转型升级。2016年4月，在市、区各级各部门支持下，投资6.2亿元的电子及特种气混配生产项目，迅速完成立项可研和项目预选址，该项目9名美国专家已入驻七里山着手开展前期工作。区工业园依据岳阳市促进投资园区优惠政策文件出台后，园区管委会主要负责人亲自抓、主动跑，争取市政务中心主要领导的重视支持，确定专门的调度联络人，实行行政审批全程无偿代办，全面执行落实园区优惠减免相关政策。针对投资额度大、科技创新水平高、工艺设备流程全套国外引进的特点，与电子特种气混配项目投资方克服项目准入的行业把握难、标准定位难的问题，多次向市、区发改、环保等部门汇报，在市发改委多次会议协商，争取第一时间完成立项报批工作。

【项目建设】 充分体现产业特色，进一步加大环境整治力度，加快企业节能减排，突出循环经济发展特点，积极谋划建设工业气体回收利用的国家级行业标准企业气体回收研发基地。初步完成投资6500万元的省级工业稀有气体工程中心的主体工程基础建设，积极组织项目报批验收及科研实施设备的建设完善，争取建设国内第二家国家级工业气体产学研基地。整合七里山工业物流平台，加快临港融城发展。整合已建成湖南龙骧物流储运中心、中顺化工物流等项目运营功能，加快与火车货运北站、七里山港、桂花园港及临港国际集装箱码头的合作联动，充分挖掘七里山工业基地的工业运力、运量潜力，建设七里山工业交通运输枢纽。园区发展环境治理得到重视和加强，2016 年 6 月以来，区政府成立七里山招商环境整治领导小组，推动由环保、城管、交建、民政、食药、经信及相关乡办共同参加的七里山绿色工业示范区招商环境总体整治方案的实施，工业园与各整治部门单位沟通协调，明确部门治理责任，汇总问题建立台帐，汇编成册，整治成效明显；切实落实重点企业帮扶责任，完成承担的工作任务；优化项目建设施工环境，注重安全隐患排查，主动协调重点项目施工监理方，及时处置企业项目矛盾纠纷 24 次，杜绝干扰阻扰施工、寻衅滋事的案件发生，有力维护了园区七里山核心区的和谐稳定；围绕重点项目推进，紧密联系区国土局，开展国有划拨闲置工业用地的土地政策成本分析与二级市场流转出让的前期概算，同步抓好七里山工业集聚区的土地资源存量盘底，积极谋划工业公益检测项目搬迁腾地，对接落实跨区搬迁、重建选址，确保重点招商项目发展预留空间，为重大项目招商和“一事一议”核心优惠政策实施获得一手资料，确保项目招商引入与建设推进的零障碍。

【产业规划布局】 按照岳阳楼区五次党代会精神，工业园配合区贸促会做好产业调研文章，参与浙江大学课题调研与讨论。体现产业特色，进一步加大环境整治力度，加快企业节能减排，创建国家级行业标准工业气体研发基地。争取省市发改部门支持，积极申报“资源节约型、环境友好型”两型园区建设，把东风湖公园、七里山公园、沿湖临江湿地及七里山工业片区雨污分流、水系水体提质工程等后工业景观设计与改造项目列入远景地标项目，作为园区重大前期项目储备，积极争资争项，走环境优化、绿色发展的可持续发展之路。

【企业协调服务】 工业园充分挖掘发挥七里山工业示范区园区产业孵化基地功能，着力提升创业孵化服务档次，为广大中小微企业入园发展、电商推广、人员培训及创业扶持优惠政策落实提供全方位、保姆式服务。妥善解决湖南气体工程技术中心项目面临项目建设推进与项目报批报建手续脱节的矛盾问题，工业园采取多方协调汇报，争取市政府重视支持，市、区共同发力，多次专题协调调度，破解难题，理清责任，理顺关系，补充完善 300 余份资料，确保了项目基础主体工程在 2016 年 10 月顺利竣工。为园区企业化工物流运输系列问题协调市质监局、市运管处完成园区运输槽车液压式充装 GPS 安装和运输监管事宜；在续建工业项目三通问题上，协助办理华润天燃气管道穿越七里山工业示范区生产区道路干线和涉及地下人防工程的施工审批，处理好人防工程安全保障问题，扫尾完成湖南气体工程技术中心项目的征拆补偿安置遗留问题，杜绝群访苗头。

商 贸

商务粮食

【概况】 2016年来，区商务粮食局以“两学一做”为标杆，以促进发展为要务，以激发干部队伍活力为核心，认真落实区委、区政府决策部署，努力推动商务粮食工作发展，取得了较好的工作成效，被区委、区政府评为综合绩效考核先进单位，各项工作得到了市商务粮食局、市旅游外事侨务办、市口岸办一致好评。

【社会消费品零售工作】 截至2016年年底，全区共核实纳入统计范畴的企业465家，其中限额以上企业142家，规模以上个体户323家。一年来采取深入石化、泰和集团等重点限上企业调研，定期召开“社零”统计工作推进会，筹办金秋购物消费节促俏活动等多项措施挖掘增量，通过努力全区完成社零总额395.8亿元，总量和增幅均居全市前列。

【招商引资工作】 2016年，全区续建和引进项目45个，协议引资226.6亿元，到位资金48.9亿元，旅游收入81亿元，创历史新高。商业新地标——总投资40亿元，建筑面积38万平方米的友谊阿波罗商业综合体征拆工作基本完成；由深圳农地美投资管理有限公司策划，总投资50亿元的3517现代文化创意产业园区正待扬帆起航，以完成前期投资2亿元；首家五星级酒店获批、凯美特配气循环经济产业、杨树塘中央商务区（CBD）建设、恒大·南湖半岛等高端楼盘和一大批重点项目在楼区土地上生根发芽。同时，万达集团、青岛九天集团、北大青鸟集团、中交建设等国内多家知名企业先后派出考察团来岳阳楼区实地考察，区域经济发展优势明显，发展后势强劲。

【行业管理】 一是履行粮食监管职能。通过开展常态监督检查，2016年，全区未发生大米重金属超标事件。完善军粮质量制度，部队对军粮质量的满意率100%。同时，争取省级专项资金支持，对区军粮供应站进行维修改造，项目分别接受了省、市主管部门的检查验收，进一步提升岳阳楼区军粮供应保障能力；二是推进市场标准化建设和提质改造工作。洞庭大道、延寿、东井岭菜市场等3家标准化菜市场建设项目进展顺利，总投资约3100万元，预计3家市场将于今年建成营业。大桥市场与娃娃塘市场连接处等6个重点提质改造项目已于2015年12月底前全部完工，为满足周边居民购物需求，提升市场文明创建档次，解决困扰多年的洞庭大道马路蔬菜早市扰民等问题发挥积极作用；三是规范成品油市场管理。组织对全区32家加油站进行年检初审，会同市有关部门在渔都码头现场查处四台非法加油车，查获走私柴油100余吨，案件现已移交公安部门处理，区内32家加油站于2017年1月1日起供应国五标准车用油的目标任务，不断强化成品油市场管理。

【助推经济发展】 一是精心筹办三产座谈会。按照区政府关于岳阳楼区加快第三产业发展座谈会的指示精神，积极做好前期有关准备工作，力争通过政府引导、创优服务环境等手段，落实好区委、区政府提出的“始终围绕核心引领区这个战略目标”，努力打造第三产业核心增长极；二是规划建设特色产业街区。根据区政府产业发展规划，制订岳阳楼区特色产业街区宣传方案，推进东茅岭服饰街运营方案可行性论证和友谊阿波罗核心综合商贸区项目服务工作，有效提升中心城区核心竞争力；三是助推电子商务行业发展。2016年，指导区内5家企业通过省级电子商务示范企业认证，申报电子商务资金扶持项目6个，会同区总工会成功举办“先锋先行、创新创业”电子商务技能赛，通过引导和帮扶，不断创优发展环境，为电子商务发展夯实基础；四是树立全域旅游新理念。确立“以岳阳楼景区为核心推进城市休闲旅游、以天鹅岛山庄和麻布山森林公园为核心提升乡村休闲旅游品质，打造全域旅游汇集地”的工作思路，全力做好旅游对接和服务工作。

【提升服务水平】 一是开放经济服务着眼长远。2016年实际利用外资3100万美元，完成外贸进出口1420万美元，完成境外投资550万美元，对外承包工程和劳务合作1000万美元，加工贸易进出口额50万美元，破零企业6家，倍增企业4家，各项考核指标名列全市前列。同时，为区内多家企业参加国内外节会活动提供优质服务，精心培育“引进来和走出去”新增长点。二是市场精细化管理逐显成效。常态化开展市场督查。局机关及二级机构工作人员实现每周下联点市场1次以上，2016年累计开展市场督查516人/次，发现市场保洁、安全隐患等各类问题285个，召开市场整治联席会议9次，会同消防、城管部门开展市场整治11次，下发整改通知书86份。根据测评标准对区属市场重新营造宣传氛围、配备消防设施、提供公平交易服务设施等，力保各市场达到迎检标准，确保样本市场顺利通过测评。三是企改维稳重在务实解困。局党组坚持把解决困难职工的实际问题摆在首位，2016年，在区政府的关心重视下，原粮食系统历史欠缴的235万医保金，由区财政一次性拨付，在职、退休、企业人员的个人医保帐户得以恢复；原粮食连锁公司阮必富等9人正在陆续签订“双协解”合同；帮助符合条件的18名企业“双协解”职工申报了病退手续；多方筹措发放解困资金15万元，切实解决企业“双协解”职工的具体困难，诸多遗留问题正在得到妥善解决。

贸易促进工作

【概况】 岳阳楼区贸促会成立于2012年（湘贸促函33号文件），区委、区政府决定贸促会和招商旅游局“两块牌子、一套人马”合署办公。2015年5月21日，岳阳楼区委、区政府将区招商旅游局撤掉，招商旅游职能并入新成立的区商务粮食局，单独设立岳阳楼区贸促会，定编7人，其中会长1名，副会长1名，内设办公室（法律事务部），国际展览部、国际联络部（国际商会秘书处）。区贸促会实有人员9人，会长1人，副会长3人，纪检组长1人，秘书长1人，工作人员1人，另有临聘人员2人。2016年，区贸促会委托浙江大学对岳阳楼区产业发展规划进行设计，同时，着力抓好重大项目精准招商和跟踪服务，招商洽谈项目7个，协议引资28亿元，到位资金4.9亿元，组织各种区域性贸易促进展销展览会8场（次），全区展销展览单位10家，实现签约销售额3亿元。

【产业发展规划工作】 2016年，区贸促会全力以赴开展产业规划工作。一是精心调研，奠定产业规划基础。区贸促会认真分析总结岳阳楼区产业发展取得的成就与存在问题，就招商引资、文化创意、现代服务体系等方面多次开展专题调研，撰写《岳阳楼区招商引资工作的实践与思考》《岳阳楼区域经济发展现状与思考》《科学谋划经济发展布局，全面推动二次产业升级》等调研报告，为岳阳楼区产业发展规划工作奠定了较为扎实的基础。二是准确定位，甄选最优专家队伍。要做好产业规划工作，必须要选择好产业规划的专家队伍。经过初筛，初审和再审，历时3个多月，在广泛收集信息，听取多方意见，深入分析调研的基础上，最终在10月7日区委、区政府组织的产业发展规划评审会上，决定委托浙江大学负责岳阳楼区的产业规划设计。三是迅速落实，启动规划设计工作。区贸促会与浙江大学城乡规划设计院衔接协调，浙江大学迅速组织精干力量，以最快的速度制作了《岳阳楼区产业发展规划及城市设计》项目建议书，对规划设计提出构想，并确定专家队伍、规划进程安排、经费预算等有关事宜。11月2日，浙江大学的专家队伍正式入驻岳阳楼区开展规划设计工作。区贸促会安排专人陪专家组对全区36个乡、街道办事处、区直部门和主体市场进行了考察调研，发放表格210多张，印制调研目录470多条。并派专人到市规划局、市城市规划设计院收集专家所需要的图文资料，目前规划设计第一阶段的工作已基本完成。

【贸促工作】 2016年，区贸促会与企业对接，组团参加由世界批发市场联合会和全国城市农贸中心联合会主办的第30届世界批发市场联合会暨首届中国国际农产品供应链交易洽谈会；组织参加2016年“中国绥芬河国际口岸贸易博览会”；组织参加第十六届中越（河口）边境经济贸易交易会；组织参加了2016年亚洲农产品展览。通过多元化多形式的贸易促进活动，使区内企业开阔视野，走进更大市场，拓宽业务渠道，区贸促会认真做好协调服务工作。与辖区知名企业巴陵扇社和洞庭山科技发展有限公司深入对接，积极为企业做好联络工作，为企业出境参展的文稿编辑、英译简介、会刊登陆、网站宣传等提供最好的服务。

【招商引资工作】 2016年，区贸促会把“发展提速，产业提质，功能提升、品位提档”作为项目招商的理念和定位，把九大棚改区作为项目招商的重点和目标。进一步提高招商引资的针对性和实效性，利用招商网络，发布招商项目信息，鼓励投资优惠政策和重大招商引资项目建设情况等信息，加大网上推介力度，在更大范围更宽领域不同层面提高岳阳楼区的知名度。从事招商联络的工作人员，利用网络搜索世界500强、民营100强及知名上市公司投资信息，密切跟踪，分析投资意向，为招商洽谈作好准备。区贸促会利用在上海学习的机会分别拜访上海湖南商会和岳阳商会，先后在深圳、上海举行小规模的乡友座谈会和企业家座谈会，深圳致远金融控股有限公司、太平洋证券深圳分公司、深圳股汇资本投资公司等20多家企业代表应邀参加，许多企业对九大棚改区重点招商表示投资意向。11月，中新合资盛邦七彩小镇有限公司前来考察，该公司通过国际合作，已形成城镇化综合发展网络体系，并已在长沙完成了10个逾百亿的投资项目，区贸促会和该公司就郭镇及麻布大山的开发进行了洽谈；12月，中怡集团前来考察。该公司总部设立在北京，湖南运营总部设在岳阳，已在岳阳注册，注册资金达20亿元。

同时，区贸促会利用节会形式进行招商，取得一定效果。经过一个多月的对接洽谈，会长向选成成功引进广州天河商业集团的投资，收购星盛精品世家，第一期投资3亿元打造新型商业休闲体验中心，预计2017年税收可达4千万元，此举将拉动4.9亿元的投资建设。该公司也准备与四化建片区合作，合作方式也正在洽谈中。

【机关作风建设】 2016年，区贸促会认真学习党的十八届四中、五中、六中全会精神及习近平同志关于党的建设系列重要讲话精神，认真学习贯彻《中国共产党党员领导干部廉洁从政若干准则》《中国共产党廉洁自律准则》《中国共产党纪律处分条例》等法律法规和区委、区政府有关党建工作的文件精神，引导全会党员增强政治意识、大局意识、核心意识，自觉在思想上、政治上、行动上与党中央保持一致，狠抓党风廉政建设责任制和机关作风制度建设，努力打造一支“高效、廉洁、务实”的干部队伍，努力建成“热情周到、公正规范、便捷高效、评价优质”的工作机关。为此，成立会党组书记为组长、相关部室负责人为成员的党风廉政建设工作领导小组。年初，会党组专题研究党风廉政建设和作风建设工作，制订贯彻落实中央八项规定和省委、市委九项规定的具体措施，为加强廉政建设和作风建设打下了牢固基础。同时，为建设学习型机关，会党组规定每月开展一次集中学习活动，每位班子成员每年讲课两次，授课内容涵盖政治理论、法律法规、贸易知识等方面，认真组织市七次党代会、区第五次党代会精神的专题学习，并撰写学习心得，并鼓励干部利用业余时间开展自学，参加各类培训活动。在狠抓党建过程中，会班子成员以身作则，廉洁自律，凡重大事项均由党组会议或会长办公会议讨论规定，严格实行民主集中制。进一步加强财务管理，在贸易活动和公务接待中，做到从严从简，厉行节约，没有出现利用公款大吃大喝，公款旅游，进行高消费娱乐活动或利用公款为干部职工谋利的违纪违规情况。另外，按照区委要求，积极开展党员联点联户活动精准扶贫工作，深入奇家办事处仓田村和洞庭办事处沿湖社区调查研究，联手帮扶，精准扶贫党员干部结对帮扶贫困户，解决扶贫困资金4400元，帮助协调5户贫困户全部进入2017年城乡居民医疗保险统筹，并提高了低保标准，5户贫困户全部脱贫；为联系点社区解决文明创建经费1万元，完成区委、区政府交予的精准扶贫和联点帮扶任务。

农 业

综 述

【概况】 2016年，区农林水务局共争取项目资金2890.32万元，超目标任务890.32万元，在打牢农林水务产业发展基础上实现了新突破。区本级2016年规模以上企业农产品加工产值实现52.11万万元，农业总产值为58.39万万元，规模以上企业农产品加工值与农业产值比为89%。全年完成面上造林700公顷，义务植树35万株，全区累计新增绿地面积5万多平方米，补种绿地面积5000余平方米，改造绿地面积3000多平方米，活立木总蓄积量为15.47万立方米，活立木蓄积年增长率为3.8%，森林覆盖率30.04%。通过“十一五”“十二五”及洞庭湖区农村饮水安全工程，共解决13.15万人的农村居民安全饮水问题，农村居民安全饮水比率达到100%。全区新增省级农业产业化龙头企业1家，省四星级休闲农庄1家，市级农业产业化龙头企业3家；峰岭菁华果业有限公司峰岭菁华猕猴桃特色产业园被认定为“2016年度湖南省现代农业特色产业园省级示范园”；先后荣获“全市防汛抗灾表现突出单位”“全市林业工作优胜单位”“全市动物防疫绩效考核优胜单位”“2016年度全区综合绩效考核先进单位二等奖”“全区财源建设先进单位”“全区计划生育综合治理优秀单位”“全区安全生产优秀成员单位”等荣誉。

【精准扶贫】 注重对产业扶贫的科学谋划，精心组织，突出重点，狠抓落实。2016年，全区产业扶贫新增水果基地面积800余公顷，发展“水稻+虾”示范基地192公顷，发展绿洲生态200公顷珍稀食用菌种植园，发展花卉苗木园200公顷。依托麻布山森林公园现有资源，指导贫困户创办农家乐。至年底，麻布山景区规模农家乐已达20余家，每户年收入近10万元。

【队伍建设】 以制度建设为抓手，全面加强内部管理。区农林水务局把“雁过拔毛”式腐败问题、“纠‘四风’、治陋习”两个专项整治工作作为落实各项惠农政策、维护农民利益的大事及机关作风建设的大事来抓。修订完善考勤、请销假、值班、公务用车等一系列制度，实行出差、学习、培训、检查审批制度，全局“三公经费”同比下降21%，公车按照区公车改革要求进行封存。“雁过拔毛”式腐败问题专项整治共计清查项目 24 个，涉及金额 5187.48 万元，查摆问题 16 个，拿出自查整改报告 7 个。“纠‘四风’、治陋习”专项整治共查摆问题清单 31 条，列整改措施 36 条，递交承诺书 180 份，发现问题线索 4 起，联合区纪委查办案件 3 起，自办案件 2 起，对 5 名违纪违规的工作人员作出党纪政纪处分。以“两学一做”主题教育实践活动为契机，全面激发干部干事创业的积极性。局党组第一时间专题研究并制定印发实施方案，第一时间召开动员大会部署安排，组织全局党员干部集中开展 4 次专题学习，其中邀请市委讲师团、市委党校专家教授和区检察院预防职务犯罪科负责同志授课 3 次，课后局属各党支部均组织开展专题讨论 4 次，党员干部结合实际谈感受，讲打算，加强党员党性修养和理想信念教育。

种植业

【概　况】　2016 年，全区农作物总播种面积 5.26 万公顷，种植业产值 24263.7 万元。全年粮食播种面积 1.86 万公顷，总产 6672 吨；蔬菜总播种面积 2.74 万公顷，总产量 51870 吨，总值 20300 万元。

【落实农业补贴资金】　2016 年是农业“三项补贴”改革试点第二年，耕地地力保护补贴惠及千家万户，是对现有耕地地力保护，提高种粮农民积极性保证国家粮食安全的重要工作。区、村、组干部高度重视，客观、公正、公平地做好了耕地面积核查工作，保证补贴资金兑现。2016 年核定计税内农作物种植面积 5264.76 公顷补贴资金 55.28048 万元、双季稻面积 4915.66 公顷补贴资金 34.40962 万元，核定粮食适度规模经营户 16 户补贴资金 15.6315 万元。

【推广新技术、新品种】　“水稻 + 虾”种养新技术示范。示范基地位于郭镇乡建中村，面积 192 公顷。为了做好示范基地技术指导工作，明确一名负责人和一名技术指导专家，根据基地实际制订详细具体的实施方案，编制技术方案和技术规程，同时整合项目资金，完善各项配套设施。2016 年以来，基地筹措资金 70 多万元，扩建了 80 公顷，其中新建了 20 公顷“水稻 + 蛙”示范基地。区农林水务局多次深入基地指导帮助解决生产过程中技术难题。到目前基地年产稻谷 130 吨，产龙虾 9.75 吨，基地公顷平纯收入增加 2900 元。籼粳杂交稻栽培。示范基地 100 公顷。油菜全程机械化生产示范 3000 公顷。投入资金 40 万，在郭镇乡麻布村机播油菜 3000 公顷，结合精准扶贫工作，指导贫困户开办农家乐 12 家，有力推进了麻布山森林公园建设。推广蔬菜水果有机栽培技术 1 万公顷、测土配方施肥技术 2 万公顷。示范水稻新品种盛泰优 018 等 10 个。发展时鲜水果 400 公顷，推广滴灌技术 200 公顷。示范水肥一体化技术 20 公顷。

【培育科技示范户和新型职业农民】　2016 年，对科技示范户和职业农民开展多层次、全方位的培训，共培育新型职业农民 100 人，科技示范户 330 户。集中对科技示范户、种植大户进行了培训，辐射带动周边发展。2016 年以乡或村集中组织培训共 4 轮，3—4 月进行产前培训 1 次，5—8 月产中培训 2 次，10—11 月产后培训 1 次。派出技术指导员直接送技术进村入户，组织科技示范户和辐射户参加新型职业农民培育。围绕水稻、蔬菜、名优水果、食用菌等特色产业开展专项技术培训，围绕高产品种、栽培技术，邀请省、市专家讲课，到现场参观学习，着力提高产业科技水平。2016 年组织示范户参观了两个水稻基地和峰岭菁华果业，并赴华容、君山参观了“稻 + 虾”、泰和现代产业园、宏雨农庄。全区共开展田间学校培训和课堂培训 30 多场次，纯农业村每个村举办培训班 2~4 期，培训指导农民 3700 多人，发放技术资料 1 万多份。

【当好绿色卫士】 制定《岳阳市岳阳楼区农药使用量零增长行动实施方案》《岳阳楼区 2016 年水稻重大病虫害防控方案》《岳阳楼区 2016 年外来入侵生物防控方案》等方案，印发《病虫情报》8 期，组织植物检疫执法联合行动。组织外来生物灭除行动两次。组织实施专业化统防统治 1 万公顷，进行疫情监测和防控，确保农作物不出现连片 5 公顷失收。

【农产品质量安全监管】 加强源头监管。按照农产品质量安全关口前移的监管思路，不定期高密度开展抽样检测蔬菜、水果样品 5056 个，合格率达 98.88%；抽样检测猪尿样 8794 份、抽取血清、咽喉试纸 150 余份，兽药产品抽样 10 个，全区没有出现使用“瘦肉精”等违禁药物的现象。加强农业投入品监管。共查获扩大使用范围的农药 26 件，套证农药 60 件，立案查处 1 起。

畜牧水产业

【概况】 2016 年，养殖业全面推进健康养殖，完善养殖制度，改善养殖设施条件，加强技术创新和推广应用，健全质量安全监管制度，落实监管责任和措施，全区发展生猪 4.6 万头，出栏生猪 8.4 万头，全年发展家禽 36.7 万羽，出笼 30 万羽；出栏肉牛 300 头。强化养殖业执法管理，促进现代生产养殖业持续健康协调发展。以农业增效、农民增收、农村经济发展为出发点和落脚点，推技术、抓服务，全区养殖业生产呈现出良好的态势。渔政管理工作始终坚持“以法治渔，以法兴渔”的渔政工作方针，加大水产品质量安全监督管理力度，加大渔政执法力度，促进全区水产养殖业持续健康发展。

【生猪禁养工作】 岳阳楼区生猪禁养工作自 2013 年启动以来，历时 4 年多，2016 年进入了一个决战性关键时期。区委、区政府成立了南湖及王家河流域生猪禁养工作指挥部，由一名副区长任指挥长，区政府督查室、环保局、农林水务局、控违办、相关乡（办事处）为成员单位，区农林水务局为了积极配合区政府的生猪禁养工作，安排了 1 名党组成员和 1 名工作人员常驻指挥部，指定 1 名分管副局长负责协调。南湖及王家河流域生猪禁养工作由奇家岭办事处扩大到郭镇乡、梅溪乡、洛王办事处。自启动生猪禁养工作以来，区农林水务局安排专人对 4 个乡、办事处的生猪养殖户发放《禁止饲养生猪的告知书》600 多份，在禁养范围内张贴《岳阳市岳阳楼区人民政府关于南湖及王家河流域周边禁止饲养生猪的通告》1000多份，多次上门向养殖户讲解法律法规。会同环保局和办事处人员第一时间对环南湖及王家河沿岸1000米范围内的生猪养殖场进行了排查摸底，做到一户一档。2016年共禁养生猪121户、存栏猪2.2万头、栏舍面积6.79万平方米，其中有4户规模养猪户，存栏猪6400头、存栏母猪320头、栏舍面积6800平方米。自2013年来岳阳楼区财政对生猪禁养工作已投入3700万元。

【畜禽水产品质量安全】 按照《兽药管理条例》，加强与市畜牧局药政科的协调配合，在3、4月开展了以严厉打击“瘦肉精”等违禁物为主要内容的法制宣传月活动，出动宣传车辆4台次，发放宣传资料800多份，挂宣传横幅4条，始终保持打击“瘦肉精”等违禁物品的高压态势。加大抽检力度，共检查饲料生产企业12家(次)，兽药经营店15家(次)，检查生猪养殖场（户）91个，检查屠宰场1个（次），排查生猪收购点6（次），排查外调生猪1万头，共抽检猪尿样72份，猪肝样43份，兽药样15个，通过严格检查和整治，确保了全区没有一例“瘦肉精”事件发生。

【动物防疫工作】 在春季动物防疫工作会上与各乡（街）签订《2016年动物防疫工作责任状》，落实防疫责任，强化规模养殖场的防疫监督管理，明确规定重点规模养殖场（户）必须签订《岳阳楼区规模养殖场（户）动物防承诺书》，并在场内挂监管责任公示牌，将责任人和责任目标向社会公开，做到任务到人、责任到人。2016年6月以来，城区出现多次强降雨天气，给畜牧业生产和动物防疫工作造成严重影响。区动物卫生监督所高度重视，组织人员下发猪瘟、蓝耳病疫苗4万头份，禽流感、口蹄疫疫苗4万ml，消毒药500公斤，防护服200套等防疫物资到各乡（街）站所，并派出技术人员与乡（街）防疫员一道到受灾户中指导灾后重建工作。通过抓好免疫、检疫、普查、监测、消毒、无害化处理等综合防控措施，有效地阻击了H7N9流感等重大动物疫病的发生和蔓延，实现了全区清净无疫。完善可追溯体系建设，实行免疫耳标、免疫证、免疫档案“三位一体”的免疫标识制度，全区动物免疫标识率达到了100%，区动物卫生监督所配备了标识识读器，实现了动物标识工作由标记阶段向识别和追溯阶段的初步转换。

【动物检疫工作】 2016年，产地检疫生猪3.4726万头，屠宰检疫生猪19.7954万头；牛0.9015万头、禽类检疫0.7912万羽；无害化处理生猪0.5902万头，动物产品4.5665万公斤。严格落实宰前检疫与“瘦肉精”监测同步实施制度，完成“克伦特罗、莱克多巴胺、沙丁胺醇”瘦肉精监测共计1.2883批次，无一例呈阳性，基础免疫率达到100%，立案查处各类违法案件6余起，已结案归档。2016年全面推进动物检疫电子出证工作。在全区范围内设立5个检疫申报点，并派驻官方兽医驻点检疫，出证官方兽医信息已全部采集并上传至省动物检疫票证电子化管理系统，让电子出证工作推进顺利。

【定点屠宰】 2016年以来，海泰食品有限公司供应生猪热鲜肉184080头，其中自营

152365头，代宰带皮肉21677头，代宰剥皮肉10038头，占供应总量的97%；双汇、宁乡花猪和黑猪两家外埠公司共供应生猪产品6089头，占供应总量的3%；市中心城区生猪肉总供应量为185169头。牛羊定点屠宰场供应肉牛7184头。进场屠宰率达99%，市场供应得到有力保障。屠宰企业监管，实施24小时监管。主要从生猪进场、屠宰全程、肉品出场以及落实内部管理制度上入手，从源头保障上市肉品质量，确保肉品出场合格率为100%。应急供应措施，择优确定辖区内3家生猪养殖企业作为应急供应的储备企业，并签订应急供应合同，实现应急储备生猪3000头。加强城乡结合部和违规行为高发地的巡查密度。2016年共出动日常稽查人员2536人次、专项稽查1364人次、机动稽查229人次；办理屠宰行业违规案件181件、教育涉案人员251人次、没收白板肉6867公斤、违禁肉1510公斤。联合食药、公安等职能部门采取在城乡结合部入城主要路口进行堵截、市场临检、深挖私屠滥宰窝点相结合的工作方式，共开展联合整治29次，出动人员820人次，车辆144台次，捣毁私宰窝点14个，销毁私宰工具12套，现场查缴私宰白板肉2840公斤，行政强制留置4人。

【春季禁渔】 按照农业部的统一部署，从2016年起对禁渔时间进行调整，时间为每年3月1日至6月30日，湖南省洞庭湖和长江干流水域全面实行春季禁渔。按市畜牧水产局要求，在区政府的领导下，区渔政水产管理站联合洞办的捕捞社区、洞庭社区、吉家湖社区在辖区水域内宣传有关政策、法律、法规，做到家喻户晓，共拉挂横幅40条，散发宣传资料2000余份。区渔政水产管理站联合市渔政管理站在渔都码头开展两次人工放流活动，共投入资金7.74万元，4月8日组织放流“四大家鱼”春片0.43万斤，6月6日组织放流“四大家鱼”及鲤、鲫、鳊、黄颡鱼夏花共计87万尾。

【打击非法捕捞】 全年组织三次重点专项整治活动，共拆除特大矮围2个，销毁电力捕捞装置6个，销毁迷魂阵5个，抓获电力捕鱼渔船2条。对楼区的渔业船舶进行清理，通过核实专业捕捞渔民身份，登记渔船基本数据，人船拍照，建立档案，按要求办理了373本“三证合一”（渔业捕捞许可证、渔业船舶登记证、渔业船舶检验证）证照。举办渔业船舶船员业务培训，对考试合格的373个渔民发放渔业船舶船员证。

林业

【概况】 2016年，坚持全面贯彻落实市委、市政府建设“一极三宜”江湖名城战略决策，紧紧围绕“林业增效，农民增收”，求真务实，开拓进取，全面推进全区城乡绿化，大力开展植树造林，积极开展森林公园建设工作，加强森林资源管理，加强森林防火、加大林政执法力度，严格林地林权管理，规范了木竹经营、加工、流通等方面的管理，进一步加强野生动植物保护，各项工作均取得了很大的成绩，促进了岳阳楼区林业发展。

【城乡绿化建设】 2016年，全区总投资150万元进行造林绿化建设，栽植湿地松、樟树、杜英、桂花、垂柳、梧桐、红叶石楠、枳木、茶花等各类绿化造林苗木共计50万株。完成面上造林任务700公顷，质量合格率100%。总投资35万元，共栽植湿地松、樟树等苗木8万株，主要分布在郭镇乡马安村、枣树村、建中村、畈中村、麻布村和梅溪乡胥家桥村。加强城市生态绿化建设工作。完成社区绿化补植工作，总投资30多万元，共栽植樟树、杜英、桂花、红叶石楠、红继木、茶花等花卉苗木1万多株；各乡（街）栽植樟树、杜英、桂花、垂柳、红叶石楠、枳木、茶花苗木4万多株，总投资50多万元。完成市林业局下达岳阳楼区义务植树任务50万株，完成率100%，全民义务植树达标率78%。3月3日，区四大家领导、区9个扶贫单位、郭镇乡、志愿者共500多人在郭镇乡麻布村开展义务植树活动，活动当天共栽植各类苗木1500余株，绿化面积2000平方米。绿色通道建设绿化达标率100%。

【森林生态效益补偿基金】 2016年，根据岳市林资〔2016〕1号文件，岳阳楼区省级森林生态公益林保护建设为1.2027万公顷，省级财政森林生态效益补偿基金为20.15万元，补偿标准为16.75元/公顷。楼区对生态公益林补偿基金实行专项管理，制定生态效益补偿基金到户花名册，区财政和林业部门在省财政厅下达补偿基金60个工作日内，将应发给公益林所有者或经营者的补偿基金通过财政“一卡通”存折发放到了林农，对其他单位的生态公益林补偿基金由财政部门直接拨付，确保财政补偿资金及时足额拨付，专款专用。

【森林保险】 2016年，成立了岳阳楼区森林保险工作协调小组。全区共完成2.11万公顷公益林投保工作，105户农户参保，投入保费3.38万元（其中中央财政补贴1.69万元，省财政补贴0.68万元，市区财政补贴0.68万元），保额844万元。

【麻布山省级森林公园设立】 麻布山省级森林公园于2016年1月由省政府批准设立，经营面积548.23公顷，同时岳阳楼区政府设立麻布山森林公园管理中心，具体负责森林公园的开发建设和经营管理工作。成立机构，确保各项工作开展。按照要求成立岳阳楼区麻布山森林公园管理中心，单位为副科级全额事业单位，编制人数为12人，有力地保证公园各项工作开展。2016年投入1800万元对进山公路和上山道路进行拓宽，铺设沥青路面，山上游路铺设石板路，共计完成道路建设40千米。投入资金100万元将园区内的房屋按照统一风格改造一新，增强了民居观赏性。按照生态停车场标准，投入150万元，修建了两个停车场。投入资金80万元，实施两个停车场绿化工程和两个杜鹃绿化工程，栽植苗木20000株。同时为推动园区周边农业特色种植，全年投入60万元，在园区周边种植了1000公顷油菜，为公园景观增加了一大特色。做好森林公园资源保护工作，设置专职管护人员，加强管护力度。为有效保护森林资源，对公园区域内的资源管护实行统一管理，落实专职巡护人员，保证森林资源的安全。扎实抓好森林防火工作。2016年投入资金在公园内建设12千米长防火隔离带，在主要进山路口设置固定警示标牌26

个，在各经营场所广泛钉贴防火标牌300余张。此外，还建立了20人的专业扑火队伍及30人的半专业防火队伍。

【森林防火】 深入开展“三大一落实”活动。给每个农户送“森林防火、人人有责”的宣传信，发放宣传单、张贴宣传标语1600余份，悬挂横幅80余条，发布森林火险等级预报和森林火险预警信息和防火简报4期。春节前夕，投入5.8万元，制作了“大、中、小”共99块不锈钢固定宣传牌，安装到每个村（社区）的主要路段。结合实际组建了4支共80人的半专业森林火灾扑火队伍（农林水务局一支20人，郭镇乡一支30人，梅溪乡一支15人、奇办一支15人），并按规定配备了必要的扑火装备。在15个防火重点村（社区）各设一名专职护林员。2016年投入5万元在武广高铁的9个洞口砍出防火隔离带；投入5.5万元在桃花洞与岳阳县交界处用推土机推出防火隔离带2.2千米。全年共投入森林防火经费30万元（其中，区财政预算5万元、区农林畜牧水产局投入25万元），确保各项工作的顺利开展。除已下发到各乡（街）的常规扑火物资外，森林防火专用仓库现存有防火服35件套，二号工具500把，风力灭火机5台，油锯2台，高压灭火机1台、高压水枪2支，砍刀、铁锹等其他配套工具300余件。

【林地林政管理】 2016年，办理了蒙西华中铁路股份有限公司、岳阳市交建投、岳阳市水建投、岳阳市土地储备中心等单位的征占用林地建设项目初审及审批10宗，使用林地面积27.1009公顷，配合省厅收缴森林植被恢复费709.6万元。3月，为切实保护和合理利用全区森林资源规范木竹经营、加工行为，重点针对花果畈、银光竹木市场进行清理整顿，打击岳阳楼区无证经营木材的行为。关停无证经营木材13户，查处超数量运输木材、案件6起。根据岳阳市林业局《关于加强木竹经营加工管理工作的通知》文件精神，从4月开始，在全区范围内认真开展2015年度《木竹经营、加工许可证》的年度管理工作，经审查合格木竹经营、加工证169户，依法注销12户。开展竹木交易市场清理整顿行动。9月份，根据省林业厅、市林业局文件精神要求，区农林水务局联合岳阳市森林公安局楼区大队开展严厉打击非法占用林地等涉林违法犯罪行为专项行动，重点清查郭镇乡、梅溪乡非法占用林地的行为，查处郭镇乡马安村陈铁军、方剑、梅溪乡胡俊三起擅自改变林地用途案，破坏林地面积2914平方米，共计罚款99464元。

【野生动植物保护】 2016年3、4月在全区范围内开展了野生动植物资源的宣传，结合清明前后森林消防工作，同时充分发挥新闻媒体作用，大力宣传《中华人民共和国野生动物保护法》《湖南省野生动植物资源保护条例》等法律法规，广泛普及保护鸟类、保护野生动物的重要意义及其栖息地知识、禽流感的预防知识。宣传活动期间共张贴、悬挂宣传标语10条，出动宣传车12余次，扩大“爱鸟周”宣传活动在社会的影响，提升鸟类保护在生态建设工作的重要地位。加大执法力度，严厉打击破坏森林资源违法犯罪行为。在辖区范围内开展了4次大规模野生动物保护专项行动，7月15日联合岳阳市森林公安局岳阳楼大队对辖区内的集贸市场、酒家、餐馆等场所开展专项行动，重点整治梅溪桥、南岳坡、五里牌、兴盛等农贸市场。10月，根据岳市林办〔2016〕27号文件精神加大对候鸟等野生动物资源保护力度，拆除候鸟迁徙通道和栖息地的鸟网，严厉打击非法猎捕、运输、经营候鸟等野生动物行为，确保全区范围内无非法猎捕、毒杀候鸟等野生动物的情况发生，宾馆、酒店、集贸市场无非法经营候鸟等野生动物行为。开展“清网行动”，全面清查宾馆、酒店、集贸市场、以及野生动物驯养繁殖场所，全年累计共查获乌梢蛇类共计800余斤，青蛙500余斤。

【外来有害生物的监测和预防】 近几年，外来有害生物的入侵，破坏森林资源，影响生态环境，阻碍当地经济发展，也对当地群众的生产生活造成一定的影响，引起全社会的广泛关注。为保护全区的林业生态安全，对全区的草坪和公路、河岸两旁空地及松树林进行一次排查。从严把关，加大对松木制品及半成品的检疫力度，严防松材线虫病传入岳阳楼区。同时，对从外地调运的草皮和花木也加大检疫力度，将林业有害生物成灾率严控在4‰以内。

水利农机工作

【开展防汛抗旱】 2016年7月1日以来，全区遭受全年最强降雨过程，特别是7月3日18点至21点，3小时内东风湖站降雨量达172毫米，24小时降雨量达274.2毫米，城陵矶莲花塘、五里牌下王组、三眼桥淌丘湾等多处低洼易渍地遭受严重内涝，最深受涝居民区达3米多，全城告急。据统计此次强降雨共导致全区1691户4941人受灾，当晚集中转移安置1657人，因灾直接经济损失2095万元，全区无一人伤亡。内涝稍缓，外洪纷至，随着洞庭湖区水位迅猛上涨，7月4日12时，区防指按照市防指要求启动全区防汛Ⅱ级应急响应，区委、区政府召开全区紧急防汛抗灾部署工作会议，区委书记秩励明确提出防汛抗灾工作为当前中心工作，各级各部门各单位要严格按照分工迅速行动，值班防守要领导带班，值班人员要打桩定位，严格落实防汛责任，遵守防汛纪律，确保万无一失。7月4日20时城陵矶水位突破32.5米的警戒水位，区防办指导各相关防守单位对大堤清基扫障、防守棚及照明架设等工作，调运防汛物资到达各防守地点，区堤防责任单位迅速组织力量上堤巡查值守，大堤值守干部职工加强巡查，严密防守监控，特别是对穿堤建筑物等重点盯防，立足于抓早防小，把握工作主动权。在高洪水位的情形下，成功处置吉家湖堤防排污管道渗漏险情1处，经过26天的严防死守，夺取全年防汛抗灾工作地全面胜利。

【自来水改项目建设】 2016年，岳阳楼区农林水务局大力开展城市自来水管网延伸工程，多项工程相继竣工，共解决奇家社区9个居民小组，总计3506户2.8万余人的饮用水问题，共铺设主支管线168.21千米，安装入户水表3506组，安装大小闸阀7697组，完成工程投资1911.02万元。完成胥家桥村水改项目，共解决全村17个村民小组，总计1249户0.91万人水改到户，共铺设主支管线32.85千米，安装入户水表1432组，安装大小闸阀2230组，完成投资589.25万元。启动实施了马安村水改项目，计划对全村15个村民小组共计549户水改到户，工程概算总投资为540万元，项目于2016年6月施工，2016年12月底主支管网全部铺设完成。

【郭镇乡建中村排污系统整治工程】 工程（一期）完成郭镇乡建中村赵建中片任塘、厅堂、坎屋3个村民小组的下水道改造，总长度3.26千米，总投资45.45万元。（二期）计划对建中村汪钟组、前头组、老屋组3个村民小组新建下水道总里程3.14千米，总投资为48.57万元。

【“百千万”工程】 郭镇乡磨刀村徐家组的门口塘、麻布村细屋组的磨刀港、枣树村刘备组的引水渠、奇家岭办事处蔡家社区万家组的万家山塘等四处进行整治，总投资72.6万元，其中申请市级奖补资金11万元。

【水资源管理】 严格遵守国家相关法律法规，落实最严格的水资源管理制度，制定并颁布《岳阳楼区人民政府关于实施最严格的水资源管理制度的实施意见》，根据严格“用水总量控制、用水效率控制、水功能区限制纳污控制”三条红线，规定全区2016年用水总量按6.33亿立方控制，用水效率万元工业增加值按152立方控制，水功能区水质达标率按95%控制的考核指标。做好取用水单位的日常监督管理，对用水单位定期检查，严格贯彻执行《取用水和水资源费征收管理条例》（国务院460号令）的规定，对取用水单位做到足额、按标准征收水资源费。抓好河湖取水口、入湖排污口管理工作。共完成全区河湖取水口25个（其中工业取水口9个，农业取水口10个，农村安全饮用水取水口6个），地下取水口5个（学校），入湖排污口10个。

【水政执法】 2016年3月22日，进入“世界水日”“中国水周”，水政工作人员创新宣传方式，与三眼桥街道办事处携手合作，在步步高广场筹备以“落实五大发展理念，推进最严格水资源管理”为宣传主题的水法宣传活动，在现场悬挂横幅、标语，树立宣传展板，设立法律法规宣传咨询台，向学生、市民讲解节约、保护水资源知识，并在现场免费发放宣传手册及环保抽纸5000余份，进一步提高市民保护水生态环境意识；在城区水域周边及洞庭湖码头树立禁止倾倒渣土宣传警示牌6块，大力宣传水域保护工作。加强日常巡查，全年发现水事违法行为14起，其中立案5起、调查取证中1起、督促现场整改2起、督促补办手续6起。2016年以来，楼区范围内的开发中路（洞庭大桥外滩一路）道路工程建设项目中途经东风湖片区3个面积约51.9公顷需填埋，水政执法员积极上门对接，协调建设单位编制《防洪评价报告》，根据专家评审意见及实际情况及时向上级主管部门出具水务意见。支持重点项目建设，并在工程施工期间进行监管；大岳高速洞庭湖大桥第A1合同段运梁栈桥架设在吉家湖大堤，在栈桥施工振打钢管桩时会对大堤基础产生一定量的扰动，引起局部渗透变形裂纹，针对该隐患情况，水政执法员在项目施工前与施工单位对接，对工程施工方案进行评估，协调编制《洞庭湖大桥运梁栈桥段大堤防护方案》，确保堤防安全；洞庭新城建设投资有限公司的旧城改造项目自开工建设以来，未办理填塘项目审批手续，对红线范围内7个水塘进行部分填埋，水政执法员发现情况后及时向上级主管部门汇报，并多次上门协调建设单位编制《洞庭新城南片区填塘项目防洪评价报告》报市政府审批。

【河道保洁】 成立岳阳楼区河道保洁工作领导小组，设立办公室，制定楼区河道水库保洁工作实施方案，建立“政府主导、部门协作、公众参与”的河道水库保洁工作机制，在东风湖、南湖水域安装了河道保洁监控设备，做到全天候跟踪监测，对设备运行中出现的问题及时处理，保障设备正常运转，及时处理监测系统预警信息。

【农机工作】 根据《道路交通法》《湖南省农业机械管理条例》有关规定，为确保年度检验工作顺利进行，下发《关于开展2016年度拖拉机、联合收割机及其驾驶员年度检审的通知》，成立检审工作领导小组，明确任务、要求、措施。集中人员、集中车辆，自4月11日至18日，深入各乡、街道办事处开展了年度检审工作。在此期间发放农机安全驾驶操作读本、农机互助保险资料500多份，《给广大农机手的一封信》500余份，检验大小拖拉机300余台。严把拖拉机注册关，严格按照农机法律法规的规定，坚决杜绝超范围，超标准办理拖拉机登记业务，从源头上消除农机安全生产隐患。全年办理新车上户22台，转籍、转入、过户车辆8台。严把驾驶人学习、考核关，全年在市监理所的统一安排下，与经开区监理所联合组织三期驾驶员培训考试，培训考试驾驶员12人，期满换证24人。加大农机安全监理力度，共组织农机安全生产宣传4次，检查拖拉机145台，查处无证驾驶3人，未检拖拉机26台。加大农机购置补贴宣传力度。根据《湖南省2015~2017年农业机械购置补贴实施方案》要求，结合全区实际，会同区财政局制定《岳阳楼区2015~2017年农业机械购置补贴实施方案》，在全区各乡、街道办事处（农机站）、各经销网点发放宣传资料300多份，挂图100余张，加强对辖区内经销商的监管，及时协商、处理了多起农机具因售后服务引起的投诉事件。

农村经营管理

【概况】 2016年，岳阳楼区经营管理局切实做好社区村“三资”清理和“三晒”工作，坚决督查整改“雁过拔毛式”腐败问题，积极规范信访秩序维护群众利益，严格监管“一事一议”惠农资金，做好土地承包管理和土地流转工作，指导推荐市级示范合作社项目，并配合区直各单位完成社区联点、普法教育、义务献血等各项工作任务。经管局被评为农村经管工作先进单位。

【财务检查】 2016年2月23日起，经管局对105个社区、村自2013年1月~2015年12月的财务进行专项检查。此外，还联合纪委廉政室一起制定下发《岳阳楼区党风廉政建设工作要点》，重点审计清查近3年来所有涉农乡办的财务及村务运行情况。共发现纪违规问题41条，涉及违纪违规金额920万，移交区纪委26条。针对发现的问题，4月20日，经管局作出《关于围绕岳阳楼区社区、村干部不正之风和腐败问题的情况汇报》。同时，对16个乡（街）下发整改函，并要求在规定的时间内整改到位。

【“三资”清理】 2016年1月8日，经管局下发《岳阳楼区关于开展清理社区（村）资金、资产、资源工作的通知》后，3月16日—3月26日，区政府督查室会同区监察局、区经管局、区财政局、区民政局、区审计局等单位对全区各社区（村）“三资”清理自查工作进行专项督查，并于3月30日对督查情况进行通报，各社区、村通过自查、督查，建立了资产、资源台账。此外，为配合2017年社区、村主任换届选举，经管局从3月份开始，对全区各社区、村主任在任期间的财务收支情况、资产负债情况、财经纪律执行情况进行了全面审计，将审计中发现的白条报账、大额现金支付、违规开支、虚报冒领等问题如实汇报给纪检、审计部门，并按照相关法律法规给出了处理建议。经管局获省级农村集体“三资”与财务管理工作先进单位。

【土地管理】 2016年初，制订了农村土地承包经营权变更、注销登记等工作方案。随即加紧步伐推进实际进程。首先大力宣传土地流转政策，加强土地承包管理，向财政预算增资20000元，全面铺开楼区农村土地确权工作整县推进摸底工作。在此基础上确保高标准地达到“信息化、规范化、实用化”水准，做到“五有”（即：农户有土地承包证、合同书；组有档案袋、保存花名册；村有档案柜、保存登记薄、花名册、合同书；乡有档案室，保存合同、花名册、登记簿、权证送达证）。多管齐下，为全面完成岳阳楼区农村土地确权颁证打下坚实基础。经管局获市级农村土地承包流转及仲裁工作先进单位。

【实施“一事一议”项目】 2016年4月，经管局联合财政局综改办在梅溪乡举办全区村（社区）负责人一事一议筹资酬劳业务培训班，对筹资酬劳做了更明确的要求，对进入数据库的所有一事一议项目进行实地考察及业务指导。7月，财政奖补项目资金计划出炉，经管局严格执行奖补程序，对郭镇乡、梅溪乡、奇家岭办事处、洛王办事处、望岳办事处9个村、社区的改造建设项目进行了审核申报，项目包括山塘改造、文化广场建设、道路拓宽改建、下水沟渠改造等等，奖补资金共计506万元，截至2016年底，已全部按计划到位，带动了水利、环卫、公路建设等资金的整合，使惠民政策真正落到实处。

【合作社指导】 2016年9月，经管局按照省市的要求，对岳阳楼区内所有的合作社进行实地考察，通过考察、综合情况对比和技术指导，推荐梅溪的绿康蔬菜种植合作社和郭镇乡的绿州食用菌合作社参与市级示范合作社的评选，并顺利通过验收。

【信访维稳】 根据区信访联席会议办公室的安排，已妥善调处村（居）组财务纠纷和土地争议等方面信访事项4件，接待信访对象19人次。同时，充分发挥土地调解仲裁机构作用，规范调解仲裁管理，大力消除不稳定因素，重点办理激增的各类土地纠纷信访案件4起，涉及村组财务管理案件1起，做到件件有回复，切实维护农民群众的切身利益。

城区建设与管理

城区建设

【概况】 2016年，区交通建设局以科学发展观为指导，以深入开展“两学一做”、“两项整治”为契机，紧紧围绕全年工作目标任务，忠诚履职，攻坚克难，在队伍建设、社区扶贫、重点工程、交通项目、民生工程等方面做了大量的工作，较好地完成全年各项工作任务。

【棚户区改造】 2016年，区交通建设局主动做好九大棚户（旧城）区改造项目的统一调度、部门协调、报批报建、政策宣传、优化环境等工作，为各项目的顺利推进提供优质服务。全年共完成九大棚户（旧城）区签约8914户，房屋面积126万平方米，按照市委、市政府要求的时间节点圆满完成了签约和拆除任务。同时，区棚改办已向上级争取政策资金53.09亿元。

【重点项目建设】区交通建设局加快实施麻布山森林公园上山步道、S211升级改造、炮台山路等工程建设；启动七里山路大修、环宇路、知青场路、易家路、马壕东路等工程前期工作；积极推进“雨水公园”和“6+X”宜居工程示范点建设。

【民生实事工程】 区交通建设局起草制定《2016年岳阳楼区严重渍水房屋安全整治工作方案》，完成三眼桥街道办事处鲤鱼嘴社区金东门地段、枫桥湖街道办事处琵琶王社区佘家垅地段和望岳路街道办事处老垅坡（望岳社区新建组）地段等3个区域的摸底调查和初步规划设计方案，即将启动工程建设。2016年，共投入资金550万元，维修路灯3100余处，新装路灯430盏，路灯节能改造460盏。主动对接市住建局，争取市级资金，全年共实施小街巷提质改造33个，投入资金800万元。受理办结12345、12319、社区治理和服务创新工作平台工单近5000份，清淤和改造下水道700余处，维修路面50余处，有效处理了一大批居民反映的路不平、灯不亮、水不畅等问题，回访满意率达到90%以上。

【农村公路】 2016年，区交通建设局投入资金94万元，完成三条普通公路安全生命防护工程建设7.767千米，农村公路窄路加宽1.089千米。

【校车管理】 2016年，区交通建设局认真开展校车线路初审和隐患排查，审批校车线路

145条，对7条不合理线路进行调整，取消危险停靠站点10处，投入资金100万元，整治校车线路安全隐患50处，设置校车停靠牌258块。

【水上交通安全管理】 区交通建设局先后组织相关单位对洞庭湖七里山锚地水域开展专项集中整治行动两次，查扣拖离非法载客快艇两艘，对七里山岸线的砂石码头和货车进入通道实行强制关停和全线永久封堵，并开展城陵矶三码头非法渡运的取缔工作。

【企业改制】 2016年，完成岳阳楼区建筑工程总公司的改制工作，37人全部签订一次性安置协议。

城区规划

【概况】 2016年，楼区规划分局深入贯彻党的十八届六中全会精神，全力服务楼区重点工程建设，重点抓好规范权力运行，顺利规划编制工作完成，禁违拆违取得明显成效。

【规划编制】 由市局委托市规划勘测设计院编制的《胥家桥片区控制性详细规划》于2013年9月完成，并通过专家评审。后因蒙华铁路、杭瑞高速公路建设发生变化必须调整，经与业主方及设计单位多次沟通协调，最终于2016年9月初就片区城市规划路网线型、竖向及涵洞位置与铁公路方面达成一致。目前，该片区控规调整方案已修改完善，正准备上报市规划委员会审查。2月，分局组织楼区郭镇乡政府委托北京中外建建筑设计有限公司编制《岳阳楼区郭镇乡村庄规划(麻布、磨刀、建中)》，该村庄规划已于7月完成，并通过了专家评审会，目前该方案正在修改完善中。

【服务重点项目建设】 完成区重点工程S211省级道路郭镇—枣树的审批工作；召开楼区妇幼保健院、九华山渔民上岸规划及建筑方案评审会；完成仓田社区、奇西社区便民服务中心的选址；完成向阳水岸旧改工程出让红线审批；完成岳阳楼区信用联社改制资产清理补办规划手续前期摸底调查及现状地形图测绘工作；召开枫桥湖路办事处新胜社区服务中心规划及建筑方案评审会；完成望岳社区、新桥巷社区及东茅岭办事处便民服务中心的方案设计及审查；针织厂、木材公司危房改造、低洼渍水地段改造等一批民生项目有序推进。

【规划审批】 2016年，完成洞庭集贸市场、金隧花园安置房小区及良万社区综合楼的选址，规划及建筑方案的评审，并进行公示。配合市局管线科，完成岳阳范围内铁塔及城区景观塔的布点规划方案审查。

【民生建房】 进一步规范民生建房的资格审查及审批程序，组织相关工作人员进行专题业务培训。对2015年已批准的民生建房进行回头看，对超面积与不按规定建房的督促属地进行整改。2016年审批雨灾受损房屋重建28户，民生建房267户，解决楼区范围内老百姓住房困难的实际问题。

【规划执法】 2016年分局下达责令停止违法建设通知书235份；参与拆违行动81次，拆除面积8419平方米；立案调查行政处罚案件7起，结案2起。接待来群众来访和12345信访督办单54起，做到件件有回音、事事有落实。对每一户已经审批的民生建房，进行跟踪监管，发现问题及时督促整改，确保民生建房按标准竣工验收。

城区管理

【概况】 2016年，区城管局以年初制定的“队伍建设再上台阶、重点问题动态清零、长效管理基本成型”工作目标为全年工作统领，坚持“一手抓城管队伍建设，一手创良好市容秩序”的理念，创新工作方法，科学统筹安排，精心部署，勤政务实、真抓实干，城市管理工作呈现出更高标准更加优秀的全新局面。特别是9月区第五次党代会召开以来，区城管局全力贯彻落实区五次党代会精神，精准领会“围绕市委‘一极三宜’江湖名城建设发展战略，全面建成转型发展、创新创业的核心引领区”的宗旨，在楼区“大城管”背景依托下，继续积极发挥主力军作用，不断优化楼区人居生活环境，实现了城市管理水平再上台阶。

【市容秩序管理】 2016年春节及其后一段时间，全系统第一时间铺开了各辖区内整治行动，各中队你追我赶，以竞赛方式拉开了春季整治序幕，与往年春节同期相比，市容秩序又有了很大提高。下半年，各类专项整治活动不间断持续开展。5月，针对破占道、户外广告及施工不围挡的专项治理；7月，针对夜市管理的规范整治；8月，针对农集贸市场周边的市容秩序整治及国家卫生城市复审、全国文明城市复查的全范围整治；9月，针对学校开学期间的校园周边整治等。这一系列专项整治行动从面上提高了全范围的市容秩序标准，从点上又解决了部分难以解决的问题，基本实现了“以整治提标准，以整治解难题，以整治建长效”的目标。

【国家卫生城市和全国文明城市复查】 2016年国家卫生城市复审、全国文明城市复查工作是暗访性质，临时通知，时间之紧，任务之重，前所未有。区城管局结合日常工作中已保持的工作标准，采用全线集中攻坚的手段，在短时间内科学统筹，加班加点，集结人力对已有工作标准进行全面巩固和提高，对极个别存在问题路段进行强力整改，确保在规定时间内全面全线达到标准，为卫生城市复审和文明城市复查创设良好外围环境。8月迎检期间，区城管局对照测评标准，科学精准发力，完善责任体系，班子一线联点，全员上路督查，通过短期集中攻坚，确保不留死角空档，全面顺利完成迎检任务。

【城市管理常态长效化】 2016年初，区城管局就将“确保管理标准不降低，全力巩固现有成果的基础上，逐步实现路段管理的长效化”列为年初三大工作目标之一。通过“一把手”负总责、分管领导具体抓、联点班子深入联点中队具体指导的原则强化网格化管理；深入开展每月中队考评排名奖惩活动，将此作为推动长效常态化管理的有效手段；以重点问题的解决来推进市容秩序水平的提升，并在问题解决后的路段安排人员错时、延时值守，防止反弹；强化日常督查考核，对不服从管理、在岗不谋事、无故脱岗、工作效率低下的人员严格进行问责等举措，全面推进楼区市容秩序水平的长效化。8月，国家卫生城市复审和全国文明城市复查工作相对集中，正是因为前期成果的有效巩固和长效机制的建立，区城管局跳出过去"逢检查就开展行动，整治一反弹一再整治"疲于应付的被动局面，抽身更多时间有节奏、有计划的全力针对性攻坚，确保任务圆满完成。9月，根据区领导指示，区城管局10名中队长赴扬州进行城管先进经验的学习考察，为全体职工安排体检，抽调近1/10力量的人员参加楼区骨干培训班学习，在此段时间内，楼区市容秩序未出现滑坡，并在此基础上历练了一批副中队长的管理水平和能力，全区市容秩序水平稳中有升。2016年区政府工作报告中，指出"岳阳楼区城市管理常态长效已基本成型"，给岳阳楼区城市管理现状作了明确定位。

【数字城管系统完善】 区城管局将数字平台当成主动发现问题的重要突破口之一，关注每一起案件，充分发挥数字城管指挥作用，借助科技力量，提高工作效率。岳阳楼区数字派单量巨大，占全市五区数字派单总量的70%。平均每月就要处理7500余件。在这样巨大工作量的前提下，全年数字城管案件的处置率也达到了98%，"12345"接单、市长信箱处置率均为100%，受到市城管信息中心的表扬。在此基础上，积极筹备楼区二级数字城管指挥平台建设。多次与市局对接、商讨二级指挥平台建设的相关事宜。同时与岳阳楼区正在搭建的岳阳楼区社区治理和服务创新平台工作组对接，期望打造属于自己的完整的数字化、网格化系统。2016年，区城管局进一步加大了路面"破占道""户外广告"巡查力度，进一步规范行政许可审批程序。全年共审批"破占道""户外广告"42起，开展全区大型户外广告整治行动4起，拆除有损市容观瞻、存在安全隐患的大型户外广告78块、破损门头143个，楼区范围内的市容环境更加和谐、美观。2016年，共开展各类执法行动350余次，累计规范出店经营行为1600余起，处置无照流动经营行为820余起，制止和劝导各类违章行为2400余起。城区市容秩序水平稳中有升。此外，区城管局积极支持配合拆迁、拆违、牲猪禁养、大型安保等各类活动30余次。

【"重点问题动态清零"工作】 紧扣年初制定的"重点问题动态清零"工作目标，将重点问题的解决作为推动全局工作上台阶的主要依据和指标。2016年春节前后，区城管局对辖区内的重点难点问题进行了全面疏理和一线调研，按"一个难点一套方案，不解决不罢休"的要求，中队与局层层签订责任状，全面将一些历史遗留、群众反映强烈、领导关注、媒体曝光的重点难点问题一一疏理，并拿出具体可行的方案逐步实施。7月，局党组花了整整10天时间对各中队就重点问题解决进行了一次细致的专项督导和验收，共解决重点问题42个。云山街、建设南路、磨子山路等部分重点问题解决的成功经验在岳阳电视台、微信平台进行报道，取得良好社会反响。

【队伍建设】 2016年初，制定了"人人合格，全面提高，更多优秀”的队伍建设工作目标，围绕这个目标在内部管理进一步优化基础上，局纪检和考评办双轨并行，对工作人员工作纪律和作风进行重点督查。针对见面率问题，各中队开展早间集合制，对迟到人员每月通报扣款。通过严重警告、扣罚绩效、开除公职等高压手段，对极个别违纪违规人员，依程序处理，在整个队伍中营造极具威慑力的纪律底线高压态势，保持队伍整体纯洁性。2016年上半年，局纪检依照相关规定开除1人，记大过1人。因受到纪律处分停发工资20人。由局党组、局纪检与中层管理干部进行定期谈话，时刻绷紧廉政、勤政之弦。各股（室）、中队与局党组层层签定责任状。队员违纪违规，中层干部负连带责任。利用雨天、夜间空闲时段，进行小范围的学习培训活动。全局12个党支部（特别是11个中队支部），克服了工作任务重，没有休息时间的矛盾，见缝插针，每个支部都在班子联点成员的督查和指导下，按照步骤认真完成了“两学一做”的各项学习任务。利用广大干部职工喜闻乐见的微信平台开展早间读报、为中队订阅一份杂志，在队员中逐步培养关心时事、热爱读书的习惯，全面提升综合素养。

【禁鞭炮工作】 中心主城区鞭炮声已基本得到遏制，零星鞭炮声在洛王大桥湖、奇家岭、枫桥湖、洞氮殡仪馆等城乡结合部呈点状分布。禁鞭炮大队集中兵力值守，加大与之对应的乡办的沟通，加大处罚力度。责令殡仪馆与治丧户签订禁鞭炮责任状。坚持每月联合各乡办开展鞭炮源清缴行动。通过造声势、出重拳、强措施，区禁鞭炮效果得到持续巩固。

【对外宣传协调工作】 一方面，区城管局继续加强市级层面的对接，就数字城管二级平台建设、日常考评、社区治理服务创新及重大迎检活动等事项，与市局“主动汇报，厘清责任，勇于担当”；另一方面，在继续承担起城市综合管理主体单位的责任基础上，与“大城管”考评办、乡街、职能部门就相关问题，通过联席会议主动衔接和沟通，强力推进问题的解决速度。建立执法纠纷应对体系，第一时间依法依规稳妥处置，及时做好网络、“12345”热线等各类回复，不造成大的负面影响。全局已形成较为成熟的应对机制。各类报纸、网络、手机报通讯报道数量和级别均有所提升。自办《楼区城管简报》受到了区级领导关注和肯定。2016年10月，一篇《七旬菜农收假钞伤心落泪，暖心城管用真钞换取》的通讯报道经《长江信息报》刊发后，经《人民日报》、中华文明网、红网及江苏、北京等20多家媒体转载后，反响空前，受到区委宣传部部长点名表扬。

园林绿化

【概况】 2016年，成功争取了2016年湖南省新型城镇化引导资金项目—城市立体绿化项目，获得引导资金300万元，建设了太阳桥立体绿化和王家河公园绿雕。完成了金鹗公园桃花湖景观建设任务以及金鹗公园、南湖公园等公厕、生态浮岛的提质改造。南湖公园完成了防灾避险附属设施树顶栈道建设。按照“一处一景，景景有别”的原则，对岳阳大道、南湖大道的鲜花种植进行全新规划，调整了花境结构，在市委、市政府周边主要节点利用“海绵城市”建设理念，采用花境栽植技术，全年累计完成各类时令草花换植面积2万多平米，换花80余万盆，打造了繁花似锦的城市景观。按照鲜花工程用花需求，建立了花境植物基地。同时，春季在金鹗公园、南湖公园、南湖广场等地栽植二月兰2万多平方米，打造了“蓝色花季”主题花卉季，形成春季蓝色的海洋。指导发动各县市区积极开展创建活动，成功创建省、市级园林式单位（小区）10家。协助省市摄影家协会做好“一极三宜”江湖名城全省摄影大赛相关工作。组织局系统干部职工开展义务植树活动，在湖洲中心滩涂地义务栽植柳树600株，进一步营造良好的社会绿化氛围。城市建成区绿地率达38.95%，绿化覆盖率达40.92%，人均公园绿地面积达9.24平方米。

【王家河公园管理中心成立】 2016年4月，经市编办批复，正式成立王家河公园管理中心，性质为公益二类正科级事业单位，核定差额拨款事业编制30人，正科级职数1名，副科职数2名，隶属岳阳市风景园林局管理。公园南起三眼桥附近的螺丝岛，北至通海路，全长7.5千米，景区规划总用地面积约148万平方米。接管后，公园加强了园内秩序巡逻、安全文明劝导、违规菜地整治、园林绿化维护等工作，一改过去“领导不满意、市民有意见”的局面，先后圆满接待了国家、省市领导20多批次，成为了市委、市政府对外接待宣传城市形象的主要窗口。

【全省地被植物座谈会召开】 2016年8月26日，湖南省住房和城乡建设厅地被植物应用和生态修复座谈会在岳阳市召开，全省14个市州以及部分县（市）的相关负责人等100余人参加会议。会议强调，各地要落实省住建厅下发的《关于促进草花等地被植物在城市园林绿化中应用的意见》，针对城市园林地被植物品种和配置形式单一等问题，各地要积极利用成本低、适应性强、本地特色鲜明的乡土野生地被植物，大力推广宿根花卉、自衍一二年生草花、蕨类、藤本等地被植物，有效减少单一草坪和灌木模纹等应用，营造地方特色鲜明、郊野气息浓郁和季相色彩丰富的城市园林景观。顺应发展趋势，岳阳市在园林绿化建设和提质改造中一改以往的灌木模纹、大面积时令草花等植物的应用，大力推广应用低维护、低投入、高

2016年8月26日，全省地被植物座谈会与会人员在岳阳楼区开展现场调研考察（岳阳市园林局供稿）

产能的开花草本植物、观赏草及其他草本植物、蕨类植物和藤本植物等，来营造季相色彩丰富的植物景观。同时，大胆而创新地推进生态浮岛、立体绿化、公园绿地建设，极大地提升了城市绿化花化彩化水平。

环境卫生

【概况】 2016年，区环卫局严格按照“大城管”工作机制，以打造核心引领区为目标，不断创新工作模式，加大设施设备投入力度，强化队伍建设，在市五区考评中，区环卫单项连续12个月排名第一，为全市国家卫生城市复审、全国文明城市指数测评工作以及“一极三宜，江湖名城”建设作出了贡献。2016年，区环卫局先后获得了综合绩效考评先进单位、先进基层党组织、信访工作优胜单位、综治（平安建设）先进单位。

【设施建设】 为满足不断增长的垃圾收集需要，区环卫局在设施设备上加大投入力度。全年共新建垃圾屋120座，安装固定式不锈钢果皮桶180个，新增全新塑料果皮桶1391个。拆除破旧果皮桶396个，维修垃圾屋501座，换新垃圾屋门397扇、墙体维修204座，维修果皮桶313个。采购垃圾清运车3台、脚踏式三轮保洁车80台。

【督查考评】 利用市数字城管信息平台和楼区社区网格化管理平台信息，结合每月对各乡办的考评结果，每月召开经验交流会议，实行每月一讲评，每周一通报。按照管辖责任划分考评区域，辖区公共道路考评环卫站，小区院落考评所属社区，实现更加公平、公正的考评模式。对于党政机关办公场所、学校、商业街附近、旅游景点周边的卫生进行重点保障，加强保洁人员力量。在“全国文明城市指数测评”“国家卫生城市”复审、中科院考察、全国历史文化名城调研等100余次检查期间以及高考特殊时期，区环卫局成立以“一把手”负总责的督查小组，加大三级（即大城管、考评办、环卫站）日常督查力度，确保检查顺利达标。

【机械作业】 2016年以来，区环卫局在作业模式上不断创新，由应急作业模式向日常作业模式转变，同时实行“大加小”“白加黑”“5加2”“8加N”的作业模式，每天安排4台小型水车和5台大型清洗车相互配合、错峰错时，对楼区道路进行精细化清洗。按照道路车流量等实际情况，将楼区主要道路划分为白班和晚班清洗路段两个片区，采取大、小水车配合作业。全年大、小水车共完成清洒、清洗作业6850余车次，清理各类垃圾165600吨，通过道路进行“淋浴式”的深度清洁，使环境卫生质量不断提升。

【队伍建设】 为全面搞好环境卫生工作，区环卫局分批次组织业务骨干及部分环卫站长进行专业学习，通过考核，目前区环卫系统有近30人取得了《城市环卫工程师》岗位资格证书。同时，先后分三批组织近80人到市环卫局学习业务知识，并由各乡办环卫站通过现场会、流动会、交流会等多种形式对环卫工人进行经常性业务培训，确保环境卫生质量不断提升。

【为民服务】 针对无人管理小区卫生清理难的问题，区环卫局组织8人学习先进城市学习，借鉴先进城市经验，结合楼区实际，安排专人对全区无物业管理小区、院落进行摸底，逐步安排环卫工人108人对小区进行清扫保洁，改善了无物业管理小区卫生环境。针对2009年市局移交岳阳楼区环卫局环卫工人的社会保险遗留问题，逐步进行解决。2016年为167名环卫工补偿社会保险经费30余万元，为符合条件的143环卫工人补缴养老保险60余万元，极大地改善了环卫工人的社会保障。针对群众来信来访举报，坚持以“零容忍”的态度严肃查处，2016年以来，累计处理针对“12345”“12319”热线、网格化平台投诉的卫生问题12947起，做到件件有人管，事事有回访。2016年，区环卫局分别为望城岭社区、铁路社区解决扶贫困难金10万元和9万元，为单位所在花板桥社区解决环卫经费2万元，帮扶城陵矶村17户贫困村民扶贫金30500元。

环境保护

【概况】 岳阳市环境保护局岳阳楼区分局（以下简称岳阳楼区分局），现有干部职工29人，本科以上学历12人，办公大院座落在岳阳市岳阳大道金鹗东路33号。岳阳楼区分局为正科级行政支持类事业单位，隶属市环境保护局。分局下设机构为办公室、管理股、法制宣教股、监察大队。2016年，先后获得区委、区政府综合绩效考核先进单位、市环保局先进基层党组织、湖南省先进环保局等荣誉称号。

【法制宣教】 开展环保法律法规的集中培训和分散学习。其中新的《环保法》的贯彻、实施，集中全局所有人员进行认真的学习。就红房子事件，多次专门进行了案件分析和研究。凡项目审批、排污申报及法律文书的制作逐级把关，严格按规范化程序办事，立案1起，审查相关案卷及档案资料50多份。为提高执法能力和学习水平，组织号召干部职工撰写论文10篇，专门报道11篇，信息18篇。配合市、区搞好了环保行活动。联系各（乡）办事处、学校、社区和相关企业落实横幅500条、宣传窗51个和展板60余块，并制作户外大型宣传广告牌3块。特别是年底在城陵矶办事处骆家坡社区开展了声势浩大的“绿色环保年”宣传活动，出动工作人员70多人，参加市民达到1000余人，当时锣鼓欢天，彩旗猎猎，将整个主题日的宣传氛围推至高潮，受到了市委、市政府领导和市环境保护局领导的高度评价。开展“优先环保员”的评选活动。12月份，区环保局利用楼区环保微信平台在全区16个乡办环保站中开展“优秀环保员”评选活动，得到广大市民的热情参与。

【环境监察】 为改善城区环境质量，解决危害群众健康的环境问题，区环保局不断加大环境监管和整治力度。一是快速响应，积极作为。在爱卫迎检期间，下达停炉通知300多份，对集中反映的未经环保审批、擅自开工建设，油烟、噪声不达标，无组织排放现象严重等环境问题，采取多部门联合执法，取缔27家，督促产权单位自行关停73家。二是严格依法征收排污费。在征收排污费上做到逐级把关，严格按程序、按权限，克服各种困难，圆满的完成了市环保局下达的年度排污费征收任务和辖区内的企业排污申报工作。三是重视污染纠纷调处。区环保局始终坚持以群众的健康利益为重，注重抓污染纠纷调处。一年来共处理本级污染投诉210余起，处理回复市环保局转交环境信访件18起，办理市、区、人大、政协提议案5起。做到了事事有结果，件件有回复，避免了越级上访，不断提高群众的满意度。

【节能减排】 为实现岳阳楼区“十三五”期间的污染物总量控制目标，确保节能减排任务的完成，一是严格审批，从源头上控制新污染。二是科学治理，从工程上减少排污量。三是严肃执法，从依法上打击违法排污。

房地产业

【概况】 2016年，共办理房屋产权初始登记12起，转移登记563起，抵押业务188宗，协税400.4万元，提前半年超额完成全年目标管理任务；全年成功申报审批九大片区17个棚户区改造项目，动迁8569户，争取国家对保障房建设发放专项资金3亿多元；经济适用房补贴受理初审142户，涉及廉租房补贴资金500多万元。2016年度，区分局获市住房保障工作先进单位，获岳阳楼区年度信访工作先进单位，获岳阳楼区年度绩效考评先进单位，获岳阳楼区项目财源建设工作先进单位，获岳阳楼区年度人口和计划生育先进单位。

【产权登记工作】 2016年8月，岳阳市成立了不动产统一登记中心，将岳阳市房地产管理局的产权登记职能划转，归口统一登记管理。在划转前的7个月中，区分局及时受理每一笔产权登记业务，依法依规处理每一宗产权纠纷，及时解决历史遗留问题。具体作法一是强化产权交易规范化管理流程。实行一站式服务，为客户节约时间和精力，在规定时间内办结每一宗业务。提升便民服务机制，对在外工作的客户，不分节假日采取预约服务；对老人、病人以及行动不便的客户采取上门服务等形式，提升了岳阳楼区房产分局服务便民的部门形象。全年预约服务37人次，上门服务26人次。进一步创新诚实守信的服务规范，实行办证“三公开”：公开收件资料、公开办事流程、公开收费标准；实行四个“一个样”：朋友、亲人办证一个样；生人、熟人办证一个样；大人、小孩办证一个样；外地人、本地人办证一个样的工作宗旨。切实融入分局“一流的服务水平、一流的工作态度、一流的工作绩效”的管理理念。

【保障性住房建设】 2016年初，鉴于岳阳楼区保障性住房建设受土地、资金等因素制约，推进难度较大的情况，区分局把住房保障作为重中之重，分管领导和部门负责人四处奔走，多部门汇报，积极争取项目资金，加快保障性住房建设。2016年成功申报审批17个棚户区改造项目，动迁8569户，争取国家对保障房建设发放专项资金3亿多元；货币补贴方面，目前分局正在对2015年已发放的5705户廉租房补贴对象开展年审，同时新增工作正在同步展开。经济适用房补贴受理初审142户，涉及补贴资金500多万元，相关工作也正在有条不紊地进行。

【物业管理模式创新】 区分局把加强物业管理、规范物业服务行为，切实维护广大业主的合法权益作为物业工作重点，加强物业管理服务的精细化、制度化、规范化：明确工作责任。建立联席会议制度。充分发挥办事处（乡、场）以及社区等部门的职能，争取区政府对物业工作的支持，定期牵头召开物业管理联席会议，交流沟通情况，协商解决物业管理中的重点、热点和难点问题，形成管理合力，把问题解决在小区，化解在萌芽状态。强力整治问题小区。开展小区物业管理突出问题专项整治行动，与市物业办联合办公，受到了业主的一致好评。妥善处理物业纠纷。针对物业纠纷多发、频发的现状，坚持源头治理，及时现场调处，变事后的被动处理为事前的主动介入，全年共计调处物业纠纷40余起，维护了业主权益和社会稳定。强化业务指导，规范服务标准。定期开展业务培训，实行物业工作人员“持证上岗”，对符合网上申报条件的物业公司，成熟一家，申报一家。至年底，网上申报物业企业信息151家，新成立及转正13家，与办事处协同组织成立21家业主委员会。为促进岳阳楼区房产事业的健康、有序发展，发挥了重要作用。

【民生建房大力推行】 2016年，岳阳楼区房产分局依托楼区政府继续加强对辖区范围内老楼危楼的安全排查整治力度。对疑似危险房屋，根据危旧程度，采取有效措施。对加固后仍可居住的房屋，委托有资质的部门进行加固设计，确保具备安全使用条件；建议楼区政府将老楼危楼整治与棚户区改造，旧城改造建设等工作结合起来，统筹安排，拆旧建新、拆危建新，消除安全隐患；加大资金投入力度，对房屋安全管理工作提供经费保障，确保危房排查中发现的问题和隐患，及时得到整治。有条不紊推行民生建房，与国土、规划、禁违等相关部门联合，对符合建房条件的危房户、困难户、无房户采取现场办公、现场会审、房屋竣工后复查的工作机制。给广大民众创造一个安稳祥和的生活环境。

交通·邮电

交通运输

【临湖公路北港大桥成功架设首片T梁】 2016年5月29日，临湖公路重要节点工程北港大桥成功完成首片T梁架设，标志着该项目架梁施工拉开序幕。T梁安装是桥梁施工中风险较大、难度较高的重点工序。项目施工单位严格按照要求，编制了详细的专项吊装方案及安全技术方案。同时，对施工人员进行了安全技术培训，组织开展了安全防范演练，确保了第一片T梁的顺利架设。北港大桥全长256米，上部设计为10×25米连续T型梁板，桥面宽60米。进入雨季后，北港河水涨势较快，项目施工单位进一步加大人员、抽排水设备的投入，精心组织、科学谋划、严控质量，工程建设较快推进。

【市委书记盛荣华慰问交通重大项目一线建设者】 2016年7月30日，市委书记盛荣华来到城区临湖公路皇姑塘立交桥等交通重大项目施工现场，看望慰问一线建设者，督查安全生产工作。市委常委、常务副市长唐道明，市委常委、市委秘书长樊进军一同前往。

【刘和生市长调研临湖公路和三荷机场项目建设】 8月1日，市委副书记、市长刘和生专题调研临湖公路和三荷机场建设。截至7月底，三荷机场征拆腾地工作已基本完成，三个工区施工作业全部铺开，目前已完成土石方填筑56万方，空港大道、空港产业园两大项目的各项前期工作也在稳步推进之中。此外，临湖公路征地拆迁工作也在加速推进。在随后召开的座谈会上，刘和生对两个项目前段工作表示肯定。

【大岳高速公路正式通车】 2012月12日，大岳高速公路（不含洞庭湖大桥）正式通车。该路将与岳常、长常、京港澳高速公路闭合成环，形成一个以岳阳为中心、环洞庭湖辐射的高速公路圈，将为湖南崛起注入强劲动力。大岳高速公路是湖南省高速公路网规划中的“七纵九横”中的第一横，起于临湘大界接湖北省阳新高速公路，在冷水铺与通海路、G107相接，在七里山跨越洞庭湖，止于岳阳君山区接岳常高速公路，连接京港澳高速公路和京港澳高速复线。项目建设工期48个月，全长69.8千米，概算总金额约83.59亿元，设互通7处，服务区2处，收费站6处。

【市委书记胡忠雄调研督查重点项目建设】 12月13日，市委书记胡忠雄深入临湖公路皇姑塘立交桥、岳阳东客运枢纽、三荷机场、G240西环线等重点项目建设现场调研督查。市委常委、市委秘书长谈正红一同前往。在项目所在地，胡忠雄对照规划设计图纸，详细了解投资规模、融资情况和当前存在的困难问题。他指出，西环线是一个重大民生工程，也是城市建设的重点工程，是城市的快速干线，项目的建设将进一步完善城市交通网络，极大地方便群众出行，各有关部门要积极向上争取支持，按照时间节点，加速推进项目进度。

【岳阳东站至三荷机场快速通道一期工程开工】 12月28日，岳阳市监管中心进出口道路（岳阳东站至三荷机场快速通道一期）项目正式开工建设。副市长、市公安局局长唐文发宣布项目开工。该项目是金凤桥北路和市公安局监管中心之间的一条规划道路，是京广高铁岳阳东站至三荷机场快速通道的一期工程，路线长1.8千米，按双向六车道一级公路技术标准设计建设，路基宽度33.5米。路线经过经开区金凤桥管理处的分水垅村、砺石村，占地面积约11.6公顷，总投资1.35亿元，全线设一个标段，计划工期12个月。项目的建设将不断完善岳阳市综合交通路网体系，加快打造东部城区快速交通圈，加速市监管中心警务实战训练基地的建设进度，方便周边群众出行。

【城区公交】 为城区公共交通事业发展争取政策支持。5月18日至20日，市人大常委会副主任陈志莲带领相关部门负责人，实地学习考察了湖南省郴州、衡阳两市公交优先发展情况。多部门配合出台了公交优先实施意见送审稿，唐道明常务副市长作出批示，完成文件会签，并促成市政府出台了专题会议纪要，明确对中心城区主干道公交专用道实施整体规划，计划先期建设岳阳大道、巴陵路、南湖大道三条公交专用道。

推动公共交通相关项目建设。一是持续推进了219公顷南客运枢纽站建设。该项目2016年4月被湖南省财政厅评定为PPP示范项目。二是完成了云梦新城9300平方米地下停车场主体工程建设。三是采购了56台新能源高等级公交车，为环保城市增添了绿色动力。四是优化了线网布局。配合微循环改造完成了6处站亭移栽工程，调整优化了6条公交线路，重点调整了连接港区的12路线运力和走向，打造了通江达海的窗口。

提升公交系统业务管理水平。一是改善经营绩效。推行了新能源高等级公交车2元一票制，全年减亏2千余万元。加快承租线路回收公营步伐。全年回收2、11、17、21路等承租线路4条，回收承租车辆42台，进一步强化了集约化经营格局，使公营车辆达到95%以上。二是优化管理制度，加快目标考评改革和人事制度改革。完善二级单位利润考核，倡导PPT管理模式，实现了月月有考评、事事有督办、项项有落实，推进了核心目标的完成。完善人员招录退养等一系列管理制度，健全劳务派遣用工新机制，加强6分公司带薪息岗和外借人员清理工作。

【城市客运】 2016年，岳阳市客、货运输站场（物流园、物流中心）建设完成固定资产投资35970万元，为年度目标任务的137.8%。道路运输站场建设项目获得部、省补助资金3210万元。其中作为“十三五”新建项目的岳阳洞庭汽车站初步设计评审通过并正式动工。全市上年度共23家企业、2032台农村客车、41969座，申报油补5239.5万元，城区出租车共计发放油补3388.9万元。

出租车行业改革稳步推进。岳阳市中心城区11家出租车企业，经营权核定总量1766台，实际投入营运车辆1523台，月均营运收入21090元，全年续牌和奖励车辆审核23批、签定出租车特许经营权协议680台，退返企业特许经营权费2459.98万元。制定下发《岳阳市中心城区巡游出租车卫星定位系统标准》，设计出租车驾驶员电子信息卡、出租车新价目表。妥善处置了“6·20”出租车停运事件。

应急保障动力建设成果显著。按照“统一调配、快速反应、科学应对、保障有力”的工作思路，建立70人应急保障队伍，落实120台各类型应急储备运输车辆，签订《应急运力储备协议》。组织龙骧神驰客运公司、4家出租车公司开展了两次涵盖突发交通事故、反恐、火灾和冰雪恶劣天气行车安全等项目的应急演练。2016年7月，华容县潘家垸溃垸，华容运管所迅速反映，征调人员460余人次，货车240台次，运送土石方3000余吨，对垸内群众进行紧急疏散，保障了人民群众的生命财产安全。

【现代物流】 2016年3月，《岳阳市现代物流业发展规划》（2016~2020年）获市政府批准实施。5月，岳阳市获批20个全国现代物流创新发展试点城市之一，湖南仅此一家。10月，市政府出台《岳阳市现代物流创新发展城市试点工作方案》，强力推动岳阳市现代物流创新发展试点工作。同月，市交通运输局组织举行“打造千亿物流产业高峰论坛”活动，来自全市的重点物流企业负责人参加了此次高峰论坛。

2016年，新增4家AAA级以上物流企业，岳阳市A级以上物流企业共26家，居位全省前列。全市物流业产值约560亿元，物流业增加值约300亿元，物流业取得了长足发展。为充分发挥岳阳区位交通和政策平台优势，年底，市委、市政府提出了“岳阳市打造千亿现代物流产业”宏伟战略目标，通过“十三五”的努力，全面提升岳阳现代物流业规模化、集约化、专业化和信息化水平，加速打造现代物流千亿产业，为“一极三宜”江湖名城建设提供强力支撑。

邮政

【转型创新显成效】 代理金融再创历史新高。2016年，中国邮政集团公司岳阳市分公司（以下简称市邮政分公司）积极运用“结补谈督”四字工作法和“五步曲”，全市新增金融总资产40.9亿元。储蓄存款规模达到176亿元，2016年新增31亿元，同比增加15.49亿元，活期占比46.52%，全省排名第二。储蓄存款市场占有率较上年底提高0.63个百分点，达到14.08%。银保市场占有率58%，稳居岳阳银代市场第一位。理财保有量达6.74亿元，全年净增3.38亿元，增幅达100.2%，增幅全省第二。包裹快递实现跨越式发展。全市累计完成包裹快递

348.5万件，完成收入3683万元，量收较去年同比分别增长195%和148%。完成收入进度171.6%，规模、进度排全省第三，增幅排全省第二。快递包裹市场占有率达到19%，排全省第四位，较去年同期提升了8个百分点。特别是“双十一”期间快递包裹取得历史性突破，“双十一”当天，收寄量达到56189件，较去年同期增长221.01%，11月11日—14日，全市共收寄快递包裹148225件，排名全省第三。文化传媒业务实现创新发展。充分发挥传统渠道作用的同时，加大线上营销力度，创新发展文化传媒业务。集邮专业以新邮预订、项目营销、品鉴会、定向邮品开发、新邮首发活动等为抓手，同时积极拓展集邮网厅、邮三湘等线上渠道，提前4个月完成省公司下达收入计划。函件专业积极融入地方经济文化，加快主题邮局建设，创新开展“把美丽湖南寄出去”、村志编撰、文化演出等活动，打造“线上邀约（传播）”+“线下体验”的营销模式，开展网上DIY明信片个性化营销，拓展了传统函件业务的新内涵。报刊专业通过保存量、拓增量、促转型、抓融合，业务持续稳定增长，2017年报刊大收订圆满收官，实现进机流转额5933万元，完成计划100.9%，排全省第3位，同比增幅4%，排全省第5位。营销体系建设工作上台阶。全市共组建营销团队28支，2016年市本部团队业绩2747万元，同比增加1357万元，增幅97.6%。2016年度组织运作指定项目46个，完成自定项目330个，经济效益和社会效益双丰收，创新型项目更得到突破性进展。

【强化管控提效能】 加强财务集中管控。2016年，市邮政分公司共实现利润2588万元，增幅84.71%。严格控制管理费用和行政性支出，行政性费用较2015年下降54.9%。同时积极利用ERP上线及省市财务集中核算契机，进一步完善报账审批流程，规范凭证附件要素，加强成本费用真实性、合规性审核，财务核算质量进一步提高，财务管理更加规范，管控水平进一步提升。优化人力资源配置。2016年劳务工转招B类合同用工200人，劳务派遣用工控制在10%以内。实施弹性人工成本管控，进一步突出人工成本配置效益导向，严肃薪酬分配纪律，规范了人工成本列支。深入推进网运改革优化。调整、增开区内邮路，保证了市内党报党刊提速。全面优化城区投递网络，打造市中心城区5个营揽投部、各县市（区）中心城区1个营揽投部，解决快递包裹邮件投递“最后一千米”的难题。对全市各邮件处理场进行了升级改造。做实旺季生产预案，通过加大车辆贮备、增加临时性用工，实现邮件的零积压和零滚存，提升用户体验。强化服务质量管理。加强邮件全程时限检查，通过制度与管理，竞赛与整治相结合的办法，加强过程管控和督导，全面提升了绩效指标（KPI）管控能力和水平。机要通信通过“外树服务形象、内保安全质量”竞赛活动强化了各项管理工作，全年已完成机要产品量3.8万件，业务量1.1万件，确保了机要通信连续23年无失密丢损事故和延误差错，机要通信质量安全生产达到全红。加强客服，提升用户满意。邮速联合组建客服管理中心，“11183”客诉管理台席与速递客诉台席进行联合办公，提高了邮件投诉处理一次性解决率和及时率处理率。加大安全设施设备的投入力度，不断完善安全防范设施，强化安全管理，较好地杜绝了各类案件的发生，确保了全年无重大安全责任事故和案件。

【夯实基础强能力】 加大基础能力建设。全年投入基础能力建设资金5057万元，其中：用于提高生产能力方面投入3652万元，完成了汨罗电商创业园的改造和市邮区中心的升级改造，完成了广兴洲支局的重建、谈岑支局改扩建及全市17个网点的装修工作，进一步加大了对运能提升及网点生产、安防设备设施的投入。用于改善办公、生产场所及职工生活条件方面的投入1405万元，完成了市公司大院的提质改造及生产楼地下车库的加固工程，完成了汨罗办公场地搬迁及临湘办公楼的改造，对市县会议室进行了全面升级，继续加大了对农村网点职工小家建设及设备设施的投入。增强投递和网运能力。新增网运PDA、揽投PDA、热敏打印、蓝牙打印、蓝牙电子称等基础设备484台，邮运、投递车辆（汽车、电动三轮车、二轮摩托车）68台、伸缩皮带机8台、折叠拖车、推车129台，实现了邮件内部处理不落地，提高了邮件处理速度。提升信息化水平。第四、五批网点集中授权预演成功上线。三类业务库和ATM机视频监控顺利联入省运管中心。生产办公网络优化，实现顺利搬迁。开发了快包揽投定位系统和快包资费管理系统，有力支撑快包业务发展。在2016年全省邮政信息网“安运年”竞赛活动中，岳阳邮政保持全省先进地位。

【服务社会惠民生】 2016年2月6日，市委书记盛荣华在市邮政分公司视察慰问，在听取完岳阳邮政总经理李胜军的简要工作汇报后，高度肯定了岳阳邮政在发展农村电商方面所作的努力，希望邮政继续发挥在农村电商市场的主力军作用，服务地方经济发展。2016年，市邮政分公司累计建成综合服务平台站点2467个，完成全年计划的103.09%，较2016年同期增加821个。建成邮乐购实体店1360个，其中有交易量邮掌柜数量达到1208个，打造“精品示范”线路21条，已建成高标准、全功能县级电商公共服务中心1个，建成和在建一般功能县级电商公共服务中心5个，并倾力打造了“巴陵汇”微商城。2016年，全市招商项目累计上线单品318个单品，其中商家入驻227个，邮政自营91个，批销金额达349.51万元，批销额全省排名第六。依托邮乐网、邮三湘、巴陵汇平台，开展了“君山莲蓬”“新墙葡萄”和“西塘胡柚”等多个生鲜水果季等营销项目，实现销售额60余万元，累计发货近8000件，其中，电商精准扶贫项目销售额近40万元。市邮政分公司主动作为，将农村电商作为企业精准扶贫的平台认真开展工作。2016年10月，与市商务粮食局、市扶贫办联合下发了《关于在全市319个贫困村开展邮政电商精准扶贫工作的通知》，市邮政分公司作为市商务粮食局、市扶贫办指定的电商扶贫单位，对全市319个贫困村的农产品推送工作进行组织、策划和物流配送，将贫困村的农特产品通过邮政的网络推向全市、全省乃至全国。

电信通信

【生产经营】 2016年，中国电信岳阳分公司全面推进“大视频、大流量、大数据”三大业务发展战略，突破移动规模，捍卫宽带市场，快速拉动新兴业务，全面提升光网及渠道基础能力，用户规模和价值同步提升。一是超额完成收入预算，完成率为100.11%。二是规模发展再创新高，移动净增用户排全省第1，4G用户占移动用户比排全省第3，净增宽带用户排全省第6，ITV净增用户排全省第8。三是渠道能力持续提升。聚焦“强商大店”，牵手异网强商，新建实体门店188个，渠道覆盖更全面，门店数量及能力有明显提升。四是加快“智慧岳阳”推进，成功中标岳阳市政府“政务云”，项目系全省第一单。完成了楼区教育信息化、自行车二期、市教育信息化、经开区电子政务网、白石岭公安分局视频监控、数字城管等项目，提升了企业信息化管理水平。

【宽带中国】 2016年7月份，实现全光网市。一是城区、集镇光网100%覆盖，完成615个行政村光网改造，行政村光网覆盖率已达86%，光网端口利用率提升10.68%。二是新开通LTE1.8G基站172个，新建农村LTE800M基站614个，农村4G网络实现全覆盖，荣获集团、省公司2016年4G移动网络优化竞赛和创新活动“4G网络质量领先奖”、“优秀组织奖”。三是端局退网9个，大型模块局退网2个，模块局退网399个，干线光缆维护全省综合排名第一， 四是2016年10月份，分公司成为岳阳市电信普遍服务试点项目承接建设单位，计划完成岳阳市1181个行政村宽带网络覆盖，项目总投资3.543亿元，其中国家补助资金4252万元。

【客户服务】 2016年，客户服务工作以优质服务工程、精品窗口创建为抓手，客服类关键业绩指标全面达标，客户服务标准与服务规范执行情况同比有明显改善，客户感知与满意度稳步提升。2016年7月份，率先启动城区光纤宽带/ITV六项服务承诺，服务标准和质量同城同行业领先。积极开展星级客户权益大知晓活动，全面杜绝强关网络、强售终端、强售套餐的“三强”行为。

【岳阳入围国家首批电信普遍服务试点城市】 2016年6月28日，工信部公布了2016年度第二批89个电信普遍服务试点地市名单，岳阳成功入围。这是岳阳市在入选2015年度“宽带中国”示范城市后，又一次成为国家通信基础设施建设领域的试点城市。

2015年12月，财政部和工信部联合印发《关于开展电信普遍服务补偿试点工作的通知》，国家开展的电信普遍服务试点，主要是支持农村及偏远地区加快宽带发展，促进城乡基本公共服务均等化，带动农村经济社会发展和信息化水平不断提升，缩小城乡数字鸿沟。2015年以来，岳阳市以“宽带中国”示范城市创建为契机，大力实施“宽带乡村”工程和“互联网＋”行动，宽带网络建设提速降费持续有效推进，但农村依然是宽带建设中最薄弱的环节。据悉，此次电信普遍服务试点的获批将为岳阳市农村及偏远地区宽带网络建设带来5000万元以上的财政补贴，为提前3年完成小康指标固定宽带普及率达50%提供了有力的保障。据悉，市经信委将按照省通信管理局的统一安排，组织电信运营企业对全市3000多个村的宽带进行升级改造，在年底基本实现农村地区宽带“村村通”。让广大乡村享受远程教育、智慧医疗、互联网金融等信息化发展成果，促进农业现代化。

【打造“云上岳阳”，岳阳迈入全光网新时代】 2016年6月28日，全光网城市建设暨岳阳大数据云中心机房在中国电信岳阳分公司正式落成，标志着中国电信云计算中心项目正式落户岳阳市。岳阳市人民政府副市长熊炜、市经信委主任殷清华等领导及各行各业200多人出席仪式。中国电信岳阳分公司紧紧围绕市委市政府“智慧岳阳”的发展战略目标，累计投资16亿元，率先建成了高速、稳定、便捷、覆盖城乡的有线、无线网络。岳阳的6县（市）三区已成为“全光网城市”，迈入“千兆到企业、百兆入家庭”的新时代，建成了岳阳云数据中心，这标志着岳阳市的信息化能力迈上新的台阶。

移动通信

【网络能力迈上新台阶】 经过多年来持续高强度的网络建设投入，岳阳移动形成了以交换网、无线网、传输网、IP城域网为核心的全业务网络运营能力。截至2016年年底，岳阳移动核心网承载用户能力达555万户，在网基站数达7630个（其中4G站点4824个），在网基站控制设备38台。传输网方面，按照承载能力与业务类型分为SDH、PTN、波分三大部分，涉及6个传输平面，现有在网传输设备5571端。建成传输网汇聚机房220个，投入运营的光缆里程超3万皮长千米，已建成覆盖全市所有乡镇、行政村的传输网络，能提供100兆以上的接入能力。城域网方面，有线网络出口带宽达200千兆，网络电视出口带宽达200千兆，覆盖家客小区达4400个。在网络规模绝对领先的情况下，岳阳移动持续强化质量保障能力，实现了主城区、城郊、县城、全部乡镇以及AAA级以上景区的4G全覆盖，完成了农村热点、高铁高速、重要国道省道及城市联络线的连续覆盖，4G综合覆盖率从98.42%提升至99.42%，路测下载速率达到43兆位/秒，高铁、高速4G覆盖率均超过95%。为保证用户语音体验，岳阳移动率先推出“4G+”升级和VoLTE商用。聚焦VoLTE语音业务，深入开展VoLTE网络优化，VoLTE全程呼叫成功率都保持在98%以上，VoLTE用户体验明显改善。

【“宽带中国”建设取得新成效】 岳阳移动积极响应“宽带中国”建设的号召，大力推进“光纤到户”工程，建设高速光纤宽带网络。同时，以优化网络结构和提升支撑能力为主要抓手，树立移动宽带优质口碑。同时，为响应国家“十三五”规划中“强化共享发展，实现人民福祉新提升”要求，岳阳移动投入专项补贴资金，加大在农村及偏远地区的宽带网络建设，确保农村、乡镇住户覆盖率达到100%，所有乡镇驻地和行政村均可接通宽带，进一步缩小城乡数字鸿沟，让更多的城乡居民享受数字化服务。

【“智慧城市”建设作出新贡献】 岳阳移动积极参与到“城市治安防控”“电子政务云”“教育信息化”“电子政务”“智慧旅游”“智慧园区”“智慧小镇”等信息化项目建设中。2016年，岳阳移动作为通信运营商的唯一代表参与了《“十三五”智慧岳阳建设规划》的设计与规划，为岳阳市智慧城市的建设做好了顶层设计的支撑；在政务云平台的建设上，投资1500万元承建了岳阳市电子政务基础设施云平台机房及岳阳市应急指挥中心的建设，为岳阳市信息化发展奠定了坚实的基础；在重点民生项目上，承建了岳阳市治安防控系统、教育信息化等一批重点项目或应用，已为超6000家单位提供了光纤专线专属服务，为政府、企事业单位提速降费、节约成本作出了较大贡献。

联通通信

【“互联网+”云数据新型业务推进岳阳智慧城市建设】 2016年，岳阳市人民政府以岳阳市首批国家智慧城市试点要求为总领，全面推动岳阳电子商务新型产业崛起。岳阳联通全面聚焦4G，以4G突规模、宽带跨越增长为抓手，全面推进营销模式创新转型，市场占有率明显提升。“沃4G+”网络已覆盖全市所有城区及乡镇、旅游景点、重点企事业单位和学校，不断推动“互联网+能源”“互联网+制造”“互联网+农业”“互联网+旅游业”“互联网+环保”“互联网+金融”“互联网+医疗”“互联网+教育”及电子商务等产业发展，以4G应用为基础开发的医保中心移动办公、12345热线政府执法、中石化长岭移动OA、巴陵石化知慧厂区、智慧楼区以及数字校园监测监控等信息化合作项目，受到企业和市民的认同和使用，社会效益成效显著。

【“匠心”网络打造岳阳“宽带中国”示范城市】 岳阳联通2016年按照“宽带中国”战略及实施方案要求，结合岳阳地区经济发展、宽带基础等方面的自身条件，制定了岳阳“宽带中国”示范城市创建目标。围绕四条主线积极开展网络运维工作，打造岳阳联通“匠心”网络。一是以提升用户感知为中心，推动移固网络质量与服务流程优化；二是以深化效益经营为导向，推动资源清查与利用；三是以支撑市场发展需求为动力，提升乡镇业务承载能力；四是以推动运维集约转型为目标，实施运维技术创新。四大主线共同作用，提升网络品质，本着解决“热点投诉、重点城镇和武广高铁”等网络覆盖，结合市场网络建设需求进行分析，科学规划网络建设。岳阳联通网络快速响应还体现在圆满完成京港澳高速公路岳阳段油罐车爆炸事故、华容新华垸溃堤事件等通信保障上。事故发生后，岳阳联通第一时间紧急启动网络保障工作，通过优化及新开基站等手段，保障了事故现场通信的正常使用。

教育·文化·体育

教 育

【概况】 2016年，岳阳楼区有中小学53所，其中初中6所，九年一贯制学校1所，公办小学43所，民办小学3所。在校学生44489人，其中小学39082人，初中5407人。幼儿园202所，在园幼儿22500名。在职教职工2606人，退休教师1322人。

【项目建设】 2016年，拟投入1.7亿元完成白杨坡小学项目建设；投入1260万元加强信息技术类装备建设；投入1660万元完成学校安全、食堂、教学设施为主的小型维修改造；投入650万元启动郭镇中学学生宿舍楼建设；分别投入500万元、250万元实施洛王中学和望岳小学薄改项目。

【学前教育】 完成市、区两级实事工程东升中心幼儿园改造工程，投入中央专项资金114万元，并于11月底通过验收。对全区申办普惠性幼儿园的单位进行实地考察，有105所幼儿园被认定为普惠性民办幼儿园，发放上级专项奖补经费516万元。组织开展幼儿园园长专业能力大赛，通过片区初赛、区级复赛，推选了簕杜鹃幼儿园钟桃、聪明树幼儿园谌孟君参加市级决赛，均荣获一等奖，区教育局被评为优秀组织奖。

【社区教育】 加强社区教育载体建设，组织开展系列社区教育活动，20万余人次参加讲座培训，3.6万余人次参加各类市民学校培训。培育建立“社区学习圈”，在条件成熟的社区打造“人人皆学、处处可学”的“社区主题学习圈”5个以上。加强课题研究，完成了《岳阳楼区社区教育中长期发展规划（2015~2020年）》编制工作。大力开展特色教育培训，积极推动主题教育进社区活动。

【安全工作】 加强学校及周边治安综合治理，出动执法人员230余人次，车辆60余台次，驱散游动商贩300余人次，行政处罚12人次，刑事拘留1人，收缴违规违法物品30多件，协调治理学校周边矛盾冲突5起。充分利用多种形式开展安全教育活动，向全区中小学生发放《防溺水至学生家长一封信》等宣传资料150000份；发放《平安楼区建设倡议书》宣传资料12万余份；发放《安安带你躲地震》科普教材10000份；发放《告校外午托家长书》40000余份。

【德育工作】 制定下发《岳阳楼区中小学2016年未成年人思想道德建设工作行事历》，活动开展条理清晰。大力推进中小学生心理健康教育，组建心理健康辅导教师专业团队。切实加强少年儿童的思想引领，全区各小学少先队组织集中开展“红领巾相约中国梦——关注‘十三五’、创造新生活”主题活动，团省委副书记、省少工委主任廖良辉重点对岳阳楼区少先队工作进行调研，为岳阳楼区今后少先队工作发展指明了方向。

【艺体卫教育】 2016年，举办全区中小学生篮球比赛，37个单位，43支代表队，500多名运动员参加了本次比赛；分片区举行中小学生田径运动会，学校参与率100%。积极组队参加市中小学生运动会，岳阳楼区分别组队参加了岳阳市中小学生运动会的初中田径、男子篮球、女子篮球等多项比赛。各项赛事均获得较好成绩。积极组织参加国家、省、市学生艺术节活动。由于组织得力，成绩突出，岳阳楼区分别被授予国家级、省级、市级优秀“组织单位”称号；东方红小学314班代表岳阳楼区参加全市、全省首届成建制班级合唱暨“童心向党”歌咏比赛活动，获市级一等奖第一名，省级一等奖。

【教育人事】 2016年，共交流校长5名、学校中层行政干部19名，目前全区校长交流率达100%。共交流异动教师（含公开招聘、定向培养教师）138人，其中有73名教师交流到偏远薄弱学校，25名教师由偏远薄弱学校交流到中心城区学校，40名教师在中心城区学校内部进行交流。同时，区教育局继续改革创新，将新招聘的64名教师，统一安排至城区优质学校进行半年跟班学习，学校选派骨干教师进行拜师结对，进行“一对一”的指导和培养。学习完毕后，新进教师将带着良好的教学经验，前往自己编制所在偏远薄弱和农村学校任教。

【学生资助】 2016年，为9366名学生免费提供教科书和教辅资料264万元；为563人次家庭经济困难寄宿生发放生活补助34万元；为3480名家庭经济困难幼儿发放入园补助金达174万元；为1850名家庭经济特别困难学生、残疾人学生及残疾人子女免费提供教辅资料和作业本费达34.6万元；联合扶贫办，为2016年建档立卡贫困户在读的335名学生共资助33.89万元。

【科技创新】 积极开展常规活动，在第37届全国青少年科技创新大赛中，岳阳楼小学的综合实践作品《传承经典 共享文化—国家非物质文化遗产巴陵戏传承现状调研》获三等奖、站前小学的创新作品《可控钢性空腔翼 防倾覆装置游轮》获二等奖。第十七届全国中小学生电脑制作活动中，岳阳楼区获市级一等奖5个、二等奖9个，三等奖4个；其中广场小学和寄宿制学校的作品被市级选送参加省赛。

【师德师风】 2016年，评选表彰“2015年度优秀工作者”343名。推荐评选表彰市级优秀校长3名，优秀班主任8人，师德标兵1人，优秀教师3人，先进教育工作者1人，优秀教研员1人，优秀“三区”支教教师5人。评选表彰了区级优秀班主任26名，师德标兵20名，优秀教师46名，先进教育工作者26名，优秀教练员7名，优秀幼师50名，并通过报刊、网络、电视台向社会进行宣传推介，凝聚了正能量。加强教师培训，参加国培、省培1727人次，其中集中培训104人、远程培训1023人、送培到县600人；参加市级培训教师389人次、参加区级培训的教师2547人次。

【纪检监察工作】 制定下发《岳阳楼区教育局领导班子成员2016年党风廉政建设职责》等文件，修订《2016年学校落实党风廉政建设目标考核细则》。加大常规督查力度，成立专项整治工作督导小组，以片区为单位，派出8个督导小组，通过查阅资料和实地查看等方式对学校的专项整治工作进行评价，本年度已进行两次专项督查。加大问责力度，严格责任追究。2016年，共谈话400余人，函询督办6起，立案5起，其中行政立案4起，党纪立案1起，行政警告处分3人，降低岗位等级处分1人，党内严重警告处分1人，诫勉谈话1人，形成有力震慑。

【教育工会工作】 组织学校工会主席专项培训，认真落实《学校教职工代表大会规定》，组织教师学习《中华人民共和国教育法》《中华人民共和国义务教育法》《岳阳楼区教师行为十不准》等教育法律法规，进一步提高教师的政治素养和职业道德。组织各学校为全区2100名女职工购买了双癌保险、幸福家庭保险，为3位得乳腺和子宫癌的女老师获得理赔金和市总、区总年终慰问，以解燃眉之急。要求全区49所学校组织老师体检4000多人次。2016年，筹资25万元慰问了240多名特困老师。

【党建工作】 深入开展“两学一做”和“巴陵先锋先行”主题学习教育活动，局党委班子成员共讲党课28节，各基层支部书记讲党课320节。举办教育系统书记讲党课竞赛，全区共有7名学校党支部书记参加了讲党课竞赛，经过专家评委评议，共评出特等奖一名、一等奖三名、二等奖三名。欧阳国清、彭习林还被区委宣传部推荐到全区巡讲。

【教育阳光服务平台建设】 2016年，受理各类信访件1208起，其中省阳光服务平台14起，市阳光服务平台56起，省、市、区长信箱52起，电话问政4起，领导批件28件，公众服务热线638件，来电来访416件，办结率达100%，群众满意率达到98%。

【督导工作】 对全区中小学2015年度工作进行了综合考评。2016年1月13日至23日，教育督导室牵头组织各职能股（室）分成六个组，对全区中小学2015年度工作进行综合考评。检查组根据《岳阳楼区2015年度学校发展性评价综合考评细则》，通过查阅资料、实地查看、师生座谈等方式，对学校在年度重点工作、“三园创建”、自主发展等方面的工作进行全面考评。区教育局根据综合考评结果确定了29个先进单位。12月5日，岳阳市教育体育局副局长喻玲玲率督查组一行对为民办实事工程、乡村教师支持计划以及全年重点工作、特色工作推进情况分别开展验收、督查和调研工作。

文化体育

【概况】 2016年，岳阳楼区文体新局围绕中心，服务大局，联动基层，按照解放思想、创新举措的总体思路，扎实开展国家公共文化服务体系示范区创建，推进文化体育事业快速发展。

【公共文化服务体系示范区创建】 从2013年开始，按照中部地区标准，创建国家公共文化服务体系示范区。经过三年的努力工作，从公共文化设施网络建设、服务供给、组织支撑、资金人才技术保障、服务评估五个方面，打造了洞庭街道文化站、大桥湖社区文化活动室、枫树新村社区文化活动室3个示范点工程。在2016年4月26日国家创建检查组的验收中，示范点工程得到文化部、省文化厅领导及检查组专家的充分肯定，被市创建办评为全市先进单位。

【群众文化】 组织开展“汴河街春节庙会”、“我们的节日·春节·元宵·端午”文艺汇演、第六届社区艺术节、“岳州讲堂”等品牌群众文化活动。2016年共开展大型群众文化活动10场次，“送文化下乡（进社区）”活动30场次，城区3000余名文化志愿者和219支社区文艺团队开展自娱文体活动682场次。12月28日，“七送一展”文化惠民系列活动正式启动，活动以“春风告诉我”为主题，结合节庆文化，采取送摄影、送歌舞、送春联、送图书、送电影、送戏剧、送讲座和开办美术培训成果展的方式进行。历时一个半月9个场次的系列活动，为城区居民元旦、春节期间的文化生活增添了新的内涵。

【基础设施建设】 按照打造城市“10分钟文化活动圈”的要求，对洛王街道综合文化站、杨树塘社区文化活动室进行了标准化改造。将省体育局配发的“10+1”和“9+1”健身器材全部发放到各

2016年4月26日，国家创建检查组在我区大桥湖社区检查示范点工程建设情况，省文化厅、市文广新局、区政府主要领导陪同（区文体新局供稿）

2016年1月18日，启动“我的中国梦·文化进万家暨文化志愿者在行动”活动（区文体新局供稿）

2016年2月22日，“我们的节日·元宵”群众文艺汇演（区文体新局供稿）

2016 年 6 月 8 日，“光荣与梦想——我们的节日·端午”大型群众文艺晚会（区文体新局供稿）

2016 年 12 月 28 日，春风告诉我——岳阳楼区文化志愿服务“七送一展”跨年系列活动启动仪式（区文体新局供稿）

2016 年 6 月 20 日，楼区第一台电子图书借阅机投用（区文体新局供稿）

2016 年 10 月，楼区组织中小学美术老师暨社区美术专干业务培训（区文体新局供稿）

社区，新建全民健身路径工程 50 处、社区健身小广场 19 处，并成功将胥家桥社区多功能健身场、洞氮小学笼式足球场两个项目申报为国家体育彩票基金扶持对象。区本级全年新增公共文化体育设施 87 处，新增面积 34881 平方米，城镇居民人均拥有公共文化体育设施面积达 3.7 平方米。

【公共文化服务网络建设】

通过资源整合，把文化志愿服务与精准扶贫、就业创业、青少年课外辅导、爱心慈善和城市网格化管理有机结合起来，形成全方位志愿服务的合力，引导志愿者向留守儿童、空巢老人、残障人士等特殊群体展开文化服务，《岳阳楼区通过设立社区文化指导员力推文化惠民》刊登于《湖南宣传》2016 年第 6 期。启动图书馆总分馆制试点工作，建成分馆 3 个，数字图书馆（依托市图书馆）1 个。6 月 20 日，第一台 24 小时自助电子图书借阅机正式投入使用，资源服务实行“一卡通”。10 月 ~11 月，组织全区各街道（乡）文化站长、社区文化专干、基层文艺团队骨干 280 余人，开展了为期一个月的业务培训与辅导。

【文化遗产保护】

认真贯彻落实《文物保护法》，圆满完成全国第一次可移动文物普查工作。6 月 11 日，在金鹗公园东广场举办“让文化遗产融入现代生活”为主题的全国第十一个文化遗产日宣传活动，通过宣传条幅、主题展板、现场咨询等方式，向群众宣传文化遗产保护常识。组织开展《“讲文物故事，知家乡历史”文物保护单位解说词征文》活动，《讲三眼桥》获“首届湖南省文物价值解读与传播大赛优秀解说词评选”活动一等奖。“洞庭渔歌”传承研究课题在全市基层宣传思想文化工作评选活动中获课题创新优秀奖。

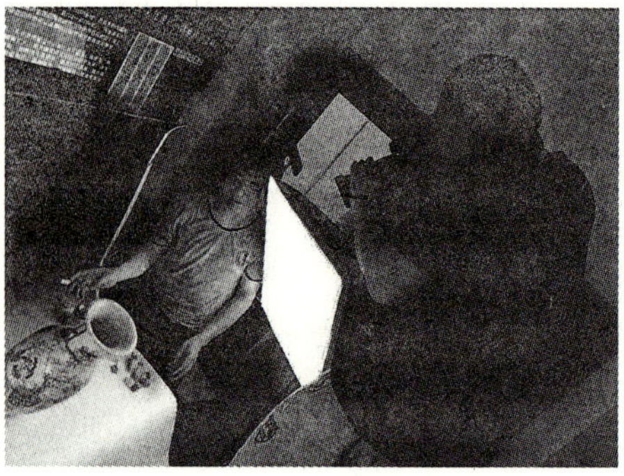

可移动文物普查（区文体新局供稿）

全国第十一个文化遗产日宣传活动（区文体新局供稿）

【市场管理】　全面落实省、市关于加强安全生产的工作要求，重点加强对网吧、KTV、电子游艺厅、音乐酒吧、游泳馆等公众聚集文体经营场所的行政许可审批工作，建立基本情况、应急预案、安全隐患、检查纪录、整改落实五本台账，对审批项目严格执行消防安全前置许可，对未经消防安全检查或检查不合格的项目申请，一律不予核发经营许可证。全年配合市场执法部门、公安机关、消防部门开展安全生产联合检查行动5次。同时，按照深化城市文明创建和未成年人思想道德建设工作要求，配合市文化市场综合执法局开展“护苗·2016”、“清源·2016”、“净网·2016”等“扫黄打非”专项行动。

【群众体育】　4月23日，组织全区近2000名干部职工开展第二届“阳光心态、活力楼区，千名干部万米同行”活动。承办区第三届干部职工“羽毛球、乒乓球、拔河、篮球”比赛，活动历时两个半月，各乡、街道、区直部门共55个单位622人参赛，观赛人数达5000余人。11月，组织全区近2万社区居民，通过各种形式参与了由全国体育总会主办的全民健身挑战日活动。在全国“日行万步”健康行活动中，获活动组织全国第一和网上征文评选第一。体育彩票发行在重新起步的情况下，超额完成了市定2000万元的销售任务。

2016年4月23日，第二届“阳光心态、活力楼区，千名干部万米同行”健步行活动（区文体新局供稿）

2016年8月1日，第三届干部职工“羽毛球、乒乓球、拔河、篮球”比赛开幕式（区文体新局供稿）

2016年9月19日，第三届干部职工“羽毛球、乒乓球、拔河、篮球”比赛闭幕式（区文体新局供稿）

卫生和计划生育

综 述

【概况】 2016年，岳阳市岳阳楼区有区属卫生计生单位28家，其中执法、专业公共卫生计生服务机构5家（岳阳楼区卫生计生综合监督执法局、岳阳楼区疾病预防控制中心、岳阳楼区妇幼保健计划生育服务中心、区血防站、区药具站），公立、专科医院3家（岳阳楼区人民医院、岳阳口腔医院、岳阳肛肠医院），社区卫生服务中心15家、乡卫生院1家，局属二级机构4家。业务指导管理的其它医疗机构共248家（民营医院5家、社区卫生服务站39家、村卫生室13家、医务室门诊部和个体诊所191家）。岳阳楼区卫生计生系统有工作人员1239人（在编647人、临聘592人），离退休人员358人。

【工作成效】 2016年，岳阳楼区卫生和计划生育局做精做细社区卫生，做特做优基层中医药，做均做严公共卫生，以卫生计生融合发展为路径，全面深化医改和计生服务管理改革，实现预期目标，取得较好成绩。枫桥湖街道社区卫生服务中心被评为全国百强优秀社区卫生服务中心，郭镇乡卫生院被国家卫计委和农卫协会授予“群众满意的乡镇卫生院”的荣誉称号，梅溪乡卫生院湛祥辉获评全国第五届乡镇卫生院优秀院长。城陵矶、岳阳楼、望岳路和吕仙亭街道办事处先后创建全省依法行政示范单位；学院路、南湖、杨树塘和南岳等8个社区分别创建全国和全省计划生育自治工作示范村（居）。

基层医疗卫生服务能力提升

【基层卫生服务体系建设】 区妇幼保健计划生育服务中心项目已进入环评及居民楼采光影响补偿协商阶段，2017年1月动工；洞庭中心于2016年11月18日搬入新址办公，各项业务工作有序运转；东茅岭中心将于2016年12月底投入使用；王家河中心已启动建设，预计2018年底完工。

【打造一公里医疗服务圈】 2016年，着力打造一公里医疗服务圈，充分结合岳阳楼区社区治理和服务创新“三合一”工程，积极探索将岳阳楼区15家社区卫生服务中心和1家乡镇卫生院对接湖南省湘雅医院实行远程心电图会诊。同时，以岳阳楼区人民医院为纽带，与省、市级医院签定了技术帮扶和双向转诊协议，各级医院专家定期到基层社区医院进行坐诊、查房和带教，满足群众全方位、多层次、多样化的医疗卫生需求。岳阳楼区一公里医疗服务工作经验在《岳阳日报》和《岳阳新闻》中进行了连载报道。

【卫生计生综合监督执法】 2016年，对岳阳楼区300多家个体医疗机构进行了医疗安全质量的督查并通报，基本杜绝医疗事故发生。联合多部门开展集中“打非”专项整治行动10余次，取缔非法行医44家，没收药品94箱（袋），对近几年没收的医疗器械、药品进行了集中销毁，打击非法行医专项整治行动取得成果。

2016年，楼区卫监部门集中销毁查没非法医疗器械及药品（区卫计局供稿）

【人才队伍建设】 2016年，以“岗位培训”和“周末讲堂”为载体，多形式全方位加强人才队伍建设，全年共选派300余名符合条件的人员参加国家、省、市卫生部门举办的各类业务培训，累计举办专家专题培训20余期。以创建“国家优秀社区卫生服务机构”和全省满意社区卫生服务中心为契机，全系统形成创先争优氛围，其中，枫桥湖街道卫生服务中心成功创建为全国百强卫生服务中心，三眼桥、城陵矶街道卫生服务中心成功创建为全省满意社区卫生服务中心。

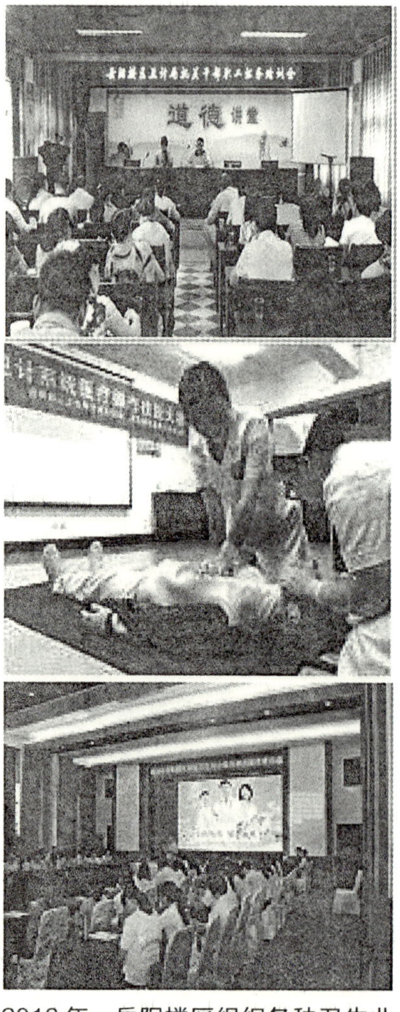

2016年，岳阳楼区组织各种卫生业务培训（区卫计局供稿）

公立医院改革

2016年，公立医院改革工作按目标进度推进，制订《岳阳楼区公立医院综合改革试点实施方案》（岳楼政发〔2016〕8号）和医疗服务价格改革方案。2016年10月1日正式启动了药品零利润同步实施调整以后的医疗服务价格，对三家涉改单位调整医疗服务价格，严格执行基本药物处方评价制度和规定药占比例，实行重点药品监管，确保药品耗材零差率销售，使岳阳楼区群众共享医改红利。

疾病预防控制

【卫生应急】 2016年，实行区域联防联控，制定完善应急方案预案，加强应急队伍演练培训，配备配齐应急药品物资。在岳阳楼区38家医疗机构、全部中小学等均建立全面疫情报告体系。规范各种应急事件处置流程，落实24小时应急值班制度，确保30分钟内完成应急响应。

【基本公共卫生服务】 截至2016年10月底，岳阳楼区服务受益人口近40万，免费为65岁老年人体检5.5万人次，免费健康指导2.8万人次，免费新建电子档案3.1万份、更新电子档案11万份，累计建档56.3万份，档案管理率达86.7%，规范管理慢性病患者2.8万人次，高血压病人管理2.3万人、Ⅱ型糖尿病人管理0.89万人、重性精神病人管理2101人、免费预防接种儿童28万人次。

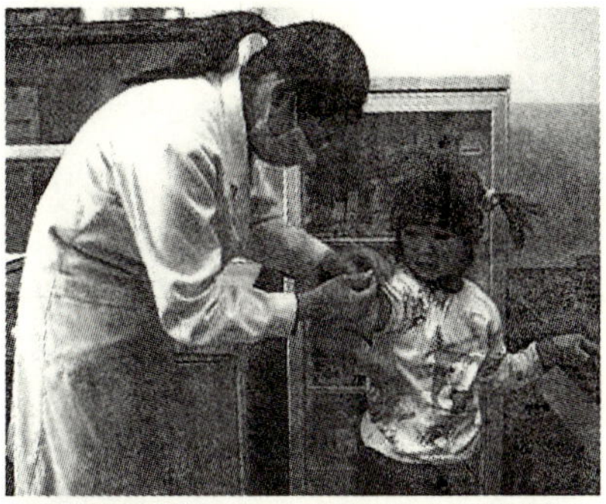

岳阳楼区社区卫生服务中心正在给儿童做疫苗搁（区卫计局供稿）

【重点疾病项目管理】 2016年，加强艾滋病、结核病等传染病综合防控。抓好重点人群健康管理，规范高血压、糖尿病、老年人和重性精神疾病等管理。截至2016年9月23日，岳阳楼区根据湖南省委省政府重点民生实事项目要求，已救治救助符合要求的重性精神疾病患者85人。

【血吸虫防治】 2016年查螺灭螺和查病治病等均完成或超额完成年度工作任务，沿湖流动人员血防管理作为洞庭湖生态建设典型在全国推广。2016年共灭蚴面积300万平方米，完成年计划任务150%，“急血”防控每个环节工作都落实到位，岳阳楼区没有发生“急血”病例，共查病乡（办）11个，村（社区）70个，查病58852人次，完成年计划任务的332.50%，其中渔民236人次；化疗5006人次，完成年计划任务的113.77%，其中渔船民236人次；救治晚期血吸虫病68人。

计划生育工作

【构建社区网格化管理模式】 2016年，结合全面开放二孩政策，充分利用区政府网格信息平台，将岳阳楼区计划生育分成577个网格，形成居委会主任—社区工作人员—楼栋长为线条、社区居民积极参与、社区党支部为核心的条块结合的社区网格化管理模式。联合公安、民政、教育等系统，结合医疗系统的出生证管理，预防接种信息、医疗就诊信息，通过入户访问，建立村原始记录管理、统计台账、资料归档管理规范。

【落实计划生育惠民政策】 2016年，落实全面二孩政策，推行网上办证服务，加大生育关怀力度，及时兑现奖励扶助，岳阳楼区共为800余人实施再生育办证服务，确认计划生育“两扶”对象783人，岳阳楼区共发放提标资金和配套资金447.21万元，确认独生子女保健费发放对象4776人，发放资金114.62万元，区级配套发放城镇独生子女父母奖励金164.97万元。着力提高出生人口素质，孕产妇建卡率100%，早孕建卡率95.62%，产后访视率97.07%，孕妇筛查率93.52%，0~6岁儿童保健覆盖率92.54%，新生儿访视98.39%，完成孕前优生健康检查3122对，叶酸服用率99.73%，产前筛查综合到位率90.75%。

创新亮点工作

【参与全国“万步有约”健走比赛勇夺第一】 2016年，“万步有约”活动作为推动建设“健康岳阳”“健康楼区”的重要载体，来自岳阳市60多个不同单位的145名队友参加，获得全国总分第一、万步率第一、征文比赛总分第一、摄影比赛总分第一的好成绩，11月25日，岳阳楼区在国家卫生计生委主办的万步有约健走比赛颁奖典礼上，被授予金牌示范区。

2016年11月25日，万步有约健走比赛颁奖典礼（区卫计局供稿）

【探索医养结合】 2016年，积极探索医养结合，在三眼桥中心建立医养关爱中心，在社区探索居家的医养方式，如家庭病床、家庭护理、家庭康复等等。这些模式为满足老百姓不同需求提供了较好的服务。

【科学育儿试点工作取得成效】 2016年，科学育儿试点工作取得成效，运用新媒体搭建公众服务平台，建立起线上线下的科学育儿宣传教育模式，其先进经验在全省会议上做典型推介。

【实行积分制管理】 2016年6月以来，每周对积分实行网上动态通报，每月月终下发书面通报，进行集中讲评，并将积分与各种培训学习机会、评先评优、晋级晋职等挂钩。城陵矶中心在省技能比赛中获二等奖，区参赛队在市卫计委开展的预防接种知识竞赛中获得二等奖、在产科防治项目知识技能竞赛中获团体一等奖、在基层卫生岗位练兵和技能竞赛中获团体一等奖和两项个人一等奖。

党建行风建设

2016年，结合卫生计生行业特点，认真开展“两学一做”学习教育、“巴陵先锋先行”主题实践活动、“学亮比做”党员活动日等党建活动以及“雁过拔毛”和纠“四风”、“治陋习”等专项行动。精准扶贫结对帮扶34户，为每名家庭成员购买2017年医疗保险，免费送健康体检套餐34份，并送慰问金及物资8.5万元左右。

爱卫工作

【概况】 2016年，岳阳楼区爱国卫生工作依靠各委员部门和社会各界的大力支持与广大群众的积极参与，认真贯彻“政府组织、地方负责、部门协调、群众动手、科学治理、社会监督、分类指导”的爱国卫生工作方针，以优化人居环境，建设“清洁家园”为目标，以巩固国家卫生城市成果为中心，加大工作力度，强化工作措施，主动作为，积极开展城乡环境卫生综合整治，城市形象和品位得到进一步提升。

【城乡环境整治】 以垃圾清理、污水处理为重点，以基础设施建设为主要内容，扎实推进新一轮城乡环境整治工作。狠抓基础设施建设。投入资金近2000万元，共改造人行道900米，改造道路1620米，改造下水道1100米，安装护栏200米。共维修路灯3600余盏，新安装路灯947盏，制作路灯标示牌11000块，维修、更换下水道井盖680块，维护更新环卫设施510处。加强环境卫生整治。对梅溪桥文化用品市场、盖一市场、慈氏塔海鲜市场等20家农贸市场及其周边的环境卫生开展集中整治；对学校周边和中心城区无人管理区、破产改制企业及铁路沿线老居民区等死角死面加大了整治力度。全区共处理各类垃圾10110立方米，清运垃圾3150车，清除生活垃圾近71760吨。

【健康教育】 通过各种形式，大力宣传普及卫生保健知识，累计编发音像资料模版3种、健康知识讲座核心课件5种，宣传栏模版4块，发放宣传资料32000余份，向4.8万余人发送健康短信约28万条。以慢病防控、健康生活知识为主要内容，在城区主干道及文明路段的569个门店、单位LED电子显示屏上，广泛深入开展慢病防控宣传活动，由区疾控中心提供技术支撑，组织专家讲师开展“健康知识”巡讲达30余场，受益群众达3万人。

【病媒生物防制】 大力开展以除“四害”为主的病媒生物防治工作，全年共投放灭鼠药5120公斤，灭蚊、蝇药3500瓶，灭蟑药13600盒。积极组织专业技术人员8人，分2组，坚持每周一次，不间断的对全区1373个环卫设施开展全方位、全覆盖的杀虫、消毒行动。还对全区28个农贸市场开展喷洒杀灭蚊蝇、蟑螂药物。

【顺利通过国家卫生城市复审】 2016年是岳阳市国家卫生城市复审之年，按照《国家卫生城市标准》和迎检工作要求，制定具体工作措施，把工作任务和责任主体明确到事到人，定项目、定时间、定进度，抓迎检任务的落实，扎实开展“四大”行动，即大宣传、大督查、大攻坚、大扫除，营造了浓厚的创建氛围。全区各乡、街和职能部门认真履职、主动作为、积极配合，开展城区农贸市场卫生、“五小”门店卫生、城中村和城乡结合部卫生整治，下发督办函56份，区卫生、食药、工商、城管、环卫等主要职能部门开展联合整治行动29次。4月20日~4月22日岳阳市接受了省爱卫会对国家卫生城市复审的明查，并已顺利通过。

红十字会工作

【概况】 2016年，区红十字会认真履行自身职责，广泛动员社会力量，在三献（无偿献血、造血干细胞捐献、遗体和人体器官捐献）、三救（救灾备灾、应急救护、人道救助）等方面做了大量富有成效的工作。全区共有1102人参加无偿献血，献血总量约39万毫升，超额完成市定目标任务。

【开展无偿献血活动】 2016年12月30日下午，岳阳楼区2016年红十字工作交流及冬季备血工作会在政府6楼政协会议室召开，各街道（乡）、服务城陵矶新港区工作组、区人社局、区教育局、区卫计系统分管红会工作的负责人及红十字企业会员单位代表参加。5月8日是第69个“世界红十字日”，为大力弘扬“人道、博爱、奉献”的红十字精神，5月5日至6日，岳阳楼区红十字会以“血液连接你我”为活动主题，在区政府机关大院开展了红十字无偿献血献髓和应急救护知识宣传活动。区委书记秧励和区委常委、区委办主任李峰参与献血，用实际行动弘扬“人道、博爱、奉献”的红十字精神。广大干部职工积极响应，踊跃加入到无偿献血志愿者队伍，两天共有166人参加，献血量约5.5万毫升。

【参加中华骨髓库第6000例造血干细胞捐献大型公益宣传活动】 2016年10月19日，由中国造血干细胞捐献者资料库管理中心主办，岳阳市委宣传部、市文明办、省造血干细胞捐献者资料库管理中心、岳阳市红十字会、岳阳市人民政府献血办等承办的“我捐献·我健康·我快乐”中华骨髓库第6000例造血干细胞捐献大型公益宣传活动在岳阳市会展中心举办。岳阳楼区红十字会联合岳阳楼区卫生和计划生育局以协办单位的名义参加。仪式现场，中国红十字会副会长兼秘书长王平为全国第6000例造血干细胞捐献者熊军颁发了荣誉证书，湖南省人大常委会副主任王柯敏为岳阳授予“湖南省造血干细胞特别贡献奖”的奖牌，仪式最后，由中国造血干细胞捐献者资料库管理中心组织教育部部长靳伟民与岳阳市人大常委会副主任许伟奇共同发令，启动了以“传递爱心、健步同行”为主题的健步走爱心宣传活动，500余人参与了健步行走。活动现场岳阳楼区卫计系统组织100余干部职工参加了无偿献血，并同时进行干细胞留样，将干细胞分型数据加入了中华骨髓库。活动中，岳阳楼区红十字会志愿者向前来参加活动的干部职工及社区居民发放《红十字急救掌上学堂》宣传册、实地演示（心肺复苏、止血方法及创伤包扎的演示）、图板展示、现场咨询、问卷调查、分发纪念品等多种形式，多方位、多层次地开展宣传、咨询活动，在传递爱心的同时传播急救知识为中华骨髓库的建设贡献力量。此次活动共有161名志愿者参加无偿献血，献血量约5.4万毫升。

【红十字志愿服务工作】 2016年来，分别组织区红十字志愿服务队以协办单位的名义参加由市残联主办的“5·14”“8·8”和“10·15”“牵着蜗牛去散步——关爱智力残障儿童”大型公益活动；组织部门志愿者参与“5·12”国家减灾日的宣传工作；组织街道志愿者参与“6·14”世界献血者日表彰宣传活动；6月28日组织学生志愿者参加应急救护培训现场服务及倡议活动；联合岳阳市蓝天救援队针对全市中小学校开展“预防溺水、应急救护知识进校园”宣传巡讲活动；组织红十字会员企业及应急救援志愿服务队联合参与“7·10”华容新华垸抗洪救灾工作，发动志愿者捐献价值2万元的水和食品，成为第一支到达灾区的志愿服务队伍，帮助灾民缓解燃眉之急，充分彰显了岳阳楼区红十字队伍的凝聚力和战斗力。

【开展救助关爱活动】 2016年，为体现红十字人道主义精神，构建救助体系，彰显人文关怀，以帮助群众解决最直接、最关心、最现实的问题为出发点，弘扬人道精神，践行救助职责，深入开展关爱弱势群体等社会救助活动。通过与区新闻中心联系，开展《小天使基金》《天使阳光基金》的专题电视报道。积极开展“红十字博爱送万家”活动，2月3日，岳阳楼区红十字会联合岳阳市红十字会在东茅岭社区举行了

“博爱送万家”慰问活动。慰问对象以特困家庭和孤寡老人为主，此次活动共发放慰问物资棉被100床、棉衣75件，慰问金10000元。2015年10月21日，为五里牌街道高山坡社区一名先天性心脏病患儿向中国红十字总会申报了“天使阳光基金”，2016年4月13日总会审核通过，待患儿做完手术后，根据费用按照比例报销。2016年来开展“小天使基金”人道救助申报3人，申请救助基金8万元。9月10日向省红十字会申报以三献对象为主体的重大疾病及特困家庭救助人员10例，由省红十字会审批救助4例；对14例重大疾病及特困家庭向市红十字会申报人道救助；对5例重大疾病及残疾贫困家庭向市慈善总会申报了人道救助；区本级红十字会还对12例重大疾病及残疾贫困家庭进行了人道救助。南津港社区申报省红十字会“博爱家园”项目。积极开展精准扶贫活动，常务副会长兼秘书长蔡莉组织工作人员多次深入区服务城陵矶新港区工作组花果畈村开展扶贫帮困，与贫困户“认门结亲”，对两户帮扶对象进行走访慰问，制定帮扶计划，帮助其解决子女就业、医疗保险等问题。

【应急救护培训工作】 2016年，区红十字会将应急救护培训作为扩大红十字会影响力、提高红十字会工作水平的突破口，进一步拓宽培训对象范围，整合各方资源，巩固培训成果，针对全区机关、企业、社区、学校开展不同形式的应急救护知识宣传和培训，进一步提升应急救护知识的普及率。联合下发《岳阳楼区应急救护培训项目实施方案》《关于对社区网格员开展红十字救护员培训的通知》，要求全区机关事业单位按10%的比例、每个社区派一名网格员（由各乡办专干带队）进行应急救护员培训申报，以组织发动机关工作人员应急救护知识培训工作为引擎，全面推进应急救护培训“进机关、进社区、进学校、进企业、进农村”。2016年，完成红十字救护员培训13期，培训学员650人；完成应急救护知识普及培训27次，普及人数约14760人；完成群众性应急演练4次，1万余人参加；完成主题宣传5场，约4300人参加。8月8日，岳阳楼区应急救护培训工作在全省红十字工作会上发言，其工作经验和方法在全省推广。2016年项目工作被岳阳市红十字会评为“红十字应急救护培训项目工作先进集体”。

乡、街道、工作组概况

郭镇乡

【概况】 郭镇乡地处市区南部，东南与岳阳县新开镇接壤，西南与岳阳县麻塘镇为邻，西连南湖新区龙山管理处，北接奇家岭办事处，距中心城区7千米。辖区面积20.5平方千米，其中耕地面积4307公顷。辖麻布、磨刀、建中、枣树、马安5个村民委员会，65个村民小组。总人口约3.4万人，其中常住人口9255人，院校师生约2.45万人，常住人口全部为汉族。基层党支部15个，党员434人。辖区有岳阳职院、湖南民院两所高校，有1所初级中学、2所小学。

【党的建设】 2016年，以"抓党建促发展，强队伍增活力"的党建工作理念，完成乡党委、人大、政府换届选举，开展"两学一做"学习教育、"巴陵先锋先行"主题实践活动、"雁过拔毛"和"纠'四风'治陋习"专项整治。"两学一做"学习教育代表楼区迎省检，落实党风廉洁建设被评为区级优胜单位。

【重点项目】 2016年，有序推进麻布山健身乡村旅游项目建设，投入4000万元，进山主干道、山顶游步道、完成了景区停车场、排污管网、房屋立面改造等基础设施建设。加快旅游产业开发，建设农家餐馆26家、蔬菜种植园、水果采摘园各1个，麻布山景区知名度明显提升，旅游产业效益初步显现。

【社会稳定】 2016年，继续开展农村环境整治行动，落实日常保洁制度，村容环境保持长年整洁。深入开展"平安郭镇"建设，强化巡逻防控和专项打击，治安环境持续好转，群众满意度调查获评区级先进。深入开展安全生产行政执法监督年活动，积极创建安全生产市级示范乡镇，组织隐患排查整治行动35次，消除安全隐患52处，全年无安全责任事故发生。

【民生实事】 2016年，深入开展群众性文化体育活动，举办"文化、科技、卫生"三下乡活动2次、广场舞比赛3次。支持教育、卫生事业发展，下拨教育解困资金14万元，坚持常年开展校园周边环境整治行动。加强公共服务设施建设，完成了马安村安全饮水提质增效部分工程，新建了建中村便民服务平台，养护、硬化村组道路4.2千米，增补路灯45盏。

【精准扶贫】 2016年，实施精准扶贫战略，引导麻布山片区贫困户发展旅游产业和从事旅游服务工作，以旅游产业带动群众脱贫致富，将符合低保、“五保”条件的贫困户全部纳入救助保障范围，兜底保障特殊贫困户脱贫，省扶贫办年度验收确认421户、873人成功脱贫。

【社会保障】 2016年，推进社会保险面扩面，农合参合率达到99.6%，城乡社保参保率达到92.5%。加强民政救助，低保、“五保”应保尽保，大病救助299人，危房改造24户，发放解困慰问资金80余万元。

枫桥湖街道

【概况】 枫桥湖街道办事处地处岳阳市区东北部，总面积7.53平方千米，辖新胜、大屋湾、康岳、琵琶王、湘爱园、枫桥湖、甘塘坡、青年堤8个社区居委会，常住人口31100人，暂住人口约27000人。2016年，在区委、区政府的坚强领导下，枫桥湖街道紧紧围绕全面建成转型发展、创新创业核心引领区战略目标，团结和带领广大干部群众，全力推进满意街道、法治街道、服务街道、幸福街道建设，圆满完成全年各项工作任务。

【党的建设】 按照中央和省委、市委、区委部署，在党员中扎实开展以学习总书记系列讲话、学党纪党规、做合格党员为内容的“两学一做”学习教育，下发学习资料714册，组织党组织书记讲党课12堂，开展“四讲四有”专题讨论共52场，工委班子召开专题民主生活会，各支部召开组织生活会并开展民主评议党员。落实党建工作责任制，健全“三会一课”制度，加强党员日常教育管理，发展党员共4名。认真贯彻区委第五次党代会精神，积极落实“党建+”系列工程。实行党建工作月检查、季讲评；年度党支部书记述职考评，促进党建工作常态化、长效化。开展基层党员干部“雁过拔毛”腐败专项治理，提高广大党员干部拒腐防变能力。

【产业发展】 开展“联手帮扶企业”行动，全力推进产业转型升级。完善和健全枫桥湖物流基地，为国联物流市场提供常年法律服务，现代物流业形成规模效应。推进市场功能一体化、专业市场品牌化，洞庭大道农贸市场建设总投资1600万元，现主体工程已竣工，预计2017年初可投入使用；新蛋禽批发市场新建项目土地审批手续已报批，预征土地已确定。促进房地产业健康发展，都市华庭房产项目地处东茅岭步行街商圈，项目总投资1.5亿元，总建筑面积2.59万平方米，复合青年公寓、商务、酒店、购物、教育、娱乐休闲等价值功能，现已建成对外出售，辐射带动效应日益显现。充分激发各类市场主体创新创业活力，全年新增注册企业90家、个体工商户447户，经济实现持续平稳发展，完成九华山片区1032户棚改征拆任务。

【社会治理】 健全法治网络建设，积极发展居民小组组长、楼栋长、物业公司及业主委员会成员为调解员，夯实街道、社区、网格三级调解网络，现有人民调解委员会13个，调解员49人。着力提升调解员能力水平，借助律师团队力量开展调解员培训，组织调解员在法庭听律师发表优秀辩护词，调解员业务素质明显提升。2016年依法妥处信访案件34起，调解矛盾纠纷128起，办结“12345”热线督办单367起，实现“案结、事了、人和”，街道司法所被评为“省级规范化司法所”。大力开展平安创建活动，评选平安家庭4600户，平安店铺388家。联合公安机关依法打击各类违法犯罪，捣毁涉枪团伙1个，抓获涉黑人员8人，涉黄人员7人，涉毒人员4人，销毁电游赌博机86台。严格落实新安全生产法，建立健全“党政同责、一岗双责、失职追责”的安全生产责任体系，严格监管生产安全、消防安全、食药安全，排查整改兴富小区驳岸、岳城旧改围墙开裂等重大安全隐患8处，开展12次烟花爆竹清缴行动，在规模以上企业、加油站、储气站组织消防应急演练10余次，建立甘塘坡社区微型消防站，取缔非法诊所5家，移交非法行医人员2名，辖区未发生较大以上安全责任事故。

【城市管理】 2016年构建“大城管”工作机制，2016年开展拆违行动26次，出动执法人员864人次，拆除违法建设4875平方米，其中拆除2016年新增违法建设50平方米，拆除2012年以来新增违法建设1825平方米，存量违法建设片区清零3000平方米，实现“新增违建为零、存量违法建设负增长”。坚持严肃问责、严格把关、阳光公开，上报审批房屋维修和偏杂屋建设39户，7户民生建房竣工验收，未出现一例超层超面积现象。开展环卫提质行动，实行“一天一督查、一周一讲评、一月一排名”，现有环卫工人200名，环卫清扫面积扩大到78.87万平方米，主干道路、居民点环卫力量覆盖率100%。加大环卫设施维护力度，新建、维修垃圾屋12个，添置垃圾桶320个，启动枫桥湖公厕垃圾站项目。协助做好数字城管建设工作，从严整治出店占道经营，从严整治马路市场，全年纠正门店占道经营1300多起、零摊游贩2382起，劝导“三乱”车辆631起，规范广告牌23个，拆除过街条幅35条，拆除违章棚亭8个，实现“商户进店、游摊进市、杂物进屋”工作目标。

【民生实事】 着力打通联系服务群众“最后一步路”，认真贯彻落实社区管理“1+6”文件，推进社区规范化建设，青年堤社区办公用房建设即将开工。全力推进社区治理和服务创新，实行社区网格化管理、公共服务和社区居民自治“三合一”，8个社区共划分53个网格，采集录入信息20408户54316人，完成辖区居民信息采集工作。窗口公共服务平台受理办结事件678条，公共服务体系建设效果明显。加强社区协商共治，引导居民通过议事委员会、业主委员会协商解决下水道疏通、道路维修等问题12个，居民自我管理和自我服务意识不断增强。实行社会救助“阳光工程”，采取纪委抽查、社区交叉检查、民主评议等办法，实行低保动态管理，现有低保户1541户2287人，月保障金60.7万元；为61户困难家庭办理医疗救助20.6万元；为特困低保户申请住院救助66人次。

奇家岭街道

【概况】 奇家岭街道地处城乡结合部，前身为北港乡。历经两次区划调整后，现下辖学院路、奇家、奇西、蔡家4个社区和仓田1个行政村，35个居（村）民小组，辖区面积14.69平方千米，总人口约5.6万人，辖区内有湖南理工学院、湖南民族职业学院、岳阳市第一职业中专等单位9家。现有班子成员9人，内设股（室）4个、事业站所6个，在编在岗人员98人，退休人员46人。2016年，赶山东路征拆工作创造了楼区征拆工作的新速度，项目部在区综合绩效考核中被评为全区突出贡献奖；学院路提质改造完成，融城步伐加快提速；禁违拆违治违工作在综合考评中被评为全市先进基层单位；生猪禁养工作得到了市区两级领导的充分肯定；爱卫工作经验在全区范围内推介；城管环卫站被评为岳阳市第五届“富民强市”模范单位；学院路社区网格化管理事项办理在全年考核中排名全区第一。

【项目建设进展顺利】 2016年，在建项目有赶山东路征拆项目、蔡家安置房项目、羊角山垃圾封场项目。其中赶山东路征拆项目于2016年1月27日正式启动征拆，4月30日全面完成拆迁腾地任务，共征收土地313.67公顷，拆迁房屋67栋2.7万平方米，安置人口285人，迁移坟墓446座；蔡家安置房项目两栋160套的安置房主体已经竣工，配套及附属工程进入扫尾阶段，预计2017年5月底交房；羊角山垃圾场封场项目已完成总工程量的92%，已进入绿化阶段。同时，仓田蔬菜交易批发市场土地收储项目完成了调查摸底、项目概算及财政评审等工作，学院路、奇康路提质改造项目已完成前期摸底工作。

【市容市貌大有改善】 努力改善城市环境卫生，平整建筑垃圾堆放场30000平方米，疏通污水沟2000余米，新建垃圾屋9座，购置微型垃圾桶500个，新装垃圾门46扇，新建灭鼠站700座。大力整顿占道经营、非法户外广告、流动摊贩，拆除违章棚亭8处，规划夜市经营户19家，清理非法户外广告100余块。开展“文明卫生家庭”评比活动，每季度对100户文明卫生家庭进行授牌、挂牌、发放纪念品，对10个临街门店的经营户进行特殊奖励。坚持铁腕拆违，开展大小拆除行动28次，拆除新增违法建设23处，占地面积3475平方米，拆除存量违法建设98处，面积13142平方米，处理居民投诉电话8个，受理并回复市“禁违”办挂号单156封。扎实开展生猪禁养工作，2016年5月启动了生猪禁养工作，10月全面完成了奇家社区、奇西社区、仓田村环南湖和北港河周边的49户生猪养殖户的禁养任务，共退养生猪6547头、拆除栏舍15826平方米。

【实事办理卓有成效】 坚持从群众身边的问题入手，着力解决“灯不亮、水不畅、路不通”等问题，修复破损路灯30盏，蔡家自来水改造项目已完成工程预算及管道设计，学院路中学门前150米长道路完成提质改造。全力推进社会保障工作，为12345人办理医保缴费，3412人办理养老保险缴费，194人办理失业证。扎实做好社会救助工作，街道共有城市低保救助对象1045户，农村低保救助对象158户，全年新增审批41户，提标保障174户，并对条件改善不符合低保救助的68户予以清退。大病救助79户，发放救助金12.3万元，临时救助43户，发放临时救助金16.88万元。为14户无房户申请廉租房补贴11160元，对79户廉租房补贴户进行了年审，清退不符合对象9户。为355人办理了残疾人两补，发放补贴213000元，办理老年证55个，为82名失能半失能老年人发放补助金6.484万元。

【社会事业齐头并进】 深入推进精神文明建设，开展各类文化活动46次。在春节、端午、中秋等传统节日期间，开展送对联、关爱孤寡老人、文艺表演等主题活动，弘扬了中国传统文化；在“六一”“七一”“十一”等重大节日期间，开展关爱儿童、慰问抗战老兵、升国旗等专题活动，传播了社会正能量。扎实推进社区治理和服务创新工作，4个社区29网格已全面启动网格化管理工作，录入房屋5396栋，33588人，单位门店1033家，仓田村“三实”工作采集房屋642栋，2285人，单位门店72家。全年共受理系统上报事件68件，办理公共服务事项8061件。全面完成了仓田村153户贫困家庭脱贫任务。努力提高计生服务水平，2016年街道出生人口551人，其中政策内生育538人，符合政策生育率97.6%，完成手术47例，网上办理各项证件426本，完成免费孕前健康检查196例。

【社会大局平安稳定】 开展打击“黄赌毒”专项整治行动，捣毁麻将机25台，抓获吸毒人员2人，并对9名吸毒人员采取了帮控措施。努力化解矛盾纠纷，处理信访矛盾77起，回复“12345”热线318条，市、区长信箱28件，成功调处各类矛盾纠纷91起，引导走司法程序8起，成功率为89.2%。坚持严抓好安全生产工作，对辖区内的10家幼儿园及校车、蔡家安置房项目、理工学院还建点、学院路社区危房等各类生产经营单位开展多次安全隐患大排查，发现安全隐患16处，查出无证生产企业2家、经营门店9家，均下达责令整改通知书。深入开展“查无证清死角端窝点”专项整治行动，对辖区内551家食品厂、餐饮店、学校等企业门店食品进行监督和专项检查，2016年共立案7件，其中“2·25”特大病死猪肉黑作坊案件由省、市司法部门立案，共刑拘10人。联合卫生、食药、公安等部门开展打击非法行医集中整治行动二次，取缔非法诊所3家。

【队伍建设不断加强】 2016年，纠正两个社区缴纳社保金个人部分少扣多交的问题，追回资金1.2万余元；对一名参与赌博的党员给予党内严重警告处分，对一名吸毒和另一名容留他人吸毒的党员分别给予组织除名处理。深入开展“两学一做”学习教育、“巴陵先锋先行”主题实践活动、“三大三强”行动、“学亮比做”活动，组织党员进行“四讲四有”专题讨论，持续开展书记讲党课、班子成员讲党课、“面对面微宣讲、点对点解疑惑”活动，组织广大党员集中学习十八届六中全会、省市区党代会等重要会议精神。

洛王街道

【概况】 洛王街道办事处地处巴陵东路以北，王家河水系以西，梅溪乡长动医院以南，京广铁路线、康岳社区以东。辖区面积约7.56平方千米，总人口7.5万。2002年11月由原知青场改制而成，现辖洛王、大桥湖、藕塘坡、瑶塘坡、花园坡、雷锋山6个社区。街道工委辖9个党支部，有直管党员569人。街道先后荣获“全国模范司法所”“全国示范乡镇街道工会”“全省创建和谐社区先进街道”“全省文明卫生单位”“湖南省先进基层武装部”等多项荣誉称号。

【街道机关搬迁】 2016年为配合棚改拆迁工作，街道党工委提出了“选址适当、装修简洁、功能集约、不举新债、搬迁顺利”的工作要求，成立了两个领导小组。一个由汤友华街道纪工委书记负总责的搬迁过渡领导小组，实现了4月9日按期搬迁机关的目标；另一个由柴石球街道办事处主任负总责的筹建领导小组，区政府打报告到市政府，且协调四位市级领导签字的筹建选址前期工作目标。

【社区党建创新】 一年来进行了有效的探索。一是积极探索大桥湖社区党支部和洛王社区党支部升格为党总支，下辖党支部管理党小组的组织模式。二是积极探索大桥湖、洛王、瑶塘坡、藕塘坡、花园坡、雷锋山等6个社区“孝悌忠信、礼义廉耻”八德微平台、微心愿、微服务的党建模式。三是积极探索街道按单位建立党组织，按行业建立党组织，按区域建立党组织的路子。大桥湖社区共接待中央、省、市各级来视察、参观考察的领导59批，上千人次。

【网格化管理和“三合一”治理工程】 改变了以往坐办公室，等待群众上门来的被动工作方式，对城镇居民的低保、养老保险、医疗保险等群众最关心、最现实、最直接的问题，积极主动上门服务，一站式服务，贴心代办服务，为强化管理意识，积极探索实行了网格化、数字化、一体化管理的新模式，配齐了39个网格员，强化了计生、综治、安全生产、禁违拆违治违的保位争位意识。办事处按区“大城管”的要求，整合了城管、工商、环保、安监、食药、禁违等单位为综合执法管理大队，通过严格科学的管理达到了统一指挥，不留盲区，协调配合，管理规范的目的。整合街道综治、司法、民政力量指导社区实行网格化管理，并建立健全了五本台帐：即低保户管理台账、残疾人管理台账、“两劳”释放人员管理台账、法轮功邪教人员管理台账、吸毒重症人员管理台账。实现了生猪禁养45户、6200多头任务的如期完成。实现了新增违法建设为零、存量违法建设拆除9900平方米。实现了年终困难慰问核减214户无一人上访的佳绩。实现了无一例非访的目标，彻底改变了以往“花钱买平安”的做法，原19户老缠访闹访户无一人超越政策底线。

洞庭街道

【概况】 洞庭街道办事处地处岳阳市西北端，东接枫桥湖，西临洞庭湖，南抵圣安寺，北至城陵矶，紧挨岳阳楼；沿湖风光带、洞庭湖大桥、杭瑞高速特大桥、蒙华铁路大桥穿境而过，水陆交通便利，湖乡文化浓郁，是紧靠大湖、大桥、大道的黄金水岸；因洞庭湖而得名，辖区总面积 8.6 平方千米，人口 1.2 万。下辖捕捞、东风湖、吉家湖、洞庭四个社区。2016 年，街道全体干部职工发扬“尚德求实，同舟奋进”的洞庭精神，以党建为统领，以棚户区改造、网格化管理、大城管为工作重点，以“洞庭渔歌”渔文化为特色，建制度、带班子，管队伍各方面工作都取得了显著成效。

【项目建设】 2016 年，国家级重点项目杭瑞高速特大桥、蒙华铁路洞庭湖大桥建设在岳阳楼区的部分已接近完工；市级重点项目开发中路第一期已完工，第二期正在按时间节点稳步有序推进；棚户（旧城）区改造项目方面，东风湖社区集体土地棚改共 52 户，除 2 户进入司法程序外，已全部签约并拆除；3517 棚改共 542 户，已签约 426 户，拆除 20 户（市定考核任务已全部完成）；白水磨子山棚改共 100 户，已签约 82 户，拆除 6 栋 48 户。

【文化品牌】 注重文化建设，促进社会和谐，积极组织传唱“洞庭渔歌”，通过洞庭渔歌传习队恢复编排洞庭渔歌剧目，积极把原生态的洞庭渔歌呈现给广大的岳阳市民；2016 年 9 月，在市委、市政府举办的“岳阳人物游岳阳”活动中，编排的 4 个渔歌形式节目，演出 10 多场，获得领导和市民的好评。既丰富了休渔期渔民生活，又成为服务渔民、服务群众的具体行动，更深刻地体会到洞庭渔歌文化的实质内涵。

【城市管理】 街道大力推进“大城管”工作，实行城管、环卫、爱卫、环保、控违、安监、禁鞭炮、食药等工作部门整体联动、结板成块。城管环卫工作开展以清洁家园为主题集中整治活动，共清理卫生死角 700 多处、乱堆乱放 2250 多处、瓷片油烟 200 多处、牛皮癣 30000 多处、建筑垃圾 580 多吨，清除杂草 30000 多平方米，打捞水面漂浮物 800 多吨、疏通下水道 1000 多米；2016 年，城管、环卫、环保工作被评为区级先进单位。安全生产工作开展禁鞭炮清缴活动 10 次，每周开展禁鞭炮宣传活动，并对各经营门店发放《关于依法取缔岳阳市中心城区无证经营烟花爆竹销售点的通知》《关于加强市中心城区燃放烟花爆竹安全管理的通告》500 多份；2016 年，共出现预燃炮情 39 起，经工作人员和社区专干巡查及时干预，已全部控制，街道是“零燃放街道”。深入开展洞庭湖水域码头专项整治行动，责成东风湖沙石码头限期整改。2016 年，安全生产工作被评为区级优秀单位。控建拆违工作大升级及片区清零的工作方案，确定清零的片区、相应对象共 10 户 1500 平方米，街道、社区干部实行一户一档一班人负责。2016 年共出动宣传车 6 台次，悬挂横幅 30 余条，张贴标语 200 余张，发放宣传资料 2000 多份。九华山棚户改造中东风湖片区拆除存量违建达 3135 平方米。食药监管工作辖区内共 255 家食品经营户，其中餐饮服务经营户 48 户、食品流通经营户 51 户、鲜活水产经营户 76 户、加工小作坊 77 家、认证企业 2 家、市场（农产品）1 家。对 77 家加工小作坊明察暗访掌握情况进行风险评估，完成了文明城市创建的检查，共出动执法人员1800人次，下达现场笔录及责令改正通知书300余份。

【党建工作提升】 全面开展“两学一做”“巴陵先锋先行”“学亮比做”活动，积极建阵地、活载体、新举措，全方位服务党员、帮扶渔民、帮助渔民转产转业，完成渔民上岸二期工程，让106户外湖渔民上岸定居。防汛中，由30个党员干部组成的两个“党员突击队”，分班24小时驻守大堤近30天，充分发挥了党员的先锋模范作用。2016年，街道承办省、市、区5次党建活动现场会，特别是10月份，街道党建工作接受中组部现场调研检查，得到肯定和好评。

【民生保障】 社区治理和服务创新工作已完成人口信息采集与录入比例101.5%，整体涉及522栋楼、3122户、9623人、单位263家。2016年开展网格服务878件，其中网格事件上报与办理共37件，居民服务登记841件，共办理各类公共服务事件9040件。城镇居民医疗保险共完成参保5397人，其中续保4941人，新增456人，收缴医保基金782160元；养老保险共完成169人（其中续保143人，新增26人），合计完成94400元的参保征缴，企业职工养老金资格认证840人次，社会保障卡开卡申请257人。就业保障通过市、区两级劳动力市场的现场招聘会、自主创业和自谋职业等形式，2016年共有736人就业，其中下岗失业工人再就业150人，城镇新增就业500人，退伍军人就业援助6人，就业困难对象再就业80人，便捷办理就业失业登记证。共办理138本就业失业证登记证，完成485本就业失业登记证的年审工作。

【社会平稳】 全年街道无传销、无黄赌毒、无重大刑事案件、无安全责任事故发生。坚持24小时巡逻防控，平安建设被评为区合格单位，确保街道辖区做到路面有人巡，社区内部有人管，居民楼栋有人守。2016年洞庭湖水位达到34.49米，达到历史较高水位，为确保防汛工作组织有力，街道成立了防汛工作指挥小组。确保汛期安全，受到省、市、区领导的一致好评，2016年防汛工作被评为区级先进单位。街道2016年共出生107人，符合政策生育率98.03%，出生性别比107，免费孕前优生健康检查完成区定目标任务48例。独生子女保健费兑现率、流入已婚育龄妇女孕检率、全员流入人口定位信息采集率、信息提交率、信息反馈率、流出人口办证率均符合上级各项指标，避孕药具计划发放率和随访率均在98%以上。群众对计划生育工作优质服务的满意率达90%以上。2016年被评为市级模范街道。

金鹗山街道

【概况】 2016年金鹗山街道东接迎宾路，西抵京广铁路线，南濒南湖水，北临青年路，辖区面积14平方千米。常住人口10.8万人，流动人口16140余人，辖区单位37家，民营企业78家，其中500万元以上规模企业有13家。下设太子庙、螺丝港、南津港、万家坡、金鹗山、夏万路、新桥巷、鹗西路、岳荣、重湖、良万社区居委会11个，直管党员总数1278人，近年来，街道、社区先后荣获“全国示范和谐社区”“全国青年文明社区”“全国群众体育先进社区”“全省社区建设示范社区”“全省最充分就业社区”等荣誉称号，计划生育、社会治安综合治理、爱卫创建、民政优抚等工作多次被评为市、区先进单位。

【经济工作】 2016年，街道着力强化“做所辖地域的大管家，做工程项目的大后方”观念，依托项目富民强街，大力优化辖区经济环境，加强项目跟踪服务。按照“急事不拖、难事不推、实事必办”的原则，全力做好协调，接待各类来访307次，处理各类紧急事件132次。妥善处置螺丝港社区原中闽电机厂、重湖社区恒大二期工程、太子庙廉租房、小街巷建设等项目建设引发的群众阻工事件16次。白水及磨子山棚户改造、磨子山拆迁还建、原中闽电机厂旧城改造、朱家咀征地拆迁、中南科伦土地收储等市、区重点项目顺利稳步推进。始终把优化环境作为发展经济的生命线，继续开展联点帮扶行动，实行“挂号销号”制度，认真协调解决了一批影响企业发展的困难和问题。2016年金鹗山街道党工委先后召开项目建设协调会61次，处理各类紧急事件50余次。

【党建工作】 金鹗山街道工委充分发挥了班子的整体功能，确保了科学民主决策。在“两学一做”学习教育活动中，工委班子坚持带头学习提高，带头接受教育，通过书记上党课、专家辅导、专题大讨论等多种方式，组织班子成员集中学习21次，原原本本学习了习近平总书记系列重要讲话精神以及中共十八届五中、六中全会精神，开展了“四讲四有”等专题讨论，班子理论素养和政治素质不断提高。在区委的统一安排部署下，扎实组织开展“提升党员干部群众工作能力”教育培训，培训干部300余人次，确保干部学习教育全覆盖。增强了党员、干部服务群众的观念和能力。把深入基层、服务群众作为干部转作风、队伍树形象的重点来抓，干部中深入开展“争当五个表率”“争当服务群众模范”主题活动。特别是在“巴陵先锋先行”活动中，街道50余名干部到社区认领服务岗位，与80多户社区居民群众开展结对帮扶，为社区居民群众解决实际问题130多个。街道着力健全和完善各种制度，严格执行和运用制度，做到了用制度管人管事、让制度发挥实在作用。

【城管环卫爱卫】 全面推动“大城管”工作，扎实开展“精细管理、美丽街道”环卫提质行动，对街道所有清扫保洁区域实行分片包干、责任到人的“网格化”管理，所有小街巷均实行16小时保洁。深入开展“六大整治”，重点对韶峰路、磨子山路、金龙巷、夏万路、农工商路等路段加大城管执法力度，2016年由城管环卫站召集城管中队、螺丝港社区、重湖社区对新桥巷和韶峰路马路市场占道经营、乱停车辆进行4次整治，共整治占道经营摊位70余个，乱停车辆60余辆。对旧城棚改工程项目区、重湖社区及岳荣社区乱堆各种旧家具、沙发、杂物、建筑垃圾等进行20余次的整治行动，共清理外运34卡车，并对云梦路、岳荣路、韶峰路撒漏渣土、污泥铲除、外运10余吨，清洗14次，营造了良好的市容环境。街道扎实推进小街巷提质改造惠民行动，总计投入资金520多万元，大力解决“灯不亮、路不平、水不通”等问题。由街道“大城管”和城管环卫站召集有关部门对夏万路、金龙巷、磨子山非法黑诊所进行整治，共关停6家非法黑诊所，收缴行医工具、医疗设备30余件，并对辖区内保持每月两次清查收缴禁鞭炮工作行动，共收缴鞭炮60余件，张贴发放宣传资料260余份。春节期间进行了清洁家园活动及市容环境整治活动，共清理外运80余车建筑垃圾及各种杂物。

金鹗山街道便民服务中心新貌（金鹗山街道供稿）

【综治维稳】 街道始终把维护稳定放在压倒一切的位置，以建设平安楼区、和谐楼区为主线，扎实推进综治维稳工作，实现了管理有序，大局稳定的目标。坚持依靠群众，做好信访维稳。工委一班人实行了联点工作制、包案工作制、周一例会制等制度，推行开门接访、主动约访、上门走访等措施，直面矛盾、敢于担当，提前介入，及时化解企业改制遗留问题引发的大型群访23起，主动约访90人次，办结历史积案30件，一大批老上访户均得到有效稳控。为了促进综合治理上台阶，提升民调满意率，街道结合社会治安情况通报会，认真开展书记访党员、联十帮一、信访积案大排查、民情大走访、干部夜巡等活动，共走访入户居民4000多户，收集信访治安问题100余起，化解100余起。2016年街道上半年和下半年的两次民调排名均名列前茅。坚持综合治理，整肃社会风气。深入推进平安街道创建，坚持开展班子带班巡逻、公安专业巡逻、乡街专职巡逻、社区义务巡逻，实现了24小时常态化、全覆盖的巡逻防控。坚持防治结合，抓牢安全生产。建立“拉网排查、防治结合”的常态安全监管机制，开展整治行动32次，出动安全生产执法300人次，执法60余次，出动车辆80余台。排查整改事故隐患60余处，对辖区内存在安全隐患的单位和市场下达整改通知书12份，关停非法生产企业2家，清缴烟花300余响，爆竹500余盘，新设维修消火栓13个。发放安全生产宣传册600余份。2016年，街道未发生一起重特大安全责任事故。

【社区建设】 2016年10月，金鹗山街道便民服务中心正式搬迁，当年太子庙社区、新桥巷社区、金鹗山社区办公用房相继投入使用。在南湖半岛项目全力争取了1300平方米的产权、1500平方米实际使用面积的三层楼，解决了重湖社区的便民服务中心办公用房问题，预计于2017年可投入使用。

【民生保障】 2016年街道工委始终坚持以人为本、民生为重，把惠民利民作为不懈追求，努力在改善民生上求实效，加强了对低保户的管理、进一步规范了民政专项资金的使用。对街道低保对象进行了入户调查，取消因退休进统筹、第二次就业人员享受社保医保人员的清理，共取消239户496人，新审批51户53人；发放春节慰问款71万余元，发放临时救济难4万余元，累计发放“解三难”资金17万余元，发放残疾人护理补贴和生活补贴683人396600元。大病医疗救助99人，廉租房补贴575户，其中新增41户。移民方面，跟进管理后扶移民工程，加大了对移民困难人员的帮扶，低保提标9户25人、大病救助4人，帮助移民户再就业7人。2016年实现城镇新增就业700人，实现失业人员再就业360人，按政策程序对2950人的“再就业优惠证”年审；并办理“就业失业登记证”206本。开展“献爱心”活动13场次，为132名贫困社区居民提供价值近10万元的爱心物资援助，动员社会爱心人士与贫困学子结成“爱心”对子，资助贫寒学子66人，资助金额达20万元。做实志愿服务，充分发挥“党员志愿服务岗”和“爱心超市”的作用，设立“难题墙”、“心愿箱”，开展志愿服务活动300余场次，切实架通了干群“连心桥”。有效实施“阳光救助”，开展就业帮扶。街道共计整合资金210多万元用于扶贫帮困，走访、慰问困难家庭200多户800多人，解决各类实际问题70多个。

岳阳楼街道

【概况】 岳阳楼街道办事处地处岳阳市中心城区西北部，面积5.76平方千米，总人口4.8万，下辖8个社区居委会，党员923人。辖区境内人文资源丰富，岳阳楼、三国鲁肃墓、岳州文庙、洞庭湖等一大批历史遗产和自然风景带座落在此。教育资源丰富，拥有百年历史的岳阳市一中、岳阳楼小学、岳阳市二中，在岳阳教育界享有盛誉。交通便利，南岳坡码头、岳阳楼客运码头、枫桥湖路是岳阳重要的客货码头和城市重要主干道。街道围绕“依托名楼优势，加快经济发展；弘扬忧乐情怀，构建和谐社区；力保高位态势、争创示范街道”的工作目标，各项社会事业得到全面发展。街道先后被评为全国先进基层党组织、全国计划生育依法行政示范街道，全国总工会示范街道、全国社区教育示范街道、全省先进基层党组织、全省社区党建和社区建设先进单位、全省五好“关工委”先进单位、全市学习型基层党组织、岳阳市五创提质先进单位、民本岳阳楼区建设红旗等称号。

【项目建设】 自2015年10月启动九华山片区棚改项目以来，街道抽调65名干部职工全力攻坚棚改，充分发挥征拆对象中的党员及涉公人员的核心引领作用，在项目中做到“五帮五带”。截至2016年年底，共完成签约942户，签约面积196268.28平方米，完成进度98%（剩余公转私9户，私房门面9户已完成司法程序）。改造际华3517工厂旧工业基地，围绕忧乐、军工、三国文化三大特点，开发建设洞庭文旅新城，目前已完成项目申报、规划设计、专家评审和3517厂区约1200公顷的拆迁腾地工作。依托郭亮红色爱国主义教育基地，完善郭亮烈士陈列展馆，新建郭亮红色文化背景墙，打造红色旅游观光区。加快改造城西老工业基地步伐，依靠洞庭湖、东风湖天然水资源建设岳阳新渔都、九华山公园及桥头公园生态休闲区，打造生态和谐、环境优雅的临湖新区。

【环境优化】 大力推行五星级文明店铺、6条文明样板路、7个共产党员示范小区的创建工作，不断优化人居环境。近年来，重点整治莱园坡路、际华路等路段秩序，综合治理洞庭湖沿线垃圾，着力解决圆方、九华山农集贸市场等基础设施陈旧、安全隐患突出问题，协调解决8个无物业管理小区脏乱差现象，不断提升文明形象。完善生活小区及景区周边功能设施，新建垃圾池5个，新增垃圾桶35个，新修灭鼠站38个，在景区设立共产党员志愿服务岗，新建生态停车场2个，全面翻新郭亮社区沿街门面，在岳阳楼社区新建消防微型工作站，在九华山社区东区和磷肥厂生活区修建三个“口袋”公园，为居民提供娱乐、休闲、健身环境。2016年初，街道成立城市管理综合执法大队，城管、环卫、安监、食药、卫生、派出所等多部门联合发力开展综合治理。重点打击非法行医、销售烟花爆竹等违法行为，排查整治安全隐患，强势推进铁腕控建、铁腕拆违，全年共开展专项整治行动28次，治理安全隐患36起，拆除违法建设1200平米。

【综合治理】 常态化开展自防自治、联防联治、群防群治，班子成员带班夜巡、双休日巡逻，建立全方位立体的防控网络体系，发挥矛盾调处中心及和谐宣讲团稳压器作用，全年共调处矛盾纠纷82起。开展“个十百千万”平安创建宣传行动，共发放《致居民朋友的一封信》等宣传资料20000余份，开展法制、禁毒、打非等宣传活动25次。加强特殊人群管控，完善省级社区戒毒康复省级示范先进点建设，健全日常管理、集中教育、帮扶帮困“三位一体”管理模式，实时管控187名吸毒人员，24名刑释解教和社区矫正人员，重新犯罪率为零。每季度举行“湖湘大讲堂”“家风论坛”“德行楼办道德巡讲”等活动，营造崇德向善的浓厚氛围。年底在居民群众中推荐产生“贤惠妻子”“模范丈夫”“孝顺儿女”等100名“和谐之星”活动，通过选树典型，激励居民群众学标兵、当模范，倡导风清气正、文明和谐的良好风尚。发挥社区文艺团队骨干作用，庙前街振兴京剧社、剪刀池红叶艺术团多次在省市乃至全国文艺比赛中获奖。结合传统及重大节日开展中秋百家宴、端午粽叶情、“9·30”祭英烈等活动。开展爱心助残、爱心送考、酷暑送清凉等志愿服务活动，联合学校开展保护江豚、慰问特困老人等活动，为未成年人搭建思想道德教育平台。积极推进公共文化示范点创建工作，投入10余万元修复并新增155块、1500平方米的社会主义核心价值观公益广告宣传牌，营造浓厚的文明创建氛围。培育全国模范职工之家。街道积极发挥工会作用，牢牢把握“党建带工建、共建促发展”的工作宗旨，紧密围绕“家”字和“模范”两字做好工会工作文章，不断提升工会工作的科学化、民主化、群众化水平，丰富职工群众的精神文化生活。街道成功创建全国模范职工之家，围绕“家”和“模范”两字，组织干部职工开展“楼羽飞扬、青春相伴”“乒乓有形、快乐无限”等主题文化活动。不断提升职工群众的幸福感和满意度。

【社区管理】 按照合理布局、科学管理的原则，在7个社区划分43个网格，并分别配备专职网格员。全年采集楼栋、房屋、人口信息44223条，网上办理服务事项547件，解决热点难点问题152个。创新推出“12345”牵动、部门联动、服务促动、平台推动的四轮驱动运行机制，将网格化管理与“12345”工作做到有机融合，得到公安部、各省公安厅的高度评价。充分发挥居民议事会、物业管理委员会、人民调解委员会的作用，发挥“五老”人员、党员代表、居民组长作用，实现居民共建共享。2016年，通过居民自治调解纠纷48起，解决棚改拆迁中难点问题26起，实现小事不出社区、大事不出街道、矛盾不上交的工作目标。为宣传落实社会保障惠民政策，街道通过多种形式宣传宣讲，全年共开展政策宣传活动10次，办理居民医疗保险4439人，居民养老保险240人，社会保险实现全覆盖，召开人才招聘会4次，推荐158人就业，援助20户零就业家庭，办理450人灵活就业人员补贴。1643户2817名特困对象享受低保，全面实现“应保尽保”，春节等传统节日累计发放慰问金716509元，缓解弱势群体的燃眉之急。全年共开展政策宣传活动10次，办理居民医疗保险4439人，居民养老保险240人，社会保险实现全覆盖，召开人才招聘会4次，推荐158人就业，援助20户零就业家庭，办理450人灵活就业人员补贴。1643户2817名特困对象享受低保，全面实现“应保尽保”，春节等传统节日累计发放慰问金716509元，缓解弱势群体的燃眉之急。

东茅岭街道

【概况】 2016年东茅岭街道位于岳阳市中心城区，东起南湖大道，西抵京广铁路，南接青年中路，北联巴陵中路。辖区面积约5.31平方千米，人口53863人（常住人口42558人，流动人口11305人），辖炮台山、柴家山、年丰巷、东茅岭、学坡、桥头6个社区居委会。辖区内现有市军分区、市武警支队两个驻军单位，有市一医院、市建设局、人和集团等企事业单位104个。先后荣获“湖南省禁毒先进集体”“湖南省六好街道工会”“岳阳市计生模范街道”“岳阳楼区绩效考核先进单位”“十佳学习型党组织”等荣誉96项。

【服务重点项目建设】 辖区内在建项目3个（南辅道旧城改造项目、原东方红旧城改造项目、国际大厦旧改项目），项目征地面积132公顷。街道多次召开专题会议，带头参与项目征收协调，组建党员突击队、群众工作队、法律政策宣讲队3支队伍，采用“一个项目、一套班子、一个方案、一抓到底”工作法，快速推进棚户（旧城）区改造。2016年，街道服务重点项目工作被湖南日报、岳阳市内参、岳阳日报多次在全省、全市作为典型经验推介。

【推进社区网格管理】 东茅岭街道下辖6个社区共划分网格49个，网格员49名，窗口服务岗12名，2016年年底，共采集房屋信息3万余条、居民信息5万余条，巡查网格代办事件4000余件，窗口业务受理量2000余件。

【解决社区阵地建设】 2015年12月，东茅岭机关整体搬迁至土桥街39号，现办公楼地段繁华，居民集中，交通便捷，基础设施完善，不仅解决了居民办事进出难、干部办公环境差的问题，还为街道服务水平和服务功能的提升、党组织阵地建设提供了有利条件。2015年、2016年，相继为学坡社区、柴家山社区解决了原社区办公用房面积小，居民办事需求得不到满足、党建阵地匮乏等问题。下一步，将重点解决炮台山社区便民服务用房问题。

【助力社会事业发展】 组建了街道专职巡逻队及6支社区义务巡逻队，实现街面巡逻和背街小巷巡逻一体化，治安和刑事案件得到有效控制。整合资源保稳定、解民忧，有效整合信访、司法、安全、环卫等部门资源，依托社区网格化管理、“12345”公众热线平台，实现了“小事不出社区，大事不出街道”，辖区内未发生一起越级上访、群体性事件、重大安全事故、重大刑事案件，特别是信访、“12345”工作，得到了省、市领导的高度赞扬。开展多种形式的文明创建活动，努力转变居民观念，提高居民素质，辖区文明新风日渐浓厚；认真落实惠民政策，关注弱势群体，加大救助力度，筹集各类民政救助资金54.43万元，救济1567人次。

2016年1月9日，人大代表慰问重症儿童（东茅岭街道供稿）

2016年9月1日，区委书记陈阁辉（沙发左2）看望贫困学生，党工委书记吴珂、教育局长邱刚陪同。（东茅岭街道供稿）

城陵矶街道

【概况】 2016年城陵矶街道办事处位于岳阳市西北部，距市区7.5千米，东临梅溪乡，南邻岳阳楼区洞庭街道办事处，西濒洞庭湖，北与湖北省监利县隔水相望，属浅丘陵地带，地势东高西低。2007年8月进行社区区划调整，现辖华能、南岳、洪家洲、港口、骆家坡、桂花园6个社区和城陵矶村，辖区面积11.09平方千米，常住人口3.1万人，境内有企事业单位69家。

【党建工作】 2016年2016年，城陵矶街道认真开展了“巴陵先锋先行”主题实践活动、“学亮比做”“两学一做”学习教育活动。按要求对550名党员进行了组织关系排查，开展民主评议党员活动两次，处置了2名不合格党员，选派了7人到社区、村任第一书记，成立临时党支部1个，设置党员示范岗16个，划分党员责任区23个，整改突出问题5个，打造先锋工程1个，选树先进典型3人。组织开展党纪法规知识讲座、清明节祭扫烈士墓等党员活动日8次，为南岳社区罹患尿毒症党员黄莉募集善款10万余元。开展了4次专题讨论，举办了“做合格党员，展党员风采”演讲比赛。形式多样的党建活动既加强了班子队伍的凝聚力，又提高了队伍综合素质。

【经济发展】 2016年，街道全面完成了华能东三角坪、海关路东南角、长江大道绿化工程、彩云追月广场、海吉星农产品物流园和城陵矶路等项目的拆迁腾地任务。青年东路北侧棚改项目F片区第五项目部于2016年7月正式进场，2016年已签约233户，签约房屋面积31108.11平方米，签约比例比例达94.3%。街道辖区内民营企业53家，其中仓储物流业16家，年产值几十亿以上的企业1家，年产值几亿以上的企业4家。民营经济固定资产投资5.82亿，GDP完成42亿，非公经济工业增加值18.6亿，实现规模工业总产值56亿。

【城市管理】 2016年，街道积极开展市容市貌整治，全年共整治占道摊点40余处，环卫站自出经费在合理地点新建3座垃圾屋，共维修垃圾屋70座次，垃圾屋门40个次，更换垃圾屋门36个，对主要道路上的车辆抛洒漏现象进行定期整治，处置“三乱”车辆40辆。全年，街道投资20万元，在海关路与通海路的交接路口，新建了一处大型广告栏，用于“禁违”、综治等工作宣传。另外还印发各类宣传资料5000多份，悬挂条幅60多条，设立固定宣传栏22个，营造了浓厚的禁违拆违氛围。坚持禁违拆违治违每日、每周动态报告制度，按照禁违拆违治违网格化管理模式，每个网格责任人对相应的村组进行全天候、不间断巡查，有效控制前进一组、前进二组、三宅区、四宅区等违规抢建和加层9处、4900平米。全年共组织拆违行动500余人次，拆除违法抢搭抢建59处、9000余平米。街道组织执法检查企业11家、排查各类经营门店260家，重点解决小型旅店、招待所，仓储物流场所、改制企业小区和老城区电气线路老化、烟花爆竹经营店等消防安全问题，联合城管部门开展禁鞭炮行动35次。“两会两节”国庆期间对辖区宾馆、超市、市场、幼儿园、学校、酒店、网吧进行了大排查、大整治，查出50处消防隐患。先后完成了城陵矶村村内破损道路维修项目、城陵矶村向阳组王家垄道路建设工程、向阳组至华能下水道改造工程、城陵矶惠购超市下水道改造工程。

【卫生计生】 2016年，辖区内流动人口4701人，其中已婚育龄妇女1365人。共出生324人，其中政策内出生318人，政策外出生6人，符合政策生育率98.1%；性别比106。新婚率8‰，死亡率7‰，多孩率1.3%。在“5·29”协会活动日，街道为计划生育家庭发放宣传资料2000余份、避孕药具200多盒，赠送家庭意外保险100份，为56人免费体检。8月开展了“金秋助学活动”，共为辖区内4户困难计生家庭送去了助学金共计8000元。全年共荣获“国家级优先协会荣誉称号”“全国计划生育协会先进单位”。

辖区内有医院2家，诊所8家，药店11家。2016年，积极组织居民开展健康教育、建立健康档案，做好各项基本公共卫生服务，动员组织孕产妇到正规医疗机构分娩并协助做好重大公共卫生服务项目，组织义务献血活动。协助做好了辖区内居民群众血吸虫防治宣传普及工作，本辖区未发生一起重大餐饮食品、药品、医疗器械安全事故的。及时发现和提供非法诊所信息，协助区卫生局加强对个体诊所医疗市场管理，协助调处医患纠纷，医疗市场秩序稳定。协助卫生服务中心做好了摸排、统计、报告辖区内儿童人数，动员组织常居和流动儿童到辖区内预防接种定点单位接种疫苗，并依法做好传染病防治和卫生应急事件报告和处置。

【综合治理】 2016年 2016年，街道紧紧围绕创建“平安街道”，狠抓宣传，悬挂平安宣传横幅70条，发放各类平安宣传单(资料)6万余张，进走访入户2万余人，利用LED展播放平安宣传标语100余次，利用综治短信平台发送短信5万余条，开展以平安宣传为主题活动举行20余次。全年共受理上访案件8例，受理区信访局批转件2例。全年共调处案件28件，成功调处23件，调解率达到85%以上，调处重大非正常死亡纠纷6件，调处成功率达到100%。每月组织由工商、文化、城管、教育局、卫生监督所、辖区学校等部门对教育、服务行业进行安全大排查，加强对摆摊设点、占道经营、随意张贴、悬挂各类标牌行为的管理力度，共取缔无证经营2家、流动摊贩12个，教育训诫流动摊贩30多人，收缴老虎机12台。

【社会事业】 2016年，街道配合完成了各类社保基金征缴扩面任务，医保总共缴费人数9000人，及时报告退休人员失踪及死亡人员信息。认真开展了“再就业援助月活动”“春风行动”等专项活动。开展春节送温暖活动，共发放慰问、救助资金共1003户52万元。全年新增低保户54户66人，提标111户，取消47户69人，强化民主评议，实施分类施保、三榜公示制度，应保尽保，应退尽退，阳光施保，低保政策全面落实。严格落实医疗救助政策，年申报大病救助60户，发放大病救助资金250500元。新增廉租房补贴14户，为195户廉租房补贴对象进行了年审。为22位老年人发放了养老服务补贴16500元，发放临时救急难资金48000元。严格落实重点优抚对象的优待政策，现有重点优抚对象42人，总共为各类优抚对象发放定期抚恤补助资金22万元。

辖区内有幼儿园7家，小学3家，初高中各一家。街道与学校配合开展“学雷锋”、植树活动等3次，将维护学校、幼儿园安全作为一项政治任务来抓，全年未发生一起校园安全事件。2016年，街道举办大型群众文化活动2场，组织小型文化体育活动5场。文化站、社区（村）文化活动室配有1名文化专干，社区（村）书屋配有专职管理员，并且实行全天免费开放。图书室藏书达13000多册，年增新书200册，年订阅报刊30多种。积极与上级主管部门沟通申请了60套体育健身设施。

2016年，街道建立综合服务管理网络系统，打造街道、社区、群众“三者互动”平台，实现网格化、信息化、数字化管理。将6个社区由原来的13个网格划分为20个网格，并聘请了128名热心社会公益事业居民成为了网格信息员。街道基础信息采集共录入11574户、27134人，录入完成率达99.8%。2016年，社区网格员共受理事件243起，自处理228起，上报15起，为居民打造“1千米15分钟便民服务圈”，为居民代办公共服务事项510项。

望岳路街道

【概况】 望岳路街道位于岳阳市东北部，辖区东起京广干线岳北段，西临东风湖，南抵枫桥湖路，北接临港产业新区，街域面积约8.04平方千米，总人口约4.9万人，下辖望岳、栖凤亭、长虹路、鹰山、七里山、北环路等6个社区居委会。辖区内共有企事业单位63家，包括中石化巴陵分公司、湖南省洞庭苎麻纺织印染厂、湖南省第五工程公司岳阳分公司、湖南省第三工程公司岳阳分公司等中央、省属大中型企业，是岳阳市石油化工、纺织工业区。2016年，完成GDP29.59亿元，固定资产投资完成6.38亿元，规模工业总产值10.3亿元，财政收入按区定增幅完成。

【项目建设】 全市重点项目上海复星岳阳医院10月开工建设医疗综合大楼7.8万平方，计划投资6亿元，二期再投资4亿元建3.6万平方米。全市最大的也是最后一个经适房项目落户望岳路街道开工建设，投资6.5亿元，可为市区无房户和低收入群体提供1800套房源。另外，街道抽调13名干部赴九华山项目部和青年中路项目部执行棚改任务，截至年底，九华山项目部签订协议215户、青年中路项目签订协议127户，拆除工作已接近尾声。

【基础设施建设】 全年对栖凤亭、望岳社区下水道改造及路面硬化600多米，新建垃圾屋（池）4个，新增垃圾桶（箱）120个，修理路灯21盏。对栖凤亭社区休闲广场进行建设，完成了万家组山顶路、建设路、发展路的预算评审并已开工建设，积极对接市、区职能部门，共投入经费100多万元，提质改造盖一市场、七里山市场，主要基础设施进一步完善。

【市容环境整治】 全年整治游摊游贩800余人次，出店、占道经营1000余次。全年清运生活、建等垃圾5000余吨，疏通居民下水道600多米，清理牛皮癣50000多张、卫生死角600余处，杂草3100平方，打捞鱼塘漂浮物300余吨。深入开展“禁鞭炮”工作，制止违规燃放烟花爆竹行为68起，开展18次整治行动。禁违工作实行24小时巡查制，全年共拆除违法建设16处，5000多平米，申报解决23户居民危房改建问题。

【社会保障完善】 拓宽社会医保和养老保险覆盖范围，城乡居民医疗保险参保9775人，城乡居民养老保险缴费768人。启动集金融、社会保险查询等多项功能为一体的社会保障卡发放工作，共发放1358张社保卡。率先在望岳社区实行公共网络服务平台建设，医疗保险、养老保险缴费实现了无现金刷卡缴费。进一步加大再就业培训，新增就业600人，下岗失业人员再就业400人，困难人员再就业200人，零就业家庭实现动态清零。组织辖区300名失业人员参加岳阳市劳动部门组织的大型招聘会，为失业人员提供就业机会。

【扶贫帮困】 全年发放低保、救济、优抚、慰问等专项资金400万元，其中享受最低生活保障的对象有829户1196人，月保障金额320594元，其中全年低保新增65户67人，低保停发31户38人，低保提标74户39人，降标30户30人，变更2户4人。及时为67名大病患者进行了大病医疗救助，共发放金额近51000元，对476名残疾人摸底造册；为60名残疾人申报辅助器械。摸底调查街道6~15岁残疾儿童少年入学情况。为辖区贫困重度残疾人特殊生活补贴申报23人，共136户享受了贫困重度残疾人重新申报特殊生活补贴329人，发放残疾人助学金3人7500元，残疾创业扶助金8000元。

【计生工作提升】 全年符合政策生育率为98.21%，免费孕前检测率100%，育龄妇女免费“三查”835人。发放纯居民独生子女保健费222人，53280元，特扶金63人，401920元。完成征收15万元，长虹路社区荣获计生协会市级示范（村）居称号。街道全面推行计生工作网格化管理，做到以房管人、定位准确、责任到人，真正做到计生工作底子清、情况明、更好地为居民提供便捷优质服务。

【网格化服务】 街道栖凤亭、望岳、长虹路、北环路社区启动了以“社区公共服务、社区网格管理、社区居民自治”为主要内容的社区治理和服务创新工作，四个社区全面实行“早晨会”“周例会”“月总结会”及民情日记的记录，网格员严格按照要求实行“一日双巡”和“弹性工时”的制度开展网格化工作，社会治理和服务创新平台上，全年街道上报事件总数134件，其中已结案81件，居民服务办结1179条。

【平安创建】 街道联合辖区学校、企业开展“共创平安”主题活动，发放、张贴宣传资料5万份，评选“平安家庭示范户”380户。全年组织公安、工商开展60次专项整治行动，共清查出租屋612户，录入流动人口3300人，麻将馆65家、网吧21家、废品收购站12家，收缴码书码报400多份。立刑事案件246起，破刑事案件42起，刑拘30人。受理、查处治安案件123起、治安拘留84人，目前街道辖区内做到了五无（即无卖淫嫖娼、无法轮功、无传销、无重特大案件、无民转刑案件）。

【安全生产】认真落实安全工作“一岗双责”，深入开展安全生产专项整治，共检查企业45次（含烟花爆竹18次），下达检查意见书30余份，落实隐患整改47条，整改率98%。联合市区职能部门关停七里山社区7家无证豆制品加工作坊。为七里山、盖一市场配置了消防栓、灭火器，消防通道保持畅通。

吕仙亭街道

【概况】 2016年，吕仙亭街道在区委、区政府的坚强领导下，抓发展，惠民生，保稳定，抢抓机遇，奋力拼搏，超额完成既定目标，实现了经济持续快速发展和各项社会事业全面进步。

【力推项目】 配合完成沿湖

风光带一期、二期工程，有序推进第三期工程。全力做好洞庭新城建设的征地拆迁和矛盾。2015年10月以来，对沿湖三期范围内的菜地、鱼塘及泰格林纸厂区周边地段征收和补偿做了大量的协调工作，有效推动了治理进度。6月启动白水及磨子山片区棚户（旧城）改造项目，由工委书记亲自挂帅，抽调机关、社区精干力量全力开展片区征拆工作，已签240户。启动办事处一楼搬迁、便民服务大厅和职工工会活动中心建设，目前正对办事处一楼进行改造。争取资金在原铁路俱乐部建设芋头田社区便民综合中心和小型托养中心，拟采取办事处搭台，民间社团常驻、居民群众参与的模式，将芋头田社区打造成一个全新的，"三合一"运行的综合载体，现已进入施工阶段。通过对办事处和社区办公场所改造，极大地改善了服务环境，提升了服务效率。

【聚焦民生】 重点关注民众热点、难点问题，按轻重缓急原则，把民生实事工程办到群众家门口。按照办事处、社区、改制企业（个人）5∶3∶2的比例，对酒厂、日化、神驰等缺乏维修基金的改制企业破损屋面进行维修翻新和下水道改造。积极探索院落管理模式，由社区牵头，启动岳港大院、日化小区、林珑小区、原民主党派大院实行院落管理，引导居民自治，共同参与公共事务。继续加强小街巷、小广场提质改造工作。积极向上对接，报修路灯30余盏。向上申报了两个口袋公园，优化居民生产生活环境，对6条小街巷实行提质改造，方便居民出行。街道低保共受理新增31户，37人，提标27户，49人，核减4户，4人，停发67户，134人，做到了精准救助、应保尽保、动态管理、能进能出。街道对辖区因病致贫家庭摸底，对符合条件的联系民政部门进行大病救助，申报审批32户32人9.7596万元，住院救助54户54人。对特殊困难家庭和突遭不幸家庭急难救助，解其燃眉之急。2016年街道争资投入8万元急难救助资金，对110余户居民进行帮扶解困。多渠道开展帮扶工作。采取联点干部一对一蹲点帮扶，解决群众实际难题。组织开展"金秋助学"活动，累计筹款3万元，帮扶贫困学子11人次。发挥人大代表、政协委员作用，广泛动员人大代表、政协委员对贫困居民经济上资助和工作上的帮扶，帮其所需，解其所困。

【强化管理】 实行"大城管"模式，成立18人的综合执法组，对辖区市场等重点区域，开展集中执法，保持了重点区域不松懈，大街小巷一个样。街道、社区安排专人负责"12345"服务热线，要求大到落实政策、小到邻里纠纷，都必须认真解答、解决居民问题。2016年街道接收300余条热线，都做到了4个100%，100%按时办理，100%回复，群众对办理过程满意率达100%，对办理结果的满意率达100%。积极开展"三合一"工作，大力推进网格化管理。寻找契合点，将"禁违"、环卫、安全生产工作纳入网格管理范畴；制定《吕仙亭街道网格事件处理和公共服务事办理工作方案》等文件，让网格员依章循事，便于网格管理。创造性开展职能培训，要求机关一线股（室）定期到社区对网格员进行业务培训，增强网格员工作能力。目前全街采集房屋12903间，人数26221人，上报事件414条，居民服务4985件。全街6个社区居民服务、事件上报工作全部进入全区前十行列。推进环卫工作打桩定位网格化，协作管理精细化，实行督查管理人员、社区专干、环卫工人三级同奖同罚，与绩效挂钩，深入开展“城乡同治，清洁家园”活动，街道、社区、辖区单位整体联动，确保了辖区卫生常洁长净。针对辖区棚户密集，且处于洞庭新城红线范围，即将启动征拆改造，街道禁违工作任务艰巨。全年，街道发现违法建设5起，预制止违建面积300余平方米，拆除违章建筑1处50平方米。做到了违法建设发现率、报告率、处置率“三个100%”。

【守牢底线】 以“案结事了、息诉罢访”为目标，全力化解信访积案。通过把脉会诊，认真梳理、仔细分析、主动调处，成功化解陈年积案。对苗头性、倾向性问题超前预判，及时化解。牵头联合洞庭新城、公安、路桥、泰格林纸等开展贮木场矛盾纠纷调处工作，快速平息贮木场堵门事件。2016年，街道共调处纠纷300余起，化解了许某等信访积案。实行“三位一体”帮教，对10名列入帮教对象成立了帮教小组，帮扶特殊对象，赢得了群众好评。缴获码书码报1万余册，收缴并销毁电游赌博机3台。加大打击处理力度，抓获违法犯罪嫌疑人73人，其中移送起诉人11人，逮捕2人，抓获扒窃嫌疑人1人，行政拘留涉黄2人，强制隔离戒毒16人，行政处罚43人，确保了本辖区的社会政治、治安大局的平稳。

【严管队伍】 以党建统领全局，以党建压实责任。实施《吕仙亭街道“四比四看四评”考核办法》，实行机关股（室）和社区负责人优胜劣汰，培养一批敢想敢干，勇于创新突破的“狮子型”干部。认真落实“两个责任”，所有会议必讲廉建，保持警钟长鸣，引导领导干部时刻保持思想认识的清醒和政治态度的坚定，引领干部共同开展作风建设。完善《吕仙亭街道综合绩效考核办法》，作为机关、社区年终考核依据，做到考核有目标，激励有手段，约束有制度。充分发挥街道纪工委的监督职能，经常检查、考核，奖优罚劣、奖勤罚懒。

三眼桥街道

【概况】 街道位于岳阳市政治、经济、文化中心地域。东达王家河，南接三眼桥，西抵南湖大道，北至金鹗路，方圆4.48平方千米。南湖、金鹗、岳阳大道纵横全境，与107国道、京珠高速公路连接。办事处机关驻花板湖路9号，距楼区政府机关4千米。辖区内有朝阳、白杨坡、桃花山、尚书山、鲤鱼嘴、李家冲等6个社区居委会，人口53313人，街道现有干部职工48人，其中班子成员9人。驻辖区省、市属行政、事业单位54家，8个党支部，党员5853人，其中直管党员487人、协管党员5366人，建有1个街道机关支部、6个社区党支部，1个企业党支部。

【项目建设积极推动】 2016年，完成王家河流域治理三眼桥地段新增房屋拆迁工作全部任务、市十四中搬迁建设征拆工作按期完成，清理补偿菜地苗木，迁坟19座，拆除房屋4栋。原屈大附中旧城改造现万象瑞城项目、办事处南侧旧城改造现尚书佳苑等项目在建设施工。青年东路北侧第三项目部，目前已签约44栋113户，剩余18栋55户已全部进入司法程序。

【网格化工作积极推进】 街道6个社区网格化“三合一”工作已全部启动，共划45个网格，制定并下发《三眼桥街道社区治理服务创新工作实施方案》及《三眼桥街道办事处网格化工作考核管理办法》，已录入房屋2382栋，23296户53303人，网上处理事件24起，居民服务事件1236件，公共服务事件1006件。

【民生实事】 街道办理社会保障卡开卡、生存认证等事项4238次。新增低保15户，27人，月增发低保金7380元，提标12户，停发33户，完成了70户工商注册和财政对象,123户重复缴纳医保和住房公积金对象的入户调查及单位和工商部门取证工作。流动人口卫计基本公共服务均等化省级示范创建成功，流动适龄儿童疫苗接种率100%、符合政策生育率100%、流动人口居民电子健康档案建档率85%。三眼桥街道荣获2016年度省流动人口基本公共卫生计生均等化示范街道，步步高企业计生协会荣获2016年全国先进协会。

【市容秩序精心管理】 对辖区马路市场及学校周边进行了7次专项整治，共清理卫生死角57处，建筑垃圾135车，清理绿化带3600余平方米。狠抓禁违拆违治违工作，对8户违章建筑和应拆未拆户下发停工、限拆通知，共拆除违章建筑物8处（包括应拆未拆和违章建筑），出动行动14次，出动执法人员326人次，合计拆违面积达到526平方米。违法建设得到有效遏制。

【社会平安切实保障】 积极构建覆盖街道、社区、居民楼院治安维稳信访工作三级网络防范体系，及时公正调处化解群众矛盾，落实重点信访对象“四包一”包案稳控措施，促进社会和谐，确保进京零上访。全年接待来访群众147人次，信访问题总计126件，其中上级交办信访问题13件，自办信访问题27件，处理来访咨询投诉问题35件，网上信访问题42件，化解信访纠纷9件。完成278份“12345市民热线”和“市长信箱”的回复。扎实开展安全生产排查和专项整治行动，对辖区内216家企业、门店进行了安全生产大检查，出动人员383人次，对烟花爆竹实现了全面禁售、禁燃。按市司法局社区矫正示范平台建设要求，对全街道列入管控的129名涉毒人员全面开展检测、帮扶，目前街道戒毒人员共建档73人，其中自愿戒毒60人，社区戒毒6人，社区康复1人，戒毒典型个案12人。

【服务水平不断提升】 街道切实加强廉政建设专项教育学习，抓好“雁过拔毛”式腐败问题专项整治工作及“纠‘四风’、治陋习”专项整治工作。开展作风督查13次，干部作风明显转变。扎实开展了“两学一做”学习教育，进一步转变了工作作风，提升了行政效能。通过“门难进，脸难看，事难办”和“庸懒散”的专项治理，利用“党员进社区、竞赛党五员”“四联五包”“联十帮一”“五访五联五解”等活动，做实群众工作。245个“党员之家”亮明身份，1837

名市、区、街道在职党员认领服务岗位3106个，党员干部主动深入居民进行走访，收集群众意见和建议368条，办理实事136件。打造便捷化、互助化、特色化服务精品社区，为居民提供高效服务。桃花山社区“五微服务”、尚书山社区延时办公制度、白杨坡社区“爱心屋”受到居民一致好评。

五里牌街道

【概况】 五里牌街道办事处位于城区中心，成立于1984年，2007年经区划调整至现有区划。目前街道所辖范围东起琵琶王路、西至南湖大道、南抵金鹗中路、北达巴陵中路，交通便利、商贾云集，是物流、人流、信息流汇集之地。辖区面积约7平方千米，常住人口6.8万人，流动人口约2万人。辖区内有市委、楼区四大家机关等在内的117个辖区单位。街道辖杨树塘、五里牌、高山坡、花板桥、古井、四化建、佘家垅、运通街、新城等9个社区居委会。2016年，街道各项工作平稳健康发展，多项工作获市、区表彰。各项经济指标中，GDP完成了522740万元，达到总任务443000万元的118%，固定资产投入完成了184800万元，达到总任务168000万元的110%。2016年五里牌街道新增企业和公司101家,企业和公司达到950家;新增个体户512个，辖区内个体户达到5281家，辖区从业人员达到29949人。

【党建工作】 街道工委围绕“为民、务实、清廉”这一主题，扎实开展了“双实双为”党建主题活动，增强了班子的整体水平和执政能力，党工委书记李亚东同志以上率下，团结带领全体干部职工，不断改进和加强作风建设，进一步夯实队伍建设工作。全年共召开领导班子会31次，班子扩大会23次，解决问题65个。充分发挥了领导班子整体效能和集体领导作用，做到了靠发展凝聚力量，以团结创建和谐，形成了班子合力。在2016年开展的“一进二访”活动中，领导班子带头每人联系帮扶3户，党员干部每人联系1户，进居民家中与居民交朋友，街道在财力吃紧的情况下，拿出两万余元，走访63户居民，共慰问36户特困居民。街道工委现有社区支部9个，机关、离退休支部各1个，非公支部3个，共14个基层党组织。在街道和社区开展“双述双评”大会，10个党组织书记现场述职、现场测评和现场点评，当场宣布测评结果，进一步增强了党组织书记履行管党工作责任意识；其次，加强对无职党员教育管理，充分调动和发挥了无职党员的作用，在3~5月份各党组织扎实开展党员冬春训活动，重温《党章》，加强党性修养，全面提升党员素质，累计开设培训班18次，共培训1400余人，开设课时累计达7天时间。在社区网格化治理中，充分发挥党员作用，每个楼栋长的选举以党员身份优先，全面承担漏洞内联系群众、掌握民情、解决矛盾、维护稳定等职责，提高社会管理的科学化、精细化水平，发挥了党员在居民自治中的主导作用。

【项目建设】 七中片区旧改项目已完成全部签约。市司法局地段旧城改造项目施工进展顺利。古井社区柴家组安置房项目已完成全部征地拆迁工作，现安置房一期已开工建设，计划建筑面积为3000平方米，将建设安置房285套，能安置居民1000多名，预计于2018年元月竣工，确保拆迁户如期回迁。四化建公司地段棚户区旧改等其它项目也均在有序推进之中。五里牌街道办事处辖区正式启动了两个重点项目，分别是杨树塘片区（旧城）改造项目和钢球厂片区改造项目。杨树塘片区棚改项目，南靠市委，西临南湖大道，北接青年路，东临高家坡路，地处市中心。项目土地面积约328.8公顷，总拆迁面积218506.34平方米（其中公产面积50529.94平方米、私产面积167976.4平方米），全部为国有土地。征拆工作涉及市国土局、市房产局、市疾控中心、市十四中、湖南民院、市建行、湘岳电力公司、市容环卫站等11家市直单位，区妇幼保健院等1家区直单位，以及杨树塘小区、高山坡社区余家组等两个纯居民小区。共需动迁1643户，项目概算投资约20.78亿元。截止目前，经项目部征拆人员辛苦工作，杨树塘片区（旧城）改造项目已签约782户。同时，钢球厂片区改造项目也正在启动中。

【综治维稳工作】 针对辖区黄、赌、涉毒等治安突出问题，进一步加大打击整治力度，不断提升群众安全感。成立一支29人的专职巡逻队，由班子成员带队，深入到居民小区、重点路段和多发案地段巡逻，同时发动辖区单位内保人员配合巡逻，提升居民见警率和安全感。2016年在巡逻过程中共抓获违法犯罪人员6名，开展各类综合整治行动28次，出动工作人员200多人次，关闭涉黄发廊9家，捣毁电子赌博机35台，刑拘4人，治安拘留18人，抓获卖淫嫖娼人员11人，治安处罚5人，驱散、训诫教育贩卖码书码报人员20多人次，收缴码书码报20000多张（本）。通过各项防控措施，辖区范围内综合发案率比去年同期下降了11.5%。做好出租屋流动人口和重点人口的服务管理工作，共为流动人口提供就业岗位114个，帮助58名流动人口子女解决就近入学难问题。对82名在册吸毒人员落实了动态掌控，对6名法轮功练习直管人员采取“三控一”措施，连续多年实现“三个零指标”管理目标。街道针对人员密集场所、学校、茶酒楼、幼儿园、建筑工地和建筑外墙正在装修的工作场所进行了全面检查，全年共开展6次安全生产排查。在“九打九治”专项行动中分行业、分重点开展排查工作，共发现隐患15处并下达整改通知书，对存在重大隐患的九盛家居做到定期排查一月一上门。联合五里牌派出所、楼区消防大队对辖区内人员密集的娱乐场所进行两次零点夜查行动，取得良好效果。市委机关大院驳岸隐患问题通过多次与市委后勤处联系协调，现已经进入施工整改中。

【文明创建】 2016年，开展各项精神文明活动，做到资料真实可信。全年共组织开展以“欢乐潇湘·幸福岳阳·美丽楼区”、“我们的中国梦”等为主题的丰富多彩的文化体育活动123次，以“我们的节日”为主题，组织9个社区共开展群众性节日民俗活动54次，观看观众达到6000余人次，既丰富了广大群众的精神文化生活，又营造了节日氛围。积极开展全民健身“挑战日”活动，开展了篮球赛、羽毛球赛、广场舞、晨晚练等形式多样的群众性体育活动21次。与区城管局五里牌中队联合开展了15次烟花炮竹收缴行动，缴获烟花礼炮232箱，鞭炮580多挂，全年炮情相比往年有了极大的减少。

【民生实事】 对低保户实行严格的动态管理，确保入户率达100%，对城乡低保、医疗救助、实行阳光公示，接受辖区居民群众的监督。街道辖区现有低保户1248户、2204人。年新增低保79户、127人。通过低保动态入户调查，取消32户、65人，提标41户，降标11户。共慰问救助各类对象1150人，资金601300元。为64名有重大疾病患者申报了大病救助，金额185000元。年内共完成城镇居民社会养老金征缴350人，完成城镇居民医疗保险征缴1780人，认证报告死亡退休人员信息10人，办理就业失业登记证810人，办理“两金”返还328人，发放社会保障卡740张，办理国有企业干部退休认证328人。全年新增城镇就业人员700人，下岗失业再就业人员350人，新增创业主体人员240人。完成142人“零就业”家庭动态清零，组织了96名下岗失业人员免费参加了市、区职业技能培训，组织238人参加市区举办的人才招聘会，应聘73人。2016年度，五里牌街道共出生685人，符合政策生育率为98.97%，开展免费孕前检查271对，均完成区下达指标。流动人口底子进一步澄清，有流动人口10539人，其中育龄妇女2436人。政策法规工作稳步推进，对辖区902户困难计生家庭免费赠送了计生家庭意外伤害保险，合计61437元。街道进一步加大对民生实事办理力度，基本解决了群众反映的难点热点问题。全年为辖区居民解决实际问题7个。在2016年特大暴雨期间，下王组内涝积水深达2.5米，街道组织人员全天候进行救援，及时转移安置人员、物资，做好清洗消毒等工作，确保居民生命财产的安全。街道还积极争取资金对辖区多处因下水道堵塞引起内涝的地段实施改造，共疏通改造下水道300多米，有效减少了内涝发生。街道还安装路灯8盏，维修26处，修建道路减速带1处。

站前路街道

【概况】 站前路街道办事处成立于2006年6月，街道地处城区中心地带，东至建湘北路，西至得胜北路，南至巴陵中路北侧，北至京广铁路线，面积2.02平方千米，辖德胜、新站、铁路、望城岭、连云路5个社区，总人口34723人（其中户籍人口27218人），现有直管党支部6个，直管党员563人。辖区有法人单位214家，其中车站3个（岳阳火车站和联运、巴陵两个汽车站），大型集贸市场9个，星级宾馆15家，中小学4家、医院3家，还有大小门店3545家，是从商置业的热点区域。

【经济建设】 坚持以项目建设为抓手，继续推行联手帮扶企业各项措施，为企业破解难题，有力促进了项目的顺利推进。拆除原毛巾厂三层的招待所，为法水坡储备项目扫除最后的障碍；启动原卫校家属区二期旧改项目，凯鑫国际金融中心项目顺利施工。

【为城服务】 组织开展了多次安全知识培训，对优秀环卫工人进行了表彰，并组织开展了“爱心义诊”“重阳登山”等活动。积极落实“灭四害”各项举措，全面宣传禁烟知识，狠抓爱卫创建，取得明显成效。组建了专门禁鞭炮限鞭炮队伍，实行面上包干，线上巡查，点上突击，全年共联合执法20余次，缴获烟花鞭炮100余件。继续推进经编菜店标准化建设，重新启用三丰公司菜市场，解决王胡子市场清扫保洁问题，实现便民与整洁的双赢。

【禁违拆违治违】 不断加大宣传力度和巡查密度，并畅通民生建房渠道，取得了群众的理解与支持。不断加大排查力度，对未办证私房进行一次普查，建立了存量违法建设台账。加大拆违力度，全年共拆除违章建筑1326平方米。

【文明创建】 用横幅、宣传栏、知识图片、电子屏等多种形式宣传文明创建，在社区、小区内广泛宣传公益十大主题内容。开展志愿者服务活动172次，文化活动51次，道德讲堂14场，市民学校54场，达成微心愿22个，认真开展“六大”专场整治，全面清除陈年垃圾和牛皮癣，全力整治农集贸市场，志愿者活动进入常态化，居民文明素质不断提升，文明创建工作成绩稳居全区前列，顺利通过文明指数测评。

【综治维稳】 创新普法宣传，通过“新法速递”“做法律明白人”微宣讲、“禁毒宣传校园行”等，广泛宣传与群众生活密切相关的法律知识，取得良好效果。同时，领导班子积极参加普法考试，机关干部全部参加网上答题。扩大人民调解员队伍，提升调解工作水平，成功调解各类纠纷89起。通过制作专题展板，悬挂宣传横幅，发放平安创建宣传资料等，评选平安家庭2000户，星级家庭180户，平安商铺800户，有效提升了综治民调知晓率、参与率。重拳出击，大力整治火车站、白石小区及周边，抓获涉赌涉黄涉毒人员90人，收缴销毁麻将机38台、游戏机47台，收缴码书码报2000余份。大力开展矛盾纠纷排查，处理各类来信来访185人次。加强流动人员管理，开展3次流动人员清查，共清查出租房屋和门店1362间，清查外来务工人员1000余名。成立社区戒毒和社区康复工作机构，接受戒毒人员11人。

【民生实事】 做好低保动态管理，新增低保户23户32人，停发低保22户26人。办理困难居民医疗救助46人次，办理老年优待证53本，办理廉租房补贴年审167户，完成移民年审81人。建立健全391名残疾人档案，为11名残疾人办证。新增就业600人，新增创业主体数211人。办理就业失业登记证423人，办理“两金”补贴的有75人，发放社会保障卡17683张，征缴居民养老保险缴费325人，办理居民医疗保险5569人。大力推进服务用房建设，完成铁路社区服务用房改造并投入使用，德胜社区服务用房正在装修中，望城岭社区服务用房场地已通过法律途径收回，正在进行装修设计。推动九源大厦实行电改，改建图书城停车场300平方米，安装路灯10盏，疏通改造棉麻公司等下水道、化粪池15处，维修路面近500平方米，切实解决了居民实际问题。

【党建工作】 稳步高效推进“巴陵先锋先行”“学亮比做”“两学一做”学习教育等主题活动，扎实开展“四讲四有”四个阶段专题讨论，下派“第一书记”5名，设立示范岗15个、划分党员责任片区42个,开展主题志愿活动23次，开展党建知识竞赛2次、主题讲党课14次。对563名直管党员进行了信息登记，将街道直管党员分为在职、流动、老龄、困难四种类型进行差别管理。打造常态学习平台，开展“清晨在读”集中学习31次，第一时间学习中共十八届六中全会精神和省、市、区党代会精神等知识；落实从严治党要求，严把党员发展关，经层层筛选发展预备党员3人，并确定入党积极分子7人。反复强调换届纪律，全程监督把关，确保了区党代表、人大代表选举风清气正，政协委员推选公开透明。

王家河街道

【概况】 岳阳楼区王家河街道办事处因河得名、因河而兴，共辖5个社区，总面积3.43平方千米，常住人口3.4万人。街道东起王家河、西至琵琶王路、北连巴陵东路，南抵金鹗大道，三条便捷的城市主干道成为了街道发展的脊梁，一条风景秀美的王家河成为了街道展示的名片。街道以打造“五在社区”党建品牌为总揽，以“育、安、乐、美、爱”五个字为主基调，注重人和社会的全面发展。八年间，辖区面貌翻天覆地，五里牌东路与青年东路两条主干道成功拉通，区位优势得到显著提升，吸引了大批投资进驻，锦绣华城、东升星城等9个高档小区拔地而起，义乌小商品城、摩托车市场、华瑞大酒店等第三产业得到兴起。在经济快速发展的背景下，街道更加注重民生，建设完工的王家河沿河风光带成为了市民休闲娱乐的首选，岳阳市第一个拆迁安置小区白杨山安置房顺利交付使用，“城中村”路平、水通、灯亮、街净的目标成功实现。同时，持续优化精神文明，近3000平方米的群众文化活动场地，每年200余场的群文活动，显著提升了辖区居民的归属感、幸福感和获得感。街道因此荣获了全国和谐社区建设示范社区、全国“平安家庭”创建活动先进示范社区、全国社区商业示范社区、全国妇联基层组织建设示范社区、全国计划生育协会先进单位、湖南省民主法制示范社区、湖南省最充分就业社区、湖南省党建和社区建设先进单位、湖南省“五好”关工委、湖南省第二届“三湘读书月”活动书香社区及各项市、区荣誉80余个。

【项目建设】 2016年，得益于市、区两级对棚户区、旧城区改造的重视，街道经济发展得到了充分加力，目前重点棚改项目共3处，其中街道以青年东路北侧棚户区旧城改造为主攻点，在区委、区政府的重点支持下，包括自身在内，先后有2家区直单位、6家街道办事处，共150余名干部职工进驻项目，成立5个项目部分别负责A至F共6个片区。项目完成签约435栋1253户，签约面积184415平方米，腾房133943平方米，拆除5万平方米，支出金额7.08亿万元。另外，街道其它项目也在区委区政府的关心和指导下有序推进，易家山路旧城改造完成全部48户协议签订，签约面积6842.59平方米，14栋房屋已完成腾房5栋，预计年前完成全部腾房任务，明年3月之前完成房屋拆除工作。琵琶王东南角旧城改造项目A地块共101栋173户已全部签约完成。在项目的强势带动下，街道经济发展形势较好，全年向上增资460万元，完成财政收入1561.3万元，同比去年增长达到24.8%。

【民生实事】 先后投入近176万元，重点对辖区35处下水道、5处小街巷进行了提质改造，维修更换路灯188盏。在区移民局的资金支持下，办公楼前的鑫鸿路已在近日实施了白改黑工程。特别是4月，在市、区两级的大力支持和帮助下，通过街道班子的不懈努力，街道独立的便民服务中心正式动工建设，项目总用地面积3276.3平方米，总建筑面积3904平方米，规划地下一层和地上三层，并将现有王家河社区办公楼进行改造包装，整体形成东、南、北三合院格局，外观设计以现代园林风格为主，与王家河风光带景致深度融合。海棠社区便民服务中心和老年人日间照料中心已于12月28日开工建设，项目总建筑面积2546平方米，总投资600万元；东升社区居民活动中心进行了进一步升级，增添了大量的老年人康复设备、文娱活动设备。王家河社区在街道机关搬迁之后，将重新规划设计服务场所，在区民政局的支持下，准备在社区建立社会组织孵化基地，进一步促进社会组织的健康发展。随着街道与社区便民服务中心的不断完善，群众办事困难、无处活动的问题一去不复返。

【社会治理】 2016年，街道建成公共服务平台6个，咨询政策、查询账单、缴费续费、打印凭证为一体的一站式服务中心全面达成。5个社区的网格化管理模式全面建成，居民信息录入工作全部完成，先后办理居民事务3076条，处理网格事件28起，并首次采用网格化信息系统，完成小学入学招生工作，全程做到了阳光公开、便民高效。通过全区服务模式创新的有力带动，街道坚持优质服务、为民办事的理念，先后慰问困难居民638人，发放慰问金34万余元，清退12户已不符合政策的低保户，为583名群众办理城居养老保险，为513名群众办理社保卡，完成生殖健康检查2682人，节育手术48例，征收社会抚养费14.6万元，符合政策生育率达到97.7%。

【城市管理】 借助“大城管”城市管理新模式，街道环卫、城管、禁鞭炮、禁违等工作充分融合，街道领导小组统一指挥，在“集团作战”的模式下，先后开展“六大环境”整治行动12次，开展专项禁鞭炮行动12次，制止燃放烟花爆竹行为50余次，收缴烟花爆竹70余件，开展控违专项行动7次，共拆除36处违法建设，总面积11460平方米，特别针对征拆红线区域采取了24小时巡逻防控，有力维护了经济工作环境。另外，充分发挥“大城管”将各部门整合的优势，重点解决城中村电压不稳、城中村垃圾收容设施不够、无物业小区卫生差、枫树新村小区停车难、五里牌东路两侧乱停车等辖区内城市管理突出问题10余个。

【文明创建】 2016年，新成立了9支文化队伍，举办了12

场综合文化活动，枫树新村社区心理咨询“说说吧”和东升社区居家养老服务中心相继建成，常态化利用道德讲堂和市民学校为市民传播传统文化和弘扬社会正能量16次，常效化开展“邻里一家亲”“党员奉献日”“四点半课堂”等志愿者服务活动80余次，真正让社会主义核心价值观深入人心。8月，街道以优异的成绩顺利通过了文明城市复查。

【队伍建设】 围绕“两学一做”学习教育，以充实业务能力、找准角色定位的学教方法，认真组织落实四次“四讲四有“专题讨论，每名干部职工均进行了4次发言，撰写发言稿4篇。扎实开展中心组学习和干部培训，全年共开展集中学习和各类业务培训10余次，下发理论读本和畅销读物4本，平均每人写下学习笔记40余页，有力提升了干部职工的理论水平和业务素养。开通街道微信公众号，全年向广大党员推送20余期学习信息，有力增强了党员的党性意识和整体素质。

岳阳楼区服务城陵矶新港区工作组

【概况】 服务城陵矶新港区工作组（原梅溪乡）地处岳阳楼区北部，属城郊结合部，东接云溪区，南抵经济技术开发区，西邻洛王、望岳路和城陵矶街道办事处，北连临港产业新区，总面积29.75平方千米，辖5个村、1个场、6个社区，总人口47909人，设22个党支部，有党员1996人。

【经济建设】 2016年，在区委、区政府的坚强领导下，工作组抢抓机遇、主动作为，项目建设有序推进，经济发展持续攀升，城乡面貌日新月异，融城步伐明显加快，群众福祉不断增进。全年地区生产总值达到15.88亿元，增长10%，财政总收入达到2177.064万元，增长7%，固定资产投达到13.95亿元，增长15%，人均纯收入达到13675元，增长12%。主要经济指标增幅位居岳阳楼区前列，综合实力保持在全区第一方阵，经济社会事业迈上新台阶。

【项目建设】 2016年，工作组片区共有33个在建续建中央、省、市属重点工程项目有序推进。按照一个项目、一套方案、一名牵头领导、一个工作小组、一抓到底的“五个一”工作要求，调整新思路，强化新举措，全力攻坚项目建设征拆工作。其中蒙华铁路腾地370多公顷，拆迁房屋225栋，动迁人口936人，已完成总任务的62%。胥家桥片区开发建设项目已腾地111.76公顷，拆除房屋61栋，迁坟500多座，动迁人口201人，已完成总任务的85%。海吉星项目按时交地，杭瑞高速项目、临港第一批收储土地及城陵矶道路、金秋家园、临湖公路、长动安置点等项目已清零。特别是临湖公路G107拓宽工程建设项目的征拆工作，工作组仅用短短两个半月的时间，就基本完成全线征拆任务，取得了拆迁速度快，执行政策到位，群众认可度高，社会反响好的显著成效，受到市、区各级领导的充分肯定和高度赞誉。

【社会事业】 工作组扎实开展惠民帮民安民活动，切实为民办实事，做好事，解难事。

2016年，共硬化村组道路2条、提质小街巷3条、改水改厕500余户、改造农村危房20余户、改造地下管网30多处、新增环卫设施31处、新增、维护路灯30余盏，植树绿化覆盖3000多平米，完成了辖区胥家桥村18个组的自来水改造工程，解决了1400多村民的饮水安全问题。对花果畈村、冷水铺村共43户养殖户喂养的2060头生猪实行退养，拆除栏舍7263.08平方米，完成禁养工作任务。网格化管理全面铺开，共设置划分网格57个，管理岗11个，窗口服务岗20个，采集录入信息17500多户共计47000多人，受理居民大病救助、低保办理、代办证件申请76户，新增申报个体经营户91户，及时处理灯不亮、水不通等问题29处，制止违规搭建行为36起，协调处理矛盾纠纷38起，排查整改安全隐患19处，提质改造小街巷2条，实现了社区治理服务创新"三合一"。完成城乡居民养老保险征缴扩面4757人，缴纳社保基金94.69万元，较上年增长6.9%。完成城镇居民医疗保险征缴扩面15834人，较上年增长77.9%。办理两金补贴15人，办理小额担保贷款8人，解决贴息贷款80万元。2016年城镇新增就业475人，其中失业人员再就业146人，就业困难对象再就业100人。完成新增农村劳动力转移就业352人、新增创业8人、带动城乡就业56人。清退不符合条件的低保户205户，全年共发放低保金557万元，临时救助金18万元，新增低保对象56户58人，并对保额较低对象273户提高了保障标准，大病救助234人，累计发放救助金77.5万余元，慰问90岁以上老人44人送慰问金8800元，为困难优抚对象发放慰问金9万元。

【综合治理】 2016年，工作组共受理来信来访138件，办结131件，化解信访矛盾131件。妥善处理非正常死亡事件16起。管理社区矫正人员29人、安置帮教33人，无一人脱管、漏管。乡领导带班巡逻、治安巡逻队专职巡逻、村社区义务巡逻形成制度，实现24小时常态化、全覆盖的巡逻防控。同时严厉打击黑恶势力、邪教组织、侵财型犯罪等各类违法犯罪行为，开展"黄、赌、毒"、非法传销、地下"六合彩"等专项整治行动8次，刑事拘留19人，治安拘留27人，强戒5人，社区戒毒20人。深入开展安全生产大检查和"九打九治"打非治违行动，针对危化品储运工具、烟花爆竹销售门店、小食品作坊、建筑工地等重点领域的安全隐患开展大排查；针对学校医院、敬老院、饭店、超市等人员密集场所的消防安全开展大检查，特别是对辖区内15千米的长郴输油管线开展全面整治。

【美丽乡村建设】 2016年全年共组织开展高标准道德讲堂3次，开展文明礼仪讲座和进城务工人员培训等市民学校11次，组织400多志愿者开展街道小区文明清洁和交通路口文明劝导，"五创"工作成效显著。推动农商行对37户贫困户进行第一次贷款，共发放贷款185万元，脱贫摘帽360户共计825人，圆满完成了全年脱贫任务。全年新出生608人，符合政策生育率97.69%，完成手术48例，完成免费孕前优生检测233例，申报确认两扶对象105人，新报城镇独生子女父母奖励对象1235人，新增独生子女保健费对象548人，对违法生育对象立案35起，申请区人民法院强制执行11例，冻结违法生育对象银行帐户30余万元，社会抚养费征收立案率、到位率均排在全区前列。

【全省信访工作现场会召开】 2016年2016年9月13日，全省信访工作现场会由工作组承办召开，省委常委、政法委书记黄关春，各市（州）信访工作负责人及相关人员共计200多人参加，现场会主要分基本情况介绍、领导接访处访宣传、依法逐级走访宣传、信访代理宣传、互联网+信访宣传、社区网格化管理宣传及相关政策法规宣传等7个模块，分类展示该地在信访工作中的经验总结。

人物

新任区委领导

陈阁辉

湖南君山区人，汉族，1966年12月出生，1988年7月参加工作，1988年6月加入中国共产党，本科学历。历任岳阳市食杂果品公司干部；岳阳市九州大厦总经理；岳阳市供销社党组成员、理事会副主任；岳阳市委办公室副主任，市供销社党组成员、理事会副主任（其间：2004.05~2007.07援藏任山南地区桑日县委书记；2005.08~2007.12中央党校经济管理专业函授本科学习）；岳阳市委副秘书长、市委办副主任；岳阳市城管局党组书记、局长；岳阳楼区委副书记、代区长；岳阳楼区委副书记、区长。2016.08当选为岳阳楼区第五届委员会委员，任岳阳楼区委书记。

黄建文

湖南省望城县人，汉族，1965年9月出生，1987年8月参加工作，1986年4月加入中国共产党，本科学历。历任岳阳电视台团支部书记；岳阳电视台专题部副主任（其间：1993年9月至1996年6月在湘潭大学哲学系行政管理专业函授本科学习）；岳阳市委宣传部新闻科科长；岳阳市委宣传部部务会成员、市新闻中心主任；云溪区委常委、统战部长、副区长、常务副区长；岳阳市文化广电新闻出版局党组书记、局长；岳阳楼区委副书记、副区长、代区长。2016年8月当选为岳阳楼区第五届委员会委员，11月任岳阳楼区委副书记、区长。

廖星辉

湖南省汨罗市人，汉族，1970年2月出生，1991年8月参加工作，1994年12月加入中国共产党，研究生学历。历任岳阳农校政工科干事；岳阳农校学生科副科长、团委书

记；岳阳农校团委书记（其间：1997年4月至1999年6月在湘潭大学文秘专业自考本科学习）；岳阳市政府办公室副处级督查员（其间：2004年7月至2007年7月早中央党校经济管理专业研究生班学习）；岳阳市人民政府办公室党组成员、副主任；岳阳市人民政府驻上海联络处主任；岳阳市政府副秘书长、政府办党组成员，市信访局局长；岳阳市政府副秘书长、政府办党组成员，市信访局党组书记、局长。2016年8月当选为岳阳楼区第五届委员会委员，任岳阳楼区委副书记。

朱彦翼

湖北省监利县人，汉族，1963年9月出生，1980年12月参加工作，1988年1月加入中国共产党，本科学历。历任岳阳市司法局干部；湖南第二律师事务所主任；湖南人和律师事务所主任（其间：1993.09~1996.06中南政法学院法律专业本科函授）；岳阳市普法办主任；岳阳市依法治市办公室副主任；君山区委常委、政法委书记、组织部部长、统战部部长。2016年8月当选为岳阳楼区第五届委员会委员，任岳阳楼区委常委、组织部部长。

黎建欣

湖南省汨罗市人，汉族，1970年9月出生，1990年7月参加工作，1993年6月加入中国共产党，本科学历。历任岳阳市南区冷水铺街道办事处干部（其间：1992年8月至1994年12月在中央党校函授学院经济专业本科学习）；岳阳楼区冷水铺街道工委委员、办事处副主任；岳阳楼区冷水铺街道工委副书记、办事处主任；岳阳楼区三眼桥街道工委书记；岳阳楼区政府区长助理；岳阳楼区政府党组成员、政府办党组书记、主任，2011年6月当选为岳阳楼区第四届区委委员；岳阳楼区人民政府党组成员、政府办党组书记、主任，民族宗教和外事侨务办公室主任；岳阳楼区人民政府副区长、政府党组成员、政府办党组书记、主任，民族宗教和外事侨务办公室主任；岳阳楼区人民政府党组成员、副区长。2016年8月当选为岳阳楼区第五届委员会委员，任岳阳楼区委常委、政法委书记。

王智勇

湖南省湘阴县人，汉族，1977年9月出生，1995年8月参加工作，1997年1月加入中国共产党，研究生学历。历任湘阴县政府经研室主任；岳阳市政府办发改财税科主任科员；岳阳市政府研究室调研科科长；岳阳市政府研究室副调研员；岳阳市委政策研究室副主任；岳阳市委办公室机关党委书记。2016年8月当选为岳阳楼区第五届委员会委员，任

岳阳楼区委常委、宣传部部长。

白铭科

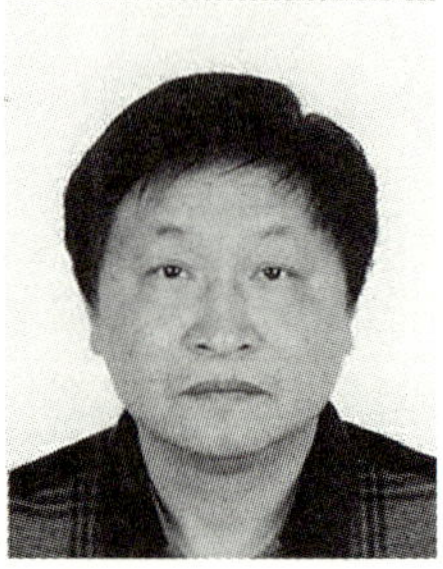

湖南省华容县人，汉族，1962年12月出生，1985年7月参加工作，1985年4月加入中国共产党，本科学历。历任岳阳市郊区洞庭乡副乡长；岳阳楼区洞庭乡党委委员、副乡长；岳阳楼区民政局党组副书记、副局长（其间：1996年8月至1998年12月在中央党校经济管理专业函授本科学习）；岳阳楼区乡企局党组书记、局长；岳阳楼区人民政府办副主任兼区厂地协调办主任；岳阳楼区站前路街道工委书记，2006年6月当选为岳阳楼区第三届区委委员；岳阳楼区民政局党组书记、局长，2011年6月当选为岳阳楼区第四届区委委员；岳阳楼区民政局党组书记、局长，社会组织工作委员会党委书记；岳阳楼区政府副区长，民政局党组书记、局长，社会组织工作委员会党委书记；岳阳楼区人民政府党组成员、副区长；岳阳楼区委常委、统战部长。2016年8当选为岳阳楼区第五届委员会委员，任岳阳楼区委常委、统战部部长，政协党组副书记，总工会主席（兼）。

先进人物

劳动模范
严石龙

湖南省华容县人，1967年12月出生，本科学历，中共党员，现任岳阳市岳阳楼区梅溪乡党委书记。先后获得岳阳市政府三等功、全区清政廉政群众满意优秀领导干部、区长安全生产三等奖、全市禁违拆违治违工作优秀工作者、全市文明创建工作先进个人、岳阳市“优秀基层党组织书记”、2016年7月曾获得“全省优秀乡镇（街道）党（工）委书记”荣誉。

2013年来先后为国家、省、市属36个重点工程项目建设依法拆迁房屋838栋，腾地7700多公顷，拆除存量违法建设136处36353平方米，项目建设环境不断优化，征拆工作得到市、区高度肯定。被居民群众誉为“关心老百姓的好书记”。运用法治思维和法治手段先后妥善处理化解征收过程中新老户分配矛盾、工程建设中的“三强”行为、村级财务管理等复杂矛盾问题600多起，陈年积案逐步清零，社会大局稳定。创新开展“清廉务实惠民生、攻坚克难谋发展”红旗党支部竞赛活动，推动全乡基层党组织和广大党员干部在急难险重任务中争先进、当先锋，把全乡各基层党组织打造成务实清廉的坚强战斗堡垒。

邱岗

湖南省岳阳市人，1969年9月出生，本科学历，中共党员，现任岳阳市岳阳楼区民政局党

组书记、局长。2016 年获得全国爱国拥军模范。

任职期间，认真执行优抚优待补助政策，一是严格政策审核标准，二是按时足额发放抚恤补助满三十建立优待金保障机制。三年共计发放优待金 4300 万元，优待面达 100%。每年应安置的城镇退役军人有 200 人左右，安置任务相当繁重。面对党政机关机构改革、企业改制减员的新情况，把退伍安置工作作为一项重要政治任务来落实，按时完成接收任务。 面对中心城区涉军群体多、维稳压力大等情况，创新思路，主动作为，变被动维稳为主动帮扶，将帮扶力度“最大化”、把矛盾“最小化”。扎实做好解困维稳工作。最后，大力推行优抚对象医疗补助制度。一方面， 建立“全覆盖”保障体系。对全区重点优抚对象实行全员覆盖、形式多样的医疗保障。另一方面，建立“一站式”结算平台。为了方便优抚对象就医就诊，确定 26 所医疗机构作为优抚对象定点医院，与医保系统对接，建立了有福对象医保报销、优抚医疗补助的一站式即时结算网络平台，有效缓解了优抚对象“医疗难”问题。

高城

湖南省岳阳市人，1977 年 9 月出生， 本科学历，中共党员，现任岳阳楼公安分局刑侦大队副大队长，他先后获得个人一等功 1 次、二等功 1 次、个人三等功 7 次，多次评为“全省优秀共产党”、“全省侦查破案能手”、“全省打黑除恶先进个人“、”湖南好人“、”岳阳市十大法治人物“、”岳阳市青年卫士“等荣誉称号。

2015 年 11 月 3 日在抓捕枪击华容县公安局禁毒民警胡光志的毒贩中，他面对歹徒的枪口，毫不退缩，被誉为逆枪而行的英雄。同年 12 月 9 日在解救被持刀绑架的城陵矶某小学生方某时，为了确保人质的生命安全，高城置自己的生命于不顾舍身挡刀，英勇受伤，被中央电视台、新华社等国家主流媒体争相报道。他 7 次荣立三等功、1 次荣立二等功，先后被评为全省公安系统破案能手、打黑除恶先进个人、岳阳市二等功臣、岳阳市优秀青年卫士。

优秀共青团员 王桉

湖南省岳阳市人，1993 年 3 月出生，本科学历，中共党员，现就职于岳阳楼区延寿小学。2016 年获得“湖南省优秀共青团员”荣誉。省级普通话测试员、省级大众语言艺术研究会会员、市小语名师工作室成员，2005 年加入共青团，2012 年参加工作，省级普通话测试员、省级大众语言艺术研究会会员、市小语名师工作室成员。加入青年志愿者协会，参与“绿色行”活动，清洁校外五千米卫生；加入保护江豚协会，前往湿地参与保护江豚行动；关注留守儿童，免费上门补课，带学生“学雷锋”，到社区孤寡老人家帮忙打扫卫

生，清扫街道公交站台和垃圾桶，帮助学生参与“真善美”演讲，关心留守儿童、进城务工儿童、残障人士。主动申请成为社区志愿者，每周定期去社区义务讲课。2016年申请成为网上志愿者。多次在洞庭之声，湖南基础素质教育等报刊发表文章，多篇论文在区、市、省获奖。

湖南好人
王新文

湖南岳阳人，1973年7月出生，2002年、2013年先后两次获得岳阳市见义勇为先进，2006年岳阳楼区第四届“十佳公民道德建设标兵”、2013年被评为“岳阳楼区学雷锋优秀志愿者”、2014年被评为岳阳楼区“文明市民”、2015年被评为“岳阳市第五届见义勇为道德模范”。

2002年11月19日晚9时左右，在冷水铺花果畈发生了一起三名歹徒持枪抢劫财物并打伤了一名女青年的恶性事件。当时正在附近民工工棚中的王新文听到呼救声后，立即冲出工棚，奔向出事现场，歹徒们见有人出面阻止，迅速分头逃窜。王新文盯住其中一人紧追不舍，在追赶的过程中，这名歹徒掏出身上的自制短枪并威胁。面对歹徒，王新文毫不畏惧，就在他抓歹徒的一刻，歹徒突然转过身来朝他身上连开三枪，王新文的前额和左手臂中弹，在剧痛难忍的情况下，他死抓住歹徒不放，被歹徒拖出40多米，直至昏迷倒在了血泊中。2007年1月30日晚凌晨4点左右，他逆火而行，奋力扑灭店面大火，为店主挽回经济损失50多万，确保了楼上24户居民的生命和财产安全。2013年9月2日大雨倾盆的雨夜，正在值班室休息的王新文面对出了车祸生命危在旦夕的伤者，不顾个人安危蹲在马路中间，一边为伤者挡雨，一边为其打油加气，直到“120”到来。因抢救及时，伤者终于挽回了生命。

危李

湖南省岳阳市人，1976年1月出生。先后荣获“岳阳市岳阳楼区十大杰出青年民营企业家”、“岳阳楼区十大杰出青年”、“岳阳楼区光彩事业先进个人”、“岳阳市助残先进个人”、“岳阳市爱心助残模范”、“扶残助学长江行动爱心大使”、“岳阳市复退军人先进个人”等多项荣誉。

十六年来将一个名不见经传小作坊办成了一个安置残疾人比例达到70%以上的私营企业，累积安置残疾人320多人次，自从公司成立之初就成立了残疾人协会、工会组织、残疾人志愿者工作站等。并对残疾员工全面实施保底工资、生活补贴并按政策购买社会保险。

公司连续多年被省、市评为质量服务诚信示范单位、消费者信得过单位、重合同守信用企业、先进福利企业、爱心助残先进单位等一系列荣誉。

危李将产品“人无我有，

人有我精”始终做为企业发展的战略核心，潜心研发新品，并获得国家实用新型发明专利。公司一直坚守“诚实守信、勤劳节俭、扶弱助残、回馈社会”的理念，累计捐款捐物60余万元，上缴税费1000余万元。

童琦

湖南省岳阳楼区人，1969年6月出生。2013年荣获“岳阳市优秀企业家”、“岳阳楼区优秀共产党员”，2014年荣获“岳阳市优秀共产党员”、“岳阳经济新闻人物”等荣誉称号。2015年荣获“岳阳市道德模范提名奖”。大学EMBA硕士学位，现任岳阳市伟民食品有限公司董事长，岳阳市政协委员、工商联副会长、食品行业协会常务副会长、岳阳楼区工商联副主席。

2016年度群众满意的优秀领导干部、忠诚履职敢于担当的优秀干部和年度考核优秀干部

一、群众满意的优秀领导干部（以姓氏笔画为序，23人）

毛召满　刘玉平　刘达鸿　吴　珂　李　敏　李　熊　李大汉　李志刚　李和平　杨大明　杨志华　杨晓明　邱　岗　周七亿　周和平　易　星　罗立兵　胡吉安　徐　佳　徐演铭　柴石球　彭宪会　廖　理

二、忠诚履职敢于担当的优秀干部（以姓氏笔画为序，46人）

王志辉　王勇军　邓　斌　付　军　付岳武　包　勇　任春雷　任群峰　刘　力　刘　军　刘　建　刘　洋　刘从训　刘金华　刘海龙　孙　立　何　清　何文辉　余小华　张　志　张棣群　李　咏　李小香　杜　刚　杨国庆　肖青辉　陈　承　陈湘生　周　华　易岳平　罗海龙　姜金洲　胡艳华　钟　成　夏训红　袁建华　袁浩翔　贾　敏　高正涛　高亮亮　龚　伟　喻咏平　彭朝晖　廖岳龙　潘青海　瞿法林

三、年度考核优秀干部（534人）

1. 记三等功（73人）

严定伟　胡　立　段雅丽　刘　潮　罗颂利　易爱平　彭冬冬　严文浩　刘国镇　鲁　亮　李世雄　邹向阳　袁凤姣　孙　伟　冯钦安　邱文格　龚菊枝　刘文辉　周鲜明　白育红　谢仙梅　苏从旭　殷敬勋　鲁兴旺　胡乐平　宋胜华　罗　毅　左　坤　陶晓姣　王红波　付　慧　陈　岳　瞿淑婉　廖文静　刘荒洲　陈　辉　肖玉娟　李　建　王　伟　付能辉　何文豪　宋勇军　陈江辉　黄　卫　童富民　陈建伟　蔡永红　卢　刚　赵　云　李　琼　陈百世　黄黎明　刘桂英　方　雷　李　波　罗　伦　李毅中　周　辉　杨检斌　熊少红　刘　伟　李　嘉　陈　成　姚　辛　孙娜妮　刘岳文　李　明　朱　丹　任轴夫　刘新光　陈　亮　黄若斌　李勇辉

2. 嘉奖（461人）

蔡华坤　梁先映　漆学庆　蔡　拓　黄力交　易威奇　黄术光　隋颁材　刘　钧　孙婧芳　陈　伟　任小平　左　萍　何玉芳　李高松　费华归　陶灵敏　周　勇　徐　丰　蔡芬芬　姚　静　钟广宇　李　卓　许越波　刘晓红　方　宇　刘燕飞　王　晶　江春芳　胡　欣　程　平　刘星宏　余长庆　徐慧芳　叶　贞　刘红光　朱辉红　李莎莎　江　俊　胡　先　尹开荣　兰卫江　王　燕　付雷鸣　贺湘平　肖冰峰　龙一明　付　锋　陈　昱　许　东　程解放　黄建岳　胡　波　鲁长斌　李平江　彭靖仪　沈丽娟　苏　昕　叶菊如　汤义平

胡焰林	李大庆	彭　磊	孙小岳	易志军	罗　翔	肖　科	袁伟杰	卢百恩	余丽香
陈　曦	袁岳华	欧阳辉	李玉霞	陈　坤	吴　尹	周　泽	高　新	王　勇	徐　进
李　行	章　熠	夏小鹏	蒋文华	贾卫兵	李红娇	李　琛	王　勇	艾艳军	魏明辉
曾三三	张满平	史志华	杨　名	曾凡楚	何邵锋	白　乐	李　进	王　超	龙权彪
费新立	蔡辉平	李　晶	胡　琴	吴素容	张正武	廖远军	方勇波	冯习珍	曾淑梅
吴小红	罗松波	唐丰旻	彭可军	刘　蒙	李　虹	谭红艳	黄　海	孟阳辉	李朝霞
李　佳	胡小虎	刘秀梅	任　蔚	易　迪	龚　灵	郝佳兮	彭　林	何　韬	郑国梅
胡　勇	易媛媛	朱洪清	傅　颖	赵　好	綦德清	吴向荣	杨　震	杨　彬	刘　斌
贺君福	陈志明	方　斌	李　祥	孙建军	周玉林	易　军	廖力红	李　鸣	唐　鲁
陈　燕	傅　毅	易涌波	谭馥莲	姚晓文	潘付霞	曹　亚	黄书香	胡志彪	任　伐
李白薇	许飞龙	易兴望	刘梅玲	任荣立	易　婷	李　平	黄宇清	任　丹	黄燕慧
朱清平	陈　静	王兢辉	童雪晴	李强男	付海英	易　霞	周腾宇	鲁明元	黄肖岳
陈玲玲	许　询	李泽林	方　洁	张春辉	郭周丽	刘丹丹	李芳华	柳　熊	姚四季
白晨曦	龚双燕	罗跃颖	黄　翔	柳光辉	毛艳辉	李春芳	黄兴乐	黄　平	何立娥
罗　勇	郑　斌	粟立平	赵末生	秦致远	汤　振	罗赞祥	刘英平	冯　波	龙　舟
吴　凡	吕庆利	白　伟	刘　杰	杨　志	周　显	鲁　腾	陈朝军	袁向军	李灿雄
王年瑞	陈　凯	蔡　敬	许五星	李学军	刘满新	周　伟	邹进文	曹　琼	樊　武
王　德	章柒零	刘平平	黄水清	柳春光	张　悦	晏新文	吴　波	李文利	黎　纯
方　腾	汪英杰	许　峰	舒小兵	王志辉	李　勇	李拥军	徐锦伦	郑　勇	唐勤六
曾永谦	黄雪辉	叶　静	黄　勇	易世殊	毛颖婷	陶　涛	朱姣娥	李　艳	王　乐
黄玲辉	姜小兵	胥岳军	陈建湘	刘　玲	柳　霞	方新鞍	陈晓兰	解爱心	杨燕云
周红卫	李朝辉	范智霞	刘　芳	陈晓晖	任翼飞	余伟星	刘小亚	刘宇松	谈　俐
毛晓阳	戴勇峰	袁颖群	隋　珍	陶小兵	向勇军	谢　威	蒋　为	何岳峰	张　憬
余　敏	汤俊斌	胡　珊	宗　建	陈长耀	胥岳新	赵　赛	耿　文	陈金彪	王小龙
陈　坤	付　宇	周　专	苗双元	杨美湘	宋俊泽	张　新	高　西	吴　艺	柳致勇
付成科	陈　岳	李　光	马日星	胡　凯	程星星	任三辉	周雪扬	杜锐敏	杨建强
王新益	李海罗	许　可	叶　平	张　超	史伟民	陈　杰	兰　明	黄　磊	周　雄
郝海玉	孙　伟	潘永军	顾　军	陈　胜	余武卫	曹　颖	李　红	袁志杰	许海洋
徐　丽	赵　青	李海兵	谢春霞	顾　琦	官双喜	聂立林	周岳明	汪红霞	姚志港
杨　滔	蔡　苗	杨　斌	刘岳军	张爱平	李　明	张　红	万彩云	钟　辉	王　平
方玉玲	杨凤良	刘卫雄	刘　锦	刘　峰	李爱国	刘　荣	赵　媛	徐丽辉	任　杰
谢群雄	胡耿英	冯美凤	易　献	易建平	楚岳明	张跃华	刘　骥	汤友华	陈建祥

高　樱　徐红宇　葛　蓓　陈意群　杨　冲　王国珍　张　露　李　薇　田　超　张　彪
沈为庆　刘　鹏　黄国良　易　军　冯密英　赵　赉　黄天成　胡湘裕　贺飞霞　袁正清
霍克良　徐欣望　易章炎　吴飞龙　敖红艳　张　勇　郑兴辉　廖清波　冯　勇　潘　婷
余　强　杨胜军　许昭荣　吕　慧　周细毛　周国兴　杨春辉　陆新龙　彭　辉　陈海飞
李光健　荣晓燕　张　敏　余　刚　李　政　白　晓　付青胜　郭韶山　梁爱民　吴飞跃
姚勇正　童兵权　赵晓华　李　创　徐先祥　谢　伟　周　平　许朝霞　李忠霖　刘庆国
刘　欣　任志刚　张　婧　张联海　李　会　徐曙兰　徐焱林　周智勇　邓志良　胡　涛
曾丹健　黄治雄　李和华　黄智英　王思权　黄　岳　李　辉　谢建慧　李泽峰　王国郑
熊刚勇

省部级及以上劳动模范信息采集汇总表

单 位	姓 名	性别	民族	出生年月	政治面貌	所获最高荣誉称号及年份（页码）	劳模类别	就业状况	所在单位
洞办	钟建奎	男	汉	195907	中共党员	89. 国务院	全国劳模	下岗（买断工龄）	买断
洞办	简云英	女	汉	196311	中共党员	2015（269）	省先进	在职	洞庭街道城管环卫工作站
东办	付成保	男	汉	194612	中共党员	1997（345）	全国供销合作社系统	离退休	九州大厦
东办	李岳林	男	汉	195003	群众	1989	省劳模	离退休	岳阳市天泰皮革总公司
东办	刘旭光	男	汉	196610	中共党员	2000（213）	省劳模	下岗（买断工龄）	原印刷厂
东办	吴克	男	汉	193203	群众	1959	省劳模	离退休	岳阳工程公司
东办	焦凯军	男	汉	195006	中共党员	1990	建设部	离退休	岳阳工程公司
金办	刘美西	男	汉	1953.07	中共党员	1985	化学工业部	离退休	岳阳市氮肥厂
金办	李国强	男	汉	197210	中共党员	2005（228）	省劳模	下岗（买断工龄）	岳阳富和科技有限公司
金办	徐亚波	男	汉	195402	中共党员	1995（331）	全国建设系统	离退休	岳阳市鑫益建筑工程有限公司
金办	江泽民	男	汉	194905	中共党员	1988	省劳模	离退休	岳阳恒立设备股份有限公司
金办	彭其德	男	汉	192705	中共党员	1983	省劳模	离退休	岳阳恒立设备股份有限公司
金办	冯中岳	男	汉	196205	中共党员	2000	省农业劳模	农民	中远化工
楼办	何小元	女	汉	196011	群众	2000（213）	省劳模	退休	制药一厂
楼办	孙建秀	女	汉	194011	中共党员	1982	省劳模	离退休	岳阳市冰厂
楼办	杨四珍	男	汉	196104	中共党员	2010（252）	省先进工作者	在职	岳阳楼办事处民政办
楼办	曾周	男	汉	197202	中共党员	2001（281）	全国五一劳动奖章	下岗（买断工龄）	原制药一厂
楼办	张毅鹏	男	汉	196710	中共党员	1995（197）	省劳模	下岗（买断工龄）	岳阳市通达制药厂
楼办	田小英	女	汉	194704	中共党员	1983	纺织工业部	离退休	岳阳市原粮食包装总厂
楼办	杨青云	女	汉	194708	中共党员	1989	商业部	离退休	岳阳市百货公司百货大楼
吕办	黄光洪	男	汉	192311	中共党员	1983	省劳模	离退休	原岳阳港务局
吕办	唐云湘	男	汉	196110	中共党员	2000（213）	省劳模	下岗	原岳阳市商大购物中心
吕办	冯长林	男	汉	195306	群众	1995（326）	机械工业部	离退休	岳阳恒立股份公司
郭镇	高秋莲	女	汉	194606	中共党员	1995（197）	省劳模	离退休	原九州大厦
枫办	魏海林	男	汉	193705	中共党员	1989	省劳模	离退休	岳阳市洞庭非金属矿厂
梅溪	何长东	男	汉	197012	中共党员	2005	省劳模	农民	岳阳市梅溪乡滨湖村杨家组

单位	姓名	性别	民族	出生年月	政治面貌	所获最高荣誉称号及年份（页码）	劳模类别	就业状况	所在单位
梅溪	易元洪	男	汉	195405	中共党员	1995	省劳模	离退休	梅溪乡计生办
梅溪	韩存忠	男	汉	193708	中共党员	1978	工业部	离退休	红日机械厂机动处
梅溪	黄应祥	男	汉	194104	中共党员	1989	省劳模	离退休	原红日机械厂
三办	熊放	男	汉	197505	中共党员	2015（261）	省劳模	在职	步步高商业广场岳阳店
三办	刘保其	男	汉	194701	中共党员	1995	省劳模	退休	岳磁高新治金装备技术公司
王办	周长春	男	汉	196309	中共党员	2000（213）	省劳模	下岗	岳阳恒立设备股份有限公司
王办	余保兰	女	汉	195410	中共党员	1995（197）	省劳模	下岗（买断工龄）	岳阳市爱帆制衣公司
望办	毛龙飞	男	汉	195909	中共党员	1995（197）	省劳模	离退休	原岳阳工程公司
望办	黄文隆	男	汉	194212	中共党员	1989	省劳模	离退休	岳阳工程公司
望办	赵玉英	女	汉	193009	中共党员	1983	省劳模	离退休	原岳阳地区化肥厂
五办	魏登科	男	汉	195012	中共党员	1982	省劳模	离退休	原机床厂
五办	王纪民	男	汉	192401	群众	1983	省劳模	离退休	湖南钢球厂
五办	肖友桂	女	汉	194809	中共党员	1991	全国五一劳动奖章	离退休	湖南钢球厂
五办	刘雄辉	男	汉	194210	中共党员	2011（468）	省优秀共产党员	离退休	岳阳楼区粮食局
工商局	曾智仁	男	汉	193501	中共党员	1983	省劳模	离退休	岳阳楼工商局
公安分局	方金球	男	汉	1956.07	中共党员	2011	79年部队一等功	在职	岳阳楼区公安分局
公安分局	李锡清	男	汉	1955.02	中共党员	1998（347）	人民满意公仆	离退休	岳阳楼区公安分局
国税局	王大旺	男	汉	196503	中共党员	2000（220）	省先进工作者	在职	岳阳楼区国税局
国税局	许团辉	男	汉	196707	中共党员	1990	部队一等功	在职	岳阳楼区国税局
机关	王汉林	男	汉	1935.07	中共党员	1983	部级劳模	离退休	岳阳楼区科协
机关	李少怡	男	汉	195108	中共党员	2013（491）	省人大	离退休	岳阳楼区人大
机关	廖恒武	男	汉	193401	中共党员	2006	部级劳模	离退休	华容县民政局
检察院	彭新文	男	汉	195704	中共党员	2006（422）	全国模范检察官	退休	检察院
教育局	吴波	女	汉	197010	民主党派	2003（285）	全国五一劳动奖章	在职	岳阳楼区教育局教科室
教育局	黄绚灿	女	汉	196601	中共党员	2014（505）	全国模范教师	在职	花板桥学校
卫生局	喻周章	男	汉	195403	中共党员	1989	省劳模	退休	望岳路社区卫生服务中心
枫办	宋祖辉	男	汉	195607	中共党员	1992	省级	退休	港务公司
枫办	姜广民	男	汉	196210	中共党员	2013	全国轻工行业	下岗	塑料一厂
机关	严石龙	男	汉	196712	中共党员	2016	省优秀乡镇党委书记	在职	岳阳楼区人民政府
教育	邱岗	男	汉	1969.09	中共党员	2016	全国爱国拥军模范	在职	岳阳楼区教育局
公安	高城	男	汉	1977.09	中共党员	2016	省优秀党员	在职	公安分局

市级劳动模范名单

姓名	性别	出生年月	身份	评劳模时间	评劳模时单位和职务	现单位
廖元英	女	195704	党员	1990.4	岳阳市五交化公司五交化大楼营业员	岳阳市五交化总公司
万再生	女	193802	党员	1990.4	岳阳市肉食水产公司一经营部营业员	岳阳市肉食水产公司门市部经理
潘偶光	男	195406	党员	1990.4	岳阳化肥厂供气车间维修班长	湖南天润化工发展股份有限公司维修车间副主任
李忠文	男	195001	群众	1990.4	岳阳磷肥厂班长	岳阳磷化工总厂
林玉英	女	195212	党员	1982	楼办	供销社
李腊生	男	195204	党员	1999.4	岳阳康神药业集团有限公司车间主任	原中湘康神退休
林 园	女	196603	党员	1990.04	岳阳宾馆	已破产
任春龙	男	196012	党员	2009.4	湖南天润化工发展股份有限公司副总经理	下岗
梁新年	男	196202	党员	2009	战备汽车渡口所	战备渡口
杨衡春	女	195010	党员	1990.4	岳阳市副食品公司南货商场营业员	岳阳市糖酒副食品公司南货商场
缪礼凤	女	19361	党员	1990.4	岳阳肉联厂幼儿园教师	岳阳肉类联合加工厂
张百连	男	194410	群众	1990.4	岳阳市城陵矶工矿贸易公司司机	岳阳市城陵矶工矿贸易公司
罗寿建	男	195308	党员	1990.4/1999.4	城陵矶国家粮食储备库副经理	城陵矶粮库米业公司电厂副厂长
曹美如	女	195204	党员	1999.4	岳阳肉类联合加工厂冷饮分厂	岳阳肉类联合加工厂
陈三贵	女	195405	党员	1990.4	岳阳工程公司钢筋工	岳阳工程公司
方建国	男	195302	党员	1990.4	岳阳市政公司机运工区	岳阳市市政公司机械化分公司
马德超	男	195312	党员	1990.4	岳阳市燃料公司厂长	岳阳市燃料总公司
张树松	男	195408	党员	2004.4	湖南省岳阳友谊华侨物资供应公司	湖南省岳阳友谊华侨物资供应公司
汤木生	男	194512	党员	1990.4	岳阳市郊区供销社工业总公司经理	岳阳楼区供销联社
王振华	男	196201	党员	2009.4	湖南钢球厂党委副书记	五里牌办事处
甘爱兵	男	195007	党员	1990.4	湖南钢球厂二车间班长	湖南钢球厂

姓名	性别	出生年月	身份	评劳模时间	评劳模时单位和职务	现单位
胡文辉	男	1938.0	党员	1990.4	岳阳市电子仪器仪表厂	岳阳电子仪器仪表厂
李天赐	男	194808	党员	1990.4	岳阳市轮胎厂	岳阳市巴陵橡胶厂
张小青	男	195105	党员	1990.4	岳阳机床厂二车间车工班	岳阳机床厂
易如英	女	1937011	党员	1990.4	岳阳市制线厂车间主任	岳阳市制线厂
任长生	男	195110	群众	1990.4	岳阳电机厂班长	岳阳中闽特种电机有限公司
赵明彪	男	195105	党员	1990.4	岳阳制冷设备总厂技术开发部	岳阳制冷设备总厂
罗桃园	女	194508	党员	1990.4	岳阳市瓷厂车间主任	岳阳市瓷厂
胡泽良	男	195311	党员	1990.4	岳阳市氮肥厂车间主任	岳阳市氮肥厂
李南保	男	195306	党员	1990.4	岳阳水泥厂车间副主任	湖南韶峰岳阳建材有限公司车间主任
刘运兰	女	196709	群众	1999.4	岳阳恒立冷气股份有限公司	岳阳制冷设备总厂
刘普平	男	195110	群众	1990.4	岳阳市湘丽机绣厂	岳阳市布鞋厂
傅水平	男	195611	党员	1990.4	岳阳市商业大厦	岳阳市商业大厦商业城
李克岳	男	195502	党员	1990.4	岳阳市城陵矶联运公司	岳阳港务总公司
欧阳连富	男	195006	群众	1990.4	岳阳港务公司船舶运输部	原港务总公司油运船队船长
付祖瑞	男	193804	群众	1990.04	市二木公司	第二木材公司
曹铁梁	男	195011	党员	1990.04	华泰资源	华泰资源
瞿多珍	女	193001	群众	1982.12	市二木公司	市二木公司
吴爱华	女	195710	党员	1990.4	岳阳市内衣厂	岳阳市针织内衣总厂
刘桂莲	女	194508	党员	1990.4	岳阳市塑料一厂	岳阳市塑料一厂
卢晓芷	女	194508	群众	1990.4	岳阳市针织印染总厂小样室	岳阳市针织印染总厂
陈恢珍	女	194502	党员	1999.4	岳阳楼区梅溪乡敬老院院长	岳阳楼区梅溪乡敬老院院长
周立新	男	195212	群众	1982	梅溪公社光辉大队	延寿村
史志雄	男	196212	党员	2009.4	岳阳楼区梅溪乡中学教师	岳阳楼区教育局

姓名	性别	出生年月	身份	评劳模时间	评劳模时单位和职务	现单位
喻叶东	男	196208	党员	2014.4	东升小学	东升小学
熊菊先	女	194709	党员	1990.4	岳阳市南区九华山小学校长	岳阳楼区教育局
常 玲	女	197010	群众	1990.4	岳阳市光华印刷厂	岳阳楼区光华印刷厂
李 艳	女	197301	党员	2014.4	三办环卫站	三办环卫站
吴曙光	男	196907	党员	2014.4	信访局	信访局
杨艳	女	197812	党员	2014.4	国税局	国税局
左尧城	男	193206	党员	1990.4	岳阳市税务局郊区分局征收管理股	岳阳楼区国家税务局
湛波	男	197604	党员	1990.4	地税局	经开区地税局
张佳丽	女	194707	群众	1990.4	岳阳市食杂果品公司	岳阳市食杂果品公司
周明生	男	193605	群众	1982.6	岳阳市天泰皮革总公司	岳阳市天泰皮革总公司

区级劳动模范名单

单位	姓名	性别	出生年月	学历	身份	评劳模时间	评劳模时单位和职务	现单位
吕办	王陆成	男	1949.12	高中	退休	1993.3	主任	吕办
吕办	张咏晖	女	1968.04	大学	在职	2013.05	工作人员	吕仙亭社区
楼办	李静	女	1959.09	大学	在职	2003.05	主任	退休
楼办	冯湘敏	女	19761.1	大学	在职	2013.04	工作人员	楼办
楼办	钟红卫	女	1962.02	大学	退休	2008.04	主任、支部书记	楼 办
望办	苏帅军	女	1972.12	高中	家政	2008.04	钟点工	家政
奇办	方海威	男	1974.07	大学	在职	2013.04	生产部长	智海公司
金办	王新建	男	1956.01	大学	在职	2013.04	工作人员	岳荣社区
梅溪乡	谭运华	男	1965.02	高中	农业	1989.02	车间主任	延寿 13 组
梅溪乡	李克军	男	1951.04	高中	退休	2003.05	县农机厂厂长	梅溪延寿村
洛办	袁小月	男	1968.03	大学	在职	2003.05	高级策划师	洞庭山科技公司
城办	王景新	男	1945.08	高中	退休	1992	厂长	工信局
交建局	龚树章	男	1947.03	高中	退休	19930.5	书记	建设局
交建局	龚海波	男	1954.04	高中	退休	1992.02	场长	交建局
地税局	左超英	女	1959.09	高中	退休	1993.05	工作人员	地税局
地税局	高学文	男	1957.05	高中	在职	2003.05	税务	税务局四所
教育局	冯湘屏	女	1944.01	高中	退休	1993.05	教师	青年小学
教育局	吴石瑛	女	1975.08	大学	在职	2003.05	教师	五里中学
教育局	朱学军	女	1968.05	大学	在职	2008.04	教师	站前小学
卫生局	付水香	女	1954.01	高中	退休	2003.05	医务	妇幼保健院
卫生局	周学彬	男	1950.05	高中	退休	2009	防疫医师	卫生
卫生局	粟立平	女	1966.12	大学	在职	2013.05	主任医师	口腔医院
公安分局	陶东红	女	1957.09	高中	退休	2003.05	民警	公安分局
公安分局	钟小九	男	1958.03	大学	在职	2013.05	社区民警	公安分局
检察院	李大庆	男	1966.04	大学	在职	2013.05	教导员	检察院
梅溪乡	赵平	男	1973.05	大学	在职	2008.04	技术员	万力

统计资料

2016 年岳阳楼区行政区划与基层组织表

	乡、街道办事处、工作部	村（居）民委员会
合计（个）	16	108
一、乡小计	1	5
郭镇乡	1	5
二、街道办事处	14	91
枫桥湖街道办事处	1	8
奇家岭街道办事处	1	5
洛王街道办事处	1	6
洞庭街道办事处	1	4
金鹗山街道办事处	1	11
岳阳楼街道办事处	1	7
东茅岭街道办事处	1	6
城陵矶街道办事处	1	7
望岳路街道办事处	1	6
吕仙亭街道办事处	1	6
三眼桥街道办事处	1	6
五里牌街道办事处	1	9
站前路街道办事处	1	5
王家河街道办事处	1	5
三、工作组	1	12
服务城陵矶新港区工作组	1	12

2016 年度岳阳楼区总产出

指标名称	代码	计量单位	按当年价格计算		按不变价格计算			
			绝对额		绝对额		以上年为 100 的指数	
			本年	上年	本年	上年	本年	上年
甲	乙	丙	1	2	3	4	5	6
总产出	01	万元	10429574	9774262	5875988	5512186	106.6	106.3
农、林、牧、渔业	02	万元	80708	77949	61734	59918	103	105.7
农业	03	万元	30174	30114	28854	28796	100.2	103.8
林业	04	万元	3133	2947	2285	2150	106.3	104.9
畜牧业	05	万元	21987	20587	15906	14893	106.8	106.4
渔业	06	万元	19669	19078	11928	11569	103.1	105.5
农、林、牧、渔服务业	07	万元	5745	5223	2761	2510	110	131.4
工业	08	万元	1382171	1308874	657613	622740	105.6	105.4
采矿业	09	万元						
开采辅助活动	10	万元						
制造业	11	万元	750748	710263	425826	402863	105.7	105.5
金属制品、机械和设备修理业	12	万元						
电力、热力、燃气及水的生产和供应	13	万元	631423	598611	231787	219877	105.4	105.3
建筑业	14	万元	1866120	1752225	1138456	1068973	106.5	106.4
批发和零售业	15	万元	1443924	1345689	859741	801250	107.3	107
批发业	16	万元	882042	815877	461447	425689	108.4	108.3
零售业	17	万元	561882	529812	398294	375561	106.1	105.5
交通运输、仓储和邮政业	18	万元	759579	700073	115712	106647	108.5	108.3
铁路运输业	19	万元						
道路运输业	20	万元	469791	432589	85741	78951	108.6	108.5
水上运输业	21	万元	289788	267484	29971	27696	108.2	107.9
航空运输业	22	万元						
邮政业	23	万元						
其他交通活动	24	万元						
住宿和餐饮业	25	万元	1055388	991906	176475	165860	106.4	106.1
住宿业	26	万元	165778	156987	41844	39625	105.6	105.5
餐饮业	27	万元	889610	834919	134631	126235	106.7	106.3
信息传输、软件和信息技术服务业	28	万元	33360	31265	212316	198984	106.7	106.6

指标名称	代码	计量单位	按当年价格计算		按不变价格计算			
			绝对额		绝对额		以上年为 100 的指数	
			本年	上年	本年	上年	本年	上年
电信、广播电视和卫星传输服务	29	万元						
其他信息活动	30	万元	33360	31265	212316	198984	106.7	106.6
金融业	31	万元	372916	348194	82983	77482	107.1	107
货币金融服务	32	万元	271911	253648	74762	69741	107.2	107.1
资本市场服务	33	万元						
保险业	34	万元	101005	94546	8221	7741	106.2	106.6
其他金融业	35	万元						
房地产业	36	万元	538241	503971	147689	138286	106.8	106.6
房地产开发经营	37	万元	203203	192245	107376	101586	105.7	105.5
其他房地产活动	38	万元	92972	91265	5673	5152	110.1	108.4
自有房地产经营活动	39	万元	242066	220461	34640	31548	109.8	110.1
租赁和商务服务业	40	万元	746841	705899	509573	481638	105.8	105.5
科学研究和技术服务业	41	万元	34813	32145	16703	15423	108.3	108.2
水利、环境和公共设施管理业	42	万元	78486	73215	139634	130256	107.2	107.1
居民服务、修理和其他服务业	43	万元	772938	731256	947672	896568	105.7	105.5
教育	44	万元	144651	134684	291694	271596	107.4	107.3
卫生和社会工作	45	万元	156917	145698	378506	351445	107.7	107.6
文化、体育和娱乐业	46	万元	313913	282156	125409	112722	111.3	105.5
公共管理、社会保障和社会组织	47	万元	648608	609063	14078	12398	113.6	111.9
第一产业	48	万元	74963	72726	58973	57408	102.7	104.8
第二产业	49	万元	3248291	3061099	1796069	1691713	106.2	106
第三产业	50	万元	7106320	6640437	4020946	3763065	106.9	106.5

岳阳楼区按当年价格计算的生产总值

项目	代码	计量单位	绝对值		构成（%）	
			本年	上年	本年	上年
甲	乙	丙	1	2	3	4
GDP	01	万元	5660477	5214456	100	100
第一产业	02	万元	54811	49454	1	1
第二产业	03	万元	1062092	1180740	18.7	22.6
第三产业	04	万元	4543574	3984262	80.3	76.4

项目	代码	计量单位	绝对值		构成（%）	
			本年	上年	本年	上年
地区外净要素收入	05	万元				
GNI	06	万元	5660477	5214456	100	100
			88861	82377	100	100

岳阳楼区按常住人口平均的生产总值

项目	代码	计量单位	本年	上年
甲	乙	丙	1	2
年平均常住人口	01	万人	63.7	63.3
按常住人口平均的 GDP	02	元	88861	82377
按常住人口平均的 GNI	03	元	88861	82377

岳阳楼区生产总值构成项目

项目	代码	计量单位	增加值	劳动者报酬	生产税净额		固定资产折旧	营业盈余
						补贴		
甲	乙	丙	1	2	3	4	5	6
地区生产总值	01	万元	5660477	2344855	775371		912394	1627857
农、林、牧、渔业	02	万元	57122	33759	596		5090	17677
农业	03	万元	21132	12886	156		2505	5585
林业	04	万元	2177	541	40		283	1313
畜牧业	05	万元	18405	13012	272		1324	3797
渔业	06	万元	13097	5382	108		866	6741
农、林、牧、渔服务业	07	万元	2311	1938	20		112	241
工业	08	万元	365318	126554	75344		68546	94874
采矿业	09	万元						
开采辅助活动	10	万元						
制造业	11	万元	192759	81789	51682		51249	8039
金属制品、机械和设	12	万元						
电力、热力、燃气及水的	13	万元	172559	44765	23662		17297	86835
建筑业	14	万元	696774	287800	127558		103284	178132
批发和零售业	15	万元	663578	141496	200330		69837	251915
批发业	16	万元	415705	88902	122606		38353	165844

项目	代码	计量单位	增加值	劳动者报酬	生产税净额		固定资产折旧	营业盈余
						补贴		
零售业	17	万元	247873	52594	77724		31484	86071
交通运输、仓储和邮政业	18	万元	454673	267163	17328		63475	106707
铁路运输业	19	万元						
道路运输业	20	万元	286317	153634	8049		38636	85998
水上运输业	21	万元	168356	113529	9279		24839	20709
航空运输业	22	万元						
邮政业	23	万元						
其他交通活动	24	万元						
住宿和餐饮业	25	万元	389951	101255	47331		72924	168441
住宿业	26	万元	70438	10061	32621		8258	19498
餐饮业	27	万元	319513	91194	14710		64666	148943
信息传输、软件和信息技术	28	万元	21968	5782	1625		9046	5515
电信、广播电视和卫星传	29	万元						
其他信息活动	30	万元	21968	5782	1625		9046	5515
金融业	31	万元	138513	75186	20080		17197	26050
货币金融服务	32	万元	111929	59973	16412		14809	20735
资本市场服务	33	万元						
保险业	34	万元	26584	15213	3668		2388	5315
其他金融业	35	万元						
房地产业	36	万元	327653	42979	16801		225133	42740
房地产开发经营	37	万元	144495	22074	5960		99399	17062
其他房地产活动	38	万元	54533	10866	3995		20311	19361
自有房地产经营活动	39	万元	128625	10039	6846		105423	6317
租赁和商务服务业	40	万元	606020	168811	18987		52525	365697
科学研究和技术服务业	41	万元	24850	7705	1051		4989	11105
水利、环境和公共设施管理	42	万元	62640	32502	3473		23759	2906
居民服务、修理和其他服务	43	万元	698412	452632	213211		13930	18639
教育	44	万元	127483	93447	1474		20294	12268
卫生和社会工作	45	万元	116538	92669	992		13861	9016
文化、体育和娱乐业	46	万元	298745	92125	14175		86130	106315
公共管理、社会保障和社会	47	万元	610239	322990	15015		62374	209860
第一产业	48	万元	54811	31821	576		4978	17436
第二产业	49	万元	1062092	414354	202902		171830	273006
第三产业	50	万元	4543574	1898680	571893		735586	1337415

岳阳楼区按可比价格计算的生产总值

项目	代码	计量单位	绝对额		以上年为 100 的指数	
			本年	上年	本年	上年
甲	乙	丙	1	2	3	4
地区生产总值	01	万元	4921046	4502330	109.3	109
农、林、牧、渔业	02	万元	44653	43221	103.3	101.8
农业	03	万元	19129	19091	100.2	100.7
林业	04	万元	3891	3659	106.3	108
畜牧业	05	万元	11200	10489	106.8	101.8
渔业	06	万元	8122	7881	103.1	101.3
农、林、牧、渔服务业	07	万元	2311	2101	110	103.1
工业	08	万元	452202	425402	106.3	106.1
采矿业	09	万元				
开采辅助活动	10	万元				
制造业	11	万元	406982	385909	105.5	106.1
金属制品、机械和设	12	万元				
电力、热力、燃气及水的	13	万元	45220	39493	114.5	106.1
建筑业	14	万元	406854	416585	97.7	101.2
批发和零售业	15	万元	657255	610818	107.6	106.9
批发业	16	万元	390384	363486	107.4	106.8
零售业	17	万元	266871	247332	107.9	107.1
交通运输、仓储和邮政业	18	万元	422491	409526	103.2	102.6
铁路运输业	19	万元				
道路运输业	20	万元	274162	265764	103.2	102.6
水上运输业	21	万元	148329	143762	103.2	102.6
航空运输业	22	万元				
邮政业	23	万元				
其他交通活动	24	万元				
住宿和餐饮业	25	万元	283295	256490	110.5	108.8
住宿业	26	万元	31371	29736	105.5	104.3
餐饮业	27	万元	251924	226754	111.1	109.5
信息传输、软件和信息技术	28	万元	4988	4555	109.5	111.2
电信、广播电视和卫星传	29	万元				
其他信息活动	30	万元	4988	4555	109.5	111.2
金融业	31	万元	118775	102766	115.6	115.2
货币金融服务	32	万元	104367	90049	115.9	115.2

项目	代码	计量单位	绝对额		以上年为 100 的指数	
			本年	上年	本年	上年
资本市场服务	33	万元				
保险业	34	万元	14408	12717	113.3	115.2
其他金融业	35	万元				
房地产业	36	万元	277125	247803	111.8	110.2
房地产开发经营	37	万元	122459	114100	107.3	110.2
其他房地产活动	38	万元	41592	26523	156.8	138
自有房地产经营活动	39	万元	113074	107180	105.5	105
租赁和商务服务业	40	万元	294304	258388	113.9	111.2
科学研究和技术服务业	41	万元	19439	16874	115.2	117
水利、环境和公共设施管理	42	万元	58119	50892	114.2	116.9
居民服务、修理和其他服务	43	万元	936251	844230	110.9	111.2
教育	44	万元	112149	96764	115.9	116.9
卫生和社会工作	45	万元	142293	121722	116.9	116.9
文化、体育和娱乐业	46	万元	158440	140461	112.8	111.2
公共管理、社会保障和社会	47	万元	532413	455833	116.8	116.9
第一产业	48	万元	42342	41120	103	101.7
第二产业	49	万元	859056	841987	102	103.6
第三产业	50	万元	4019648	3619223	111.1	110.4
地区外净要素收入	51	万元				
按常住人口平均的 GDP	52	元	77253	71127	108.6	124.8

岳阳楼区按支出法计算的生产总值

项目	代码	计量单位	按当年价格计算		按不变价格计算			
					绝对额		以上年为 100 的指数	
			本年	上年	本年	上年	本年	上年
甲	乙	丙	1	2	3	4	5	6
支出法地区生产总值	01	万元	5660477	5214456	4921047	4502330	109.3	109.0
一、最终消费支出	02	万元	2547215	2262858	1952051	1859115	105.0	104.0
居民消费支出	03	万元	1528329	1382785	1115847	1101527	101.3	100.9
城镇居民	04	万元	1482479	1341882	1070482	1061986	100.8	100.6
农村居民	05	万元	45850	40903	45365	39541	114.7	109.0
政府消费支出	06	万元	1018886	880073	836204	757588	110.4	109.0
二、资本形成总额	07	万元	3150910	2986783	3009356	2680765	112.3	112.7
固定资本形成总额	08	万元	1669982	1481456	1275710	1169304	109.1	109.0

项目	代码	计量单位	按当年价格计算		按不变价格计算			
			本年	上年	绝对额		以上年为 100 的指数	
					本年	上年	本年	上年
存货变动	09	万元	1480928	1505327	1733646	1511461	114.7	115.8
三、货物和服务净流出	10	万元	-37648	-35185	-40360	-37550	107.5	109.0
流出	11	万元	270898	253176	155490	143045	108.7	109.2
流入	12	万元	308546	288361	195850	180341	108.6	109.0
统计误差	13	万元						

岳阳楼区按产品和行业划分的资本形成总额

项目	代码	计量单位	本年	上年
甲	乙	丙	1	2
资本形成总额	01	万元	3150910	2986783
一、固定资本形成总额	02		1669982	1481456
1. 住宅	03	万元	296576	232879
2. 非住宅建筑物	04	万元	508196	423762
3. 机器和设备	05	万元	341186	328915
4. 土地改良支出	06	万元	215634	194581
5. 矿藏勘探费	07	万元	541	426
6. 计算机软件	08	万元	26589	24851
7. 其他	09	万元	281260	276042
二、存货变动	10	万元	1480928	1505327
农、林、牧、渔业	11	万元	50145	49454
工业	12	万元	148931	139294
建筑业	13	万元	348965	359265
交通运输、仓储和邮政业	14	万元	145974	120410
批发和零售业	15	万元	201378	316418
住宿和餐饮业	16	万元	223698	200139
房地产业	17	万元	248963	219641
其他服务业	18	万元	112874	100706

岳阳楼区最终消费支出

项目	代码	计量单位	本年	上年
甲	乙	丙	1	2
最终消费支出	01	万元	2547215	2262858
一、居民消费支出	02	万元	1528329	1382785
（一）城镇居民	03	万元	1482479	1341882
1、食品烟酒	04	万元	358063	345675
2、衣着	05	万元	130894	111572
3、居住（含自由住房服务）	06	万元	325941	298188
4、生活用品及服务	07	万元	81593	70052
5、交通和通信	08	万元	195116	158794
6、教育文化娱乐	09	万元	28693	25489
7、医疗保健	10	万元	169741	143948
8、银行中介服务	11	万元	119578	117184
9、保险服务	12	万元	55269	54785
10、其他商品和服务	13	万元	17591	16195
（二）农村居民	14	万元	45850	40903
1、食品烟酒	15	万元	8899	7478
2、衣着	16	万元	5269	5033
3、居住（含自由住房服务）	17	万元	9241	7380
4、生活用品及服务	18	万元	7459	6852
5、交通和通信	19	万元	5236	4944
6、教育文化娱乐	20	万元	2781	2660
7、医疗保健	21	万元	2689	2535
8、银行中介服务	22	万元		
9、保险服务	23	万元	1689	1606
10、其他商品和服务	24	万元	2587	2415
二、政府消费支出	25	万元	1018886	880073

岳阳楼区居民消费水平

项目	代码	计量单位	绝对额		以上年为 100 的指数	
			本年	上年	本年	上年
甲	乙	丙	1	2	3	4
当年价格居民消费水平	01	元 / 人	23993	21845	109.8	107.9
城镇居民	02	元 / 人	24991	22663	110.3	108.4
农村居民	03	元 / 人	10468	10001	104.7	101.2
不变价格居民消费水平	04	元 / 人	17517	17402	100.7	99.7
城镇居民	05	元 / 人	18046	17936	100.6	99.9
农村居民	06	元 / 人	10357	9668	107.1	101
年平均常住人口	07	万人	63.7	63.3	100.6	101.2
城镇居民	08	万人	59.32	59.21	100.2	100.7
农村居民	09	万人	4.38	4.09	107.1	107.9

附　录

2016 年度综合绩效考评情况

一、先进单位（42 个）

1. 一等奖（9 个）

郭镇乡
岳阳楼街道办事处
区委编办
区财政局
区民政局
区卫生和计划生育局
区人力资源和社会保障局
区人民法院
区环保分局

2. 二等奖（12 个）

洞庭街道办事处
望岳路街道办事处
服务城陵矶新港区工作组
区科协
区残联
区发展和改革局
区农林水务局
区教育局
区人民检察院
区司法局
岳阳楼公安分局
区地税局

3. 三等奖（19 个）

五里牌街道办事处
站前路街道办事处
三眼桥街道办事处
王家河街道办事处
枫桥湖街道办事处
区委老干局
区妇联
区总工会
区商务粮食局
区经营管理局
区金融证券服务中心
区文化体育新闻出版局
区移民局
区环卫局
区侨务民宗办
区食品药品监督管理局

区禁违办

区国税局

区国土资源分局

4. 项目建设棚户区改造突出贡献单位（1个）

区交通建设局

5. 信访工作突出贡献单位（1个）

区信访局

二、达标单位（33个）

东茅岭街道办事处

奇家岭街道办事处

城陵矶街道办事处

吕仙亭街道办事处

金鹗山街道办事处

洛王街道办事处

区直机关党委

区委党校

区工商联

团区委

区委610办

区文联

区统计局

区工业和科技信息化局

区征收安置工作局

岳阳楼区经建投

区红十字会

区机关事务局

区厂地协作办（区工业园）

城陵矶新港区岳阳楼区工作部

洞庭新城岳阳楼区工作部

区爱卫办

区史志档案局

区城管局

区审计局

区安全生产监督管理局

区人防办

区工商分局

区规划分局

区质量技术监督管理分局

区房产分局

住房公积金岳阳楼区管理部

中国国际贸易促进委员会岳阳楼区委员会

索 引

说明：

一、本索引把年鉴的条目用主题分析的方法，按英文字母顺序排列。

二、类目、地名用黑体字标明。

三、索引名称后的阿拉伯数字表示所在页码，拉丁字母（a、b、c）表示栏别（从左至右分 1、2、3 栏）

—N—

—P—

—Q—

—R—

—S—

—T—

—W—

—X—

—Z—